초·중등 예비교사를 위한 교직실무

초 · 중등 예비교사를 위한

교직실무

Teaching Practice

| 신재흡 저 |

동문사

머리말

교육은 국가와 사회 발전의 초석이고 그 영향이 심원하므로 '백 년 앞을 내다보는 큰 계획(百年之大計)'이라고 한다. 이는 교육이 그만큼 중요하다는 말이다. 이러한 교육을 잘 수행하기 위해서는 '교사의 자질'이 중요할 것이다. 교사의 자질이란 교원이 갖추어야 할 개인적 특성 및 교직에 대한 태도로서 교직 수행 능력을 의미한다.

'교사의 질'이 '교육의 질'을 좌우하기에 국가사회에서의 경쟁력은 곧 교직사회의 경쟁력이고, 교직사회에서의 경쟁력은 우수하고 유능한 교사의 양성이다. 유능하고 우수한 교사란 잘 가르치는 교사만을 의미하는 것이 아니고 다양한 행정업무를 처리해야 하므로 학교 행정업무 처리 등의 실무적인 능력을 갖춰야 할 것이다.

교직실무(teaching practice)는 교사로서 직무를 수행하면서 학급운영 및 관리, 각종 인사 및 복무규정, 학생지도, 교직윤리, 학생문화 등 다양한 분야에서 필요한 지식과 기술을 습득하여 교직을 실질적으로 이해할 수 있도록 하는 과목이다.

이 저서는 '교직실무' 과목에 걸맞게 그동안 교육현장과 대학에서 강의한 내용을 바탕으로 예비교사뿐만 아니라 현직 초·중등학교 교사에게 교원 업무의 전문성을 높이고, 유용한 지침서가 될 수 있도록 학교 행정업무에 대한 실무를 체계적으로 집필하고자 했다. 따라서 이 책은 교원양성대학과 교직과정에서 '교직실무'를 강의하는 교수뿐만 아니라 현직교사와 교직을 지망하는 학생들에게 교직실무를 이해하고 그를 수행하는 데 필요한 이론적 및 실천적 기반을 마련해 줄 것으로 기대된다.

이 책은 12장으로 구성되어 있다.

제1장 교직과 교사(교직의 이해, 교직문화, 교직 생애 발달), **제2장 교직윤리 · 교권 및 교직단체**(교사의 윤리, 공무원 행동강령, 교권, 교직단체), **제3장 교원자격제도와 교원의 임용**(교원자격제도, 교원의 임용), **제4장 교원의 인사 · 복무 · 보수**(교원의 인사, 휴가, 상훈 · 징계, 교원보수), **제5장 수업경영**(교수-학습, 성적 및 평가관리), **제6장 교육과정**(교육과정의 개념, 2015 개정 교육과정, 학교 교육과정의 계획 · 운영), **제7장 학급경영**(학급경영의 이론적 기초, 학급풍토 관리), **제8장 학교안전교육**(학교안전사고, 학교안전사고 예방교육, 학교안전공제회, 학교안전사고에 대한 책임 소재), **제9장 생활지도 및 진로지도**(생활지도의 개념, 생활지도의 활동내용, 진로지도), **제10장 장학**(장학의 이론적 기초, 장학의 유형), **제11장 학교운영위원회**(학교운영위원회의 이해, 학교운영위원회 운영 및 심의 내용), **제12장 학사 및 사무관리**(학적관리, 출결관리, 공문서 작성 및 관리, 교무업무시스템(NEIS)의 이해, 학교회계시스템의 이해) 등을 다루었다.

본서는 교직실무에 대한 다양한 내용을 전달하기 위하여 쉽게 풀어쓰면서 <학습목표>, <Keyword>, <생각해봅시다> 등을 포함시킴으로써 교육현장의 활용도를 높이고자 하였다. 또한 이 책은 교직실무에 대한 이론과 실제에 관심을 갖고 있는 사람들에게 도움을 줄 수 있으리라 기대된다.

아울러 출판계의 어려운 사정을 무릅쓰고 흔쾌히 출판을 맡아주신 동문사 이중수 사장님과 유재영 상무님, 직원 여러분께 감사드립니다. 또한 이 책의 내용 측면에서 꼼꼼하게 교정을 도맡아준 큰딸 신샛별에게도 고마움을 전합니다. 그리고 건강하고 성실하게 자신의 과업을 수행하고 있는 쌍둥이 아들 신현범 · 현호에게도 고마움을 전합니다. 지금까지 학문적 탐구여행을 할 수 있도록 기다리고 인내해준 내자 김화영(金花榮)에게 고마운 마음을 전합니다.

2022년 4월

한성대학교 낙산 연구관에서

저자 신재흡 識

차례

◎ 머리말 _ 5

제1장 교직과 교사

제2장 교직윤리 · 교권 및 교직단체

제8장 학교안전교육

제9장 생활지도 및 진로지도

제10장 장학

제11장 학교운영위원회

제12장 학사 및 사무관리

제5절 학교회계시스템의 이해 _ 340

◎ 참고문헌 _ 345

CHAPTER 1

교직과 교사

학습목표

1. 교직과 교직관의 개념을 통해 교직을 바라보는 다양한 관점을 이해할 수 있다.
2. 멘토로서의 교사의 특징을 이해할 수 있다.
3. 교직생애 발달을 이해할 수 있다.
4. 교직갈등의 원인과 해소방안을 제시할 수 있다.

Keyword

교직, 교직의 특성, 멘토로서의 교사, 교사의 자질, 교직문화, 교직관, 성직관, 노동직관, 전문직관, 공직관, 장인 관점, 예술인 관점, 전문봉사직관, 생명인관, 교사 전체별 특성, 교사 개별적 특성, 교직발달, 교직발달주기, 교직만족도, 교사 발달 사이클 모델, 교직생애, 교직갈등, 교직입문, 교직적응, 사회적 전략, 내면화된 적응, 전략적 순응, 전략적 재정의

교직은 미성숙자를 대상으로 교육을 실시함으로써 국가와 민족의 번영에 이바지하는 직업으로 볼 수 있다. 교사는 교육을 담당하는 전문인을 의미한다. 교사가 자신의 업무를 성공적으로 수행하기 위해서는 교직의 특성에 대해 제대로 파악해야 한다. 그 이유는 교직이란 정신적 노동으로서 고도의 창의성과 고등정신 기능을 요구하는 직업에 해당되며, 특히 교사는 어떤 직업보다도 중요하고 가장 기본적인 교육활동에 종사하는 직업이다(신재흡, 2019).

따라서 1장에서는 교직의 이해, 교직문화, 교직 생애 발달 등에 대해서 고찰하기로 한다.

제1절 교직의 이해

1절에서는 교직의 개념 및 특성, 교사의 자질에 대해서 기술하고자 한다.

1. 교직의 개념 및 특성

1) 교직의 개념

교직(敎職)은 교육관련 업무에 종사하면서 학생을 직·간접적으로 가르치는 직무를 뜻하는 것이다. 교직자는 교육활동의 주체적 역할을 담당하는 자로서 수업, 학사, 생활지도, 장학 등의 직무를 수행하며, 이 같은 교육관련 업무에 종사하는 것을 교직이라고 할 수 있다. 교직자에는 수업을 담당하는 교사뿐만 아니라 학교 교육활동에 직·간접적으로 참여하는 교장·교감, 교육전문직(장학·연구진) 등을 포함한다. 안창선 외(1999)는 교직의 개념을 학교에서 발생하는 교육활동과 관련한 노력을 전문적으로 수행하는 사람이 교사이며, 교사가 종사하는 직무를 교직이라고 하였다(안창선·남경현·이욱범, 1999: 53). 교직자란 교육기관에서 교원의 직위를 갖고 교육활동과 관련된 직무를 수행하는 사람이며, 교직자가 종사하는 직업을 교직이라고 할 수 있다. 교사의 직무는 교원이 수행해야 하는 구체적인 업무로서 기능적인 개념에 가깝다. 이에 비해 교사의 역할이란 교사라는 직책에 대하여 가지게 되는 일체의 기대로서 규범적이고 일반적인 개념이라 볼 수 있다(박세훈 외, 2012: 24). 교육공무원법(제1조)에서는 '교원의 직무는 교육을 통하여 국민 전체에게 봉사하는 것이다.'고 명시되어 교원의 직무를 국민에 대한 봉사의 영역으로 규정하였다.

직업인으로서의 교직(教職)의 의미를 살펴보면, 직업은 직(職)과 업(業)의 합성어이다. 여기서 '직(職)'은 다시 두 가지의 뜻으로 구분해 볼 수 있는데, 하나는 관(官)을 중심으로 행하는 직무라는 관직의 뜻이 있고, 다른 하나는 직분을 맡아 행한다는 개인의 사회적 역할의 뜻이 있다. 그리고 '업(業)'은 생계를 유지하기 위하여 전념하는 일이라는 뜻과 자기 능력의 발휘를 위하여 어느 한 가지 일에 전념한다는 뜻이 있다. 따라서 합성어로서의 직업이라는 용어는 사회적 책무로써 개인이 맡아야 하는 직무성과 생계유지나 과업을 위하여 수행하는 노동행위의 이중적 의미를 내포한다고 볼 수 있다(이무근, 1999: 21, 정주영, 2013: 14).

위의 내용을 정리하면, **교직자**는 다양한 직업세계에서 자신의 적성 · 흥미 · 환경 등을 고려하여 교직을 선택하여 교육관련 업무를 수행하는 사람들이며, **교직**은 일반 직업에서 갖는 자아실현 및 노동행위 외에 교육활동을 통하여 국민에게 봉사하는 직무를 추가로 갖게 된다.

2) 교직의 특성

교직은 다른 직업과 비교할 때 교직만이 지니고 있는 특성이 있다. 우선 인간을 교육하는 직업이기 때문에 전문성을 요구받으며, 교육업무의 특성상 혼자 많은 임무를 수행해야 하는 업무상의 다양성이 존재한다. 거기에다 공직자의 역할도 수행해야 한다(박완성, 2012: 34). 그러므로 교직은 일반 직업과 공통적인 특징을 가지는 동시에 교

직만의 특수성을 갖는다. 모든 직업이 생계 수단인 동시에 자아의식, 자아실현의 인생 업이라는 점에서는 그 가치가 같지만, **교직에는 다음과 같은 특성이 있다**(김상돈 · 김현진, 2012; 기순신, 2001).

① **교직은 전인으로서의 인간을 대상으로 한다.** 교사는 학생에게 지식만을 전수하는 자가 아니라 전인으로서의 인간 형성을 도모하는 자이다.

② **교직은 미성숙자의 행동변화에 초점을 둔다.** 교사는 현재의 미성숙자를 무한한 가능성을 가진 한 인간으로서 성장·발달할 수 있도록 도와줌으로써 개인의 삶을 변화시키는 존재다.

③ **교직은 주로 미성숙한 인간의 정신생활을 대상으로 하는 직업이므로 다른 직업과 다르다.** 전인으로서의 인간 전체를 상대로 하는 교직은 아동과 청소년의 전인적인 성장·발달에 주된 관심이 있다.

④ **교직은 전문직으로서 봉사직이다.** 그래서 교직은 경제적 이윤 추구를 목적으로 하는 여러 다른 전문직에 비해 봉사적인 특성이 강조된다.

⑤ **교직은 국가 발전과 사회의 진보 및 문화 발전에 지대한 영향을 미치는 직업이다.** 이런 연유로 개인의 발전과 국가·사회·문화 발전에 원동력의 구실을 한다.

결국 **교직**은 현재의 가치와 미래의 변화에 적응할 인재를 육성해야 하는 전문성, 봉사성이 있으며, 다른 직업에 비해 높은 도덕성과 청렴성을 갖는 특성이 있다.

3) 멘토로서의 교사의 특징

레빈슨 등(Levinson et al., 1987)은 멘토란 지혜와 신뢰로 다른 사람의 인생을 이끌어 주는 리더라는 의미로 사용되나, 오늘날 멘토의 의미는 복합적인 의미를 지니고 있다. 멘토를 가이드, 스승, 조언자, 좋은 아버지와 좋은 스승의 혼합 인물로 정의하고, 멘토의 요건으로 멘티와 반 세대 정도의 차이가 있는 사람이 적합하다는 점을 밝혔다. 이처럼 멘토는 비교적 경험이나 연륜이 많은 사람으로 상대방의 잠재력을 들여다보고, 이상과 비전을 실현할 수 있도록 격려하고 도움을 줄 수 있다. 그래서 멘토는 코치(coach), 스폰서(sponsor), 양육자(nurturer), 옹호자(advocate), 리더(leader), 가이더(guider) 등의 다양한 용어로 불린다.

결국 멘토는 지혜로 가르치는 스승이며, 그러한 멘토는 학습자인 멘티에게는 인생의 선험자요, 지혜의 선각자이다. 멘토의 어원에 기초한 멘토의 본질적인 특성을 분석하면 지혜와 교육적 감화력을 갖춘 교사의 특성이라고 할 수 있다(김진한, 2004).

① **휴머니스트로서의 멘토이다.** 멘토는 인간관계 기술과 인간적인 특성들

을 고루 갖춘 인격자를 의미한다고 볼 수 있다. 멘토의 친절하고 상냥하고 참을성 있는 모습은 학생들에게 친밀감을 주며 학생과 인간적인 관계를 형성하기에 충분한 특성이며, 열정적이고 감정적인 이입을 할 수 있는 풍부한 감성은 학생들에게 관심과 사랑을 표현할 수 있는 정적 특성이다. 동시에 진지하고 자신감 있는 모습은 학생들에게 인간적인 신뢰를 줄 수 있는 심리적 장점이라고 볼 수 있다.

② **지혜로운 교수자로서의 멘토이다.** 멘토는 살아 있는 지혜를 가르치는 자이다. 멘토는 선각자이며 선험자이기에 지식의 상대적인 가치와 지혜의 절대적인 가치를 충분히 인식하고 있다. 그는 이미 삶의 의미와 관련된 지혜를 충분히 터득했다. 전달자인 사람과 멘토가 구별되는 것은 멘토는 삶의 의미와 관련한 가치를 스스로 깨달았으며, 이를 가르침의 가장 중요한 내용으로 한다는 점이다.

③ **삶의 방향을 제시하는 철학자로서의 멘토이다.** 멘토는 삶의 선각자로서 삶에 대한 방향을 제시하고 자극적인 경험을 할 수 있도록 조언하고, 지도하며, 가르치고, 영감을 부어 주며, 도전을 주고, 교정해 주며, 모범이 되는 경험자를 의미한다. 멘토는 멘티인 학습자에게 끊임없이 삶에 대한 새로운 방향과 도전 의식을 제시하는 조타수이다. 가르치는 자는 무엇을 위해 살아야 하는가를 분명하게 제시하는 삶의 방향에 대한 가치 판단의 철학자이어야 한다.

④ **사랑을 나누는 실천자로서의 멘토이다.** 사랑은 모든 것을 융화시키고 하나로 결집시키는 힘이 있다. 사랑은 무엇이든 담을 수 있는 그릇과 같다. 멘토는 지혜의 가르침을 사랑이라는 그릇에 담아 전달하는 사랑의 전달자이며 사랑의 실천가이다. 멘토의 가르침의 도구적 기제가 사랑이다. 훌륭한 멘토는 이미 열정적인 사랑을 가진 자이다. 가르침에 대한 열망과 멘티에 대한 열정이 있으면 퍼낼수록 더욱 맑고 깨끗한 물이 솟아나오는 샘물과 같이 주면 줄수록 더욱 맑고 깨끗한 사랑의 마음이 솟아난다. 멘토는 사랑을 나누는 실천자이다. 사랑은 가르침을 위한 에너지이며 가르침이 전달되는 통로이고 그 가르침을 간직할 수 있는 그릇이다. 그리고 결과적으로 사랑을 통해 진정한 가르침으로 변화된다. 가르침은 변화를 위한 것이며 사랑을 통하지 않고는 지혜의 가르침은 이루어지지

않는다. 소크라테스와 같은 역사적인 멘토들은 모두가 사랑의 화신이었다.

⑤ **사범(師範)으로서의 멘토이다.** 성실하게 살라고 논리적 설명을 하는 선생님이 불성실한 삶을 사는 사람이면 가르침에 있어서 감동과 설득력을 잃는다. 진정한 가르침은 먼저 보여주고 행함으로써 가능하다. 위대한 역사적 멘토는 행함의 가르침을 가장 잘 보여 준 멘토의 사범들이었다. 소크라테스는 목숨을 버리면서까지 행함으로서의 가르침을 보여 주었다. 만약 소크라테스가 죽음의 독배 앞에서 죽음을 택하지 않고 도망을 했더라면 소크라테스의 가르침은 허사가 되었을지도 모른다. 예수도 일생의 삶과 죽음을 통해 행함으로서의 가르침을 가장 완벽하게 보여 주었다. 예수는 평소에 가르쳐 왔던 사랑을 죽음의 순간까지 실천함으로써 인류의 스승이 되었다고 볼 수 있다. 그는 부활한 후에도 행함의 가르침을 통해 베드로를 설득하고 가르치는 데 성공했음을 보여 준다. 사람은 말로써 가르치는 것이 아니라 행함으로써 가르칠 수 있는 것이다. 멘토는 가르치지 않고 행함으로써 보여 주는 사범이다(김진한, 2002).

⑥ **예언자로서의 멘토이다.** 가르침의 현장에서 자기충족적 예언(self-fulfilling prophecy)이 갖는 효과는 예언자의 신뢰에 따라 차이가 있다. 긍정적 예언과 부정적 예언의 효과는 예언자의 선택에 따라 정반대의 효과로 나타난다. 훌륭한 멘토는 멘티의 좋은 점을 찾아내기 위해 노력하여 멘티의 재능을 긍정적으로 예언하는 예언자이다. 자기충족적 예언은 멘토의 지혜로운 가르침의 방법 중 하나이다. 멘티의 좋은 점을 찾아내어 칭찬과 격려를 아끼지 않는 멘토는 멘티에게 희망과 용기, 그리고 인생의 길을 인도하는 선구자이며, 길잡이다. 멘토에게는 작은 정성일지라도 멘티인 학습자들의 입장에서는 인생을 결정적인 계기가 될 수 있다. 멘토의 예언에 따라 한 인간의 숨겨진 재능을 빛나게 함으로써 시궁창에서 보물을 건져 낼 수도 있고 반대로 재능이 사장(死藏)되고 절망과 좌절의 시궁창에 빠질 수도 있다.

⑦ **고매한 인격자로서의 멘토이다.** 가르치는 자에게는 독특한 인격의 향기가 있다. 가르치는 자의 개성과 성품에 따라서 냄새와 색깔이 다르다. 고매한 인격과 바르고 건강한 삶, 원만한 성품, 밝고 유머가 있는 자세, 뛰어난 학식, 고상한 취미 등이 어우러져 나는 향기는 멘티에게 신선한 자

극과 유익한 표본이 된다. 가르치는 자의 향기는 숨길 수가 없으며, 자신의 인격의 질적 수준에 따라 종류와 질을 달리한다. 고매한 인격은 아무리 숨기려 해도 향기로서 배우는 자를 감동시킨다. 인격의 향기로 가르치는 멘토는 진정한 가르침의 표본이다. 멘토의 향기는 절로 몸에서 나는 자연적인 향기이다. 상품화된 지식을 파는 겉모습만 번듯한 선생님에게서는 값싼 향수 냄새가 날 수 있지만 지혜를 가르치는 멘토에게서는 깊고 오묘한 인격의 향기가 난다. 멘토의 향기에 취한 멘티는 결국에는 향기로운 인격을 발휘하는 인간이 될 수 있다.

⑧ **심리학자로서의 멘토이다.** 가르치는 자와 배우는 자의 생각은 다르다. 학습자의 의도와 생각을 이해하고 가르치는 것과 그렇지 못한 경우는 결과가 달리 나타난다. 가르칠 상대를 이해하는 것은 심리학적인 이해를 의미한다. 상대의 편에서 생각하면 상대의 의도와 행동이 이해된다. 지혜로운 멘토는 멘티의 의도와 행동을 이해하는 심리학자여야 한다. 학습 과정에서는 심리학적인 보상의 법칙을 이해하기만 해서는 안 되며 이를 실행하는 것이 중요하다. 멘티의 잘한 점을 찾아서 칭찬을 아끼지 않는 멘토야말로 멘티의 긍정적 자아를 일깨워 주고 실패에 대한 용기와 희망을 심어 주는 심리치료사이다. 하지만 의미 없이 던지는 작은 칭찬 열 번보다 의미 있는 큰 칭찬이 훨씬 큰 감동을 준다. 평생 잊지 못할 큰 칭찬을 통하여 인생의 결정적인 계기를 부여하고 큰 가르침을 줄 수 있는 멘토야말로 가장 뛰어난 심리학자이다.

이러한 멘토의 특성은 위대한 스승의 표본이다. 멘토는 멘티에게 지식을 가르치는 자가 아니라 교육적 감화로 삶을 인도하는 안내자이기 때문이다. 교사의 교육적 감화력은 지식의 전달체제에 관한 문제가 아니라 교사의 지혜로운 삶의 방식에 관한 문제이기에 교사의 삶과 관련되어 있다. 지혜롭고 인간적이며, 철학자이고 동시에 심리학자이며, 사랑의 실천가로서의 삶의 모습을 보여주는 사범적인 인간 멘토야말로 멘티의 삶을 구원할 본질적인 대안이 될 수 있다. 위대한 멘토가 훌륭한 멘티를 길러내며 지혜의 삶을 공유한다. 교사는 위대한 멘토의 능력을 갖추기 위해 노력하는 학습자여야 한다(김진한, 2012).

2. 교사의 자질

교육의 주체인 교사의 역할은 교육활동에 있어서 매우 중요한 요소이며, 이에 따른 교사의 자질은 교육의 질과 결과를 결정하는 변인이라고 할 수 있다. 서울시 교육연구정보원(2012)에서는 교사의 자질을 다음과 같이 언급하고 있다. 학교교육에서 교사의 자질은 교육의 효과를 좌우하는 가장 중요한 변인이다. '교육의 질은 교사의 질을 능가하지 못한다.'라는 말은 좋은 교육이 이루어지기 위해서는 훌륭한 교사가 필요하다는 말을 함축하고 있다고 볼 수 있다. 또한 이 말은 아무리 교육환경이 좋다 할지라도 실제로 학생들을 지도하는 교사가 그렇지 못한 경우에는 교육이 제대로 이루어지지 않는다는 것을 시사하고 있다. 반대로 교육환경이 비록 열악할지라도 훌륭한 교사가 있다면 교육의 열악한 환경적 측면을 어느 정도 극복하고 보다 나은 교육이 이루어질 수 있음을 말하고 있다. 그러므로 교사에게는 여느 사람보다 나은 자질과 역할이 요구된다. 오늘날 사회가 요청하는 교사는 전문적인 지식이나 기능뿐만 아니라, 학생들의 전인적 성장·발달을 돕는 참된 인간성과 지도력을 갖춘 인물이다(서울시 교육연구정보원, 2012).

교사의 자질에 대한 견해를 살펴보면, Patterson(1973)은 훌륭한 교사의 자질은 시대의 변화와 교육관의 변화에 따라 달리 규정된다고 보았다(장상호, 1980; 김진한, 2012: 19). Combs 등(1988)은 한 개인이 좋은 교사가 될 수 있는가의 여부는 그의 개인적인 지각체제에 달려 있다고 보았다.

Hessong과 Weeks(1987)는 **이상적인 교사의 특징**에는 ① 교과내용을 잘 알고 있다. ② 유머가 풍부하다. ③ 융통성이 있다. ④ 낙관적이다. ⑤ 솔직하다. ⑥ 의사소통이 분명하고 간결하다. ⑦ 개방적이다. ⑧ 참을성이 있다. ⑨ 역할 모델자가 된다. ⑩ 이론을 실제에 연결할 수 있다. ⑪ 자신감이 있다. ⑫ 다양한 영역에 걸쳐 교육받고 관심과 흥미가 있다. ⑬ 용모가 단정하고 위생적이다 등을 제시하고 있다(김진한, 2012: 19).

박세훈 외(2012: 30)는 훌륭한 교사의 조건을 전문적 자질과 개인적 자질로 구분하여 설명하였다. **전문적 자질**에는 교직에 대한 태도·가치관 및 지식·이해, 교직에 대한 기술 및 실기능력 등이 있으며, **개인적 자질**에는 인성과 인품·정신적 건강·신체적 건강 등이 있다고 하였다.

한편, **Brainard(1977)가 미국에서 실시한 교육에 대한 갤럽(Gallup)의 여론조사에서는 바람직한 교사의 특성**이 다음과 같은 순위로 나타났다(장원동, 2009: 508).

① 이해와 의사소통의 가능성을 지닌 교사
② 어린이에게 공정한 원칙을 지닌 교사
③ 도덕적 특성이 있는 교사
④ 사랑과 관심을 지닌 교사
⑤ 좋은 성품을 지닌 교사
⑥ 깔끔한 외모를 지닌 교사의 순이었다.

그리고 **Hartt가 1만 명의 고등학생을 대상으로 조사한 가장 좋아하는 교사상**은 다음과 같다(경기도교육청, 2011: 8-9).

① 교과를 분명히 철저하게 설명하며, 실례를 잘 들어주는 교사
② 명랑하며 온후하고 쾌활하고 유머가 있는 교사
③ 학습 집단의 일원으로서 인간적으로 친절하며, 동료의식을 가진 교사
④ 학생에게 관심이 있고 이해하려는 교사
⑤ 공부를 흥미 있게 만들고 공부에 대한 욕망을 일으키고 학급의 학습활동을 즐겁게 하도록 하는 교사
⑥ 엄밀하고 존경심이 드는 교사
⑦ 공평하고 편애하지 않는 교사
⑧ 무뚝뚝하지 않고, 짓궂지 않고, 까다롭지 않고, 말이 많지 않고, 비꼬는 일이 없는 교사
⑨ 배운 것이 많은 교사
⑩ 사람을 좋아하고 인간적 친화성이 있는 교사

우리나라에서는 **이종재 등(1981)이 연구한 '이상적인 교사의 자질'**에 대한 6개 항목인 ① 담당과목의 실력, ② 교육자로서의 신념, ③ 예절, 질서지도, ④ 요령 있는 수업지도, ⑤ 학생에 대한 깊은 관심과 사랑, ⑥ 인생에 대한 자세지도 등에 대하여 조사하였다. 조사 결과에 따르면 우리나라 사람들은 교사,

학부모, 학생 집단별로 다소의 차이를 보이나 전체적으로 '교육자로서의 신념을 지닌 교사'(32.5%), '학생에 대하여 깊은 관심과 사랑을 지닌 교사'(32.5%)에 대한 선호도가 높았다. 교사와 학생은 '학생에 대한 깊은 관심과 사랑'이 1순위였고, 학부모는 '교육자로서의 신념'이 1순위였다. 이상적인 교사상에 대한 교사, 학부모, 학생별 반응 내용은 다음 표 1-1과 같다.

표 1-1 이상적인 교사상에 대한 가치의식의 분포

(%, 순위)

교사상	교사	학부모	학생	전체
담당과목의 실력	7.7(4)	7.2(5)	7.8(4)	7.6(4)
교육자로서의 신념	34.8(2)	33.5(1)	29.2(2)	32.5(2)
예절, 질서지도	2.7(5)	10.4(4)	3.3(6)	5.5(5)
요령 있는 수업지도	1.3(6)	6.6(6)	7.5(5)	5.1(6)
학생에 대한 깊은 관심과 사랑	35.3(1)	30.6(2)	31.5(1)	32.5(1)
인생에 대한 자세 지도	18.2(3)	11.6(3)	20.6(3)	16.8(3)
계	100.0	100.0	100.0	100.0

출처: 장원동(2009). 교육행정 및 교육경영. 서울: 청목출판사, p. 508.

상기 내용을 정리하면, **교사의 자질**은 시대의 변화뿐만 아니라 관점에 따라 다르게 정의하고 있으나 공통적 요소에는 교과내용에 대한 전문성·지도성, 학생에게 쉽게 다가가는 인간성 등을 교사가 갖추어야 할 자질이라고 할 수 있다. 이러한 교사의 자질은 교직에 대한 사명감과 가치관·태도 등에서 비롯된다고 할 수 있다.

참고자료 교사들이 선호하거나 혐오하는 동료교사의 직무수행 특성

직무태도 및 행동	선호하는 교사	싫어하는 교사
동료의식	• 가족적인 분위기 • 원만한 인간관계 • 교직원 간 화합과 협력	• 교직원 간 불신과 반목 • 개인주의와 이기심 • 교직원 간 파벌 조성
전문직업적 이상	• 자율성 존중 • 책임감 • 교육이 본질 추구	• 성과주의 • 무소신 • 책임 회피
공동체 규범 형성	• 민주적인 학교운영 참여 • 직무 및 활동체계가 잡힘 • 자유롭게 활기참	• 독선적 학교운영 • 권위적 학교운영 선호 • 연고성 강조
내재적 만족	• 학생에 대한 헌신과 보람 • 활발한 자기 연찬	• 업무/잡무 부담에 짜증을 냄 • 불량한 근무태도

*자료: 명제창(1988). 학교조직에서의 도덕적 지도성 측정에 관한 연구. 충남대학교 박사학위논문, pp. 117-118.

제2절 교직문화

2절에서는 교직관, 교직문화 등에 대해 고찰하고자 한다.

1. 교직관

모든 사람은 삶의 일정 부분이나 사물을 대할 때 특정한 관점을 가지고 본다. 인생의 본질이나 성격을 특정한 관점을 가지고 볼 때 인생관이 되고, 교육의 본질이나 성격을 특정한 관점을 가지고 보면 교육관이 된다. 교직관은 교직의 본질과 성격을 이해하는 관점이 된다. 이러한 관점은 실제 그 일과 관련된 사람들이 상호작용할 때 기본 태도나 신념을 결정하기 때문에 매우 중요하다(박은혜, 2016). 교직관에 따라서 교육에 대한 철학과 교육의 목표, 추구하는 교사상, 교사의 행동양식 및 교수기술 등에 대한 관점이 달라질 수 있으며, 교직관은 교사는 물론 교육의 대상자인 학습자에게 까지 영향을 미친다(임종

철, 1999).

이러한 교직관 형성에 영향을 미치는 요인으로는 ① 그 시대의 사조와 교육정책이 있다. 시대사조나 국가의 정치, 경제, 사회적 상황에 따라 교육정책이 달라지고 이에 따라 교육에서 강조되는 것이 교직관 형성에 주요 영향요인이 될 수 있다. ② 교육과정에 대한 지식과 교수이론 등 학문적 발전이 교직관 형성에 영향을 미칠 수 있다. ③ 개인의 교직에 대한 지각과 기대 등의 요인이 영향을 미칠 수 있다(손향숙, 2003).

따라서 교직에 대한 관점을 다양하게 논의할 수 있지만 일반적으로 성직관, 노동직관, 전문직관으로 분류하기도 하며, 이외에도 공직관, 장인, 예술인 관점(임승렬, 2001), 전문봉사직관(김운종, 2009), 생명인관(김은주 · 권미량, 2008) 등으로 제시하기도 한다(우영효, 2017; 박은혜, 2016; 조부경 외, 2016; 최애경 외, 2016; 염지숙 외, 2016; 신재흡 외, 2016).

첫째, 성직관이다. 성직으로서의 교직은 세속적인 직업과는 달리 신부, 목사, 승려와 같은 성직으로서 정신적 봉사활동을 강조하는 직업관이다. 따라서 교직은 주로 인간의 인격 형성을 돕는 일이며, 단순한 지식과 기술의 전수보다는 참다운 사람을 만들어야 한다는 생각이 예로부터 전래된 전통이었다. 이러한 까닭에 교직은 세속적인 다른 직업과 구분되어 목사나 승려와 같이 성스러운 직업으로 인식되어 왔다.

현대사회와 같이 물질만능주의 사조 속에서도 비교적 물질적 세계보다는 정신적 세계에 보다 많은 관심을 집중시켜야 한다는 것이 교직자에 대한 일반적 인식의 기초가 되어 왔다.

이것은 교직이 고도의 정신적 봉사활동으로서 세속적인 가치인 돈, 명예, 권력 따위와는 거리가 먼 직업이라는 인식을 나타내는 것이라고 할 수 있다. 그리고 교직자는 미래지향적인 활동을 하기 때문에 현실사회보다는 다가오는 이상사회를 위하여, 그리고 그 실현을 위하여 학생들의 마음을 감화시켜야 한다는 것이 성직관인 것이다. 그것은 교육의 본질이 인간의 영혼과 정신을 다루며 정신적 자세로써 교직에 종사한 사람이 많이 있었기 때문에 그와 같은 교직관이 형성되어 왔다고 할 수 있다.

성직관을 신봉하는 교직자는 물질, 명예, 권력, 승진보다는 오히려 한없는 사랑과 헌신, 희생과 봉사, 정신적 활동이 근간을 이루는 것을 바람직한 교사의 상으로 보고 성직시하는 경향이 짙다. 하나의 사도로서 본받을 만한 진정한 교사는 교육애와 교육적 사랑을 가지고 참다운 인간교육을 하겠다는 커다란 목표를 향하여 자신의 내면적인 면을 닦으며, 또한 이러한 교육적 정열을 몸소 실천하는 사람이다. 따라서 성직관은 교사가 옛날과 같이 외곬 사범형으로 되돌아가는 것이 바람직한 일이요, 교사상으로서 성직자다운 자세를 요구하고 있어 정신 지향성과 이상 지향성이 당연하게 강조되는 것이다.

전통적으로 우리나라는 광복 이전에, 그리고 서양에서는 근대사회 이전에 사회의 질서와 체계를 유지하는 윤리적 가치관과 세계관을 학생들에게 주도적으로 전달할 수 있었다는 의미에서 교사는 군사부일체(君師父一體)라고 하는 성직과 같은 높은 지위에 두었다. 후기 산업사회의 도래와 더불어 생활양식의 다양화, 직업의 전문화 경향, 그리고 사회의 민주화 추세에 따른 인간의 자유와 평등에 대한 의식의 저변 확대가 이루어지고 있는 시점에서 성직으로서의 교직의 의미가 약화되고 있다. 단지 이것은 교육적인 관계의 측면에서 교육의 기초가 되는 학습자에 대한 교사의 열정이나, 추상적인 의미로서 교사의 윤리적 측면으로만 중요시되고 있다.

둘째, 노동직관이다. 교직에 대한 견해 가운데 성직관과는 대조적인 입장을 취하는 것으로서 교직도 하나의 노동직이며 본질적으로 다른 직업과 차이가 없다는 것이다. 따라서 노동의 대가로서 보수를 받고 보수와 근무조건의 개선을 위하여 노동조합을 결성한다거나 단체행동으로 권익을 쟁취하자는 것이다. 노동의 대가로서 보수를 받고 그들의 권익을 위하여 노동 3권(단체결성권, 단체교섭권, 단체행동권)을 갖춘 노동조합을 결성하여, 조합을 통한 집단적 행동으로 정부나 경영자와 맞서 투쟁하여야 한다고 주장한다. 오늘날 미국의 교원조합(AFT)이나 일본의 교원노동조합이 존재하고 있듯이 이러한 교직관을 가지고 있는 교직자도 상당수 있다는 것을 인정하지 않을 수 없다. 교직은 교사의 상대적인 가치 추구의 대상으로서 보편적인 노동행위와 다를 바가 없다. 교사의 교육적 행위는 결국 교육적 노동이며, 교육행위의 주체인 교사는 노동의 대가로 임금을 받고 그에게 수임된 일을 지속적으로 행하는 노동자임에 분명하다는 것이다.

현실적으로 교사는 피고용자이며, 또한 교육 자체가 국가 임무의 일부이기 때문에 교사의 교육노동이 고용자인 국가나 사학재단의 의사와 결정에 종속

될 수밖에 없다. 근본적으로 교사의 교육노동은 전문직으로서의 자율노동의 문제와 피고용자로서의 종속노동이라는 이율배반적인 모순을 내포하고 있음을 알 수 있다.

셋째, 전문직관이다. 교직의 본질을 단순하게 성직이나 노동직으로 보려는 견해를 초월하여 하나의 전문직으로 인식하려는 견해는 오늘날 광범위하게 받아들여지고 있는 추세이다. 그것은 앞에서 설명한 양자의 변증법적 통합이요, 그 장점을 살리려는 관점이고 입장이다. 교직을 단순한 노동직이 아니고 지성적·정신적 활동으로 보아 이기적인 활동이 아닌 애타적인 동기에서 출발한 봉사활동으로 규정짓는 점, 고도의 자율성과 윤리성의 강조 등에 있어서는 성직관에 접근한다. 그러나 전문직관에 있어서는 교원의 자질 향상과 교권 확립이 강조되고 있지만, 사회적·경제적 지위 향상을 위하여 교직단체를 구성하고 보다 적극적이고 진취적인 교원의 지위 향상을 쟁취해야 한다고 주장하는 점에 있어서는 일부 노동직관과 상통한다. 전문직관에서 본 교사상을 살펴보면 다음과 같다. ① 교원은 전문성을 확보하기 위하여 장기간에 걸친 교육과 훈련을 받아야 할 뿐만 아니라, 쉬지 않고 계속 연구하여야 한다. ② 교원에게는 엄격한 자격 기준이 적용되어야 하며 부적격자는 도태되어야 한다. ③ 교원은 고도의 자율성과 사회적 책임성을 가져야 한다. ④ 교원은 전문직 단체를 통하여 자질의 향상, 지위의 향상 및 교육정책에의 참여를 보장받아야 한다.

넷째, 공직관이다. 이는 교직을 사적인 활동으로 보지 않고 공적인 활동으로 보는 관점이다. 그리고 학교교육의 목적과 내용, 방법들이 공공성에 의거하고 있다는 것이다. 교사는 공직자의 신분을 가지며 학교는 공공의 이익과 사회발전에 기여하는 기관임을 의미한다. 교직이 공직이라 하는 법적 근거는 교사의 주된 신분이 공무원이며 교육활동 측면에서 국가가 주관하는 공적인 임무로 규정하는 데 있다고 볼 수 있다. 교사의 지위는 헌법체제하에 있는 공직자의 위치에 있다는 것이다.

다섯째, 장인 관점이다. 가르치는 일을 기술로 보고 사람을 장인으로 보는 관점이다. 이 관점에 따르면, 가르치는 일은 교사 개인의 믿음이나 신념 혹은 지식의 정도에 따라 달라질 수 있으며 가르치는 일을 배우는 것도 형식적인 과정이 어닌 관찰 등을 통한 도제제도로 가능하다고 본다. 이 관점에 의하면 교사들의 능력은 얼마나 능숙하게 학급을 운영하며 학습자가 학습에 참여하도록 하는가에 달려 있다.

여섯째, 예술인 관점이다. 가르치는 일을 예술로 보는 일이다. 이 관점에 따르면 가르치는 일은 개인화되어 있어 창의성이나 교사의 직관 등을 필요로 한다. 교사는 오케스트라의 지휘자로써 전체 학급의 학생들의 개성을 잘 살려 좋은 음악을 만들어 내는 지휘자에 비교된다.

일곱째, 전문봉사직관이다(김운종, 2009). 교원 각자가 교육활동과 관련된 모든 영역의 전문성을 최대한 갖추어 자신의 상품성을 높이고, 고객인 학생과 학부모가 교사를 선택하게 하여 그들에게 최상의 상품과 서비스를 제공하며, 일정 기간의 교육활동 결과는 학생의 만족도를 통하여 평가한 후 교사에게 피드백하게 하는 지속적인 순환구조를 의미한다. 전문직이 가지는 일반적인 속성은 고객에 대한 봉사의 결과로 얻어지는 경제적인 보상에서 만족감을 느끼는 것이라면, 전문봉사직에서는 고객에 대한 기술적 전문성을 충족시킴으로써 얻어지는 내적 만족감을 중시한다. 따라서 교사는 학생에 대한 전문적 봉사를 통해 얻는 내재적 만족감을 중시하고, 교육활동을 일방적으로 제공하기보다는 학생의 선호를 통해 재선택을 이끌어 내는 상호작용적 활동을 추구한다.

여덟째, 생명인관이다(김은주 · 권미량, 2008). 생명인으로서의 교직관은 교사를 자연인으로서 영유아와 더불어 삶을 나누는 생명인으로 보는 관점이다. 이러한 생명인으로서의 교사는 단지 영유아의 인지적 능력뿐만 아니라 몸, 마음, 영혼을 돌보며 나아가 함께 살아가는 교육공동체의 일원으로 본다. 따라서 교사는 자연, 영유아, 사회적 환경과의 관계 속에서 생명인으로서의 자기관리 및 관계 맺기를 해나가게 된다. 이러한 생명인으로서의 교직관은 어머니나 농부의 마음으로 생명을 섬기고, 관계를 돌보며, 삶을 보듬는 과정을 내포한 교사상을 지니게 된다.

상기에서 교직을 바라보는 다양한 관점을 고찰하였다. 교직이란 외부 사람들의 구분이 중요한 것이 아니라 가르치는 일을 교사 자신이 어떻게 대하는가에 따라 그 의미가 달라질 수 있다. 가르치는 과업에 소명을 가지고 헌신한다면 그 선생님은 성직관에 해당이 되고, 단지 일정한 보수를 받은 만큼 가르친다고 하면 그 사람에게 교직이란 노동직에 해당될 것이다.

2. 교직문화의 특성

1) 교직문화

조직문화(organizational culture)는 한 조직을 다른 조직과 구별해 주고, 조직구성원들이 무엇을 해야 하고 무엇을 하지 말아야 하는지에 대하여 믿고 있는 것이다(Mintzberg, 1989: 98; Wikins & Patterson, 1985: 265). 여기에는 조직구성원들이 공유하고 있는 내재가치와 신념들로서 상징, 태도, 가치, 행동규범, 경험, 기대 등으로 구성된다(Mowday, Porter & Steers, 1982). Robbins(1991)는 **조직문화가 수행하는 주요 기능**을 다음과 같이 제시하였다(Hoy & Miskel, 2001).

① 문화는 경계를 규정짓는 기능을 한다. 문화는 조직들을 구별해 준다.
② 문화는 조직에 정체성을 제공한다.
③ 문화는 집단에 대한 헌신을 촉진한다.
④ 문화는 사회체제의 안정성을 증진한다.
⑤ 문화는 조직을 하나로 묶어주는 사회적 접착제이다. 문화는 적절한 행동표준을 제공한다. 문화는 조직구성원들의 태도와 행동을 안내해 주고 형성해 준다. 그러나 강력한 문화는 순기능적일 수도 있고 역기능적일 수도 있어서 조직의 효과성을 촉진할 수도 있고 저해할 수도 있다. 따라서 조직문화는 조직구성원들을 하나로 묶기 위해 기대되고 요구되는 성질을 내포하고 있으며, 한 가지 최선의 문화가 있을 수는 없다 하더라도, 강력한 문화는 응집력, 충성심, 헌신감을 향상시켜 주고, 구성원들이 조직을 이탈하려는 성향을 줄여 준다(Mowday, Porter & Steers, 1982). 교직문화는 다른 직종의 문화와 구별되고, 교사들에게 교직의 신념, 태도, 정체성, 규범, 헌신감 등을 제공하여 교직 울타리라는 독특한 문화를 갖게 한다.

2) 교직문화의 특징

교직문화는 '교사 전체별 특성'과 '교사 개별적 특성'으로 크게 나누어 설명할 수 있다. 우선 교사 전체별 특성으로 개인주의, 보수주의, 관계지향성의 특징이 나타난다고 할 수 있다(박병량 · 주철안, 2005; 송기창 외, 2009: 24-26).

교사 전체별 특성으로는 ① 개인주의적 성향을 갖고 있다. 교사는 독립적으로 일하는 것을 좋아하고, 자신의 교육활동에 간섭받기를 싫어하며, 다른 교사의 교육활동에도 관여하지 않으려는 특징을 갖고 있다. ② 보수주의 성향이 있다. 교수활동의 복잡성, 교수효과 측정의 어려움, 학생과의 관계 확립 및 유지의 어려움 등으로 교사는 새로운 교수방법을 모색하기보다는 전통적인 방법을 고수하고 자신의 과거 경험을 중시한다. ③ 교직문화는 관계지향적이다. 교사는 교육활동을 통해 학생과 관계를 유지하고 교수 - 학습을 진행한다. 교사는 특히 학생과 적절한 관계, 좋은 관계를 유지하는 일에 관심을 두고 있다.

그리고 **교사 개별적 특성**이다. 교직문화는 교사 전체별 특성 이외에 학교급, 소재 지역, 학교 규모, 설립, 역사 등과 같은 학교 특성에 따라, 그리고 담당과목, 성별, 경력 등과 같은 교사요인에 따라 다양하게 나타난다(송기창 외, 2009: 30-31).

학교급별로 교직문화의 차이가 있다. 학교급별로는 중등학교는 초등학교보다 교과별 역할과 담임 · 비담임의 역할이 명확하게 구분되어 선후배 교사 간 위계 문화가 비교적 약하다. 중등교사는 초등교사와 달리 자기 교과에 대한 전문성을 갖추고 있다고 인식한다(김경미, 2004). 고등학교는 대학진학을 위한 입시위주 문화가 특징으로 일반계 고등학교에서는 학생성적 향상과 진학지도에 능력을 보이는 교사가 유능한 교사로 인정받으며(이인효, 1991), 실업계 고등학교에서는 학력중심, 선취업 · 후진학 중심의 문화가 나타나고 있다. 반면에 중학교에서는 고등학교 교사에게서 나타나는 뚜렷한 특징인 입시 위주, 진학 위주의 문화가 거의 나타나지 않는다. 그러나 평준화가 적용되지 않는 지역이나, 최근의 특수목적고등학교 선호 경향, 학교선택제 확대에 따라 상급학교 진학을 목적으로 하는 교직문화가 중학교에서도 더욱 강화되는 추세이다.

교직문화는 지역별로도 차이가 있다(고형일 · 이두휴 · 정환금, 1994). 지역에 따라 학교운영방식, 의사결정과정, 동료 간 인간관계, 상급자와 인간관계, 학부모와 관계, 수업 및 특별활동, 생활지도의 양상이 달라지고, 이러한 지역적 환경 속에서 교사의 적응방식도 달라지기 때문이다. 도시지역 교사의 삶과 문화에서는 개인주의적이고 형식주의적 특징이 있으며, 농촌지역 교사들은 공동체 의식이 강하고 집단주의적이며 인화지향적인 특징이 나타난다. 도시학교에서는 지역사회 공간이 크고 시설이 다양하므로 교사 간 관계 외에도 더욱 다양하고 폭넓은 인간관계가 형성된다. 반면에 농촌학교에서는 동료 간 접촉 빈도가 높고 동료 간 동병상련의 공감대가 형성되어 정서적·감정적 유대관계가 강하다. 특별시, 광역시의 교사는 학교 이동에 많은 비중을 두지 않으며, 오히려 담임 배정 문제가 더 중요하다. 그러나 농촌지역에 근무하는 교사는 학교 배정 문제가 매우 중요하다. 특히 이들 가운데 대도시에서 거주하는 교사는 통근거리에 따라 생활이 달라지기 때문이다.

교직문화는 **학교규모에 있어서도 차이**가 있다. 규모가 큰 학교에서는 일반적으로 같은 학년협의회(학년부)가 교사의 의사를 수렴하는 기능을 수행하고, 교무회의는 형식적인 기능을 수행하나. 반면에 규모가 작은 학교에서는 같은 학년협의회(학년부)보다는 교무회의의 역할이 크다.

마지막으로, 신설학교에서는 친밀하고 가족적인 분위기, 개교 공신으로서 적극적이고 책임감 있는 교육활동 등의 모습이 나타나기도 한다(오현옥, 2004). 그리고 특수학교에서는 인간관계에서 만족감과 겸손의 인식, 존경의 대상, 끊임없는 투자와 노력, 친구 같은 관계, 공·사적 만남의 구분 등의 특징이 있으며, 교육활동에서는 개인차에 맞는 철저한 계획성, 개인차 수업과 학교 효과의 고민 등이 두드러진다(박재범, 2005).

상기의 내용을 정리하면 일반적으로 **교직문화는 개인주의, 보수주의, 관계지향성과 같은 교직 전체적인 특성과 함께 근무하는 지역 및 개별학교의 특성, 구성된 교사요인에 따라 다양한 문화가 형성**됨을 알 수 있다.

제3절 교직 생애 발달

교사의 발달은 교직을 수행하는 과정에서 겪는 내·외적 환경요소에 의하여 교수법, 교직관, 행동, 태도, 지식, 흥미 등에서 변화가 일어나게 되며, 이 같은 변화는 교사의 교직생활에 상당한 영향을 끼치게 되어 개인별로 긍정적 또는 부정적 요소로 발달하게 된다. 본 절에서는 교사의 발달 및 교직 생애 발달을 살펴보고, 초임교사가 겪을 수 있는 교직 적응과정을 살펴보고자 한다.

1. 교직발달의 개념

교사는 교직생활의 전 기간을 통하여 많은 영역에서 변화·발달을 보이게 된다. 대부분 교사들은 교사양성기관에 입학하여 예비교사 교육을 받으면서 교사로서 필요한 지식, 행동 및 기능을 습득하게 된다. 초임교사로 근무를 시작하면서 습득한 교직관은 교육현장의 구조 및 운영상의 여러 특성, 그리고 성인으로서 생활 경험상의 여러 특성과의 복합관계 속에서 계속된 변화의 과정을 밟게 된다(박세훈 외, 2012: 31). 발달이란 환경과의 접촉을 통하여 유기체에서 지속해서 일어나는 변화를 의미한다. **교사의 발달**은 예비교사의 단계에서 시작되어 교직입문과 성장과정에서 기대되는 시간적 변화로서 자극, 변화, 발전, 퇴보의 단계를 거치게 된다. 교사발달의 주요 요소로는 개인적 영역으로는 교직관, 가치관, 태도, 인식, 지식 등의 내적 변화이며, 교육활동의 영역으로는 교수법, 생활지도, 학사업무, 학습지도 등의 기술적 변화를 가져온다. 교직수행 과정에서 습득하는 내·외적 반응과 변화로 교직에 관한 가치관, 태도, 지식, 기능 등이 발달하는 것이다. 이러한 교사발달은 전체 교직기간을 통하여 계속 경험하게 되는 것들이다(박세훈 외, 2012: 35).

2. 교직발달주기 및 교직만족도

교직입문 시기 전에는 자신의 흥미·적성·환경을 고려하여 교직을 선택하면서 교직에 대한 나름대로 기대를 하게 된다. 그러나 교직에 입문한 후에는 자신이 그전에 생각한 것과 교육현장에서 실제 경험하는 것에 차이점을 발견하게 되어 갈등을 겪게 되며, 이것이 교사발달에 장애요소가 되기도 한다. 이때 이를 긍정적으로 해석하여 잘 극복하느냐 그렇지 않으냐에 따라 교사발달을 이어가거나, 교직에 대한 회의를 하기도 한다. 직업의 어느 영역이나 마찬가지로 교직에도 발달주기가 있으며 이를 이해하고 교직에 충실하기 위해서는 교직의 발달 주기를 살펴볼 필요가 있다.

Burke, Christensen, 그리고 Fessler(1984)는 **교사발달 사이클 모델**(teacher career cycle model: TCCM)을 제시하였다. 이에 대한 내용을 살펴보면 다음과 같다(박세훈 외, 2012: 32-35). 이 모델은 교사발달을 개인적 환경 및 조직적 환경의 영향 관계 속에서 8단계의 발달과정을 거친다고 하였다. 여기에는 ① 교직이전 단계: 교사교육을 받는 기간, ② 교직입문 단계: 신규교사가 학교업무에 익숙해져 가는 기간, ③ 능력구축 단계: 자신만의 교수자료, 교수방법 및 수업전략을 추구하는 시기, ④ 열중 · 성장 단계: 교사들이 높은 능력수준에 다다른 후에도 계속적으로 전문성을 향상하기 위해 노력하는 시기, ⑤ 직업적 좌절 단계: 교직에 대해 좌절감과 회의를 느끼는 시기, ⑥ 안정 · 침체 단계: 교사들이 수월성이나 성장 · 발달을 추구하기보다는 그저 현실 안주나 현상유지에 머무르려고 하는 시기, ⑦ 직업적 쇠퇴 단계: 교직을 떠나려고 준비하는 시기, ⑧ 퇴직 단계 등이다.

교사가 위에 제시된 교사발달 사이클의 각 단계를 따라서 어떻게 변화하고 발달하여 가는가 하는 것은 교사가 경험하는 환경적 조건에 의하여 커다란 영향을 받는다. 그리고 연구팀은 교사발달 사이클 모델의 8개 단계에 있어서 교사발달 단계가 반드시 순차적으로 옮겨가는 것이 아니며, 상위단계가 하위단계보다 반드시 바람직하거나 가치 있다고도 보지 않으며, 교사들의 변화 · 발달이 반드시 일직선적인(linear process) 것만은 아니라 역동적이고 불규칙적일 수도 있다는 것을 상정하고 있다. 실제로 교사들은 자신의 개인적 특성이나 학교현장의 구조적 · 운영적 특성과의 복합적인 관계 속에서 성숙한 단계에 이르기도 전에 교직에서 탈락하거나 부적응의 상태로 상당기간 교직생활을 하는 교사도 있으며, 또 어떤 경우에는 비교적 이른 시간 안에 성숙한 단계에 이르렀다가는 곧 좌절하거나 회의를 느끼는 교사도 있을 수 있다. 이것은 교사가 접하는 환경과 개인발달의 차이에서 발생한다.

교직의 성숙 시기와 관련해서, **Katz**(1972)와 **Burden**(1979)은 교직생애에서 5년째 되는 해가 교사 성숙에 있어서 매우 중요한 시기이며, 대체로 5년째에 교직에 안정감과 자신감을 느끼게 되며 원숙한 교사가 된다고 보았다. 그러나 **Unruh**와 **Turner**(1970)는 발달 단계를 교직이전 시기, 초기교수 시기, 안전구축 시기, 성숙 시기의 단계로 나누고, 마지막 성숙 단계에 이르기까지는 교직 생애 15년의 기간이 소요된다고 하였다. 이 시기쯤 되면 교사들은 교직 자체에 만족과 안정감을 느끼고 그들의 지식과 배경을 향상할 수 있는 방안을 찾으려 한다는 것이다. **Peterson**(1978)도 연령에 따른 교사 발달과정을 연구하여 교사들은 최소 15년 이상의 교직 경력을 갖게 되는 40대 시기를 그들이 교직에 들어온 후 가장 행복한 시기로 분류하였다. 우리나라에서도 교육활동에 대한 의사결정 참여가 가장 활발한 시기가 교직 경력 15년이 지난 교사들에게 가장 높게 나타난다고 하였다(장태찬 · 임자현, 2002; 송기창, 2009: 15). 그리고 **김종운 외**(2014: 49)는 우리나라의 교직 생애주기를 교직경력과 연령에 따라 초임기(5년 미만, 25~30세), 향상기(5~15년 미만, 30~40세), 정착 및 발전기(15~25년 미만, 40~50세), 정체 및 심화기(25~35년 미만, 50~60세), 정리기(35년 이상, 61~62세) 등의 5단계로 구분하였다.

한편, 교사들의 직업만족도에서는 2015년 경제협력개발기구(OECD)회원국 중에서 '교사 된 것을 가장 후회한다.'는 응답비율이 한국이 20.1%로 가장 높았으며, 이는 조사 대상국 평균인 9.5%의 2배 이상 되는 수치이고 응답률이 20%가 넘는 국가는 한국이 유일했다(경향신문, 2015.12.20.). 서울시교육청 산하 교육연구정보원(2014)이 공개한 '서울시 교원 사기의 영향요인 탐색' 보고서를 보면 교사의 교직만족도는 'U'자형 분포를 보였다(연합뉴스, 2014.01.02.). 교사들의 교직만족도는 교직입문 초기에는 높았다가 점차 떨어져 15년가량이 지나면 가장 낮아지다가 다시 상승하는 것으로 나타났다. **그림 1-1**은 서울특별시 고등학교 교원의 교직경력별 교직만족도 추이이다.

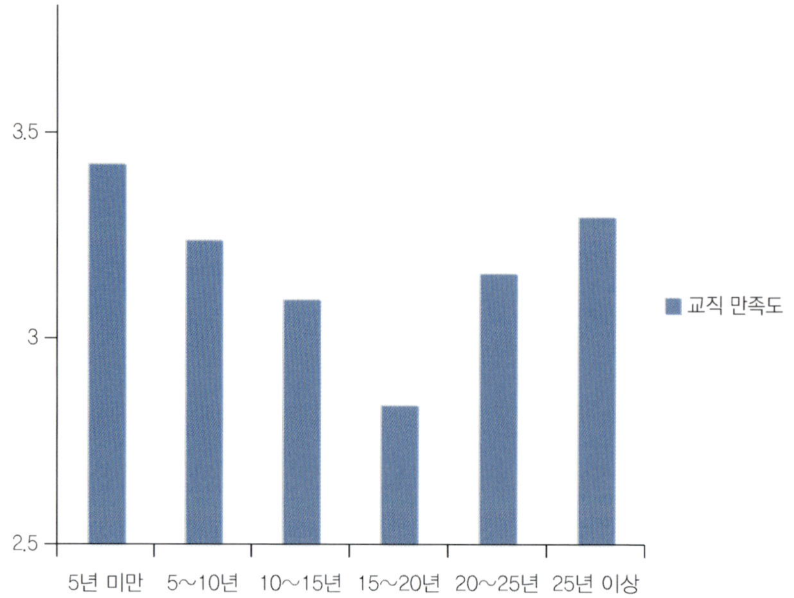

그림 1-1 서울특별시 고등학교 교원의 교직경력별 교직만족도 추이

출처: http://blog.naver.com/PostView.nhn?blogId=nice_dls&logNo=60207457576

보고서에 따르면, 교직 15년 즈음에 최저점을 기록하는 이유로는 "사기업과 달리 성과급이나 승진 같은 보상체계가 부족하고 정형화된 교과과정 속에서 반복되는 교직생활을 해서 근속연수가 10년이 넘어서면 교직만족도가 약해지는 것으로 보인다."고 분석했다. 그리고 보고서는 "교원의 사기를 높이기 위해 교직경력 단계별 연수 프로그램을 만들고 10~20년차 교사의 연구년제를 늘리거나 장기 직무연수를 시행하는 등 정책적 배려가 필요하다."고 제언했다. 또 "박사 재학 이상의 고학력 교원의 처우를 개선하고 이들을 합리적으로 활용할 방안을 마련해야 한다."고 조언했다.

상기의 내용을 정리하면, 교직생애에서 5년 정도가 되면 학생지도에 안정감과 자신감을 느끼기 시작한다고 볼 수 있다. 교직만족도에 있어서 외국의 경우에는 교육경력 15년 정도에 교직 전반에 대한 만족감과 안정감을 느끼게 되나(Peterson, 1978), 우리나라의 경우에는 이 시기에 교직만족도가 가장 낮게 나타났다. 우리나라의 경우에 교육경력 15년 이상에서 의사결정 참여를 가장 활발히 하고(장태찬 · 임자현, 2002), 이때쯤에 학교의 중간역할인 부장교사를 담당하여 교직활동이 가장 왕성하여야 하지만, 교직만족도가 가장 낮은 것은 우리나라 교사 지원정책에 많은 시사점을 갖게 된다. 위의 보고서에서 언급한 것처럼 교원의 사기를 높이기 위한 10~20년차 교사의 연수프로그램을 시행하고, 교직만족도를 높이기 위한 행 · 재정적 지원이 있어야 할 것이다. 또한 이 시기는 교감승진과 전직(장학사 · 연구사), 수석교사를 준비하는 때이므로 이에 대한 적절한 동기부여가 있어야 하며, 승진을 포기하고 묵묵히 평교사의 길을 걷는 교사에 대한 정책적 지원이 있어야 할 것이다.

3. 교직갈등

대부분 교사는 교직을 수행하면서 다양한 교직 갈등을 겪게 된다. **교직 갈등의 유형에는 교직에 대한 교원의 기대와 교직 현실간의 격차에서 오는 갈등, 교직사회 내 하위집단 간의 갈등, 교직사회와 일반사회 간의 갈등** 등이 있다(박세훈 외, 2012: 39-47).

① **교직에 대한 교원의 기대와 교직 현실 간의 격차에서 오는 갈등이다.** 여

기에는 교수활동, 학생, 교사 · 학생 간의 관계, 교사발전 및 교직여건 등이 있다.

② **교직사회 내 하위집단 간의 갈등이다.** 교육활동과 관계되는 하위집단들에는 교장 · 교감, 일반교사, 일반서무 · 행정직 등이 있다. 사립학교에는 학교설립자 및 경영자도 포함된다.

③ **교직사회와 일반사회 간의 갈등이다.** 여기에는 두 가지 측면으로 교직사회로부터 일반사회에 대한 기대 · 요구가 충족되지 못할 때와 일반사회로부터 교직사회에 대한 기대 · 요구가 충족되지 못할 때 발생한다. 여기에는 교육과 관련된 정치, 경제, 사회의 각 영역에서의 기대와 지원, 지역사회 및 학부모의 학교에 대한 지원 및 기대가 서로 상충될 때 갈등이 유발될 수 있다.

학교현장에서 교직을 수행하다 겪는 갈등요소에는 교직에 대한 회의, 학생과의 관계, 상사와의 관계, 행정직원과의 관계, 교사 간의 관계, 지역사회 및 학부모와의 관계 등이 있다. 이러한 **교직갈등의 원인을 해소하기 위한 내용**을 제시하면 다음과 같다.

① 교사는 교직의 안정성에 안주하지 말고 스스로 전문성 제고를 위해 노력하도록 한다. 이를 위해 교사동아리, 대학원 진학, 교원연수 등을 통해 자기계발을 하는 것이 좋다.

② 청소년기의 학생들을 이해하고 바람직한 길로 인도하기 위해 끊임없이 노력하는 교사의 길을 걷도록 한다. 학생은 학생일 뿐이고 반항과 일탈은 일시적이며, 현재 학생의 잘못된 행동만 보지 말고 학생의 미래를 위한 충고 및 지도를 게을리하지 않도록 한다. 고경력 교사의 경험에 따르면, 학창시절에 말썽 피워 교사를 힘들게 한 학생이 기억에 가장 오래 남으며, 이들 학생이 성인이 되어 찾아와서 자신의 잘못을 뉘우치고 "선생님의 말씀이 옳았습니다."고 할 때 교직의 보람을 느낀다고 한다. 따라서 교사는 학생의 현재를 보는 것이 아니고 미래를 보는 마음가짐을 가져야 할 것이다.

③ 상사와 행정직원 그리고 교사 간의 갈등은 대부분이 상대에 대한 인정

및 직위·직무에 따른 서로 간의 업무를 제대로 이해하지 못할 경우에 발생한다. 교장·교감은 교사에 대해 지시와 순응을 요구하기보다는 협조를 위한 노력이 필요하며, 교사-행정직원 간의 관계에서는 교직과 행정직의 업무 및 위치의 차이를 이해하고 상대에 대한 존중이 따라야 한다. 그리고 교사 간의 관계에서는 개별업무 및 공동업무를 충실히 수행하여 타 교사의 업무에 지장이 없도록 협조하여야 한다. 그리고 경력·연령과 관계없이 상대를 존중하는 자세가 필요하다.

④ 지역사회 및 학부모와의 관계에 있어서 교사는 지역사회와 학부모가 교사에게 기대하는 것이 무엇인지 알아야 하며, 지역사회와 학부모도 학교 발전을 위한 관심을 가지고 상호 존중하는 자세를 가져야 한다. 대부분 교직갈등은 업무와 인간관계의 두 가지 요소에 의해 발생하지만, 이들은 교직의 특성상 평소의 원만한 인간관계를 통해 해결할 수 있는 것들이다. 인간관계의 시작과 끝은 상대의 인정과 존중임을 명심하여야 한다.

4. 교직입문 및 교직적응

초임교사의 경력기간에 대해 정의된 바는 없지만, 일반적으로 교육경력이 1~2년 또는 5년 미만의 교사로서 교직생활에 완전히 적응하지 못한 단계라고 할 수 있다. 초임교사의 교직 입문 동기 및 교직 적응을 살펴보면 다음과 같다.

1) 교직입문

우리나라 청소년의 교직에 대한 선호도는 매우 높은 편이다. 보도자료(경향신문, 2015.12.20.)에 따르면, OECD회원국 15세 이상 청소년 중에 '장래 교사가 되고 싶어 하는 학생'은 한국이 15.5%로 터키(25.0%)에 이어 두 번째였으며, 전체회원국 평균(4.5%)보다 상당히 높았다. 이 같은 교사에 대한 인기는 다른 회원국들에 비해 나은 처우, 고용 불안정성이 커지는 가운데 정년이 보장돼 있고, 퇴직 후 연금 혜택이 있는 직업이 많지 않기 때문이라고 하였다.

교사들의 교직입문의 동기는 다양하다. **Ornstein과 Levine**(2000)은 **교직입문의 동기**로 아동에 대한 사랑, 지식 전수 욕구, 가르치는 데 대한 관심과 열정,

사회에 대한 봉사 등을 주요 동기요인으로 제시하고 있으며, 그 외 직업의 안정성, 연금 수익 등을 들고 있다. **Parkay**(1995)는 근무시간과 방학, 급여 인상, 교직입문의 용이성 등을 들고 있다(김종운 외, 2014: 25). 우리나라의 경우에도 교직입문의 동기가 위의 내용과 비슷한 경향이 있으며 여기에 선생님에 대한 사회적 높은 기대감이 작용한다고 볼 수 있다.

2) 신규교사의 교직적응

신규교사로 발령받아 낯선 환경을 접하면 상당한 긴장 및 혼란에 빠지게 된다. 교직에 입문하면 '배우는 학생의 입장'에서 '가르치는 교사'로 위치가 바뀜에 따라 역할의 혼돈이 생기게 된다. 또한 교사양성과정에서 익숙해진 대학문화, 과거 자신이 경험했던 중 · 고교의 학생문화와 지금의 학생문화, 그리고 교사문화 사이에서 적지 않은 문화적 충격을 받을 수 있다. 이때 문화갈등, 역할 혼미, 정체성 혼란도 경험할 수 있다(송기창 외, 2009: 36).

초임교사의 교직 적응 과정은 개인차에 따라 다르게 나타나며 매우 역동적이고 복합적이며, 스스로 다양한 적응 전략을 개발하기도 한다. Lacey(1977)에 따르면, 학교체제로부터의 압력에 순응하기 위해 **교사가 사용하는 사회적 전략**(social strategy)에는 세 가지가 있다(최상근, 2007; 송기창 외, 2009: 37).

① **내면화된 적응(internalized adjustment)이다.** 이것은 학교현장의 역할, 태도, 가치 등을 그대로 믿고 받아들이는 방법이다.

② **전략적 순응(strategic compliance)이다.** 이것은 학교의 가치나 태도에 상반된 신념을 갖고 있지만, 표면적으로는 상황의 요구에 순응하는 것이다.

③ **전략적 재정의(strategic redefinition)이다.** 이것은 학교상황의 장애요소와 충돌하면서 허용될 수 있는 행동의 범위를 넓히고, 자신의 의지에 따라 새로운 창의적인 변화를 지도하는 것이다.

그리고 신규교사가 흔히 고민하는 것에는 학생과의 관계, 교사들 간의 관계, 교장 · 교감 · 부장교사와의 관계, 학부모와의 관계를 어떻게 하여야 하는지에 대한 우려와 불안감이다. 이와 같은 고민을 해결하기 위해 본인 스스로 교직에 대한 자신감을 느끼고, 초임교사로서의 마음가짐을 되새길 필요가 있다. 이에 대한 **교직 적응에 필요한 신규교사가 갖춰야 할 마음가짐**에는 다음과 같은 것들이 있다(경기도교육청, 2014: 130).

① **교사는 학생을 편애해서는 안 된다.** 교실에 들어가면 저절로 눈길이 머물고 호감이 가는 학생이 있는가 하면 얼굴이 찡그려지는 학생도 있다. 이런 경우 교사는 의도적으로 후자에 속하는 학생에게 더 오래 자주 시선을 주고 긍정적인 반응을 할 필요가 있다. 많은 경우 그런 학생들은 지금까지 어른, 특히 교사들에게 정감 어린 시선을 받아 본 경험이 적을 것이므로 교사의 이런 반응은 크게 영향을 줄 수 있다. 교사의 따뜻한 웃음과 관심이 한 문제아를 바로잡는 데 중요한 이바지를 한 경우가 많다.

② **학생을 칭찬하거나 벌을 줄 때는 사실에 근거를 두고 칭찬이나 비평을 해야 한다.** "너는 이번에 공부를 열심히 했나 보구나!", "그렇게 행동하는 것은 옳지 않은 거야"라는 식으로 하는 것이 좋다. "너는 머리가 좋구나!", "너는 항상 문제아니?"라고 하는 것은 학생들에게 도움이 되지 못한다. 그리고 될 수 있으면 칭찬은 공개적으로 하여 자존감을 높여주고 지적이나 꾸중은 개별적으로 하여 학생의 자존감에 상처를 주지 않도록 한다.

③ **교사들 간의 관계에서는 항상 부지런하게 움직이면서 선배를 돕고 모르는 것을 물어서 알려고 하는 태도를 지녀야 한다.** 사람은 누구나 자신이 처한 환경에 맞게 처신하는 것이 중요하다. 직장의 막내가 선임처럼 무게를 잡고 있는 것은 어울리지 않으며, 선배들에게 사랑받지 못하는 원인이 된다. 기본적으로 자신에게 주어지는 업무를 잘 해결하고 도움이 필요한 다른 사람들을 도와주는 것은 너무나 아름다운 일이다. 그런데 가끔 자신의 능력을 벗어나는 어렵고 많은 업무를 준다면 선배교사에게 조언을 들어 과다하게 부과된 업무에 대해 도움을 요청하는 것이 필요하다.

④ **교장 · 교감선생님과의 관계이다.** 학생시절의 교장 · 교감선생님의 개념을 떠나서 이제는 직장 상사로서의 원만한 관계를 통해 교육이 잘 이루어지도록 해야 한다. 직책상 주어지는 입장의 차이뿐만 아니라 연령의 차이, 경험의 차이 등으로 인하여 여러 가지 면에서 이해가 안 되는 부분도 많

을 것이다. 그러나 직책상 주어지는 행정가들의 정당한 지시는 받아들여 수행하여야 하며 더 나은 방안이 있다면 적당한 기회를 보아 건의할 수 있을 것이다.

⑤ **학부모와의 관계이다.** 대부분 학부모가 신규교사보다 연령이 많고 경험도 많아서 자연스럽게 학부모들의 요구에 응하기가 부담되는 부분이 많을 것이다. 그러나 학부모들도 교사들을 도와주려고 하는 태도를 보이고 있으므로 성실하게 학생들에게 최선을 다하는 교사의 모습을 보고 안심을 하게 마련이다. 학부모들과 너무 친할 필요도 없지만, 일부러 거리를 두려고 할 필요도 없다.

이외에도 좋은 직장생활의 시작은 **원만한 인간관계에서 시작되므로 동료교사뿐만 아니라 전체 교직원, 학생, 학부모와의 관계형성**을 위해 노력하여야 한다. 또한 신규교사로서 겪는 실수를 줄이기 위해서는 자신이 따를 만한 **롤-모델(role-model)의 선배교사와 수시로 접촉하여 상담방법 및 실무를 익히는 마음가짐도 중요하다.**

생각해봅시다

1. 예비교사로서 자신의 교직관과 그에 따른 교사로서의 자질을 생각해 봅시다.

2. 가르치는 전문가로서 교사는 어떤 능력과 자질에 대하여 생각해 봅시다.

3. 교직의 복합성에서 오는 교사의 갈등은 어디에서 찾을 수 있으며, 이를 극복하기 위한 방안에 대하여 생각해 봅시다.

CHAPTER 2

교직윤리 · 교권 및 교직단체

학습목표

1. 공무원의 행동강령의 내용을 파악할 수 있다.
2. 교원의 적극적 권리와 소극적 권리에 대하여 설명할 수 있다.
3. 교원의 적극적 의무와 소극적 의무를 이해할 수 있다.
4. 우리나라 교직단체를 파악할 수 있다.

Keyword

교사윤리, 교직윤리헌장, 공무원 행동강령, 윤리강령, 행동강령, 실천강령, 직무관련자, 직무관련공무원, 교권, 적극적 권리, 자율권, 생활보장권, 근로권, 소극적 권리, 사회적 신분보장권, 교권침해방지권, 교원단체활동권, 쟁송제기권, 불체포특권, 적극적 의무, 소극적 의무, 교직단체, 단체교섭, 교섭협의, 의무적 교섭, 임의적 교섭, 비교섭사항, 교원노조법, 일반노조법

제1절 교사의 윤리

1절에서는 교사윤리의 개념, 교직윤리헌장을 고찰하고자 한다.

1. 교사윤리의 개념

교사의 윤리는 교사들에게 기대 · 요구되는 행동양식으로서 교직의 전문성을 높여주는 것이다. 교직의 전문성을 논함에 있어서 반드시 윤리문제가 포함된다. 그것은 교직에서만이 아니라, 모든 전문직에서 요구되는 기본조건의 하나이다. 전문직 종사자에게는 다른 직업종사자보다 높은 직업윤리와 도덕수준을 사회로부터 요구받고 있다. 교직도 그러한 기대에서 예외일 수 없으며, 사실 오늘의 교사에 대한 사회적 비판의 대부분이 교직윤리에 관련된 문제들이다.

교사의 사회적 지위, 경제적 지위, 지적 수월성 등은 모두 중요하고 어느 하나도 소홀히 생각할 수 없지만, 이들보다도 먼저 생각해야 할 것은 교사의 윤리문제일 것이다. 왜냐하면 교사는 가르치는 사람이며, 가르친다는 것은 지식을 가르친다는 의미만이 아니라, 사회적 · 도덕적 측면에서 본을 보여야 한다는 의미를 포함하고 있기 때문이다. 교사에게서 윤리와 도덕의 개념을 제외한다면 그는 이미 교사라고 할 수 없다. 그것은 마치 성직자에게서 윤리나 도덕의 개념을 뺄 수 없는 것 같은 경우이다. 그리고 교사가 지녀야 할 윤리는 외부적으로 규정된다거나 개인적인 선택의 문제가 아니라, 교사들 스스로 지켜야 할 교직윤리규범을 집단적인 지혜의 절차를 통해 제정하고 이에 비추어 개개인을 자율적으로 통제한다는 것이다.

교사가 대하는 상대에 따라 가져야 할 윤리에는 다음과 같은 것들이 있다(경기도교육청, 2014: 130).

① **학생들과의 관계**: 솔선수범, 신뢰와 권위, 공평성, 인격 존중, 비밀보장
② **교사들과의 관계**: 존경과 신뢰, 화합과 협력, 책임감
③ **행정가와의 관계**: 지시와 복종, 건의와 협의, 책임감
④ **학부모와의 관계**: 성실, 봉사, 신뢰와 협조

2. 교직윤리헌장

우리나라에서도 교직윤리의 확립을 위하여 교사들의 전문직 단체인 한국교원단체총연합회에서 교사의 윤리와 관련되는 강령을 제정한 바 있다. 1982년 5월 15일 스승의 날에 선포한 사도헌장과 사도강령은 1958년에 제정한 「교원윤리강령」의 기본 취지를 대폭 개정하여 만든 것이며, 최근 시대적 변화에 따라 교직윤리헌장이 새롭게 2005년 공포되었다. 이에 대한 내용은 다음과 같다.

〈교직윤리헌장〉

우리는 교육이 인간의 가치와 존엄성을 높이며, 개인의 성장과 자아실현은 물론 국가와 민족의 미래에 중대한 영향을 준다는 사실을 명심하고, 국민으로부터 부여받은 교육자의 책무를 다하기 위해 최선을 다한다. 우리는 균형 있는 지 · 덕 · 체 교육을 통하여 미래사회를 열어갈 창조정신과 세계를 향한 진취적 기상을 길러줌으로써, 학생을 학부모의 자랑스러운 자녀요 더불어 사는 민주사회의 주인으로 성장하게 한다. 우리는 교육자의 품성과 언행이 학생의 인격형성을 좌우할 뿐만 아니라 사회전반의 윤리적 지표가 된다는 사실을 깊이 인식하고, 윤리성과 전문성을 높이기 위해 노력한다. 이에 우리 모두의 의지를 모아 교직의 윤리를 밝히고, 사랑과 정직과 성실에 바탕을 둔 교육자의 길을 걷는다.

〈우리의 다짐〉

- 나는 학생을 사랑하고 학생의 인권과 인격을 존중하며, 합리적인 절차와 방법에 따라 지도한다.
- 나는 학생의 개성과 가치관을 존중하며, 나의 사상 · 종교 · 신념을 강요하지 않는다.
- 나는 학생을 학업성적 · 성별 · 가정환경의 차이에 따라 차별하지 않으며, 부적응아와 약자를 세심하게 배려한다.
- 나는 수업이 교사의 최우선 본분임을 명심하고, 질 높은 수업을 위해 부단히 연구하고 노력한다.
- 나는 학생의 성적평가를 투명하고 엄정하게 처리하며, 각종 기록물을 정확하게 작성 · 관리한다.
- 나는` 교육전문가로서 확고한 교육관과 교직에 대한 긍지를 갖고, 자기개발을 위해 노력한다.
- 나는 교직 수행과정에서 습득한 학생과 동료, 그리고 직무에 관한 정보를 악용하지 않는다.
- 나는 학생이나 학부모로부터 사적 이익을 취하지 않으며, 사교육기관이나 외부업체와 부당하게 타협하지 않는다.
- 나는 잘못된 제도와 관행을 개선하는 데 앞장서며, 교육적 가치를 우선하는 건전한 교직문화 형성에 적극적으로 참여한다.
- 나는 학부모와 지역사회를 교육의 동반자로 삼아 바람직한 교육공동체 형성을 위해 함께 노력한다.

제2절 공무원 행동강령

2절에서는 공무원 행동강령의 의의, 공무원 행동강령의 이해 등을 기술하고자 한다.

1. 공무원 행동강령의 의의[1)]

1) 공무원 행동강령의 의의

강령(code)[2)]이란 원래 '일의 근본이 되는 큰 줄기'를 이르는 말로서 정치집단이나 사회단체의 기본이념 혹은 기본방침을 나타내는 용어로 사용되다가 최근에는 그 범위가 확대되어 특정한 조직이나 전문가 집단이 지향하는 가치를 명문화하여 공표하는 데 주로 사용되고 있다. 따라서 **행동강령**이란 강령에 윤리 혹은 행동이라는 말을 덧붙여서 그 구성원이 지향하는 바람직한 가치, 기준, 열망 또는 행동방향 등을 천명하는 것이다. 강령은 그 핵심적 속성인 규범성과 실천성, 자율성의 정도에 따라 윤리강령, 행동강령, 실천강령 등으로 유형화할 수 있으나 그 구분이 명확하지는 않다. 공무원이 준수해야 하는 행위 기준을 정하고 있는 「공무원행동강령」에는 윤리강령 성격과 실천강령 성격의 규정이 함께 포함되어 있다. 이 같은 강령의 성격은 표 2-1 강령의 구분 및 성격과 같다.

표 2-1 강령의 구분 및 성격

구분	성격
윤리강령 (code of ethics)	조직의 내부 구성원들이 기본적으로 지향해야 하는 가치를 담은 윤리 지침
행동강령 (code of conduct)	윤리강령을 보다 구체화하여 그 조직이 지향하는 각 가치의 기준, 핵심적 내용·절차 등 행동의 표준을 정한 강령
실천강령 (code of practice)	행동강령을 보다 구체화한 것으로서 각 행위 유형별로 구성원들이 따라야 하는 구체적 기준과 절차 등을 명료하게 규정하고 있는 강령

출처: 경기도교육청(2016). 경기도교육청 공무원 행동강령 업무편람. p. 3.

1) 경기도교육청(2016). 경기도교육청 공무원 행동강령 업무편람. p. 2-3.
2) 강령(code)의 어원은 나무줄기(tree trunk, 樹幹)를 뜻하는 라틴어 codex에서 유래하였다.

「공무원 행동강령」은 공무원이 직무수행 과정 내외에서 당면하는 갈등상황에서 공무원이 추구해야 할 바람직한 가치기준과 준수해야 할 행위기준을 구체적으로 제시하고 있는 규정이다. 공무원의 바람직한 역할과 바람직하지 않은 행위를 제시함으로써 무엇이 공무원에게 필요한 행동이며, 어떠한 행동을 하지 말아야 할 것인가를 한정하고 있다. 그리고 「공무원 행동강령」은 개별 공무원이 특정 상황에서 가치를 경험하기 전에 바람직한 가치를 습득하고 수용할 수 있도록 도와주는 역할을 한다.

2) 공무원 행동강령의 성격

공무원 행동강령의 성격에는 규범성, 실천성, 자율성, 지침제시, 투명성, 예방지향성이 있으며, 이들 내용은 공무원의 전문성 및 신뢰성 등을 담보하는 것들이라고 할 수 있다. 이에 대해 살펴보면 다음과 같다(경기도교육청, 2016).

① **규범성**: 행동강령은 공직자들의 바람직한 가치판단이나 의사결정의 기준을 담고 있다는 점에서 기본적으로 규범성을 지향한다.

② **실천성**: 행동강령은 단순히 규범의 차원에만 머무는 것이 아니라 공무원들이 적극적으로 실천하고 준수해야만 강령이 지향하는 궁극적인 목표가 달성될 수 있다.

③ **자율성**: 행동강령은 자율성이 기본적인 속성의 하나이다. 행동강령은 외부의 타율적 강제로 실천되어야 하는 것이 아니라 강령이 적용되는 해당 공무원의 자발적인 수용과 자율적 실천에 기초하여 폭넓게 준수되어야 한다.

④ **지침(가이드라인) 제시**: 행동강령은 공무원의 바람직한 행동의 방향을 제시하는 데 목적이 있으므로 세부적인 내용보다는 어느 정도 포괄적이고 보편적인 내용을 담고 있다. 상황에 따라 달라질 수도 있는 행동 내용을 세밀하게 구분하여 규정하는 것 자체는 불가능하며, 공무원 개개인의 행동과 의사결정 방식은 매우 다양하므로 단일 기준으로서 강령을 제시하는 것에는 한계가 있을 수 있다.

⑤ **투명성**: 행동강령은 기본적으로 전문가 집단들에게 필요한 것이다. 이것

은 '전문성'으로 인하여 전문가 집단이 수행하는 기능이나 활동이 외부에 노출되지 않는 속성이 있기 때문이다.

⑥ **예방 지향성**: 「공무원 행동강령」은 사후적 처벌보다는 사전 예방적 기능을 주된 목적으로 한다. 이것은 잘못된 행동에 대한 처벌이라는 취지보다는 강령을 준수하도록 하기 위한 최소한의 규제 장치로 이해되어야 할 것이며, 기존의 형법 등과 비교한다면 「공무원 행동강령」은 기본적으로 사전 예방기능을 수행하도록 하는 데 초점을 두고 있다.

2. 공무원 행동강령의 이해

「부패방지 및 국민권익위원회의 설치와 운영에 관한 법률」 제8조에 따라 규정된 '공무원 행동강령'의 구성 내용은 목적 및 정의, 공무원으로서 지켜야 할 공정한 직무수행, 부당이득의 수수 금지 등, 건전한 공직풍토의 조성, 위반 시의 조치, 보칙 등으로 구분된다. 이를 정리하여 설명하면 다음과 같다.

1) 목적 및 용어의 정의

공무원 행동강령은 「부패방지 및 국민권익위원회의 설치와 운영에 관한 법률」 제8조에 따라 공무원이 준수하여야 할 행동기준을 규정한 것으로서, 국가공무원(국회, 법원, 헌법재판소 및 선거관리위원회 소속의 국가공무원은 제외)과 지방공무원에게 적용되는 강령이다. 따라서 이 영은 교육공무원 및 공무원에 따르는 대우를 받는 사립학교 교원에게도 적용된다.

공무원 행동강령에서 사용되는 관련용어로서, **'직무관련자'**란 공무원의 소관 업무와 관련되는 자로서 개인 또는 단체를 말하며, **'직무관련공무원'**이란 공무원의 직무수행과 관련하여 이익 또는 불이익을 직접 받는 다른 공무원을 말한다. **'선물'**이란 대가 없이(대가가 시장가격 또는 거래관행과 비교하여 현저하게 낮은 경우를 포함한다) 제공되는 물품 또는 유가증권, 숙박권, 회원권, 입장권, 할인권, 초대권, 관람권, 부동산 등의 사용권 등 일체의 재산적 이익 등을 말한다. **'향응'**이란 음식물 · 골프 등의 접대 또는 교통 · 숙박 등의 편의를 제공하는 것을 말한다.

2) 공무원 행동강령의 내용

공무원의 공정한 직무수행을 위해 준수해야 할 내용에는 공정한 직무수행을 해치는 지시에 대한 처리, 이해관계 직무의 회피, 특혜의 배제, 예산의 목적 외 사용 금지, 정치인 등의 부당한 요구에 대한 처리, 인사 청탁 등의 금지 등이 있다. 이에 대한 '공무원 행동강령'의 내용을 살펴보면 다음과 같다.

첫째, 공정한 직무수행을 해치는 지시에 대한 처리(제4조)이다. 공무원은 상급자가 자기 또는 타인의 부당한 이익을 위하여 공정한 직무수행을 현저하게 해치는 지시를 하였을 때 그 사유를 그 상급자에게 소명하고 지시에 따르지 아니하거나 공무원 행동강령에 관한 업무를 담당하는 공무원(이하 행동강령책임관)과 상담할 수 있다.

둘째, 이해관계 직무의 회피(제5조)이다. 공무원은 자신이 수행하는 직무가 자신 및 배우자, 친족(4촌 이내), 자신이 2년 이내에 재직하였던 단체 또는 그 단체의 대리인이 직무관련자인 경우에는 그 직무의 회피 여부 등에 관하여 직근 상급자 또는 행동강령책임관과 상담한 후 처리하여야 한다. 다만, 중앙행정기관의 장 등이 공정한 직무수행에 영향을 받지 아니한다고 판단하여 정하는 단순 민원업무의 경우에는 그러하지 아니하다.

셋째, 특혜의 배제(제6조)이다. 공무원은 직무를 수행할 때 지연 · 혈연 · 학연 · 종교 등을 이유로 특정인에게 특혜를 주거나 특정인을 차별하여서는 아니 된다.

넷째, 예산의 목적 외 사용 금지(제7조)이다. 공무원은 여비, 업무추진비 등 공무 활동을 위한 예산을 목적 외의 용도로 사용하여 소속 기관에 재산상 손해를 입혀서는 아니 된다.

다섯째, 정치인 등의 부당한 요구에 대한 처리(제8조)이다. 공무원은 정치인이나 정당 등으로부터 부당한 직무수행을 강요받거나 청탁을 받은 경우에는 소속 기관의 장에게 보고하거나 행동강령책임관과 상담한 후 처리하여야 한다.

여섯째, 인사 청탁 등의 금지(제9조)이다. 공무원은 자신의 임용 · 승진 · 전보 등 인사에 부당한 영향을 미치기 위하여 타인이 인사업무 담당자에게 청탁을 하도록 해서는 아니 된다. 또한 공무원은 직위를 이용하여 다른 공무원의 임용 · 승진 · 전보 등 인사에 부당하게 개입해서는 아니 된다.

일곱째, 이권 개입 등의 금지(제10조)이다. 공무원은 자신의 직위를 직접 이용하여 부당한 이익을 얻거나 타인이 부당한 이익을 얻도록 해서는 아니 된다.

여덟째, 직위의 사적 이용 금지(제10조의 2)이다. 공무원은 직무의 범위를 벗어나 사적 이익을 위하여 소속 기관의 명칭이나 직위를 공표 · 게시하는 등의 방법으로 이용하거나 이용하게 해서는 아니 된다.

아홉째, 알선 · 청탁 등의 금지(제11조)이다. 공무원은 자기 또는 타인의 부당한 이익을 위하여 다른 공무원의 공정한 직무수행을 해치는 알선 · 청탁 등을 해서는 아니 된다. <신설 2018. 1. 16>

① 특정 개인 · 법인 · 단체에 투자 · 예치 · 대여 · 출연 · 출자 · 기부 · 후원 · 협찬 등을 하도록 개입하거나 영향을 미치도록 하는 행위

② 채용 · 승진 · 전보 등 인사업무나 징계업무에 관하여 개입하거나 영향을 미치도록 하는 행위

③ 입찰 · 경매 · 연구개발 · 시험 · 특허 등에 관한 업무상 비밀을 누설하도록 하는 행위

④ 계약 당사자 선정, 계약 체결 여부 등에 관하여 개입하거나 영향을 미치도록 하는 행위

⑤ 특정 개인 · 법인 · 단체에 재화 또는 용역을 정상적인 관행에서 벗어나 매각 · 교환 · 사용 · 수익 · 점유 · 제공 등을 하도록 하는 행위

⑥ 각급 학교의 입학 · 성적 · 수행평가 등의 업무에 관하여 개입하거나 영향을 미치도록 하는 행위

⑦ 각종 수상, 포상, 우수기관 또는 우수자 선정, 장학생 선발 등에 관하여 개입하거나 영향을 미치도록 하는 행위

⑧ 감사 · 조사 대상에서 특정 개인 · 법인 · 단체가 선정 · 배제되도록 하거나 감사 · 조사결과를 조작하거나 또는 그 위반사항을 묵인하도록 하는 행위

⑨ 그 밖에 중앙행정기관의 장등이 공직자가 아닌 자의 공정한 업무 수행을 저해하는 알선 · 청탁 등에 해당한다고 판단하여 정하는 행위

열째, 직무 관련 정보를 이용한 거래 등의 제한(제12조)이다. 공무원은 직무수행 중 알게 된 정보를 이용하여 유가증권, 부동산 등과 관련된 재산상 거래

또는 투자를 하거나 타인에게 그러한 정보를 제공하여 재산상 거래 또는 투자를 돕는 행위를 해서는 아니 된다.

열한째, 공용물의 사적 사용 · 수익의 금지(제13조)이다. 공무원은 관용 차량 · 선박 · 항공기 등 공용물과 예산의 사용으로 제공되는 항공마일리지, 적립포인트 등 부가서비스를 정당한 사유 없이 사적인 용도로 사용 · 수익해서는 아니 된다.

열둘째, 금품 등의 수수 금지(제14조)이다. 공무원은 직무 관련 여부 및 기부 · 후원 · 증여 등 그 명목에 관계없이 동일인으로부터 1회에 100만원 또는 매 회계연도에 300만원을 초과하는 금품등을 받거나 요구 또는 약속해서는 아니 된다. 다만, 다음 각호의 어느 하나에 해당하는 경우에는 그러하지 아니하다(제1항).

① 사적 거래(증여는 제외한다)로 인한 채무의 이행 등 정당한 권원(權原)에 의하여 제공되는 금품 등
② 통상적인 관례의 범위에서 제공되는 음식물 또는 편의
③ 직무와 관련된 공식적인 행사에서 주최자가 참석자에게 일률적으로 제공하는 교통 · 숙박 또는 음식물
④ 불특정 여러 사람에게 배포하기 위한 기념품 또는 홍보용 물품
⑤ 질병 · 재난 등으로 어려운 처지에 있는 공무원을 돕기 위하여 공개적으로 제공되는 금품 등
⑥ 그 밖에 원활한 직무수행 등을 위하여 중앙행정기관의 장 등이 허용하는 범위에서 제공되는 금품 등

제2항: 공무원은 직무관련공무원으로부터 금품 등을 받아서는 아니 된다.

제3항: 공무원은 직무관련자였던 자나 직무관련공무원이었던 사람으로부터 당시의 직무와 관련하여 금품 등을 받아서는 아니 된다.

제4항: 공무원은 배우자나 직계 존 · 비속이 제1항부터 제3항까지의 규정에 따라 수령이 금지되는 금품 등을 받지 아니하도록 하여야 한다.

열셋째, 금품 등을 주는 행위의 금지(제14조의 2)이다. 공무원은 제14조 제2항에 따라 자신으로부터 금품 등을 받는 것이 금지된 공무원에게 금품 등을 제공해서는 아니 된다. 다만, 제14조 제2항 각호에서 정한 경우는 제외한다.

열넷째, 외부강의 등의 사례금 수수 제한(제15조)이다.

① 공무원은 자신의 직무와 관련되거나 그 지위 · 직책 등에서 유래되는 사실상의 영향력을 통하여 요청받는 교육 · 홍보 · 토론회 · 세미나 · 공청회 또는 그 밖의 회의 등에서 한 강의 · 강연 · 기고 등(이하 "외부강의등"이라 한다)의 대가로서 중앙행정기관의 장등이 정하는 금액을 초과하는 사례금을 받아서는 아니 된다.

② 공무원은 사례금을 받는 외부강의등을 할 때에는 외부강의등의 요청 명세 등을 소속 기관의 장에게 그 외부강의 등을 마친 날부터 10일 이내에 서면으로 신고해야 한다. 다만, 외부강의등을 요청한 자가 국가나 지방자치단체인 경우에는 그러하지 아니하다.<개정 2020. 4. 7>

③ 삭제<2020. 4. 7>

④ 소속 기관의 장은 제2항에 따라 공무원이 신고한 외부강의등이 공정한 직무수행을 저해할 수 있다고 판단하는 경우에는 그 공무원의 외부강의등을 제한할 수 있다. <개정 2020. 4. 7.>

⑤ 공무원은 제1항에 따른 금액을 초과하는 사례금을 받은 경우에는 소속 기관의 장에게 신고하고, 제공자에게 그 초과금액을 지체 없이 반환하여야 한다.

⑥ 공무원은 제5항에 따라 초과금액을 반환한 경우에는 증명자료를 첨부하여 그 반환 비용을 소속 기관의 장에게 청구할 수 있다.

⑦ 중앙행정기관의 장등은 과도한 외부강의등으로 인하여 업무에 지장을 초래하지 아니하도록 대가를 받고 수행하는 외부강의등의 횟수 상한을 정할 수 있다.

⑧ 공무원은 제7항에 따른 횟수 상한을 초과하여 대가를 받고 외부강의 등을 하려는 경우에는 미리 소속 기관의 장의 승인을 받아야 한다.

열다섯째, 직무관련자 거래신고(제16조)이다. ① 공무원은 자신, 배우자, 직계존속 · 비속(생계를 같이 하는 경우만 해당한다.) 또는 특수관계사업자가 공무원 자신의 직무관련자 또는 직무관련공무원과 직접 다음 각 호의 어느 하나에 해당하는 행위를 하는 경우에는 소속 기관의 장에게 미리 신고하여야 한다.

1. 금전을 빌리거나 빌려주는 행위 및 유가증권을 거래하는 행위. 다만, 「금융실명거래 및 비밀보장에 관한 법률」 제2조 제1호에 따른 금융회사 등으로부터 통상적인 조건으로 금전을 빌리는 행위 및 유가증권을 거래하는 행위는 제외한다.
2. 부동산, 자동차, 선박, 항공기, 건설기계, 그 밖에 이에 준하는 재산을 거래하는 행위. 다만, 공매·경매·입찰 및 공개추첨(이하 "공매등"이라 한다)을 통한 거래행위는 제외한다.

② 공무원은 자신, 배우자, 직계존속·비속 또는 특수관계사업자가 공무원 자신의 직무관련자이었던 자이거나 직무관련공무원이었던 사람과 제1항 각호의 어느 하나에 해당하는 행위를 하는 경우에는 소속 기관의 장에게 미리 신고하여야 한다. 다만, 그 직무관련자 또는 직무관련공무원과 관련된 직무 수행이 종료된 말부터 2년이 지난 경우에는 그러하지 아니하다.

③ 제1항 및 제2항에도 불구하고 직무관련자나 직무관련공무원 또는 직무관련자이었던 자나 직무관련공무원이었던 사람이 「민법」 제777조에 따른 친족인 경우는 신고대상에서 제외한다.

④ 공무원은 제1항 및 제2항에 따른 사전신고가 곤란한 경우에는 해당 거래 등의 행위를 마친 날부터 5일 이내에 신고하여야 한다. 다만, 공무원 자신의 거래 등의 행위가 아니거나 제3자가 중개 또는 대리하여 거래한 경우로서 미리 이를 알고 신고하기 어려운 경우에는 거래 등의 사실을 안 날로부터 5일 이내에 신고하여야 한다.

⑤ 소속 기관의 장은 제1항 및 제2항에 따라 공무원이 신고한 행위가 공정한 직무수행을 저해할 수 있다고 판단되는 경우에는 해당 공무원에게 제5조 제4항 및 제5항에 따른 조치 등을 할 수 있다.

열여섯째, 경조사의 통지 제한(제17조)이다. 공무원은 직무관련자나 직무관련공무원에게 경조사를 알려서는 아니 된다. 다만, 다음 각 호의 어느 하나에 해당하는 경우에는 경조사를 알릴 수 있다. <개정 2018. 1. 16.>

1. 친족(「민법」 제767조에 따른 친족을 말한다)에게 알리는 경우

2. 현재 근무하고 있거나 과거에 근무하였던 기관의 소속 직원에게 알리는 경우
3. 신문, 방송 또는 제2호에 따른 직원에게만 열람이 허용되는 내부통신망 등을 통하여 알리는 경우
4. 공무원 자신이 소속된 종교단체 · 친목단체 등의 회원에게 알리는 경우

그리고 「부정청탁 및 금품 등 수수의 금지에 관한 법률」이 있다. 이를 흔히 법률제안자의 이름을 따서 **'김영란법'**이라고도 한다. **이 법의 목적은 공직자 등에 대한 부정청탁 및 공직자 등의 금품 등의 수수(收受)를 금지함으로써 공직자 등의 공정한 직무수행을 보장하고 공공기관에 대한 국민의 신뢰를 확보하는 것을 목적으로 하며 2016년 9월 28일부터 시행**되었다.

제3절 교권

3절에서는 교원의 권리, 교원의 의무 등에 대해서 고찰하고자 한다.

1. 교원의 권리

교원권리는 "자율권과 생활보장권, 근로권" 등의 **적극적 권리**와 "신분보장권, 쟁송제기권, 불체포특권, 교원단체활동권" 등의 **소극적 권리**로 대변된다 (권영례 외, 2011).

첫째, 적극적 권리이다.

① **자율권이다.** 교사가 가지는 자율성의 보장에는 '교육과정 결정과 편성권', '교재의 선택 결정권', '교육내용과 방법 결정권', '교육평가권' 등이 있다. 교사의 자율성 보장은 교사의 전문성 실현을 위한 가장 기본적이고 본질적인 권리라고 할 수 있다. 교육과정은 교육내용과 교육방법, 교재와 교과서가 고정되어 있지 않기 때문에 교사의 전문가적 판단에 따라

교육방법과 교육내용, 교재의 선택이 이루어져 어느 정도 교사의 자율성이 보장되어 있다. 따라서 교사가 전문성을 실현하는 방향으로 자율성이 실천되려면 교사가 교사로서의 전문성을 발휘할 수 있는 능력을 갖추기 위한 개인적인 노력이 요구되며, 이와 함께 교육기관에서의 자율성 보장 노력이 이루어져야 한다.

② **생활보장권**(경제적 지위 보장권)은 안정된 생활 기반 위에서 가르치는 일에 전념할 수 있도록 여건을 마련해 주어야 함을 말한다. 교원지위향상을 위한 특별법 제3조(교원보수의 우대)에서는 “사립학교법 제2조의 규정에 의한 학교법인 및 사립학교 경영자는 그가 설치 및 경영하는 학교 교원의 보수를 공무원인 교원의 보수 수준으로 유지하여야 한다.”고 규정되어 있다. 따라서 교사들은 공무원 보수규정과 수당규정에 따라 사립학교 교사들도 이에 준해서 월급을 받도록 되어 있다. 교원의 생활보장은 일차적으로 보수 및 기타 물질적 급부가 일정 수준 이상을 갖추어야 함을 의미한다. 이러한 교원보수 수준은 정부의 지불능력, 타 직종과의 균형, 생계비 등의 안정성 보장, 전문성, 승진 기회 등의 교직의 특수성, 국제 비교, 학력 및 경력과 자격, 승급기간 등 교직 내의 격차 등의 요인에 의해 결정된다(한국교원단체총연합회, 2005).

③ **근로권이다.** 근로권에는 근무조건의 개선, 복지후생제도의 확충 등을 통해 교사가 교육활동에 전념할 수 있도록 하는 권리를 보장하는 내용이 포함된다. ⅰ) 근무조건 개선이다. 교사들이 그들 본연의 임무인 보육활동에 전념할 수 있도록 보장받아야 할 권리 중 하나이다. 어느 직종에 있어서나 일의 성취와 능률의 극대화를 기하고 해당 직종에 만족스럽게 봉사할 수 있도록 하기 위해 무엇보다도 근무조건의 정비를 필수조건으로 한다. 교사가 전문직으로 교육의 효과와 능률을 높이기 위해 정량의 근무부담이 주어져야 하는데, 실제로 본연의 임무인 교육활동 외에 각종 부가적인 업무 부담이 커서 교육활동에 집중하는 것을 어렵게 하는 경우가 있다. 또한 적정인원보다 많은 수의 학습자를 돌보아야 할 경우 안전사고에 대한 위험과 교사의 소진에 직접적인 영향을 미친다. 평균 9시간 이상을 상회하는 근무시간과 점심시간, 휴식시간의 미확보 등도 개선되어야 할 교사의 근무조건 중 하나이다. 그 밖에도 연가와 월차 휴가 등

의 휴가 사용의 보장도 필요하다. ii) 복지후생제도의 확충이다. 이는 교사가 생활안정과 더불어 가족에 대한 부양책임을 덜어줌으로써 교사가 교육활동에 전념할 수 있도록 하는 데에 있다. 연금, 퇴직금, 산업재해보험, 고용보험, 안전공제 등이 해당된다. 교사가 업무수행 중 질병 또는 부상을 입는 경우에 이를 보상해 줄 수 있는 제도나 학교에서 발생하는 안전사고에 대비하는 안전공제 등은 교사가 교육활동에 전념할 수 있도록 도와주는 복지후생제도라 할 수 있다.

둘째, 소극적 권리이다.

① **사회적 신분보장권이다.** 모든 교원은 국가공무원법 제68~74조에 나타나 있는 신분보장은 물론이고 교육공무원법에 따라서 더 강력한 신분보장의 권리를 인정받고 있다. 교육기본법 제14조에서는 '교원의 경제적 · 사회적 지위는 우대되고 그 신분은 보장된다.'고 밝히고 있고 교육공무원법 제7장에서도 교육공무원의 의사에 반한 신분조치를 금지하고 직권휴직, 정년퇴직 등 신분조치의 법적인 한계와 처분 사유 설명서의 교부 및 절차를 명시하고 있다. 또한 권고사직 금지, 불체포특권 등의 규정에서 보는 것과 같이 일반 공무원보다 더 강력한 신분보장을 규정하고 있는데 이것은 전문성과 특수성을 인정하는 법 제도의 하나라고 할 수 있다.

② **교권침해방지권**에는 징계처분에 불복하여 쟁송할 수 있는 쟁송제기권과 불체포특권이 포함된다. **i) 쟁송제기권이다.** 교원은 징계처분에 대하여 불복이 있을 때 교원지위향상을 위한 특별법 제7조에 의거 교육부에 설치된 교원소청심사위원회에 재심을 청구할 수 있다. 교육공무원법에서는 징계의결을 요구할 수 있는 경우를 '국가공무원법 · 지방공무원법의 징계사유에 해당한다고 인정하는 때'로 정하고 있다. **ii) 불체포특권이다.** 교원은 현행범인 경우를 제외하고는 소속 학교장의 동의 없이 학원 안에서 체포되지 아니한다는 규정에 근거해서 국 · 공립과 사립유치원 교사에게 불체포특권을 부여하고 있다(교육공무원법 제148조 및 사립학교법 제60조). 이러한 교원의 불체포특권은 국회의원과 선거관리위원회 위원 외

의 다른 공무원에게는 인정되지 않는 권리이다. 교원에게 이 권리를 인정하는 것은 학원의 자유를 보장하고, 교원으로 하여금 교육과 연구활동을 수행함에 있어 권력기관의 부당한 압력을 받지 않도록 하려는 데 그 목적이 있다.

③ **교원단체활동권이다.** 교원들은 단체조직과 운영을 통해 교원들의 상호협동해 교육의 진흥과 문화의 창건에 진력하여 경제적 및 사회적 지위를 향상시키기 위하여 각 지방자치단체와 중앙에 교원단체를 조직할 수 있도록 규정하고 있다(교육기본법 제15조). 교사들의 신분과 권한의 보장 및 확대 측면에서 1990년대 말에 이루어진 획기적인 변화의 하나는 교원들의 노동조합이 인정되었다는 것이다. 교원노동조합이 설립됨으로써 기존의 교원단체인 한국교원단체총연합회와 공존하게 되었다.

표 2-2 법률적 근거에 의한 교사의 권리와 의무

법의 종류	법 조항의 내용
헌법	[제31조 제6항] 교원지위의 법률주의 학교교육 및 평생교육을 포함한 교육제도와 그 운영, 교육재정 및 교원의 지위에 관한 기본적인 사항은 법률로 정한다.
교육기본법	[제14조] 교원 ① 학교교육에서 교원의 전문성은 존중되며, 교원의 경제적 · 사회적 지위는 우대되고 그 신분은 보장된다. ② 교원은 교육자로서 갖추어야 할 품성과 자질을 향상시키기 위하여 노력하여야 한다. ③ 교원은 교육자로서 윤리의식을 확립하고, 이를 바탕으로 학생에게 학습윤리를 지도하고 지식을 습득하게 하며, 학생 개개인의 적성을 계발할 수 있도록 노력하여야 한다. ④ 교원은 특정한 정당이나 정파를 지지하거나 반대하기 위하여 학생을 지도하거나 선동하여서는 아니 된다. ⑤ 교원은 법률로 정하는 바에 따라 다른 공직에 취임할 수 있다. ⑥ 교원의 임용 · 복무 · 보수 및 연금 등에 관하여 필요한 사항은 따로 법률로 정한다.
유아교육법	[제21조] 교직원의 임무

법의 종류	법 조항의 내용
교원 지위 향상을 위한 특별법	[제2조] 교원에 대한 예우 [제3조 제2항] 교원 보수의 우대 사립학교법 제2조에 따른 학교법인과 사립학교 경영자는 그가 설치 · 경영하는 학교교원의 보수를 국 · 공립학교 교원의 보수 수준으로 유지하여야 한다. [제7조] 교원소청심사위원회의 설치 [제11조] 교원의 지위 향상을 위한 교섭 · 협의 [제12조] 교섭 · 협의 사항 교원의 처우 개선, 근무조건 및 복지후생과 전문성 신장에 관한 사항을 교섭 · 협의
교육공무원법	[제10조 제2항] 임용의 원칙 교육공무원의 임용은 교원으로서의 자격을 갖추고 임용을 원하는 모든 사람에게 능력에 따른 균등한 임용의 기회가 보장되어야 한다. [제34조] 보수 결정의 원칙 교육공무원은 보수는 우대되어야 한다. [제37조] 연수의 기회 균등 교육공무원에게는 연수기관에서 재교육을 받거나 연수할 기회가 균등하게 주어져야 한다. [제38조] 연수와 교재비 ① 교육공무원은 그 직책을 수행하기 위하여 끊임없이 연구와 수양에 힘써야 한다. [제43조] 교권의 존중과 신분 보장 ① 교권은 존중되어야 하며, 교원은 그 전문적 지위나 신분에 영향을 미치는 부당한 간섭을 받지 아니한다. ② 교육공무원은 형의 선고나 징계처분 또는 이 법에서 정하는 사유에 의하지 아니하고는 본인의 의사에 반하여 강임, 휴직 또는 면직을 당하지 아니한다. ③ 교육공무원은 권고에 의해 사직을 당하지 아니한다. [제44조] 휴직 교육공무원이 다음 각 호의 어느 하나에 해당하는 사유로 휴직을 원하면 임용권자는 휴직을 명할 수 있다(신체상 · 정신상의 장애, 병역, 천재지변 또는 전시 · 사변으로 인한 소재불명, 법률에 따른 의무수행을 위한 직무이탈, 해외유학, 외국의 임시고용, 자녀양육, 연수, 임신 · 출산, 병간호 등) [제49조] 고충처리 ① 교육공무원은 누구나 인사, 조직, 처우 등 각종 직무조건과 그 밖의 신상문제에 대하여 인사상담이나 고충의 심사를 청구할 수 있으며, 이를 이유로 불이익한 처분이나 대우를 받지 아니한다.

법의 종류	법 조항의 내용
사립학교법	[제52조] 자격 사립학교의 교원의 자격에 관하여는 국 · 공립학교의 교원의 자격에 관한 규정에 의한다. [제55조] 복무 사립학교의 교원의 복무에 관하여는 국 · 공립학교의 교원에 관한 규정을 준용한다. [제56조] 의사에 반한 휴직 · 면직 등의 금지 ① 형의 선고 · 징계처분 또는 이 법에 정하는 사유에 의하지 아니하고는 본인의 의사에 반하여 휴직 또는 면직 등 불리한 처분을 받지 아니한다. ② 사립학교 교원은 권고에 의하여 사직을 당하지 아니한다. [제60조] 교원의 불체포 특권 사립학교의 교원은 현행범인의 경우를 제외하고는 소속 학교장의 동의 없이 학원 안에서 체포되지 아니한다.

*자료: 박은혜(2017). 유아교사론. 서울: 창지사, 332~333.

2. 교원의 의무

교원의 직무를 성실하게 수행해야 할 적극적인 측면의 의무와 교원으로서 하지 말아야 할 소극적 측면의 금기사항이 있다. 적극적 의무는 교원 본연의 교육과 연구 활동을 비롯하여 공직을 수행하는 복무상의 의무사항이 있다(김진한, 2012).

첫째, 적극적 의무이다.

① **교육 및 연구 활동의 의무이다.** 교원의 가장 적극적인 의무는 교사로서의 자질을 갖추는 것이다. 교원의 자질을 갖추기 위해서는 우선 학문연찬을 위한 교육과 연구 활동의 의무를 수행해야 한다. 교육기본법 및 교육공무원법 상에 명시된 교원의 의무는 학문의 연찬과 교육의 원리방법을 탐구 연마하여 교육에 전심전력하는 일이다. 아울러 교원으로서 사표가 될 인격과 품성을 갖추기 위해 최선의 노력을 기울여야 한다.

② **선서, 성실, 복종의 의무이다.** 교육공무원법은 교원의 복무에 관한 사항을 동법에 별도로 규정하지 않고 국가공무원법을 준용하도록 하고 있다. 따라서 교육공무원은 국가공무원법에 규정된 공무원의 모든 의무를 이

행해야 한다. 국가공무원법에는 공무원의 의무를 성실하게 수행할 것을 선서하는 선서의 의무(국가공무원법 第55조), 주어진 업무를 적극적으로 수행할 성실의 의무(국가공무원법 第56조), 정당한 상관의 명령에 복종할 복종의 의무(국가공무원법 第57조) 등이 있다. 교원도 이러한 공무원의 의무를 공직자로서 지켜야 한다.

③ **품위유지의 의무이다.** 교원은 공사립의 구분 없이 교육에 종사하는 공직자이며 동시에 국민에 대한 봉사자로서 직무의 내외를 불문하고 그 역할에 적합한 품위를 유지해야 할 의무가 있다(국가공무원법 第63조). 또한 공무를 집행하는 자의 적극적인 봉사자로서 친절하고 공정하게 집무해야 할 의무가 있다고 명시되어 있다(국가공무원법 第59조). 그 밖에도 공무원은 직무상의 관계 여하를 불문하고 그 소속 상관에게 증여하거나 소속 공무원으로부터 증여를 받아서는 안 된다고 규정하고 있다(국가공무원법 第61조). 이러한 공무원의 품위유지를 위한 의무조항은 교원의 품위유지에도 동일하게 적용되는 조항이며 오히려 교원은 이러한 법적 품위유지는 물론이고 교원이라는 직업상의 특별한 품위유지를 위해 남다른 노력을 기울여야 할 필요가 있다.

④ **비밀 엄수의 의무이다.** 공무원은 재직 중은 물론 퇴직 후에도 직무상 알게 된 비밀을 엄수하여야 한다(국가공무원법 第60조). 이러한 비밀 엄수의 의무를 위반할 경우 징계의 사유가 될 뿐만 아니라 형법상의 범죄를 구성한다. 교원은 학교정책적인 측면의 중대한 기밀을 다루거나 국가적인 문제를 야기시킬 비밀을 접할 기회는 없다. 그러나 교원이 가지는 공무상의 비밀은 그 정도가 크고 작고의 구별에 관계없이 직무성의 비밀을 지켜야 할 의무가 있다. 특히 학생과 관련된 개인적인 신상의 비밀과 교육적 측면에서 지켜야 할 비밀은 평생을 두고 지켜야 할 의무가 있다(서울특별시연구정보원, 2012).

둘째, 소극적 의무이다.

① **정치활동의 금지이다.** 공무원의 신분과 정치적 중립성은 헌법에 보장되어 있고, 이와 관련하여 공무원의 정치활동 금지 및 정치적 행위의 범위

를 규정하고 있다. 공무원의 정치적 중립성을 보장하는 것은 직업공무원제의 확립에 따라 행정기술의 향상과 능률을 기함과 아울러 국민 전체의 봉사자로서 공평성을 유지하며 정권 교체에 따른 행정의 혼란을 억제하고 지속성을 유지하는 데 그 목적이 있다. 교육공무원도 일반직 공무원과 마찬가지로 정치활동에 관하여 중립을 지킬 것을 요구하고 있다(서울특별시연구정보원, 2012).

② **집단행위의 제한이다.** 공무원은 노동운동, 기타 공무 이외의 일을 위한 집단행위를 해서는 안 된다고 규정하고 있다(국가공무원법 제66조). 이것은 공무원인 근로자는 법률이 정하는 자에 한하여 단결권, 단체교섭권, 단체행동권을 가진다고 규정한 헌법 제33조에 근거를 두고 있다. 그러나 교육공무원의 경우는 부분적으로 노동운동을 인정받고 있다. 교원들에게는 단체행동권을 제외한 단결권과 단체교섭권을 보장해 주고 있는데, '교원의 노동조합 설립 및 운영 등에 관한 법률'에 의거하여 설립된 교원단체는 교원지위 향상을 위한 특별법의 규정에 따라 교섭 및 협의의 권한을 부여받고 있다(서울특별시연구정보원, 2012).

③ **영리업무 및 겸직의 금지이다.** 공무원은 공무 이외의 영리를 목적으로 하는 사업에 종사하지 못하며 소속기관장의 허가 없이 다른 직무를 겸할 수 없다고 규정하고 있다(국가공무원법 제64조). 이것은 모든 국민의 자유와 권리는 국가의 안전보장, 질서유지 또는 공공복리를 위하여 필요한 경우는 법률로써 제한할 수 있다는 헌법 조항(헌법 제37조)에 근거를 두고 있다. 교원 역시 동일한 규제를 받지 않을 수 없다(서울특별시교육연구정보원, 2006).

제4절 교직단체

우리나라의 교직단체는 해방 후 「교육법」에 명시된 '교육회'라는 법정개념으로 출발하였다가, 1998년 개정된 「교육기본법」에서 '교원단체'라는 개념으로 교원들을 대표하는 조직으로 규정되었다. 교직단체는 교원의 권리와 복지 향상을 추구하고, 전문성을 향상하는 등 공동의 목표를 추구하는 교원집단을 의미한다(송기창 외, 2009: 72). 우리나라의 교직단체는 설립법률을 달리하는 이원화된 구조를 가지고 있어서 교원단체와 교원노조로 나누어져 있다. 교원단체는 「교육기본법」에 의해 설립된 한국교원단체총연합회(한국교총)이며, 교원노조는 「교원의 노동조합 설립 및 운영 등에 관한 법률」에 의해 설립된 노동조합으로 전국교직원노동조합(전교조), 한국교원노동조합(한교조), 자유교원조합(자교조), 대한민국교원조합(대교조) 등이 있다.

1. 한국교원단체총연합회

1) 설립근거

교원은 상호 협동하여 교육의 진흥과 문화의 창달에 노력하며, 교원의 경제적 · 사회적 지위를 향상하기 위하여 각 지방자치단체와 중앙에 교원단체를 조직할 수 있다(교육기본법 제15조).

2) 단체교섭

「교육기본법」 제15조 제1항에 따른 교원단체는 교원의 전문성 신장과 지위 향상을 위하여 교육감이나 교육부장관과 교섭 · 협의한다. 교육감이나 교육부장관은 제1항에 따른 교섭 · 협의에 성실히 응하여야 하며, 합의된 사항을 시행하기 위하여 노력하여야 한다(교원의 지위 향상 및 교육활동 보호를 위한 특별법(약칭 교원지위법) 제11조).

3) 교섭협의 사항

교섭 · 협의는 교원의 처우 개선, 근무조건 및 복지후생과 전문성 신장에 관한 사항을 그 대상으로 한다. 다만, 교육과정과 교육기관 및 교육행정기관의 관리 · 운영에 관한 사항은 교섭 · 협의의 대상이 될 수 없다(교원의 지위 향상 및 교육활동 보호를 위한 특별법(약칭 교원지위법) 제12조). 이에 따른 **교섭 · 협의 사항의 범위**는 다음과 같다(교원지위 향상을 위한 교섭 · 협의에 관한 규정 제3조).

① 봉급 및 수당체계의 개선에 관한 사항
② 근무시간 · 휴게 · 휴무 및 휴가 등에 관한 사항
③ 여교원의 보호에 관한 사항
④ 안전 · 보건에 관한 사항
⑤ 교권 신장에 관한 사항
⑥ 복지 · 후생에 관한 사항
⑦ 연구 활동 육성 및 지원에 관한 사항
⑧ 전문성 신장과 연수 등에 관한 사항
⑨ 기타 근무조건에 관한 사항

참고자료 **교직단체를 선택할 때 고려해야 할 10가지**

1. 교직단체에 가입할 것인가? (예, 아니오)
2. 교직의 성격은 무엇인가? (성직관, 전문직관, 노동직관, 공직관)
3. 교원단체와 교원노조의 차이는 무엇인가?
4. 각 교직단체들의 설립 목적은 무엇인가?
5. 각 교직단체들의 교육적 철학과 이념은 무엇인가?
6. 각 교직단체들의 가입 대상은 누구인가?
7. 교직단체들의 조직 구성과 규모는 어떠한가?
8. 교직단체들의 사회적 영향력과 인지도는 어떠한가?
9. 교육정책별 교직단체들의 입장과 본인의 입장은 어떠한가?
10. 나는 교직단체에서 어느 정도로 활동할 것인가?

출처: 송기창 외(2009). 중등교직실무. 서울: 학지사, p. 92.

2. 교원 노동조합법에 따른 교원노조

「교원의 노동조합 설립 및 운영 등에 관한 법률(이하 교원노조법)」에 의해 설립된 교원노조에는 전국교직원노동조합(전교조), 한국교원노동조합(한교조), 자유교원조합(자교조), 대한민국교원조합(대교조) 등이 있다. 이에 따른 교원노조법의 정의 및 자격, 설립 및 운영, 금지행위 등에 대하여 살펴보고자 한다.

1) 교원노동조합원의 정의 및 자격

「교원의 노동조합 설립 및 운영 등에 관한 법률(이하 교원노조법)」은 「국가공무원법」 및 「사립학교법」에도 불구하고 「노동조합 및 노동관계조정법」에 따라 교원의 노동조합 설립에 관한 사항을 정하고 교원에 적용할 「노동조합 및 노동관계조정법」에 대한 특례를 규정함을 목적으로 한다(교원노조법 제1조). 여기에서 교원이란, 유 · 초 · 중등교원을 말하며, 해고된 교원의 경우 노동위원회에 부당노동행위의 구제신청을 하여 중앙노동위원회의 재심판정이 있을 때까지는 교원으로 본다(교원노조법 제2조). 단, 교장 · 교감(원감)도 교원에 포함되나, 사용자적 지위에 있으므로 교원노조에 가입할 수 없다.

2) 교원노동조합의 설립 및 운영

법률의 내용을 살펴보면, 노동조합은 시 · 도 단위 또는 전국 단위로만 노동조합을 설립할 수 있다(제4조). 교원노조는 노동조합 또는 조합원의 임금, 근무조건, 후생복지 등 경제적 · 사회적 지위 향상에 관하여 교육부장관, 시 · 도 교육감 또는 사립학교 설립 · 경영자와 교섭하고 단체협약을 체결할 권한을 가진다(제6조). 그리고 교원노조 활동의 법률적 제약을 살펴보면, 교원의 노동조합은 일체의 정치활동을 하여서는 아니 되며(제3조), 단체교섭을 하거나 단체협약을 체결하는 경우에 관계 당사자는 국민여론과 학부모의 의견을 수렴하여 성실하게 교섭하고 단체협약을 체결하여야 하며, 그 권한을 남용하여서는 아니 된다(제6조). 그리고 노동조합과 그 조합원은 파업, 태업 또는 그 밖에 업무의 정상적인 운영을 방해하는 일체의 쟁의행위(爭議行爲)를 하여서는 아니 된다(제8조). 우리나라의 경우에 교원의 노조설립은 인정하나 정치행위 및 쟁의행위를 금지하고 있으며, 단체교섭에서 국민여론과 학부모의 의견을 수렴하도록 하고 있다.

3) 단체교섭 사항

노사의 단체교섭 대상에는 교섭사항 및 비교섭사항으로 분류할 수 있으며,

이에 대한 일반적 판단기준에는 ① 사용자측 교섭당사자가 처리 또는 처분할 수 있는 사항이어야 하고, ② 집단적 성격을 띠어야 하며(개별 조합원의 면직 · 파면 또는 해임의 취소 · 철회 및 복직요구 등은 원칙적으로 개별적 권리분쟁 사항으로 교섭대상이 되지 않는다), ③ 교원의 근무조건 등과 관련이 있어야 한다. 이에 따른 노사의 교섭사항 및 비교섭사항을 분류하면 다음과 같다(교육과학기술부, 2011: 10).

첫째, 교섭사항에는 의무적 교섭사항과 임의적 교섭사항이 있다.

① 의무적 교섭사항에는 보수 · 수당 · 상여금 등 임금에 관한 사항, 교육 · 훈련에 관한 사항, 안전보건에 관한 사항, 근로시간 · 휴게 · 휴일 · 휴가에 관한 사항, 후생복지 등 근로조건과 직접 관련 있는 사항 등이 있다.

② 임의적 교섭 사항에는 단체교섭 절차 · 법에 관한 사항, 조합 활동 관련 사항(단, 학교 내에서 근무시간 중 조합 활동은 원칙적으로 금지한다. 조합사무실 등 시설편의 제공, 교원노조 홍보에 관한 사항) 등이 있다.

둘째, 비교섭사항은 교원노조법에서 정하고 있는 교섭사항을 제외하고는 모두 비교섭사항으로 볼 수 있다. 주요 비교섭사항은 교육정책에 관한 사항, 인사권의 행사에 관한 사항, 교육과정에 관한 사항, 기관의 관리 · 운영 등에 관한 사항, 사립학교에 대한 사항, 제3자에 관한 사항 등이 있다.

4) 금지행위

교원노동조합은 일반 노조법과 달리 제한 규정을 두고 있다. 여기에는 정치활동의 금지와 쟁의행위의 금지가 있다. 법률에 따르면, 교원의 노동조합은 일체의 정치활동을 하여서는 아니 되며(교원노조법 제3조), 파업, 태업 또는 그 밖에 업무의 정상적인 운영을 방해하는 일체의 쟁의행위(爭議行爲)를 하여서는 아니 된다(교원노조법 제8조).

3. 교원노조법과 일반노조법의 비교

교원노조법과 일반노조법에는 차이점이 있다. 여기에는 교직의 특수성을 반영한 교원노조법은 일반노조법과 달리 노동 3권의 보장 범위, 설립단위, 교섭창구, 교섭권 위임, 효력, 정치활동, 의견 수렴 등에서 차이가 있다. 이를 정리하면 표 2-3 교원노조법과 일반노조법의 비교와 같다.

표 2-3 교원노조법과 일반노조법의 비교

구분	교원 노조법	일반 노조법
노동 3권의 보장 범위	▸단결권, 단체교섭권(협약체결권 포함) ▸쟁의행위 금지	▸노동 3권 보장
설립 단위	▸교원: 시 · 도 단위 또는 전국 단위	▸제한 없음
교섭창구 단일화	▸복수노조 인정: 교섭 창구 단일화	▸복수노조 불인정(2007. 1. 1. 허용) - 교섭창구 단일화 규정 없음
교섭권 위임	▸교섭권 제3자 위임 금지	▸교섭권 제3자 위임 가능
단체협약 효력	▸법령 · 예산 · 조례 등과 관련한 사항은 단체협약의 효력을 부인하고 성실이행 의무 부여	▸제한 없음
정치 활동	▸정치활동 금지	▸정치활동 허용
의견 수렴	▸단체교섭 과정에 국민여론 및 학부모 의견 수렴	▸규정 없음

출처: 김상돈 · 김현진(2012). 초 · 중등 교직실무. 서울: 학지사, p. 104.

4. 교직단체 관련 비교

교직단체는 교원단체와 교원노조의 이원화된 체계를 가지고 있으며, 두 교직단체의 차이점을 정리하면 표 2-4 교원단체와 교원노조의 비교와 같다.

표 2-4 교원단체와 교원노조의 비교

구분	교원단체 (한국교총)	교원노조 (전교조, 한교조, 자교조, 대교조)
설립근거	▸ 교육기본법(제15조)	▸ 교원의 노동조합 설립 및 운영 등에 관한 법률(제4조)
가입대상	▸ 전 교원 대상(학교장 포함)	▸ 초 · 중등교육법 제19조 제1항에서 규정하고 있는 교원(교장 · 교감 등 제외) ▸ 유아교육법 부칙 제9조에 의하여 유치원 교원도 가입 대상
교섭 · 협의 당사자	▸ 교육부장관 및 교육감	▸ 교육부장관, 교육감, 사립학교를 설립 · 운영하는 자
교섭 · 협의 구조	▸ 중앙단위: 교육부장관 ▸ 시 · 도단위: 교육감 ※ 국 · 공 · 사립 구분 없음	▸ 국 · 공립의 경우 - 전국 교섭: 교육부장관 - 시 · 도 교섭: 교육감 ▸ 사립의 경우 - 설립 · 경영자가 전국 또는 시 · 단위로 연합하여 교섭
교섭 · 협의 대상	▸ 처우개선, 근무조건 및 복지후생과 전문성 신장에 관한 사항 ※ 교원지위향상을 위한 특별법 제12조(교섭 · 협의사항) 참조	▸ 임금 · 근무조건 · 후생복지 등 경제적 · 사회적 지위향상과 관련된 사항 ※ [교섭사항(의무적, 임의적), 교섭 제외 사항]
교섭 · 협의 시기	▸ 연 2회 및 특별히 필요하다고 판단된 때 당사자 협의에 의해	▸ 최소 2년에 1회
합의사항 (규범적 부분)의 성격	▸ 노사 간 계약으로서의 성격보다는 정부와 교원단체가 교원의 지위향상을 위한 방안을 마련하고 공동의 목표를 도출하는 합의과정으로서의 성격이 강함.	▸ 단체협약으로서 규범적 효력이 미침. 다만, 법령 · 조례 및 예산에 의하여 규정되는 내용과 법령 또는 조례에 의한 위임을 받아 규정되는 내용은 단체협약으로서의 효력을 가지지 아니함.

출처: 서울특별시 교육연구정보원(2012). 2012 교직실무편람. p. 96.

생각해봅시다

1. 교원의 권리는 교육권이며 교사의 권리이다. 교원의 권리와 의무를 비교하여 생각해 봅시다.

2. 교직윤리헌장에 담겨진 교직 윤리의 핵심적인 교육내용이 무엇인지 생각해 봅시다.

3. 교원의 적극적인 의무를 설명하고 교사로서 가장 중요시되는 적극적 의무를 제시하고 그 이유를 생각해 봅시다.

4. 교사가 갖는 윤리적 의무는 무엇이며 가치 기준은 어디에 두어야 하는지 생각해 봅시다.

5. 교사가 교실이나 학교에서 경험할 윤리적 딜레마는 어떤 것인지 사례를 찾아보고 이의 해결방법에 대하여 생각해 봅시다.

6. 교원단체와 교원노조의 권한상의 유사점과 차이점을 생각해 봅시다.

CHAPTER 3

교원자격제도와 교원의 임용

학습목표

1. 교원자격의 종류와 기준에 대하여 파악할 수 있다.
2. 우리나라 다양한 교원의 임용에 대하여 이해할 수 있다.

Keyword

교원자격제도, 무시험검정, 초등학교 정교사 자격, 중등학교 정교사 자격, 산학겸임교사, 명예교사, 영어회화 전문강사, 다문화언어 강사, 교원자격증의 박탈, 신규채용, 교장 임용, 교감 임용, 수석교사 임용, 계약제 교원 임용, 교원 신규채용의 결격사유

일반적으로 전문직의 경우 일정한 자격의 취득을 그 필수요건으로 규정한다. 전문직으로서 교직도 자격증을 요구한다. 이는 교직의 전문성을 보장하고 사회적 공신력을 높이기 위한 제도적 장치이다. 우리나라에서는 현재 교원의 법정 자격제도를 채택하고 있다. 일단 교사의 자격을 취득하면 그 효력은 종신토록 계속되는 것이 원칙이다. 교육전문직의 경우에는 자격기준만 명시하고 있다. 교사자격증제는 학생의 이익을 보장하고, 국가사회의 안전성을 보장하며, 교사 자신의 사회적 신분과 지위를 보장하기 위해서는 필요한 제도인 것이다. 한편 임용은 교육공무원의 신분을 발생 · 변경 · 소멸시키는 행위로서, 신규채용 · 승진 · 승급 · 전직 · 전보 · 겸임 · 파견 · 강임 · 휴직 · 직위해제 · 정직 · 복직 · 면직 · 해임 및 파견 등을 총칭하는 개념이다(신재흡 외, 2012).

따라서 3장에서는 교원자격제도, 교원의 임용에 대해서 기술하고자 한다.

제1절 교원자격제도

교원의 자격에 대해서는 초 · 중등교육법(제21조 교원의 자격), 교육공무원법(제6조 교사의 자격), 교원자격검정령 및 시행령 규칙 등에 따른 자격이 있는 사람이어야 한다. 교원의 자격은 교사는 정교사(1급 · 2급), 준교사, 전문상담교사(1급 · 2급), 사서교사(1급 · 2급), 실기교사, 보건교사(1급 · 2급) 및 영양교사(1급 · 2급)로 나누며, 교사 자격 기준에 해당하는 사람으로서 대통령령으로 정하는 바에 따라 교육부장관이 검정 · 수여하는 자격증을 받은 사람이어야 한다. 교원자격증 수여권자는 교육부장관의 권한을 위임 및 위탁받아 '시 · 도교육감' 및 '대학의 장'이 수여한다. 1절에서는 교원자격제도, 교원자격의 종류 및 기준, 교원자격증의 박탈 등에 대하여 살펴보기로 한다.

1. 교원자격제도

교원자격검정령 및 시행령에 따라 교원의 자격검정(이하 '자격검정')은 무시험검정과 시험검정으로 구분한다(교원자격검정령 제2조). 무시험검정은 교육부장관이 교원자격검정에 합격한 자에 대하여 교육부령이 정하는 교원자격증을 수여한다. 시험검정은 교원의 수급상 필요한 때에만 실시하며, 1980년 이후 미실시하고 있다. 대부분의 초 · 중등교사는 교육대학, 사범대학, 교육대학원, 교사양성특별과정 등에서 교직을 이수하고 무시험검정을 통해 교원 자격증을 취득하게 된다.

무시험검정의 신청은 대학 · 산업대학 · 교육대학 · 방송통신대학 · 국군간호사관학교 및 전문대학 졸업자 또는 졸업예정자와 교육대학원에서 석사학위를 취득한 자 또는 학위취득이 확정된 자로서 무시험검정을 받고자 하는 자는 무시험검정원서를 당해 대학의 장에게 제출하여야 한다. 이 경우 보건교사 무시험검정인 때에는 간호사면허증 사본을, 영양교사 무시험검정인 때에는 영양사면허증 사본을, 실기교사 무시험검정인 때에는 국가기술자격증 사본(해당과목)을 첨부하여야 한다(교원자격검정령 시행규칙 제9조 제2항).

무시험검정자의 합격기준은 표 3-1 교원자격검정령 시행규칙 무시험검정 합격기준(교원자격검정령 제19조 제3항 관련 별표 1)에 따르며, 여기에는 이수학점 기준, 성적과 교직 적성 및 인성 검사 기준으로 분류하여 합격여부를 결정한다. 표 3-1은 무시험검정 합격기준을 정리한 것이다.

표 3-1 무시험검정 합격기준

교원자격검정령 [별표 1] 무시험검정 합격기준(교원자격검정령 제19조 제3항 관련)<개정 2021. 2. 9.>

1. 이수학점기준

구분	이수 학점
가. 교육대학 또는 사범대학을 졸업한 사람	1) 전공과목: 50학점 이상 2) 교직과목: 22학점 이상
나. 교육대학원 또는 교육부장관이 지정하는 대학원 교육과에서 석사학위를 받은 사람(다목에 해당하는 사람은 제외한다)	1) 전공과목: 50학점 이상(제4조 제4항 제2호에 따라 부전공과목으로 무시험검정을 받으려는 사람은 30학점 이상) 2) 교직과목: 22학점 이상(제4조 제4항 제2호에 따라 부전공과목으로 무시험검정을 받으려는 사람은 해당하지 아니한다)

구 분	이수 학점
다. 교육부장관이 지정하는 교육대학원 또는 대학원에서 전문상담교사 양성과정을 이수한 사람	교육부령으로 정하는 상담과 관련된 과목에서 이수한 다음 각 목의 학점 1) 전문상담교사(1급) 양성과정: 18학점 이상 2) 전문상담교사(2급) 양성과정: 42학점 이상
라. 법률 제7068호 초·중등교육법 중 개정법률 부칙 제3조에 따라 학교급식시설에서 3년 이상 학교급식을 전담한 교직원 중에서 영양교육과정을 이수한 사람	교육부령으로 정하는 영양교육과 관련된 과목에서 취득한 다음 각 목의 학점 1) 2년 미만의 영양교육과정: 24학점 이상 2) 2년 이상의 영양교육과정: 36학점 이상
마. 「유아교육법」 별표 2의 준교사, 「초·중등교육법」 별표 2의 준교사 또는 실기교사 자격검정을 받으려는 사람(사목에 해당하는 사람은 제외한다)	교육부령으로 정하는 기준학점
바. 교사양성특별과정을 이수한 사람	교직과목 18학점 이상
사. 「초·중등교육법」별표 2의 실기교사란 제5호에 따른 실기교사 자격검정을 받으려는 사람	교직과목 4학점 이상

2. 성적 기준: 제1호 가목부터 사목까지의 교육과정(이하 "교원양성과정"이라 한다)에서 이수한 전공과목 및 교직과목의 성적이 다음 각 목의 기준을 충족할 것
   가. 전공과목: 평균 75점 이상
   나. 교직과목: 평균 80점 이상
3. 교직 적성 및 인성 검사 기준: 교원양성과정을 이수하는 동안 해당 교원양성기관의 장이 실시한 교직 적성 및 인성 검사 결과가 다음 각 목의 기준을 충족할 것
   가. 2년 이하의 교원양성과정을 이수한 사람: 적격 판정 1회 이상
   나. 2년을 초과하는 교원양성과정을 이수한 사람: 적격 판정 2회 이상
4. 응급처치 및 심폐소생술 실습 기준: 교원양성과정을 이수하는 동안 해당 교원양성기관의 장이 실시하는 응급처치 및 심폐소생술 실습을 2회 이상 받을 것. 다만, 제1호 사목의 교원양성과정의 경우에는 1회 이상으로 한다.
5. 성인지(性認知) 교육 이수 기준: 교원양성과정을 이수하는 동안 해당 교원양성기관의 장이 실시하는 성인지 교육을 4회 이상 받을 것. 다만, 3년 이하의 교원양성과정을 이수하는 경우에는 해당 교육을 2회 이상 받아야 한다.

교직과목은 22학점 이상 취득하여야 하며, 그 내용은 교직이론 및 교직소양은 18학점 이상(교직소양 6학점 이상 포함)을 취득하고, 교육실습은 4학점 이상(교육봉사활동 2학점 이내 포함 가능)을 취득하여야 한다.

한편, **교장과 교감**은 교장(교감) 자격 기준에 해당하는 사람으로서 대통령령으로 정하는 바에 따라 교육부장관이 검정(檢定) · 수여하는 자격증을 받으며, **수석교사**는 교사 자격증을 소지한 사람으로서 15년 이상의 교육경력을 가지고 교수 · 연구에 우수한 자질과 능력을 갖춘 사람 중에서 대통령령으로 정하는 바에 따라 교육부장관이 정하는 연수 이수 결과를 바탕으로 검정 · 수여하는 자격증을 받은 사람이어야 한다(초 · 중등교육법 제21조).

2. 교원자격의 종류 및 기준

교원자격의 종류에는 교장(원장), 교감(원감), 정교사(1급, 2급), 준교사, 전문상담교사(1급, 2급), 사서교사(1급, 2급), 실기교사, 보건교사(1급, 2급) 및 영양교사(1급, 2급) 등이 있다. 중등학교 및 특수학교의 정교사 및 준교사와 실기교사의 자격증에 표시할 담당과목은 교육부령으로 정한다(교원자격검정령 제4조).

대부분의 교사는 정교사 2급의 자격증으로 공채되어 일정 기간 실무경력을 쌓다가 임용 3년 후에 1급 정교사 자격연수를 수료하면 1급 정교사 자격증을 취득하게 된다. 1급 정교사는 현직교원만 취득 가능하며 기간제교사는 불가하며, 1급 정교사를 취득하게 되면 부장교사를 담당할 수 있는 자격이 갖춰진다.

1) 교원 자격의 종류

교원의 자격종별로는 유치원과 초 · 중등 및 특수학교로 구분할 수 있다. **유치원의 자격종별**은 원장, 원감, 정교사(1, 2급), 준교사가 있으며, **초 · 중등 및 특수학교의 자격종별**은 교장, 교감, 정교사(1, 2급), 준교사, 실기교사, 사서교사, 보건교사(1, 2급), 영양교사(1, 2급), 전문상담교사(1, 2급) 등으로 구성된다. 초 · 중등교육법 제21조 및 유아교육법 제22조의 교원의 자격종별을 분류하여 정리한 것이 표 3-2이다.

표 3-2 교원의 자격종별

<table>
<tr><th rowspan="2">근거
학교별</th><th colspan="6">초·중등교육법 제21조 및 유아교육법 제22조</th></tr>
<tr><th>제1항</th><th colspan="5">제2항</th></tr>
<tr><td>유치원</td><td>원장, 원감</td><td colspan="2">정교사(1, 2급)</td><td colspan="3">준교사[1]</td></tr>
<tr><td>초등학교</td><td>교장, 교감</td><td colspan="2">정교사(1, 2급)</td><td>준교사</td><td>실기교사</td><td rowspan="5">사서교사(1, 2급)
보건교사(1, 2급)
영양교사(1, 2급)
전문상담교사(1, 2급)</td></tr>
<tr><td>중등학교</td><td>교장, 교감</td><td colspan="2">정교사(1, 2급)</td><td>준교사</td><td>실기교사</td></tr>
<tr><td rowspan="3">특수학교</td><td rowspan="3">교장, 교감</td><td>유치원</td><td rowspan="3">정교사
(1, 2급)</td><td rowspan="3">준교사</td><td rowspan="3">실기교사</td></tr>
<tr><td>초등</td></tr>
<tr><td>중등</td></tr>
</table>

출처: 교육부(2021). 2021년도 교원자격검정 실무편람. p. 13.

2) 교원자격종별 교사자격 기준

중등학교 교원자격검정령 교사자격 기준(초·중등교육법 제21조 제2항 관련)에는 정교사(1, 2), 사서교사(1, 2급), 보건교사(1, 2급), 영양교사(1, 2급), 전문상담교사(1, 2급), 준교사, 실기교사가 있다. 그리고 초·중등교육법 시행령(42조)에서 산학겸임교사 등의 종류에는 산학겸임교사, 명예교사, 영어회화 전문강사, 다문화언어 강사, 강사로 하고 이에 대한 자격기준은 [별표 2]와 같다.

교사자격 기준에 대해 살펴보면 다음과 같다.

(1) 초등학교 정교사 1, 2급 자격 기준

초등학교 정교사는 국공립 및 사립 초등학교에 근무하면서 해당자격 과목의 교육과정에 따른 수업을 담당하고 생활지도, 담임, 부장교사 등의 업무를 담당한다.

첫째, 초등학교의 정교사 1급의 자격 기준은 다음과 같다.

① 초등학교 정교사(2급) 자격증을 가진 사람으로서 3년 이상의 교육경력을 가지고 인정한 재교육을 받은 사람

1) 1982년에 폐지

② 초등학교 정교사(2급) 자격증을 가지는 사람으로서 교육경력이 3년 이상이고, 방송통신대학 초등교육과를 졸업한 사람

③ 초등학교 정교사(2급) 자격증을 가지고 교육대학원 또는 교육부장관이 지정하는 대학원의 교육과에서 초등교육과정을 전공하여 석사하위를 받은 사람으로서 1년 이상의 교육경력이 있는 사람

둘째, 초등학교의 정교사 2급의 자격 기준은 다음과 같다.

① 교육대학을 졸업한 사람

② 사범대학을 졸업한 사람으로서 초등교육과정을 전공한 사람

③ 교육대학원 또는 교육부장관이 지정하는 대학원의 교육과에서 초등교육과정을 전공하고 석사학위를 받은 사람

④ 초등학교 준교사 자격증을 가진 사람으로서 2년 이상의 교육경력을 가지고 일정한 재교육을 받은 사람

⑤ 중등학교 교사자격증을 가진 사람으로서 필요한 보수교육을 받은 사람

⑥ 전문대학을 졸업한 사람 또는 이와 같은 수준 이상의 학력이 있다고 인정되는 사람을 입소 자격으로 하는 임시 교원양성기관을 수료한 사람

⑦ 초등학교 준교사 자격증을 가진 사람으로서 교육경력이 2년 이상이고 방송통신대학 초등교육과를 졸업한 사람

(2) 중등학교 정교사 1, 2급 자격 기준

중등학교 정교사는 국공립 및 사립 중·고등학교에 근무하면서 해당자격과목의 교육과정에 따른 수업을 담당하고 생활지도, 담임, 부장교사 등의 업무를 담당한다.

첫째, 중등학교의 정교사 1급의 자격 기준은 다음과 같다.

① 중등학교의 정교사(2급) 자격증을 가지고 교육대학원 또는 교육부장관이 지정하는 대학원 교육과에서 석사학위를 받은 사람으로서 1년 이상의 교육경력이 있는 사람

② 중등학교 정교사 자격증을 가지지 아니하고 교육대학원 또는 교육부장

관이 지정하는 대학원 교육과에서 석사학위를 받은 후 교육부장관으로부터 중등학교 정교사(2급) 자격증을 받은 사람으로서 3년 이상의 교육경력이 있는 사람

③ 중등학교의 정교사(2급) 자격증을 가진 사람으로서 3년 이상의 교육경력을 가지고 일정한 재교육을 받은 사람

④ 교육대학·전문대학의 교수·부교수로서 3년 이상의 교육경력이 있는 사람

둘째, 중등학교 정교사 2급의 자격 기준은 다음과 같다.

① 사범대학을 졸업한 사람

② 교육대학원 또는 교육부장관이 지정하는 대학원 교육과에서 석사학위를 받은 사람

③ 임시 교원양성기관을 수료한 사람

④ 대학에 설치하는 교육과를 졸업한 사람

⑤ 대학·산업대학을 졸업한 사람으로서 재학 중 일정한 교직과(敎職科) 학점을 취득한 사람

⑥ 중등학교 준교사 자격증을 가진 사람으로서 2년 이상의 교육경력을 가지고 일정한 재교육을 받은 사람

⑦ 초등학교의 준교사 이상의 자격증을 가지고 대학을 졸업한 사람

⑧ 교육대학·전문대학의 조교수로서 2년 이상의 교육경력이 있는 사람

⑨ 초·중등교육법 제22조에 따른 산학겸임교사 등(명예교사는 제외한다)의 자격기준을 갖춘 사람으로서 임용권자의 추천과 교육감의 전형을 거쳐 교육감이 지정하는 대학 또는 교원연수기관에서 대통령령으로 정하는 교직과목과 학점을 이수한 사람. 이 경우 임용권자의 추천 대상자 선정기준과 교육감의 전형 기준에 관하여는 대통령령으로 정한다.

(3) 산학겸임교사, 명예교사, 강사 등의 자격 기준

초·중등교육법 제22조에 의한 산학겸임교사, 명예교사, 강사 등은 교사자격증이 없이 단위학교에서 특별한 교육과정을 운영하는 데 필요할 경우에 학

생의 교육을 담당하는 교사이다. 초 · 중등교육법 시행령(제42조)에서 산학겸임교사 등의 종류는 산학겸임교사, 명예교사, 영어회화 전문강사, 다문화언어강사로 하고 그 자격기준은 표 3-3과 같다.

표 3-3 산학겸임교사 등의 자격 기준

(초 · 중등교육법 시행령 제42조 제1항의 별표 2)<개정 2020. 11.3>

구분	자격 기준
산학겸임교사	1. 전문대학 졸업자 또는 이와 동등 이상의 학력이 있는 자로서 산업체 · 공공기관 · 비영리기관 및 사회단체(특성화중학교, 특성화고등학교 및 대안학교의 경우에는 종교단체를 포함한다)에서 담 당과목과 관련되는 분야의 직무에 3년 이상 근무한 자 2. 국가기술자격법에 의한 기술 · 기능분야의 산업기사 이상, 서비스분야 중 사업서비스의 전문사무분야 자격증소지자 또는 기타 서비스분야의 산업기사 이상의 자격증 소지자(자격기본법에 의한 민간자격소지자로서 임용권자가 이와 동등한 능력이 있다고 인정하는 자를 포함한다)로서 산업체에서 담당과목과 관련되는 분야의 직무에 3년 이상 근무한 자 3. 임용권자가 인정하는 국제대회 및 국내대회(문화예술 · 체육 · 기능 분야) 입상자로서 담당과목과 관련되는 분야의 직무에 3년 이상 근무한 자 4. 국가무형문화재의 보유자 · 전승교육사, 명장 등으로서 담당과목과 관련되는 분야의 전문성이 인정되는 자 5. 제1호 내지 제4호와 유사한 자격이 있는 자로서 교육감이 따로 정하는 자격기준에 해당하는 자
명예교사	학교운영위원회에서 정하는 자격기준에 해당하는 자. 다만, 학교운영위원회가 설치되지 아니한 학교의 경우에는 학칙 또는 학교법인의 정관 등이 정하는 자격기준에 해당하는 자
영어회화 전문강사	1. 초등학교 2급 정교사 이상 자격증 소지자 2. 표시과목이 영어인 중등학교 2급 정교사 이상 자격증 소지자 3. 학사학위 소지자 또는 이와 같은 수준 이상의 학력이 있는 자 중 영어능력을 고려하여 교육감이 따로 정하는 자격기준에 해당하는 자
다문화언어 강사	1. 표시과목이 영어 외의 외국어인 중등학교 2급 정교사 이상 자격증을 가진 사람 2. 학사학위 소지자 또는 이와 같은 수준 이상의 학력이 있는 사람 중 영어 외의 외국어능력에 관하여 교육감이 정하는 기준에 해당하는 사람. 다만, 교육감이 관할 구역 안의 인력 수급 여건상 부득이하다고 인정하는 경우에는 고등학교 졸업자 또는 이와 같은 수준 이상의 학력이 인정되는 사람 중 영어 외의 외국어능력에 관하여 교육감이 정하는 기준에 해당하는 사람으로 할 수 있다.

강사	1. 대학(유치원의 경우에는 전문대학을 포함한다)졸업자 또는 이와 동등 이상의 학력이 있는 자로서 담당과목과 동일 또는 유사한 과목을 전공한 자 2. 전문대학 졸업자 또는 이와 동등 이상의 학력이 있는 자로서 담당과목과 관련되는 분야에 2년 이상 실무경력이 있는 자 3. 고등학교 졸업자 또는 이와 동등 이상의 학력이 있는 자로서 담당과목과 관련되는 분야에 4년 이상 실무경력이 있는 자 4. 제1호 내지 제3호 외의 자로서 교육감이 따로 정하는 자격기준에 해당하는 자

3. 교원자격증의 박탈

교원자격검정령(제6조)에서 교원자격증의 박탈 대상자는 '허위 기타 부정한 방법으로 자격증을 받은 자'라고 규정하고 있다. 이에 대한 교육부(2021) 교원자격검정 실무편람에서의 구체적인 사례는 다음과 같다.

☞ (사례) 교육실습을 실제로 하지 않고 교육실습 결과서를 제출한 경우, 논문 표절로 인하여 대학원의 졸업이 취소된 경우, 무시험검정 합격기준에 미달하였음에도 불구하고 업무담당자가 고의로 합격사정을 한 경우 등

출처: 교육부(2021). 2021년도 교원자격검정 실무편람. p. 45.

교원자격증의 박탈 신청은, 교원의 자격검정을 한 대학의 장이 부정한 방법에 의하여 자격증을 받은 자에 대하여 그 자격증의 박탈처분을 대학이 소재한 시·도의 교육감에게 신청한다(교원자격검정령 시행규칙 제4조). 교육감은 제4조의 규정에 의한 신청에 따라 자격증의 박탈처분을 한 때에는 본인에게 그 사실을 통지하게 되어 있다(교원자격검정령 시행규칙 제5조). 자격증의 박탈처분을 받고 2년을 지나지 아니한 자는 자격검정을 받을 수 없다(교원자격검정령 제5조).

교원자격증 박탈에 관한 행정사항은 다음과 같다.

① 자격증 박탈권자가 교원자격증을 박탈하기 위해서는 반드시 청문을 실시하여야 한다.

② 자격증 박탈권자는 교원자격증을 박탈하였을 경우 교원자격증 박탈 사항을 「교원자격증발급대장」에 기재하고, 나이스 업무시스템에 입력하여

야 한다.

③ 자격증 박탈권자는 교원자격증 박탈사실을 본인, 교육부장관 및 최초 발급기관에 통보하여야 한다.

그리고 현직교원 중 대학에서 취득한 교원자격증의 박탈 사유가 발생 시, 출신 대학의 장은 현직교원의 소속 시·도교육감에게 교원자격증의 박탈을 요청하여야 한다.

다시 말하면, 대학의 장은 당해 대학에서 이미 교사자격증을 발급 받은 자가 무시험검정 합격 요건 미비 입력오류, 행정착오 등의 사유로 교사자격증 발급 취소요인에 해당하는 경우에는 본인에게 통보한 후 교사자격증을 취소하고, 자격증 발급대장을 정정하며, 나이스에서 삭제한 후 그 결과를 시·도 교육감 및 교육부장관에게 지체 없이 통보하여야 한다.

제2절 교원의 임용

교원의 임용에는 신규교사 채용, 교장 및 교감의 임용, 수석교사 임용, 계약제교사의 채용 등이 있다.

1. 신규채용

교육공무원의 임용은 교원의 자격을 갖추고 임용을 원하는 모든 사람에게 능력에 따른 균등한 임용의 기회가 보장되어야 한다(교육공무원법 제10조). 교사의 신규채용은 국공립학교와 사립학교는 다른 방식을 채택하고 있으나 신규채용은 공개전형으로 선발하게 되어 있다.

교육공무원의 공개전형 방법은 1) 필기시험(교육학, 전공), 2) 실기시험 및 면접 등의 방법에 의한다. 필기시험성적에는 우수한 교사임용후보자의 선정을 위하여 재학기간 중의 성적 등이 필요하다고 인정하는 평가요소를 점수로 환산하여 가산할 수 있다(교육공무원임용령 제11조).

부정행위자에 대한 조치로는 교육공무원 임용시험에 있어서 부정한 행위를 한 자에 대하여는 당해 시험을 정지 또는 무효로 하고, 그 처분이 있는 날부터 2년간 이 영에 의한 시험에 응시할 수 없다. 다른 법령에 의한 국가공무원 또는 지방공무원의 임용시험에 있어서 부정한 행위를 하여 당해 시험에의 응시자격이 정지 중인 자는 그 기간 중 이 영에 의한 시험에 응시할 수 없다(교육공무원임용령 제11조의4).

교육공무원을 임용하거나 임용제청할 때에 첨부할 서류로는 인사기록카드 1통, 최종학력증명서 1통, 가족관계증명서 1통, 채용신체검사서 1통, 결격사유조회 회보서 1통, 신원조사 회보서 1통, 신원진술서 3통, 호봉획정표 1통, 사진(명함판 상반신 탈모) 3장 등이 있다(교육공무원 인사기록 및 인사사무 처리 규칙 제11조 인사발령을 위한 구비서류). 교육공무원에 신규임용을 하는 과정에서 임용권자나 임용제청권자는 선서문[2]에 따라 선서한 교육공무원이 선서문 2부에 각각 서명 또는 도장을 찍게 하여 1부는 개인별 인사기록으로 분류하여 보관하고, 1부는 본인이 가지고 있도록 하여야 한다(교육공무원 인사기록 및 인사사무 처리 규칙 제10조의2).

2. 교장 및 교감 임용

교장은 교무를 총괄하고, 소속 교직원을 지도·감독하며, 학생을 교육한다(초·중등교육법 제20조). **교장은 교육부장관의 제청으로 대통령이 임용하며 임기는 4년으로 한 번만 중임할 수 있도록 하여 최대 8년**을 할 수 있다. 다만, 공모교장 기간은 중임 횟수에 포함하지 아니한다.

한편, **공모에 따른 교장 임용**은 현재 임기 중의 교장이 학교운영위원회 심의를 거쳐 교장자격증이 있는 사람을 대상으로 공모하여 선발된 교원을 차기 교장으로 임용제청권자에게 요청할 수 있다. 공모를 통하여 교장을 선발하는 경우에는 지원자를 심사하기 위하여 교원, 학부모 및 지역사회 인사를 위원으로 하는 공모교장심사위원회를 구성하여야 하며, 위원의 수는 10명 이상 20명 이하로 한다(교육공무원임용령 제12조의5).

2) 선서문 내용: 나는 대한민국 공무원으로서 헌법과 법령을 준수하고, 국가를 수호하며, 국민에 대한 봉사자의 임무를 성실히 수행할 것을 엄숙히 선서합니다.

교장자격증을 받지 않은 교원을 공모교장으로 선발하는 방법으로는 교육공무원임용령 제12조5에 따라 현재 학교의 장이 학교운영위원회의 심의를 거쳐 해당 학교 교육과정에 관련된 교육기관, 교육행정기관, 교육연구기관, 국가기관, 지방자치단체, 공공단체, 국제기구, 외국기관, 산업체 등에서 3년 이상 종사한 경력이 있는 사람 또는 학교에서 교원으로서 전임으로 근무한 경력(교육전문직원으로 근무한 경력을 포함)이 15년 이상인 교육공무원이나 사립학교 교원 중에서 공모를 통하여 선발된 사람을 교장으로 임용하여 줄 것을 임용제청권자(교육감)에게 요청할 수 있다. 이 경우 학교유형별 공모 교장의 자격기준 및 적용 범위 등에 관한 사항은 대통령령으로 정한다.

교감은 교장을 보좌하여 교무를 관리하고 학생을 교육하며, 교장이 부득이한 사유로 직무를 수행할 수 없을 때는 교장의 직무를 대행한다. 다만, 교감이 없는 학교에서는 교장이 미리 지명한 교사(수석교사를 포함한다)가 교장의 직무를 대행한다(초 · 중등교육법 제20조). 교감의 임용은 일정한 자격을 갖춘 교사(장학 · 연구사 포함)를 시 · 도교육감이 임용하며 임기 등의 제한기준이 없다. 교감에 임용되면 일정 기간이 지난 후 교장자격연수를 받은 후에 교장으로 승진 임용하게 된다.

3. 수석교사 임용

수석교사는 단위학교에 배치되어 교사의 교수 · 연구 활동을 지원하며, 학생을 교육하며(초 · 중등교육법 제20조), 학급을 담당하지 아니한다. 다만, 학교 규모 등 학교 여건에 따라 학급을 담당할 수 있다(초 · 중등교육법 시행령 제36조의5).

수석교사의 자격은 교사 자격증을 소지한 사람으로서 15년 이상의 교육경력(교육전문직원으로 근무한 경력을 포함)을 가지고 교수 · 연구에 우수한 자질과 능력을 가진 사람 중에서 대통령령으로 정하는 바에 따라 교육부장관이 정하는 연수 이수 결과를 바탕으로 검정 · 수여하는 자격증을 받은 사람이어야 한다(초 · 중등교육법 제21조).

수석교사는 교육부장관이 임용하며, 최초로 임용된 때부터 4년마다 대통령령으로 정하는 업적평가 및 연수실적 등을 반영한 재심사를 받아야 하며, 심사기준을 충족하지 못한 경우 대통령령으로 정하는 바에 따라 수석교사로서의 직무 및 수당 등을 제한할 수 있다. 수석교사는 대통령령으로 정하는 바에 따라 수업부담 경감, 수당 지급 등에 대하여 우대할 수 있다. 단, 수석교사는 임기 중에 교장·원장 또는 교감·원감 자격을 취득할 수 없다는 단점이 있다. 수석교사의 운영 등 그 밖에 필요한 사항은 대통령령으로 정한다.

4. 계약제 교원 임용

계약제 교원은 교원 정년이 보장된 정규직 초·중등교원 이외에 단위학교에서 계약으로 임용되는 비정규직 초·중등교원을 뜻한다. 현행 법령상 임용사유 및 계약내용에 따라 기간제 교원, 산학겸임교사, 명예교사, 강사 등으로 구분한다.

기간제 교원은 현직교원이 휴직, 파견, 연수, 정직, 직위해제 등 대통령령으로 정하는 사유로 직무를 이탈하게 되어 후임자의 보충이 불가피한 경우, 그리고 학기 중 퇴직, 기타 등의 사유로 인하여 1개월 이상 직무에 종사할 수 없어 후임자의 보충이 불가피한 경우의 결원 보충, 특정 교과의 한시적 담당 등을 위하여 교원 정원 범위 내에서 교사자격증 소지자를 한시적으로 활용하는 교사를 말한다. 기간제 교원은 단위학교 학교장이 채용공고를 내고 선발을 통하여 학교장과 계약을 통하여 채용한다. 복무규정은 원칙적으로는 계약에 의하되 교원복무 사항을 준용하며, 교육공무원이었던 자(퇴직교원)의 기간제 교원을 제외하고는 책임이 무거운 감독 업무의 직위에 임용될 수 없다(교육공무원법 제32조 제2항).

기간제 교원의 신분은 정규 교원 임용에서 어떠한 우선권도 인정되지 아니하며, 임용기간이 만료되면 당연히 퇴직하게 된다. 계약기간은 1년 이내로 하며 필요한 경우 3년의 범위에서 연장할 수 있으므로 같은 학교에서 4년간 계속해서 근무를 할 수 있다(교육공무원임용령 제13조). 보수는 공무원보수규정 제8조에 따라 산정된 호봉의 봉급을 지급하되 고정급 또는 계약에 의할 수도 있다. 후생복지로 건강보험, 고용보험, 산재보험, 국민연금에 가입하게 된다. 기간제 교원의 연가 일수는 3월 이상 6월 미만 근무하면 3일, 6월 이상 1년 미만은 6일, 1년 이상 2년 미만은 9일이다.

그 외에 **계약직 교사로는 산학겸임교사, 명예교사, 영어회화 전문강사, 다문**

화언어 강사가 있으며, 정원 외에 교육과정의 효율적인 운영을 위하여 제도의 취지에 적합한 자를 일시적으로 교원으로 활용하는 제도이다(서울특별시교육청, 2014).

산학겸임교사 등을 임용하고자 하는 때에는 학교운영위원회의 심의를 거쳐야 하며, 학교운영위원회가 구성되지 아니한 학교의 경우에는 그러하지 아니할 수 있다. 산학겸임교사 등에 대하여는 예산의 범위 안에서 수당 등을 지급하며, 그 기간은 1년 이내로 하며 필요한 경우 계속 근무한 기간이 4년을 초과하지 아니하는 범위에서 그 기간을 연장할 수 있다. 특성화 중 · 고등학교, 자율형 공 · 사립고등학교, 자율학교 등의 학교장은 해당 학교 교사 정원의 3분의 1 범위에 해당하는 수의 교사를 산학겸임교사 등으로 대체할 수 있다(초 · 중등교육법시행령 제42조).

산학겸임교사 등의 임용은 국 · 공립학교의 경우에는 학교의 장이, 사립학교의 경우에는 학교법인 또는 사립학교 경영자가 각각 임용한다. 보수 및 복무, 휴가, 근무시간 등은 정규 교원의 복무기준을 준용하되 구체적인 사항은 계약에 따라 근무하게 된다.

계약제 교원을 채용하기 위해서는 반드시 범죄경력조회 및 기타 결격사유를 확인하여야 하며, 그 외에 임용기간에 따라 신원조사와 신원조회를 실시하여야 한다. 신원조사는 3개월을 초과해서 임용하는 기간제 교원(시간강사, 산학겸임교사 등)에게 실시하여 임용의 결격사유가 없어야 한다. 서울특별시교육청 공립학교 계약제 교원 운영지침(2021)의 계약교원 신규임용 시 구비서류를 살펴보면 표 3-4와 같다.

표 3-4 계약제 교원 신규임용 구비 서류

구분	구비 서류	비고
비경력자	• 최종학력증명서, 경력증명서 • 자격증사본 또는 자격인정조서 • 인사기록카드 및 사진 • 채용신체검사서(1년 이내) • 병적증명서 또는 주민등록표 초본(호봉획정 필요시 구비) • 호봉 획정을 위한 경력기간 합산신청서 및 호봉획정표 • 결격사유조회 결과(강사는 1개월 이상 임용 시) • 성범죄 경력 및 아동학대관련범죄 전력 조회 결과 • 근무실적평가동의서(필요시)	
임용대기자	• 신규교사 임용 전 직무연수 이수증 사본(서울시교육청) • 병적증명서 또는 주민등록표 초본(호봉획정 필요시 구비) • 호봉 획정을 위한 경력기간 합산신청서 및 호봉획정표 • 결격사유조회 결과 • 성범죄 경력 및 아동학대관련범죄 전력 조회 결과	타시도 교육청 임용대기자는 임용후보자 확인서 제출
기간제교원 경력자	• 호봉 획정을 위한 경력기간 합산신청서 및 호봉획정표 • 결격사유조회 결과 • 성범죄 경력 및 아동학대관련범죄 전력 조회 결과 ※ 그 외 서류는 이전 학교로 임용서류를 송부 요청하여 활용(제출 서류 간소화) - 직전 임용기관에서는 사본을 보관하고, 원본은 다음 학교로 이관 가능(기록 유지) - 다만, 채용신체검사서는 발급일 기준 1년 이내	- 결격사유조회, 성범죄 경력 및 아동학대관련범죄 전력 조회는 학교를 달리할 경우 반드시 실시 - 필요시 추가 제출 요구 가능 다만, 서류 활용이 가능하다는 것이지, 이전 학교자료를 그대로 인정하라는 의미는 아님
퇴직교원	• 결격사유조회 결과 • 성범죄 경력 및 아동학대관련범죄 전력 조회 결과 • 경력증명서, 채용신체검사서 등 최소한의 서류 구비	
동일학교(기관)에서 연장계약	• 채용신체검사서(발급일 기준 1년 경과 시) 또는 건강검진결과 통보서(최근 1년 이내) • 성범죄 경력 및 아동학대관련범죄 전력 조회 결과(1년 경과 시)	동일학교 계약연장 시 결격사유조회 및 범죄 전력조회 생략 가능(1년 경과 시 재실시)

※ 「결핵예방법 시행규칙」 제4조(결핵검진등의 주기 및 실시방법) 제1항 제1호에 따라 신규 채용 된 사람에 대한 최초의 결핵검진은 신규채용을 한 날부터 1개월 이내 실시(체육건강문화예술과-18071, 2019.11.28. 참조)

출처: 서울특별시 교육청(2021). 공립학교 계약제교원 운영지침. p. 5.

Q & A 기간제 교원의 임용기간

기간제 교원은 동일 학교에서 4년을 초과하여 근무할 수 있나요?

○ 「교육공무원법」 제32조 제1항 또는 「사립학교법」 제54조의4 제1항에 따라 고등학교 이하 각급학교에서 기간제 교원으로 4년의 기간 동안 근무하다가 임용기간이 만료된 사람은 신규채용절차를 거쳐 같은 학교에서 「교육공무원법」 제32조 제1항 또는 「사립학교법」 제54조의4 제1항 각호에 따른 같은 임용사유로 다시 기간제 교원으로 임용할 수 있으며,

○ 「교육공무원 임용령」 제13조 제3항 및 「사립학교법」제54조의4 제3항의 문언을 살펴보면, 고등학교 이하 각급학교의 "기간제 교원의 임용기간은 1년 이내로 하며 필요한 경우 3년의 범위에서 연장할 수 있다"라고 하여 기간 제교원의 임용기간에 대하여 규정하고 있을 뿐, 같은 학교에서 기간제 교원을 무조건 최대 4년간만 임용될 수 있도록 한다거나 기간제 교원으로 임용될 수 있는 횟수 등에 대하여 제한하고 있지는 않음.

○ 그러므로, 「교육공무원 임용령」 제13조 제3항이나 「사립학교법」 제54조의4 제3항은 동일한 학교에서 기간제 교원으로 한 번 채용되면 그에 따라 기간제 교원으로 계속 근무할 수 있는 임용기간이 4년을 넘어서는 안 된다는 의미로 보아야 할 것이고, 기간제 교원으로 임용되어 임용기간이 만료된 경우 다시 다른 기간제 교원 지원자들과 동등한 조건에서 해당 학교의 인사규정에 따라 신규채용절차를 거쳐 다시 기간제 교원으로 임용되는 것까지 금지하는 것으로 볼 수는 없으며, 이 경우 종전의 기간제 교원의 지위를 그대로 유지하는 것이라고는 할 수 없으므로, 다시 임용된 기간제 교원의 임용기간은 임용된 때에 다시 새롭게 시작된다고 보아야 할 것임(법제처 11-0796, 2012.2.3.).

출처: 서울특별시 교육청(2021). 공립학교 계약제교원 운영지침. p. 56.

5. 교원 신규채용의 결격사유

교육공무원은 타 직업에 비하여 높은 도덕성을 유지하는 관계로 일반 공무원보다 임용의 결격사유 및 채용의 제한을 더 많이 두게 된다. 교육공무원으로 임용될 수 없는 결격사유는 국가공무원법과 교육공무원법의 적용을 받으며, 그 외에 채용 신체검사규정이 있다. 이에 대하여 살펴보면 다음과 같다.

첫째, 국가공무원법 제33조(결격사유)의 내용은 다음과 같다.

① 피성년후견인
② 파산선고를 받고 복권되지 아니한 자
③ 금고 이상의 실형을 선고받고 그 집행이 종료되거나 집행을 받지 아니하기로 확정된 후 5년이 지나지 아니한 자
④ 금고 이상의 형을 선고받고 그 집행유예 기간이 끝난 날부터 2년이 지나지 아니한 자
⑤ 금고 이상의 형의 선고유예를 받은 경우에 그 선고유예 기간 중에 있는 자
⑥ 법원의 판결 또는 다른 법률에 따라 자격이 상실되거나 정지된 자
⑥의2. 공무원으로 재직기간 중 직무와 관련하여 「형법」 제355조 및 제356조에 규정된 죄를 범한 자로서 300만 원 이상의 벌금형을 선고받고 그 형이 확정된 후 2년이 지나지 아니한 자
⑥의3. 「성폭력범죄의 처벌 등에 관한 특례법」 제2조에 규정된 죄를 범한 사람으로서 100만 원 이상의 벌금형을 선고받고 그 형이 확정된 후 3년이 지나지 아니한 사람
⑥의4. 미성년자에 대한 다음 각 목의 어느 하나에 해당하는 죄를 저질러 파면·해임되거나 형 또는 치료감호를 선고받아 그 형 또는 치료감호가 확정된 사람(집행유예를 선고받은 후 그 집행유예기간이 경과한 사람을 포함한다)
가. 「성폭력범죄의 처벌 등에 관한 특례법」 제2조에 따른 성폭력범죄
나. 「아동·청소년의 성보호에 관한 법률」 제2조제2호에 따른 아동·청소년대상 성범죄
⑦ 징계로 파면처분을 받은 때부터 5년이 지나지 아니한 자
⑧ 징계로 해임처분을 받은 때부터 3년이 지나지 아니한 자

둘째, 교육공무원법 제10조의4(결격사유)는 다음과 같다.

① 국가공무원법 제33조 각 호의 어느 하나에 해당하는 사람
② 미성년자에 대한 다음 각 목의 어느 하나에 해당하는 행위로 파면·해임되거나 형 또는 치료감호를 선고받아 그 형 또는 치료감호가 확정된 사람(집행유예를 선고받은 후 그 집행유예기간이 지난 사람을 포함한다)

가. 「성폭력범죄의 처벌 등에 관한 특례법」 제2조에 따른 성폭력범죄 행위

나. 「아동 · 청소년의 성보호에 관한 법률」 제2조제2호에 따른 아동 · 청소년대상 성범죄

③ 성인에 대한 「성폭력범죄의 처벌 등에 관한 특례법」 제2조에 따른 성폭력범죄 행위로 파면 · 해임되거나 100만 원 이상의 벌금형이나 그 이상의 형 또는 치료감호를 선고받아 그 형 또는 치료감호가 확정된 사람(집행유예를 선고받은 후 그 집행유예기간이 지난 사람을 포함한다)

셋째, 교육공무원법 제10조의3(채용의 제한)은 다음과 같다.

국공립교원 · 사립학교교원(기간제 교원 포함), 유치원 강사, 산학겸임교사 등으로 재직하는 동안 금품수수 행위, 시험문제 유출 및 성적조작 등 학생성적 관련 비위 행위, 학생에 대한 신체적 폭력 행위 등으로 인하여 파면 · 해임되거나 금고 이상의 형을 선고받은 사람(집행유예의 형을 선고받은 후 그 집행유예기간이 경과한 사람 포함)은 유 · 초 · 중등학교의 교원으로 신규채용 또는 특별 채용할 수 없다. 다만, 제50조 제1항에 따른 교육공무원징계위원회에서 해당 교원의 반성 정도 등을 고려하여 교원으로서 직무를 수행할 수 있다고 의결한 경우에는 그러하지 아니하다.

넷째, 신규채용 신체검사규정이다. 교육공무원을 신규 채용할 때에는 신체검사를 하여야 하며, 임용권자나 임용제청권자는 신체검사 합격기준에 미달하는 사람을 임용하거나 임용제청하여서는 아니 된다. 이 경우 신체검사에 필요한 사항은 대통령령으로 정한다(교육공무원법 제16조 신체검사). 국가공무원 채용을 위한 신체검사는 임용권자 또는 임용제청권자의 주관으로 의료법에 의한 의원, 병원, 종합병원 어느 하나에 해당하는 의료기관에서 실시한다. 다만, 효율적인 신체검사를 위하여 필요한 경우에는 채용시험 실시기관의 장의 주관으로 어느 하나에 해당하는 의료기관에서 실시할 수 있으며, 임용예정직의 특수성이나 그 밖에 신체검사의 시행을 위하여 특히 필요하다고 인정되는 경우에는 의료기관 중에서 해당 신체검사를 실시할 의료기관을 따로 지정할 수 있다(공무원채용신체검사규정 제2조 및 제3조). 모든 공무원의 신규 채용에는 「공무원채용신체검사규정」의 기준을 따른다.

임용권자는 신체검사에 불합격 판정을 받은 사람을 채용할 수 없지만(공무원채용신체검사규정 제5조), 다음 각 호의 어느 하나에 해당하는 사람 중 해당 직무수행에 지장이 없다고 인정되는 사람에 대해서는 그러하지 아니하다. 여기에 해당되는 사람은 ①「국가유공자 등 예우 및 지원에 관한 법률」에 따른 전상군경(戰傷軍警), 공상군경(公傷軍警), 4·19혁명부상자, 공상공무원 및 국가사회발전 특별공로상이자 등, ②「의사상자 등 예우 및 지원에 관한 법률」 제2조 제3호에 따른 의상자(義傷者), ③「장애인복지법」 제2조에 따른 장애인 등이 해당된다.

생각해봅시다

1. 교원 자격증의 유형을 분류하고, 무시험검정에 의한 합격 기준에 관하여 생각해 봅시다.

2. 교원의 신규채용의 결격사유에 대하여 생각해 봅시다.

3. 최근 출산율 저하로 인해 교원 수요가 감소하고 모집 정원이 축소되어 수급의 불균형이 심화되고 있다. 이러한 문제의 원인과 대책에 대해 생각해 봅시다.

CHAPTER 4

교원의 인사 · 복무 · 보수

학습목표

1. 다양한 교원의 인사(교육공무원의 임용권자, 승진, 전직, 전보, 파견, 휴직, 복직) 에 대하여 파악할 수 있다.
2. 교육공무원의 승진평정점의 구성 및 내용에 대하여 설명할 수 있다.
3. 휴가의 개념과 종류에 대하여 이해할 수 있다.
4. 상훈의 의의와 종류에 대하여 파악할 수 있다.
5. 징계의 기준과 감경에 대하여 설명할 수 있다.
6. 교원소청심사위원회의 심사과정에 대하여 설명할 수 있다.
7. 초임교사의 호봉획정을 이해할 수 있다.

Keyword

신규채용, 승진, 승급, 전직, 전보, 겸임, 파견, 강임, 휴직, 직위해제, 정직, 복직, 면직, 해임, 파면, 승진평정점, 경력평정, 근무성적평정, 다면평가, 연수성적평정, 가산점, 직무연수성적 환산표, 명부작성권자, 공통가산점, 선택가산점, 정기전보, 비정기 전보, 청원휴직, 연가, 병가, 공가, 특별휴가, 지참, 조퇴, 외출, 근무상황부, 연가일수, 공무외 국외여행, 상훈, 징계, 훈장, 포장, 표창, 상훈법, 정부표창규정, 퇴직포상, 1등급 청조, 2등급 황조, 3등급 홍조, 4등급 녹조, 5등급 옥조, 근정포장, 중징계, 경징계, 음주운전 징계기준, 면허취소, 면허정지, 징계의 감경, 교원소청심사위원회, 교원보수, 학령, 가산연수, 기산호봉, 성과상여금

제1절 교원의 인사

교원의 인사에는 신규채용, 승진, 승급, 전직(轉職), 전보(轉補), 겸임, 파견, 강임(降任), 휴직, 직위해제, 정직(停職), 복직, 면직, 해임 및 파면 등이 있다. 본 절에서는 교육공무원의 임용권자, 승진, 전직 및 전보, 파견, 휴직 및 복직 등에 대하여 살펴보고자 한다.

1. 교육공무원의 임용권자

교육공무원의 임용과 관련되어 「교육공무원법」과 「교육공무원임용령」 등이 있다. 교육공무원법에 따라 교육공무원의 임용권자는 대통령, 교육부장관, 교육감 등이 된다. **대통령**은 교육부장관의 제청으로 교육부와 그 소속 기관에 근무하는 장학관 및 교육연구관의 임용 및 교장을 임용한다. **교육부장관**은 교육공무원임용령 제3조(임용권의 위임)에 의하여 대통령으로부터 위임받은 사항에 따라 교육부와 그 소속 기관의 국장, 과장, 장학관 · 교육연구관의 임용, 승진, 전보 등의 인사를 단행한다. 그리고 **교육감**은 교육공무원임용령 제3조의 2(임용권의 재위임)에 의하여 소속교육청의 국장, 과장, 교(원)장, 교(원)감, 교육장, 장학관(사), 연구관(사), 등의 임용, 승진, 전보 등의 인사를 단행한다.

표 4-1 임용권자별 임용 사항

구분	신규채용	승진	승급	전직	전보	겸임	파견	강임	휴직	직위해제	정직	복직	면직	해임	파면
교육부(직속기관 포함) 소속 장학관 · 연구관	P	P	M	M	M	M	M	M	M	M	M	M	M	M	M
교육부(직속기관 포함) 소속 교육공무원	M	M	M	M	M	M	M	M	M	M	M	M	M	M	M
교육청 장학관(교육장)	감	감	감	감	감	감	감	감	감	감	감	감	감	감	감
교육청 장학관(국장)	감	감	감	감	감	감	감	감	감	감	감	감	감	감	감
장학관, 교육연구관 (교육감 직속기관의 원장)	감	감	감	감	감	감	감	감	감	감	감	감	감	감	감

구분	신규채용	승진	승급	전직	전보	겸임	파견	강임	휴직	직위해제	정직	복직	면직	해임	파면
교육청 장학관(과장)	감	감	감	감	감	감	감	감	감	감	감	감	감	감	감
장학관 · 교육연구관	감	감	감	감	감	감	감	감	감	감	감	감	감	감	감
장학사 · 교육연구사	감	감	감	감	감	감	감	감	감	감	감	감	감	감	감
교장	P	P	감	감	감	감	감	감	감	감	감	감	감	감	감
원장, 교감, 원감, 교사	감	감	감	감	감	감	감	감	감	감	감	감	감	감	감

* P: 대통령, M: 장관, 감: 교육감
* 장학관(국장 · 과장)은 시 · 도교육청 본청의 국장 · 과장임

출처: 교육과학기술부(2016). 교육공무원 인사실무. p. 20.

2. 교육공무원의 승진

교육공무원의 승진은 평교사로 근무하면서 일정 자격을 갖춘 후에 교감, 교장의 순으로 승진하거나, 교사가 전문직인 장학사 및 교육연구사로 전직한 후에 교감, 교장, 장학관 · 연구관으로 승진하는 것을 의미한다.

1) 교육공무원 승진의 개념 및 대상

교육공무원 승진의 개념은 같은 종류의 직무(교사, 교감, 장학사, 연구사)에서 경력평정, 재교육성적, 근무성적, 그 밖에 실제 증명되는 능력에 의하여 상위 직급으로 이동하는 것이다. 교육공무원의 임용권자 또는 임용제청권자는 결원된 직위에 대하여 3배수의 범위에서 순위에 따라 자격별 승진후보자 명부를 작성하여 고순위자부터 차례로 승진 임용하거나 승진 임용을 제청하여야 한다. 다만, 대통령령으로 정하는 특수자격이 있는 사람을 승진 임용하거나 승진 임용을 제청할 때에는 그러하지 아니하다(교육공무원법 제13조).

교육공무원의 승진대상은 ① 각급학교의 교감(유치원 원감 포함)으로서 교장자격증을 받은 자, ② 각급학교의 교사로서 교감자격증을 받은 자, ③ 장학사 또는 교육연구사로서 장학관 또는 교육연구관의 자격기준에 달한 자, ④ 상위 자격증을 받지 않은 교감 · 교사 · 장학사 및 교육연구사 등이다. 단, 수석교사는 교육공무원 승진규정을 적용하지 않는다(교육공무원 승진규정 제2호).

2) 승진평정점의 구성 및 내용

승진평정점의 구성에는 경력평정, 근무성적평정(다면평가), 연수성적평정, 가산점 등의 네 가지가 있다. **교감**(원감) **승진후보자의 평정점**은 200점 만점(가산점 별도)으로 경력평정점 70점, 근무성적평정점(다면평가) 100점, 연수성적평정점 30점이다. 교장(원장), 장학관 · 교육연구관 승진후보자는 188점 만점(가산점 별도)으로 경력평정점 70점, 근무성적평정점 100점, 연수성적평정점 18점이다.

승진후보자에 대한 승진평정점의 구성 및 내용은 표 4-2와 같다.

표 4-2 승진평정점의 구성 및 내용

<table>
<tr><th colspan="2">구분</th><th>배점</th><th colspan="2">내용</th></tr>
<tr><td colspan="2">1. 경력평정</td><td>70점</td><td colspan="2">• 경력평정기간: 20년(총 경력제)</td></tr>
<tr><td colspan="2">2. 근무성적
평정
(다면평가)</td><td>100점</td><td colspan="2">• 평정자 및 확인자
- 교사: 평정자(교감), 확인자(교장)
※ 다면평가제 도입(동료교사 3인 이상 구성)
- 교감: 평정자(교장), 확인자(부교육감/교육장/시 · 도교육국장)
• 명부작성 시 산정기간 확대
- 교사: 명부의 작성기준일부터 가장 가까운 연도의 합산점 50% + 명부의 작성기준일부터 두 번째 가까운 연도의 합산점 30% + 명부의 작성기준일부터 세 번째 가까운 연도의 합산점 20%
- 교감: 최근 3년간의 평정점 반영
(최근 1년 50% + 2년 30% + 3년 20%)</td></tr>
<tr><td rowspan="2">3. 연수
성적
평정</td><td>교육성적</td><td>27점
(15점)</td><td colspan="2">• 평정점: 교감승진후보자 27점, 교장 등 승진후보자 15점
- 자격연수: 9점
- 직무연수(10년 이내 이수한 60시간 이상의 연수)
▸ 교감승진후보자: 18점(성적평정 6점 + 이수실적 12점)
▸ 교장, 장학관 · 연구관 승진후보자: 6점(성적평정)</td></tr>
<tr><td>연구실적</td><td>3점</td><td>• 연구대회입상실적
- 전국규모 1등급: 1.50점
2등급: 1.25점
3등급: 1.00점
- 시 · 도규모 1등급: 1.00점
2등급: 0.75점
3등급: 0.50점</td><td>• 학위취득실적
- 박사: 1.5점 / 3점
(직무관련 3점, 그 외 1.5점)
- 석사: 1점 / 1.5점
(직무관련 1.5점, 그 외 1점)</td></tr>
</table>

구분	배점	내용
4. 가산점	15점	• 가산점 - 공통가산점: 교육부지정 연구학교 근무(1.25점), 재외국민교육기관 파견근무(0.75점), 직무연수이수실적 학점(1점 이내) 학교폭력 예방 및 해결 등 기여교원에 대한 가산점(2점 이내) - 선택가산점: 총 10점 이내에서 교육감이 자율적으로 정함 <예> 도서벽지 및 농어촌 학교 근무경력 명부작성권자가 인정하는 경력 또는 실적

출처: 교육부(2016). 교육공무원 인사실무. 세종: 교육부, pp. 102-103.

(1) 경력평정

경력의 종류 및 평정기간은 20년으로서 기본경력은 평정시기로부터 15년과 초과경력은 기본경력 전 5년이다. 평정경력기간은 월수를 단위로 하여 계산하되, 1개월 미만은 일 단위로 계산한다. 경력의 기간 계산에서 경력평정기간에 휴직, 직위해제, 정직 기간이 있는 때에는 그 기간을 평정에서 제외한다. 다만, 휴직과 직위해제 중에 법률이 정한 바에 따른 내용은 5할 또는 10할을 평점기간 점수로 인정한다.

(2) 근무성적 평정 및 다면평가

매년 12월 31일을 기준으로 근무성적평정과 다면평가를 정기적으로 실시하고 각각의 결과를 합산한다. 평정자는 평정대상자로부터 매년 12월 31일 기준의 '자기실적평가서'를 제출받아 이를 참작하여 합리성 · 객관성 · 신뢰성 · 타당성 등에 근거하여 평정대상자의 자질 및 태도, 근무실적 및 근무수행능력을 종합적으로 분석 · 평가한다. 그리고 다면평가자는 교사의 추천을 받은 교사로 구성된다.

교사평가 합산점은 근무성적평정점수와 다면평가점수의 합계이다. 이에 대한 계산법을 소개하면 다음과 같다.

① **근무성적평정점**: 70점 만점 = (평정자의 평정점 × 0.3) + (확인자의 평정점 × 0.4)

② **다면평가점**: 30점 만점 = 다면평가자의 평가점 × 0.3

③ **합산점**: 100점 만점 = 근무성적평정점 70점 + 다면평가점 30점

교사의 근무성적평정과 다면평가결과를 합산할 때에는 조정위원회의 심의 · 조정을 거쳐 합산점을 조정한다. 중학교 또는 이와 동등급학교 및 초등학교, 또는 이와 동등급학교 교사의 경우에는 조정위원회를 교육장 소속 하에 둘 수 있다. 합산점 결과에 대해서는 평정대상자의 요구가 있는 때에는 특별한 사정이 없는 한 본인의 최종 합산점을 알려주게 되어 있다.

근무성적평정 및 다면평가 합산점의 분포비율은 표 4-3과 같다.

표 4-3 근무성적 평정 및 다면평가 합산점의 분포비율

평어	합산점	분포비율(%)	비고
수	95점 이상	30	'양'의 비율은 '미'의 비율에 포함할 수 있음
우	90점 이상 95점 미만	40	
미	85점 이상 90점 미만	20	
양	85점 미만	10	

※ 단, '양'의 경우 6개월간 승급 제한한다(공무원보수규정 제14조 제1항 제3호).

(3) 연수성적 평정

연수성적 평정방법은 직무연수성적과 자격연수성적으로 나누어 평정한 후 합산한다(승진규정 제32조 제1항). 직무연수성적은 '당해 직위' 또는 '전직 전의 직위'에서 10년 이내에 이수한 60시간의 직무연수를 대상으로 하고, 자격연수성적은 교장자격연수성적, 교감자격연수성적, 당해 직위 또는 교원의 직위에서 받은 자격연수성적 중 최근에 이수한 자격연수성적으로 한다. 직무연수 평정점은 직무연수성적 환산표를 이용하여 계산한다. 직무연수성적 환산표는 표 4-4와 같다.

표 4-4 직무연수성적 환산표

직무연수 성적	직무연수 환산성적
95점 초과	100점
90점 초과~95점 이하	95점
85점 초과~90점 이하	90점
85점 이하	85점

(4) 가산점

명부작성권자는 평정점의 합산점수에 가산점을 줄 수 있으며, **가산점 종류는 공통가산점과 선택가산점**으로 구분한다(교육공무원승진규정 제41조).

첫째, 공통가산점은 가산점 취득사유가 있는 모든 교육공무원에게 적용되며 점수는 3점 이내로 부여한다. 여기에는 ① 교육부장관이 지정한 연구학교(시범 · 실험학교)의 교원으로 근무한 경력은 월 0.021점으로 계산하여 총합계가 1.25점을 초과할 수 없다. ② 재외국민교육기관에 파견근무한 경력은 월 0.021점으로 계산하여 총합계가 0.75점을 초과할 수 없다. ③ 「교원 등의 연수에 관한 규정」에 의한 직무연수가 학점으로 기록 · 관리되는 경우에는 1학점당 0.02점이다. 이 경우 1년에 0.12점의 상한점이 있으며, 연간 합산하여 총 1점의 범위 안에서 총합계를 정할 수 있다. ④ 학교폭력 예방 및 해결 등 기여교원에 대한 가산점은 2점 이내이다.

둘째, 선택가산점은 시 · 도교육감이 총10점 이내에서 지역여건에 알맞게 자율적으로 정하여 부여한다. 예를 들어, 도서벽지 및 농어촌 학교 근무경력 또는 명부작성권자가 인정하는 경력 또는 실적 등이다.

3. 전직 및 전보

교원의 인사이동에는 전직과 전보가 있다. 전직은 교육공무원이 종별과 자격을 달리하여 임용되는 것이며, 전보는 같은 직위 및 자격에서 근무기관이나 부서를 달리하여 임용하는 것을 의미한다.

1) 전직

전직(轉職)이란 교육공무원의 종별과 자격을 달리하는 임용(교육공무원법 제2조 제7항)으로서 승진과 구별된다. **승진**이란 동종의 직무에 종사하는 바로 하위직에 있는 자 중에서 대통령령이 정하는 바에 의하여 경력평정, 재교육성적, 근무성적, 기타 능력의 실증으로 행하는 임용(교육공무원법 제13조)이다. 흔히 일반인들이 알고 있는 교사가 장학사 · 연구사가 된 것은 승진이 아니고 전직에 해당하는 것이다. 전직과 승진의 구별에 따른 전직 및 승진의 예는 표 4-5와 같다.

표 4-5 전직 및 승진의 예

전직의 예	승진의 예
• 교사, 교감(원감), 교장(원장) ↔ 교육전문직 • 교육연구사 ↔ 장학사, 교육연구관 ↔ 장학관 • 초등학교 교원 ↔ 중등학교 교원 • 유치원 교원 ↔ 초등학교 교원, 중등학교 교원	• 교사 → 교감(원감) → 교장(원장) • 장학사 → 장학관 • 교육연구사 → 교육연구관

출처: 교육부(2016). 교육공무원 인사실무. p. 37.

교원의 전직에는 교원의 교육전문직공무원으로의 전직, 교육전문직공무원의 교원으로의 전직, 교원 · 교육전문직공무원 간의 전직 등이 있다. 이때 교육전문직공무원 간의 전직이란 장학관과 교육연구관 상호 간 또는 장학사와 교육연구사 상호 간에 전직 임용하는 것을 말한다.

2) 전보

전보(轉補)란 교육공무원을 같은 직위 및 자격에서 근무기관이나 부서를 달리하여 임용하는 것을 말한다(교육공무원법 제2조 제9항). 교사의 전보란 동일학교에서 시 · 도교육청에서 정한 일정 기간 근무를 한 후에 타 학교로 전근을 가는 것을 말한다. 전보의 시기는 교사는 매년 3월에 실시하고 필요시 9월에 실시하며, 교장 · 교감 · 교육전문직은 매년 3월, 9월에 실시한다. 그러나 부득이한 경우에 한하여 학기 도중에 전직 또는 전보를 하기도 한다.

전보에는 정기 전보와 비정기 전보로 구별하여 실시하고 있다.

정기전보에서 '교원의 학교 간 전보'는 임용권자가 정하는 기간 동안 동일 직위에 근속한 자를 대상으로 정기적으로 실시하는 것이다.

비정기 전보는 임용권자가 학교장의 전보요청 등의 사유로 교육상 전보가 불가피하다고 인정할 때에는 동일직위 근속기간이 정기전보 기간 이내라 하더라도 전보할 수 있다. **교육상 전보가 불가피하다고 인정되는 특별한 사유**는 ① 직무수행능력이 부족하거나 근무성적이 저조한 교원이다. 단, 이 경우 학교장은 전보요청 전에 당해 교원의 능력개발을 위한 직무연수를 부과하여야 한다. ② 징계처분을 받은 교원이다. ③ 교육공무원법 제10조의3제1항 각호의 사유(금품수수 행위, 시험문제 유출 및 성적조작 등 학생성적 관련 비위 행위, 학생에 대한 신체적 폭력 행위)와 관련하여 징계에 이르지 않는 주의 또는 경고 처분을 받은 교원이다. ④ 당해 학교에서 재직하는 동안 3회 이상 징계에 이르지 않는 주의 또는 경고 처분을 받은 교원이다. ⑤ 기타 임용권자가 정하는 사유 등이다. 비정기 전보는 단위학교에서 교사의 교육상의 문제로 전보가 불가피할 경우에 실시를 한다(교육공무원인사규정 제21조). 기타 임용권자가 정하는 사유에 해당할 수 있는 것은 같은 학교에서 근무하는 남녀교사가 결혼하게 되어 부부 중에 한 교사가 학기 중 또는 다음 학기에 타 학교로 전보를 가는 경우이다.

교원의 전보는 생활근거지 또는 희망지역을 우선으로 하여 전보하게 되지만, 생활근거지가 경합지역에 속하는 자는 희망지역으로 전보되지 않을 수도 있다.

전보의 특례 사항으로 특수목적고등학교의 교장 · 교감 중 1인은 당해 계열의 전공자를 배치함을 원칙으로 하며, 적격자가 없을 때는 인사위원회에서 정한 기준에 따라 배치한다. 그리고 여자학교의 교장 · 교감 중 1인은 될 수 있으면, 여교원을 배치하여야 한다. 전보권자는 같은 시 · 도내의 부부교원, 노부모 · 특수교육대상자 부양 교원 등에 대한 전보 특례 사항을 정할 수 있다(교육공무원인사규정 제23조).

4. 파견

교육공무원의 파견근무는 교육기관 · 교육행정기관 및 교육연구기관의 장이 국가공무원법 또는 지방공무원법의 규정에 의하여 소속교육공무원을 파견하여 근무하게 하는 것이다(교육공무원임용령 제7조의3). 교육공무원임용령 제7조의3 제1항 및 제2항에 따른 파견의 종류 및 기간은 표 4-6과 같다.

표 4-6 파견의 종류 및 기간
(교육공무원법 제44조, 교육공무원임용령 제7조의3 제1항 및 제2항)

구분	사유	기간
1호	교육기관 · 교육행정기관 및 교육연구기관 외의 기관 또는 단체에서 국가적 사업으로 교육 · 연구 · 학술진흥 등의 업무를 수행하기 위하여 특히 필요한 경우	2년 이내, 1년 범위 안에서 연장 가능
2호	다른 기관의 업무폭주로 행정지원을 위한 경우	2년 이내, 1년 범위 안에서 연장 가능
3호	업무의 소관이 명백하지 아니하거나 관련 기관 간의 긴밀한 협조를 요구하는 특수업무의 공동수행을 위하여 필요한 경우	1년 이내, 1년 범위 안에서 연장 가능
4호	교원 등의 연수에 관한 규정에 의한 교육공무원의 연수를 위하여 필요한 경우	필요한 기간
5호	법령 또는 조례의 규정에 의한 교육공무원 연수기관의 교수요원으로 선발된 경우	1년 이내, 1년 범위 안에서 연장 가능
6호	학술진흥과 지역 간 교육의 균형발전을 도모하기 위하여 교육기관 상호 간, 교육행정기관 상호 간, 교육연구기관 상호 간 또는 교육기관 · 교육행정기관 · 교육연구기관 상호 간에 필요한 경우	2년 이내, 1년 범위 안에서 연장 가능
7호	교육공무원의 능력을 개발하기 위하여 국내의 교육기관 또는 교육연구기관에 파견할 필요가 있는 경우	1년 6월 이내, 6월의 범위 안에서 연장 가능
8호	국가 간 또는 국제기구와 협력사업을 수행하기 위하여 외국 또는 국제기구에 파견할 필요가 있는 경우	2년 이내, 1년 범위 안에서 연장 가능
9호	국내의 연구기관, 민간기관 및 단체에서의 관련 업무 수행, 능력개발이나 국가정책 수립과 관련된 자료수집 등을 위하여 필요한 경우	대학교원은 2년 이내, 유 · 초 · 중등교원은 1년 이내, 대학교원만 1년 범위 안에서 연장 가능
10호	재외국민의 교육지원 등에 관한 법률에 따른 한국학교 또는 한국교육원의 효율적인 운영을 지원하기 위하여 필요한 경우	3년 이내, 1년 범위 안에서 연장 가능

5. 휴직과 복직

교육공무원으로 근무하면서 여러 사유로 휴직하게 되는 경우가 있다. 정당한 절차에 따라 휴직과 복직을 하기 위해서는 이에 대한 내용의 이해 · 숙지가 필요하다. 여기서는 교육부(2016) 교육공무원 인사실무의 내용을 정리하여 설명하고자 한다.

1) 휴직의 종류 및 내용

휴직의 목적은 공무원이 재직 중 직무에 종사할 수 없는 사유가 발생한 경우에 해당 사안에 따라 면직시키지 아니하고 일정기간 신분을 유지하면서 질병치료, 법률상 의무이행, 능력개발을 위한 연수기회를 부여하는 등 공무원의 신분을 보장하기 위한 제도이다.

휴직에는 직권휴직과 청원휴직이 있으며, **직권휴직**은 임용권자가 본인의 의사와 관계없이 휴직을 명할 수 있고, **청원휴직**은 본인이 원하여 휴직을 신청하는 것이다. 교육공무원법 제44조에서 교육공무원이 다음 각호의 어느 하나에 해당하는 사유로 휴직을 원하면 임용권자는 휴직을 명할 수 있다. 다만, 제1호부터 제4호(질병, 병역, 생사불명, 법정의무수행)까지 및 제11호(노조전임자)의 경우에는 본인의 의사와 관계없이 휴직을 명하여야 하고, 제7호(육아휴직) 및 제7호의2(입양휴직)의 경우에는 본인이 원하면 휴직을 명하여야 한다. 청원휴직 종류 중에 유학 · 고용 · 동반휴직 등에는 임용권자가 교원수급, 학사일정, 휴직의 목적 적합성 등을 종합적으로 판단하여 휴직을 허가하기도 한다. 직권휴직의 종류 및 내용은 표 4-7과 같고, 청원휴직의 종류 및 내용은 표 4-8과 같다.

표 4-7 직권휴직의 종류 및 내용
(교육공무원법 제44조, 교육공무원임용령 제7조)

종류	질병휴직	병역휴직	생사불명	법정의무수행	노조전임자
근거	제1호	제2호	제3호	제4호	제11호
요건	신체 · 정신상의 장애로 장기요양을 요구할 때	병역법에 따른 병역 복무를 위하여 징 · 소집된 때	천재지변 · 전시 · 사변, 기타의 사유로 생사 · 소재가 불명한 때	기타 법률상 의무수행을 위해 직무를 이탈하게 된 때	교원노동조합 전임자로 종사하게 된 때
기간	1년 이내(공무원연금법에 따른 공무상 질병 또는 부상으로 인한 경우는 3년 이내)	복무기간	3월 이내	복무 기간	전임기간
재직 경력 인정	• 경력평정: 미산입 (단, 공무상 질병인 경우 산입) • 승급제한(단, 공무상 질병인 경우는 포함)	• 경력평정: 산입 • 승급인정	• 경력평정 : 산입 • 승급인정	• 경력평정: 산입 • 승급인정	• 경력평정: 산입 • 승급인정
결원 보충	6월 이상 휴직 시 결원보충	6월 이상 휴직 시 결원보충	결원보충 불가	6월 이상 휴직 시 결원보충	6월 이상 휴직 시 결원보충
봉급	• 봉급 7할 지급 (결핵은 8할) • 공무상 질병은 전액지급	지급 안 함	지급 안 함	지급 안 함	지급 안 함
수당	• 공통수당: 보수와 같은 비율 지급 • 기타수당 · 휴직사유별 차등 지급	지급 안 함	지급 안 함	지급 안 함	지급 안 함
기타	• 의사진단서 첨부				

출처: 교육과학기술부(2012). 교육공무원 인사실무. p. 158.

표 4-8 청원휴직의 종류 및 내용
(교육공무원법 제44조, 교육공무원임용령 제7조)

종류	유학휴직	고용휴직	육아휴직	입양휴직	연수휴직	간병휴직	동반휴직
근거	제5호	제6호	제7호	제7호의2	제8호	제9호	제10호
요건	학위취득을 목적으로 해외유학을 하거나 외국에서 1년 이상 연구·연수하게 된 때	국제기구, 외국기관 또는 재외국민교육기관에 임시로 고용된 때	만 8세 이하(취학 중인 경우에는 초등학교 2학년 이하를 말한다)의 자녀를 양육하기 위하여 필요하거나 여성 공무원이 임신 또는 출산하게 된 경우	만 19세 미만의 아동을 입양하는 경우(제7호에 따른 육아휴직 대상이 되는 아동 제외)	교육부장관이 지정하는 국내의 연구기관·교육기관 등에서 연수하게 된 때	부모, 배우자, 자녀 또는 배우자의 부모의 간호를 위하여 필요한 때	배우자가 국외근무를 하거나 제5호에 해당된 때
기간	3년 이내 (학위취득의 경우, 3년 연장 가능)	고용기간	자녀 1명에 대하여 1년(여성 교육공무원은 3년) 이내	6월 이내 (입양자녀 1명당)	3년 이내	1년 이내 (재직기간 중 총 3년)	3년 이내 (3년 연장가능)
재직경력인정	• 경력평정: 5할 산입 • 승급인정	• 경력평정: 산입 • 승급인정 (비상근으로 근무한 경우는 각 5할 산입)	• 경력평정: 산입 • 승급인정	• 경력평정: 산입 • 승급인정	• 경력평정: 5할 산입 • 승급제한	• 경력평정: 제외 • 승급제한	• 경력평정: 제외 • 승급제한
결원보충	6월 이상 휴직 시 결원보충	6월 이상 휴직 시 결원보충	6월 이상(출산휴가와 연계한 경우 3월 이상 휴직 시 결원 보충이 가능하고, 출산휴가일부터 후임자 보충 가능)	6월 이상 휴직 시 결원보충	6월 이상 휴직 시 결원보충	6월 이상 휴직 시 결원보충	6월 이상 휴직 시 결원보충
봉급	봉급5할 지급 (3년 이내)	지급 안 함	지급 안 함	지급 안 함	지급 안 함	지급 안 함	지급 안 함
수당	• 공통수당: 5할 지급 (3년 이내) • 기타수당: 미지급	지급 안 함	4할 지급(1년 이내) 상한: 100만 원 하한: 50만 원	지급 안 함	지급 안 함	지급 안 함	지급 안 함
기타			출산휴가 별도신청 가능				

출처: 교육부(2017). 교육공무원 인사실무. p. 159.

2) 휴직의 효력 및 복직

휴직 중인 공무원은 신분은 보유하나 직무에 종사하지 못한다(국가공무원법 제73조). 그러나 휴직 중이라도 공무원의 신분은 보유하므로 국가공무원법상 의무(외국정부의 영예수허, 겸직금지, 집단행위의 금지, 정치운동의 금지, 비밀엄수 등)를 위반하였을 때는 징계처분의 대상이 된다. 휴직 중에 정년이 도래한 자는 정년

퇴직이 가능하며, 명예퇴직요건에 해당하면 명예퇴직 신청도 가능하다. 또한 교육공무원법 제53조 제3항의 사유(직제의 변경)에 해당할 때에는 직권면직처분도 가능하다. 이 경우 별도의 복직절차 없이 바로 퇴직 또는 면직처분 할 수 있다. 유학휴직, 고용휴직 등 휴직기간이 호봉승급 특례로 인정되는 경우 복직절차를 거쳐 호봉 재획정 후 면직 절차를 거쳐 호봉승급에 불이익이 없도록 한다(교육부, 2016).

복직은 다음의 사유와 절차에 따라 실시한다. 휴직공무원은 휴직 기간에 그 사유가 없어지면 30일 이내에 임용권자 또는 임용제청권자에게 신고하여야 하며, 임용권자는 바로 복직을 명하여야 한다. 그리고 휴직 기간이 끝난 공무원이 30일 이내에 복귀 신고를 하면 당연히 복직된다(국가공무원법 제73조 제2항, 제3항). 휴직공무원의 휴직사유 소멸에 따른 복직절차는 복직원(휴직사유 소멸 시 30일 이내 제출)을 받은 날로부터 곧 발령 조치한다. 이때 병역의무자의 경우에는 제대일 또는 복직원 제출일을 기준으로 한 소급발령을 하지 않고 복직명령 발령일을 기준일로 한다. 따라서 휴직기간은 복직발령일 전일까지는 휴직기간으로 본다. 휴직기간이 만료되지 않았더라도 휴직사유가 소멸되거나 휴직을 계속 유지할 필요가 없으면 복직원을 제출하고 복직발령을 받아 직무에 복귀할 수 있다. 이때 임용권자는 휴직사유의 소멸을 객관적으로 입증할 만한 증빙서류 제출을 요구할 수 있다. 휴직기간이 만료 또는 휴직사유가 소멸한 후에도 직무에 복귀하지 아니하거나 직무를 감당할 수 없으면 휴직기간 만료일 또는 휴직사유 소멸일을 임용일자로 소급하여 직권면직시킬 수 있다(국가공무원법 제70조 제1항 제4호, 교육공무원임용령 제6조 제3호).

3) 휴직업무 처리 시 유의사항

휴직업무 처리 시 유의할 사항은 다음과 같다.

① 임용권자는 휴직의 허가 시 교원 수급사정, 예산사정, 휴직의 목적 적합성, 휴직의 목적달성 가능 여부, 기간제 교원의 신분보장 가능 여부 등을 종합적으로 판단하여 휴직을 허가하여야 한다.

② 본인의 청원에 따라 휴직을 허가하는 해외유학 휴직, 고용휴직, 연수휴

직, 동반휴직 등에 대하여 최소한 휴직기간에 대한 기준은 없으나, 이를 이유로 하여 단기간의 휴직(예, 6개월간의 고용휴직 등)을 신청하였을 경우, 그 기간 동안에 휴직의 목적 달성 가능성 유무 또는 휴직의 합목적성 등을 자세히 검토하여 처리하여야 한다.

③ 모든 휴직은 학생의 학습권 보호와 안정적인 학교운영, 학교의 특수성 등을 고려하여 학기단위로 기간을 정하여 휴직하도록 적극적으로 권장하고, 휴직에 따른 기간제교사 임용도 학기단위로 임용하여 정원관리에 적정을 기하도록 한다.

④ 휴직사유의 소멸 또는 휴직기간이 만료된 후 다른 사유로 계속 휴직하고자 할 경우에는 애초의 휴직에 대하여 복직신고를 함과 동시에 다른 사유로의 휴직신청을 하도록 한다. 예를 들자면, 유학휴직 중 휴직사유가 소멸하거나 기간이 만료된 후 배우자 동반휴직을 하고자 할 경우 유학휴직에 대하여는 복직을 신청함과 동시에 동반휴직에 대해 휴직신청을 할 수 있다. 이 경우 임용권자는 복직명령(유학휴직에 대하여)과 휴직명령(동반휴직에 대하여)을 같은 날에 발령할 수 있다.

⑤ 휴직 중인 자가 교육공무원법 제45조에 규정된 휴직기간 범위 내에서 휴직기간을 연장하고자 할 때는 휴직기간 만료일 15일 전까지 신청하여야 한다(교육공무원인사관리규정 제25조).

⑥ 휴직 중인 자는 6개월마다 소재지와 휴직사유의 계속 여부를 소속기관의 장에게 보고하여야 하며, 소속기관의 장은 휴직자의 동태를 항상 파악하고 필요시 이에 대한 조치를 하여야 한다(교육공무원인사관리규정 제26조).

⑦ 휴직기간의 만료 또는 휴직사유가 소멸한 후에도 직무에 복귀하지 아니하거나, 직무를 감당할 수 없을 때는 직권면직 처분한다(국가공무원법 제70조 제1항 제4호).

⑧ 육아휴직 또는 동반휴직을 2년 이상한 교원이 복직하고자 하는 경우에는 대통령령이 정하는 바에 의하여 연수를 받아야 한다(교육공무원법 제45조 제3항).

제2절 휴가

교원의 휴가업무 처리에 대하여 교육부예규 제20호 교원휴가업무처리요령(시행 2021.10.18.) 및 인사혁신처 예규「국가공무원 복무 · 징계 관련 예규(2021)」를 정리하여 살펴보고자 한다.

1. 휴가의 개념 및 종류

휴가는 국가공무원 복무규정 제14조 내지 24조의 3 및 국가공무원 복무 · 징계 관련 예규에 따라 실시한다. 그리고 행정기관의 장이 일정한 사유가 있는 공무원의 신청 등에 의하여 일정 기간 출근의 의무를 면제하여 주는 것으로서, 연가 · 병가 · 공가 · 특별휴가 등을 총칭한다. 그리고 시보공무원도 공무원으로 임용된 이상 당연히 휴가를 사용할 수 있다. 교육공무원법에 따른 교원의 휴가에 관하여는 교육부장관이 학사 일정 등을 고려하여 따로 정할 수 있다(국가공무원 복무규정 제24조의2). 그리고 교원은 방학 중에 교육공무원법 제41조(연수기관 및 근무장소 이외에서의 연수)에 의해 수업에 지장이 없는 한 학교에 출근하지 않고 소속기관의 장의 승인을 얻어 연수기관 또는 근무 장소 이외의 시설 또는 장소에서 연수할 수 있다. 교원에게 방학이라고 하는 것은 휴가의 개념이 아니라 다음 학기 준비를 위한 연수기간이라고 할 수 있다.

휴가는 연가(年暇), 병가, 공가(公暇) 및 특별휴가로 구분된다.

① **연가**: 정신적 · 신체적 휴식을 취함으로써 근무능률을 유지하고 개인생활의 편의를 위하여 사용하는 휴가

② **병가**: 질병 또는 부상으로 직무를 수행할 수 없는 경우 또는 감염병에 걸려 다른 공무원의 건강에 영향을 미칠 우려가 있을 때 부여받는 휴가

③ **공가**: 공무원이 일반국민의 자격으로 국가기관의 업무수행에 협조하거나 법령상 의무의 이행이 필요한 경우에 부여받는 휴가

④ **특별휴가**: 사회통념 및 관례상 특별한 사유(경조사 등)가 있는 경우 부여받는 휴가

휴가의 실시 원칙으로 기관장 또는 학교의 장은 휴가를 허가하면서 소속교원이 원하는 시기에 법정휴가일수가 보장되도록 하되, 연가와 특별휴가 중 장기재직휴가는 학생들의 수업 등을 고려하여 부모생신일 또는 기일 등을 제외하고는 특별한 사유가 없는 한 방학 중에 실시하고, 휴가로 인한 수업결손 등이 발생하지 않도록 필요한 조치를 하여야 한다.

2. 휴가 등의 허가 절차

휴가 등의 사유로 학교에 정상 출근 및 근무를 하지 못할 경우에는 다음과 같은 허가 절차를 밟도록 한다.

① 교원이 휴가 · 지참 · 조퇴 · 외출과 「공무원여비규정」 제18조의 규정에 의한 근무지 내 출장을 하고자 하는 때에는 「위임전결규정」이 정한 허가권자에게 근무상황부 또는 근무상황카드에 의하여 미리 신청하여 사유 발생 전까지 허가를 받아야 한다. 다만, 병가 · 특별휴가 등 불가피한 경우에는 당일 정오까지 필요한 절차를 밟아야 하며, 이 경우 다른 교원이 이를 대행하게 할 수 있다. 근무상황부는 기관장 또는 학교의 장이 지정하는 부서에 비치하고 개인별로 관리하되, 교육정보시스템(NEIS)에 의한 근무상황부를 운용하는 기관장 또는 학교의 장은 전자적으로 개별 관리도 가능하다.

② 교원이 정해진 시간까지 출근할 수 없을 때는 소속기관에 미리 신고하여야 하고, 그 후 출근한 때에는 지참으로, 출근하지 않는 때에는 결근으로 처리한다. 출근이란 정해진 근무시간까지 근무장소(사무실 또는 현장)에 도착하는 것을 말한다.

③ 학교장의 휴가는 직근 상급기관의 장(교육감 또는 교육장, 국립은 총장 또는 장관)의 허가를 받아 실시한다. 이때 문서 · 전화 또는 구두로 휴가를 신청할 수 있으며, 직근 상급기관의 근무상황부 또는 근무상황카드에 의하여 관리한다.

3. 휴가 실시 등에 있어 유의할 점

휴가 중인 교원은 다음과 같은 유의사항을 숙지해야 한다.

① 휴가 중에는 긴급 시 연락이 가능하도록 연락체계를 유지하여야 한다.

② 교원이 휴가를 실시함에서는 수업 및 담당사무 등을 학교장이 정한 자에게 인계하여 업무의 연속성을 유지하여야 한다.

③ 근무상황부 또는 근무상황카드를 관리하는 부서의 장은 근무상황을 수시로 확인하여 다음과 같은 사례가 발생하지 않도록 하여야 한다. 여기에는 연가사유를 고의로 병가처리, 연가사실 미기록, 지참 · 조퇴 · 외출의 묵인, 진단서 제출 없이 연간 6일을 초과하는 병가일수의 연가 미공제 사례 등이다.

④ 지참 · 조퇴 · 외출의 정의는 다음과 같다. '지참'이란 정해진 근무시간까지 출근하지 못하는 것을 말한다. '조퇴'란 질병 기타 사유에 의하여 퇴근시간 전에 퇴근하는 것을 말한다. '외출'이란 근무시간 중 개인용무를 위하여 학교 외부로 나간 후 퇴근시간 전에 돌아오는 것을 말한다.

⑤ 학교의 장은 소속 교원이 전보 · 파견 · 전직 · 전출되는 경우 전년도 및 해당 연도의 휴가기록을 포함한 복무관리상황(근무상황부 또는 근무상황카드 사본 원본 대조 확인)을 신임학교 또는 기관으로 즉시 통보하여야 한다.

4. 휴가 종류별 실시 방법

휴가의 종류에 따라 휴가 일수를 계산하는 방법 및 유의사항은 다음과 같다.

① 연가 · 병가 · 공가 및 특별휴가는 별개의 요건에 따라 운영되므로 그 휴가일수의 계산은 휴가 종류별로 따로 계산한다. 반일연가는 13:00를 기준으로 하여 오전 · 오후로 구분한다.

② 휴가기간 중의 공휴일과 토요일은 그 휴가일수에 포함하지 않으나, 휴가(연가는 제외)일수가 연속하여 30일 이상 계속되는 경우에는 그 휴가 일수에 토요일 또는 공휴일을 포함한다.

③ 퇴직 후 해당 연도에 재임용된 교원의 휴가일수 산정 시 퇴직 전 근무기관에서 사용한 휴가일수를 공제하여야 한다. 필요한 경우 퇴직 전 근무기관에 휴가사용 내용을 확인 후 조치하도록 한다.

④ 법정휴가일수를 초과한 휴가는 결근으로 처리한다.

위의 내용에 따른 휴가일수의 계산을 정리하여 살펴보면 다음과 같다.

1) 연가

(1) 연가일수

재직기간별 연가일수에 대한 계산은 표 4-9와 같다.

표 4-9 재직기간별 연가일수

재직기간	연가일수	재직기간	연가일수
1월 이상 1년 미만	11일	4년 이상 5년 미만	17일
1년 이상 2년 미만	12일	5년 이상 6년 미만	20일
2년 이상 3년 미만	14일	6년 이상	21일
3년 이상 4년 미만	15일	-	-

표 4-10 다음 재직기간 미리 사용 가능 연가일수

재직기간	미리 사용하게 할 수 있는 최대 연가일수
1년 미만	5일
1년 이상 2년 미만	6일
2년 이상 3년 미만	7일
3년 이상 4년 미만	8일
4년 이상	10일

단, 「교육공무원 임용령」 제19조의5에 따른 시간선택제 전환교사의 연가는 다음의 산식에 따라 근무시간에 비례하여 시간단위로 실시한다. 단, 교육과정 운영에 지장을 주지 않는 범위 내에서 시간단위로 실시한다.

$$\text{재직기간별 연가일수} \times \frac{\text{시간선택제 교사의 주당 근무시간}}{\text{교사의 주당 근무시간}} \times \text{8시간}$$

(2) 연가 일수의 공제

① 결근 · 정직 · 직위해제 일수 및 강등처분으로 직무에 종사하지 못하는 일수가 있는 연도에는 이를 당해 연도의 잔여연가 일수에서 공제한다.

② 법령에 의한 의무수행이나 공무상 질병 또는 부상으로 인하여 휴직한 경우를 제외한 휴직의 경우에는 연가 일수에서 다음 산식에 의하여 산출된 일수를 공제한다. 이 경우 해당 연도 휴직기간은 월로 환산하여 계산하되, 15일 이상은 1월로 계산하고 15일 미만은 이를 포함하지 아니하며, 산식에 의하여 산출된 소수점 이하의 일수는 반올림한다.

$$\frac{\text{당해 연도 휴직기간(월)}}{\text{12(월)}} \times \text{당해 연도 재직기간별 연가일수}$$

③ 반일연가 1회는 4시간으로 계산하므로, 반일연가 2회는 연가 1일로 계산하여 공제한다. 따라서 반일연가 5회인 경우는 연가 2일과 반일 연가 1회가 된다. 지각 · 조퇴 · 외출 및 반일연가는 구분 없이 각각의 시간을 모두 합산하여 누계 8시간을 연가 1일로 계산하여 공제하고, 8시간 미만의 잔여시간은 계산하지 않는다.

〈누계시간의 연가 일단위 계산방법 예시〉

※ 1년간 외출 15시간, 조퇴 9시간, 지각 1시간, 반일연가 1회가 있는 공무원의 경우
- (15시간+9시간+1시간+4시간) ÷ 8시간 = 3일 5시간
- 연가공제일수는 3일이며, 잔여 5시간은 계산하지 아니함

그리고 연가를 미사용할 시 최대 20일 한도에서 연가보상비 지급으로 갈음

한다. 아울러 행정기관의 장은 매년 3월 31일까지 그해에 최소한으로 사용하여야 할 권장 연가일수를 10일 이상 절하여 공지하여야 한다.

2) 병가

(1) 병가의 종류별 내용

병가에는 일반 병가와 공무상 병가로 구분된다.

일반병가는 연 60일의 범위 안에서 허가하며, 질병이나 부상으로 인한 지참 · 조퇴 및 외출은 구분 없이 누계시간으로 계산하여 누계 8시간을 병가 1일로 처리한다.

① 질병 또는 부상으로 인하여 직무를 수행할 수 없을 때
② 전염병의 이환(罹患)으로 인하여 교원의 출근이 다른 교원이나 학생 건강에 영향을 미칠 우려가 있을 때
③ 연간 누계 6일까지는 진단서의 제출 없이도 병가를 사용가능
④ 7일 이상 연속되는 병가와 병가의 연간 누계가 6일을 초과하게 되는 경우에는 의료법 제17조에 의하여 교부된 진단서를 제출
⑤ 병가의 기간은 기관장(승인권자)이 해당 공무원의 직무수행 가능여부와 진단서의 내용을 감안하여 결정

공무상 병가는 공무상 질병 또는 부상으로 직무를 수행할 수 없거나 요양을 요할 경우에 연 180일의 범위 안에서 허가한다. 다만, 병가사유가 동일한 경우에는 연도의 구분 없이 180일의 범위 안에서 허가한다.

(2) 병가일수의 계산

① 병가일수는 1월 1일부터 12월 31일까지 1년 단위로 계산하며, 전년도 병가사용 일수에 관계없이 연도가 바뀌면 새로 시작한다. 다만, 공무상 병가에 있어서 병가사유에는 그러하지 아니하다.

【사례 1】 같은 질병으로 화 · 수 · 목 · 금 4일간 병가, 다음 주 월요일 1일 출근한 후 화요일부터 25일간 병가를 신청한 경우에는

⇒ 형식상 연속 30일 이하의 병가라 하더라도 30일 이상을 이어서 병가사유에 의한 휴가로 인정되므로, 30일 이상의 병가가 연속된 것으로 간주하여 공휴일 또는 토요일을 휴가일수에 포함해야 함.

【사례 2】 2개 연도에 걸쳐 30일을 초과하는 병가의 경우에는

⇒ 연도별로 구분하여 각각 30일 이상인 경우에만 공휴일과 토요일을 휴가일수에 포함해야 함.

【사례 3】 같은 질병으로 공휴일과 토요일을 제외하여 19일을 병가 사용하고, 10일 근무 후 추가로 수술하여 26일을 병가 사용한 경우에는

⇒ 실제 연속된 병가사용 일수를 확인 후 30일 이상이 되면 공휴일과 토요일을 휴가일수에 포함해야 함.

⇒ 이때 각급 기관은 해당 교원 병가제도의 악용 여부에 대하여 판단하고, 악용의 여지가 없으며 별개로 병가일수 계산이 가능함.

【사례 4】 교사가 질병으로 인하여 2월 미만의 병가원을 제출하여 병가를 허가받은 다음 병가일 만료 후 2~3일 출근하여 같은 사유로 다시 병가원을 제출한 경우에 재차 2월의 범위에서 수차 반복 허가가 가능한지?

⇒ 연 60일을 초과하지 않는 범위 내에서 같은 사유에 대하여 바로 허가할 수 있음. 그러나 연 60일을 초과할 시는 결근 또는 휴직의 조치를 취하여야 할 것임.

【사례 5】 공무상 부상으로 병가를 6개월 사용하고 1년간 휴직한 교원이 복직하였으나 같은 질병의 후유증으로 5~6개월의 요양이 더 필요한 경우 다시 공무상 병가 6개월을 허가받을 수 있는지?

⇒ 공무상 병가를 180일 모두 사용하였으면 비록 연도가 바뀌었

다고 하더라도 같은 질병으로 또다시 공무상 병가를 허가할 수 없음.

3) 공가

공가의 사유와 사례에 대한 설명은 다음과 같다.

(1) 공가의 사유

공가의 사유는 다음과 같다(인사혁신처, 2021).

① 「병역법」 기타 다른 법령에 의한 징병검사 · 소집 · 검열점호 등에 응하거나 동원 또는 훈련에 참여할 때
② 공무에 관하여 국회 · 법원 · 검찰 기타 국가기관에 소환된 때, 법률의 규정에 의하여 투표에 참여할 때
③ 승진 · 전직시험에 응시할 때
④ 원격지간의 전보발령을 받고 부임할 때
⑤ 산업안전보건법 제129조부터 제131조까지의 규정에 따른 건강진단, 국민건강보험법 제52조에 따른 건강검진 또는 결핵예방법 제11조제1항에 따른 결핵검진 등을 받을 때
⑥ 혈액관리법에 따라 헌혈에 참가할 때
⑦ 천재 · 지변 · 교통차단 기타의 사유로 출근할 수 없을 때
⑧ 공무원인재개발법 시행령 제32조제5호에 따른 외국어능력에 관한 시험에 응시할 때
⑨ 올림픽, 전국체전 등 국가적인 행사에 참가할 때, 올림픽 · 전국체전 등 국가적인 행사에 참여할 때
⑩ 공무원의 노동조합 설립 및 운영 등에 관한 법률 제9조에 따른 교섭위원으로 선임되어 단체교섭 및 단체협약 체결에 참석하거나 같은 법 제17조 및 노동조합 및 노동관계조정법 제17조에 따른 대의원회(공무원의 노동조합 설립 및 운영 등에 관한 법률에 따라 설립된 공무원 노동조합의 대의원회를 말하며, 연 1회로 한정한다)에 참석할 때

⑪ 공무국외출장 등을 위하여 검역법 제5조제1항에 따른 오염지역 또는 같은 법 제5조의2제1항에 따른 오염인근지역으로 가기 전에 같은 법 제2조제1호에 따른 검역감염병의 예방 접종을 할 때

【사례 1】「국가기술자격법」에 의한 기술자격취득자의 경우 자격의 유지를 위한 개별법령에 따른 보수교육에 대하여는 공가처리. 다만, 공무원 임용 시 「국가기술자격법」 기타 개별법령에 의한 자격취득이 공무원 임용요건으로 의무화된 경우에는 교육파견절차에 따라 처리한다.

【사례 2】구속된 경우 기소 전까지는 공가처리이다. 유죄판결이 확정될 때까지는 무죄로 추정되는 헌법정신을 고려하고 불기소 · 기소유예 등의 경우에 대비, 다만, 직위해제 등 인사 조치를 신속히 하여 공가기간을 최소화해야 한다.

【사례 3】징계 · 소청 · 행정소송 등에 있어서 업무담당 공무원의 출석은 출장처리하고, 당사자 및 참고인은 공가처리, 다만, 그 내용이 공직신분과 무관한 사항은 연가를 활용해야 한다.

【사례 4】민사소송의 당사자로서 출석할 때는 연가를 사용하여야 하며, 민사소송 절차에 업무상 관련이 있는 공무원이 참고인 · 증인 또는 감정인으로 출석요구에 응할 때는 공가처리한다.

【사례 5】단체교섭 및 교섭관련 협의와 관련하여 사진촬영, 참관 등의 사항으로 참석하거나 사무처리를 위하여 동행하는 인원은 공가처리할 수 없으며 단체교섭이나 교섭관련협의가 아닌 교원노동조합의 자체규약에 의한 총회, 대의원회, 조합연수, 조합행사, 설명회, 기타 조합회의 및 집회 등에 참석하는 경우와 교육부, 교육행정기관과의 협의를 위해 교원노조법에 의한 법적 근거 없이 참석하는 경우는 공가처리 대상이 아니다.

4) 특별 휴가

(1) 경조사 휴가

교육공무원이 일상생활에서 발생하는 결혼, 출산, 사망, 입양 등의 경조사에 대한 특별휴가 규정이 있다. 경조사별 휴가일수는 표 4-11과 같다.

표 4-11 경조사별 휴가일수

구분	대상	일수
결혼	본인	5
	자녀	1
출산	배우자	10
사망	배우자, 본인 및 배우자의 부모	5
	본인 및 배우자의 조부모 · 외조부모	3
	자녀와 그 자녀의 배우자	3
	본인 및 배우자의 형제 · 자매	1
입양	본인	20

출처: 국가공무원 복무규정 제20조.

【사례 1】 토요일에 부모가 사망한 경우의 경조사 휴가일수는 다음 주 월, 화, 수, 목, 금으로 5일의 휴가를 얻을 수 있음

【사례 2】 토요일에 자녀가 결혼하는 경우 경조사 휴가는 전일 금요일 또는 다음 주 월요일에 휴가를 얻을 수 있음

(2) 특별휴가의 종류와 사유

특별휴가의 종류별 사유와 기간을 정리하면 표 4-12와 같다.

표 4-12 특별휴가의 종류별 사유와 기간

종류	사유	기간	비고
경조사 휴가	가족 친척의 경조사	<표 4-11> 참조	
출산 휴가	임신 또는 출산	출산 전후 90일	출산 후 45일 이상 확보
		한 번에 둘 이상의 자녀는 120일	출산 후 60일 이상 확보
유산휴가 (사산휴가)	임신 중 유산 또는 사산	10일, 30일, 60일, 90일	임신기간에 따름 (인공임신중절수술 제외)
배우자 유산휴가 (사산휴가)	배우자가 유산하거나 사산한 경우	3일	배우자 유산휴가(사산휴가) 기간 내에 사용, 1회에 한하여 분할사용 가능
난임치료 시술휴가	인공수정 또는 체외수정 등 난임불임치료 시술을 받는 교원	1일	시술 당일, 단, 체외수정 1일 추가(여성의 경우)
여성보건 휴가	여자교원의 생리기	월 1일 1회	분리하여 사용 불가, 무급처리
모성보호 시간	임신 중인 여성 교원	1일 2시간	증빙서류(진단서, 임신확인서, 산모수첩 등) 제출, 육아시간과 중복 사용 불가
육아시간	만 5세 이하(생후 72개월 이전까지)의 자녀를 가진 교원	1일 최대 2시간	24개월 범위(수업 등 학생지도에 지장이 없는 범위 내)
수업휴가	방통대에 출석수업에 참석하기 위한 연가일수를 초과하는 출석수업 기간	출석수업 기간	법정연가를 먼저 사용한 후 부족한 일수에 한하여 인정됨
재해구호 휴가	재해 · 재난으로 피해를 입은 교원과 그 지역에 자원봉사 활동을 초과하는 출석수업 기간	5일 이내 (대규모 재난으로 피해입은 교원의 경우 10일 이내)	재해 · 재난의 피해정도, 자원봉사활동의 필요성, 수업지장 유무 등을 판단하여 신중하게 허가
포상휴가	탁월한 성과와 공로가 인정되는 경우	10일 이내	포상휴가제의 취지를 감안, 이를 신중하게 허가

종류	사유	기간	비고
가족돌봄 휴가	자녀, 배우자, 부모(배우자의 부모 포함), 조부모, 외조부모, 손자녀 돌봄	연간 10일 범위	(유급휴가) 자녀에 대한 돌봄 사유로 시간 단위로 사용 가능 (무급휴가) 자녀 외의 가족 돌봄 시, 유급 자녀 돌봄 휴가 소진 시 일단위로 사용 가능
임신검진 휴가	여성교원의 임신검진	임신기간 동안 10일의 범위 내	최초 신청 시 임신확인서 등 제출 반일 또는 하루 단위로 신청 가능
교육활동 보호를 위한 특별휴가	교원의 지위 향상 및 교육활동보호를 위한 특별법에 따른 교육활동 침해의 피해	5일의 범위 내	교원의 지위 향상 및 교육활동보호를 위한 특별법 제 14조의3

출처: 서울특별시 교육청(2021). 알기 쉬운 교육공무원 인사실무 매뉴얼. p. 93.

5. 공무외의 국외여행

교원이 공무 외에 국외여행을 하는 경우에 따라야 할 규정을 살펴보면 다음과 같다(서울특별시 교육청, 2021).

① 교원의 공무 외 국외여행은 여름 · 겨울 및 학기말 등의 휴업일에 실시함을 원칙으로 한다.

② 공무 외의 국외여행은 교원의 전문성 신장을 위하여 휴업일 중 공무 외의 자율연수 목적의 국외여행 기회를 부여한다.

③ 「교육공무원법」 제41조의 규정에 의한 공무 외 자율연수 목적의 국외여행은 「국가공무원복무규정」에 의한 휴가와 별도로 실시한다.

④ 공무 외 자율연수 목적의 국외여행 인정범위 및 절차 등에 관한 세부적인 사항은 시 · 도교육감(국립은 총장 또는 학교장)이 정한다.

⑤ 휴가일수 범위 내 공무 외 국외여행을 신청한다.

⑥ 공무 외의 국외여행을 위한 휴가를 신청할 때에는 교육행정정보시스템(NEIS) 근무상황 신청에서 근무상황은 '연가 또는 특별휴가', 비고, 사유 또는 용무에 '공무 외 국외여행(국가명)'으로 명시한 후 학교의 장의 허가

를 받는다. 다만, 교장은 직근 상급기관의 장(교육감 또는 교육장, 국립은 총장 또는 장관)의 허가를 받아 실시하되, 문서전화 또는 구두로 신청할 수 있으며 직근 상급기관에서는 근무상황부 또는 근무상황카드에 의하여 관리한다.

그리고 **공무 외의 국외여행에 대한 유의사항**은 다음과 같다(서울특별시 교육청, 2021).

① 학교의 장 또는 직근 상급기관의 장은 교원이 휴가일수 범위 내에서 공무 외의 목적으로 국외여행을 하고자 할 때 불필요한 규제를 할 수 없으며, 여권발급 등에 필요한 지원을 하여야 한다.
② 시 · 도교육감(국립은 총장 또는 학교장)은 교원의 전문성 신장을 위한 국외자율연수 기회를 최대한 부여함으로써 자질 향상에 기여할 수 있도록 하여야 한다.
③ 교원은 여권발급절차 · 입국사증의 취득 · 출입국관리 · 통관절차 기타 관계법령을 준수하여야 한다.
④ 여행기간에 현지의 규범 · 관습 등을 지켜 교원으로서 품위를 유지하여 건전한 여행문화 풍토조성에 솔선수범하여야 한다.
⑤ 국외여행과 관련한 민폐 · 관폐 등 금지이다.

제3절 상훈 · 징계

3절에서는 상훈, 징계, 교원소청심사위원회 등에 대해서 기술하고자 한다.

1. 상훈

1) 상훈의 의의 및 종류

상훈은 재직 중에 업적이 뛰어난 사람에 대하여 훈장, 포장, 표창을 수여함으로써 교원으로서의 타의 모범과 자긍심을 갖도록 하는 것이다. **상훈의 종류**에는 「상훈법」에 의한 훈장 및 포장이 있고, 「정부표창규정」에 의한 표창이 있다. **훈장**(勳章) **및 포장**(褒章)은 대한민국 국민이나 우방국 국민으로서 대한민국에 뚜렷한 공적(功績)을 세운 사람에게 수여하며. **표창**은 국가 또는 사회에 공헌한 행적이 뚜렷한 내외국인이나 교육 · 경기 및 작품 등에서 우수한 성적을 발휘한 자에게 수여한다. **'훈장'**에는 무궁화대훈장, 건국훈장, 국민훈장, 무공훈장, 근정훈장, 보국훈장, 수교훈장, 산업훈장, 새마을훈장, 문화훈장, 체육훈장, 과학기술훈장 등 12종류가 있으며(상훈법 제9조), **'포장'**에는 건국포장, 국민포장, 무공포장, 근정포장, 보국포장, 예비군포장, 수교포장, 산업포장, 새마을포장, 문화포장, 체육포장, 과학기술포장 등 12종류가 있다(상훈법 제19조). 그리고 **'표창'**에는 대통령표창, 국무총리표창이 있다. 교육공무원(이하 '사립학교 교원 포함')의 경우에는 재직 중 뛰어난 공적을 세운 유공자에 대해 스승의 날 학교유공교원표창, 모범공무원 표장(標章), 기타 유공교원표창 등을 수여하며, 장기복무 후 퇴직 시에는 재직 기간에 따라 근정훈장, 근정포장, 대통령표창, 국무총리표창을 수여한다. 퇴직포상의 포상대상은 장기간(25년 이상)의 재직 중 직무를 성실히 수행하여 국가발전에 기여하고 공사 생활에 흠결 없이 퇴직하는 교육공무원이다. **교육공무원의 퇴직포상 시기**는 퇴직일(매년 2월 말, 8월 말)이며, 2월 말 퇴직에는 전년 6월~전년 11월 중 퇴직 교원을 포함하고, 8월 말 퇴직에는 전년 12월~5월 중 퇴직 교원을 포함하여 포상한다. 교육공무원의 퇴직포상에 대한 훈격 결정 기준을 정리하면 표 4-13과 같다.

표 4-13 퇴직포상의 훈격 결정 기준

훈격 및 종류		재직 기간	비고
근정훈장	1등급 청조	대학총장 경력자 특별 추천	* 교육부 장관 표창의 경우, 「정부표창규정」에 의한 퇴직포상에 해당하지 않지만, 정년 퇴임교사를 축하하기 위해 시 · 도교육청의 추천으로 수여함.
	2등급 황조	40년 이상	
	3등급 홍조	39년~38년	
	4등급 녹조	37년~36년	
	5등급 옥조	35년~33년	
근정포장		30년 이상~33년 미만	
대통령표창		28년 이상~30년 미만	
국무총리표창		25년 이상~28년 미만	
교육부장관표창*		15년 이상~25년 미만	

2) 상훈의 추천 제한

다음의 경우에는 상훈을 추천하지 않는다(교육부, 2017).

① 징계의결 요구 중인 자 또는 형사사건으로 기소 중인 자.

② 재직 중 벌금형 이상의 형사처분을 받은 자. 다만, 벌금형의 경우, 재직 중 3회 이상의 벌금형 처분을 받았거나, 벌금형 처분이 2회 이하이더라도 1회 벌금액이 200만 원 이상인 자는 추천 제외한다.

③ 재직 중 징계 또는 불문(경고)처분을 받은 자. 그러나 포상 추천할 수 있는 경우는 퇴직일 기준으로 징계 또는 불문(경고)처분이 사면 또는 기록이 말소된 경우이다. 다만, 다만, 재직 중 3회 이상의 징계처분(불문경고 포함)을 받은 자 및 교육공무원법 제10조(금품수수 행위, 시험문제 유출 및 성적조작 등 학생성적 관련 비위 행위, 학생에 대한 신체적 폭력 행위), 교원의 4대 주요비위(금품 · 향응수수, 상습폭행, 성폭행, 성적조작)에 해당하는 사유로 징계(불문경고)를 받은 자 등 정부포상이 합당치 않다고 판단되는 자는 추천을 제한한다. 이는 퇴직포상 취지와 상훈의 영예성 유지를 위해 사면·말소된 징계건도 합산하는 것이다.

④ 퇴직공무원 포상을 이미 받은 자로서 복직 등을 한 자. 퇴직 시 정부포상을 수여 받은 자가 사립학교 교원이나 공무원으로 재임용되어 퇴직할 경우 포상추천을 하지 않도록 유의한다.

⑤ 「국가공무원법」 제2조 제3항 제1호 및 「지방공무원법」 제2조 제3항 제1호의 특수경력직공무원 중 선거로 취임하는 공무원.

⑥ 수사 중이거나 각종 언론보도 등으로 사회적 물의를 일으켜 정부포상이 합당치 않다고 판단되는 자.

⑦ 퇴직공무원의 경우, 재직 중 정부포상을 받은 자는 퇴직 시 동일 종류의 동급 및 하위등급의 훈·포장 및 표창을 받을 수 없다.

2. 징계

징계의 개념과 사유, 징계의 종류와 효력, 징계의 기준, 징계의 감경, 징계의 시효 및 기록 말소 등에 대하여 고찰하기로 한다.

1) 징계의 개념 및 사유

징계란 공무원의 의무위반에 대하여 공무원관계의 목적을 달성하기 위하여 국가(지방자치단체)가 그의 사용자의 지위에서 과하는 행정상 제재를 말한다(서울시교육청, 2021: 341). **징계사유**는 국가공무원법 및 동법에 의한 명령을 위반한 경우, 직무상의 의무(다른 법령에서 공무원의 신분으로 인하여 부과된 의무를 포함한다)를 위반하거나 직무를 태만히 할 때, 직무의 내외를 불문하고 그 체면 또는 위신을 손상하는 행위를 한 때이다(국가공무원법 제78조제1항).

2) 징계의 종류와 효력

징계는 중징계와 경징계로 구분하여 중징계는 파면, 해임, 강등, 정직이 있고, 경징계는 감봉, 견책이 있다. 징계 처분이 공무원의 신분과 보수 및 퇴직급여 등에 미치는 영향은 표 4-14의 징계의 종류와 효력과 같다.

표 4-14 징계의 종류와 효력

종류		기간	신분	보수, 퇴직급여 등
중징계	파면		• 공무원 관계로부터 배제 • 5년간 공무원 임용될 수 없음	• 퇴직급여액의 1/2 감액 (5년 미만 근무자 퇴직급여액의 1/4감액)
	해임		• 공무원 관계로부터 배제 • 3년간 공무원 임용될 수 없음	• 퇴직급여 전액 지급 단, 금품 및 향응수수, 공금 횡령 · 유용으로 해임된 경우 - 5년 미만 근무자 1/8 감액 지급 - 5년 이상 근무자 1/4 감액 지급
	강등		• 동종의 직무 내에서 하위의 직위에 임명 • 신분은 보유, 3개월간 직무에 종사 못함 • 18개월+정직 3개월 승진 제한 • 처분기간 경력평정에서 제외 • 징계기록말소 제한기간 9년	• 18월+정직처분기간(3월) 승급제한 • 보수의 전액 삭감 • 처분일수는 연가일수에서 제외 • 모범공무원 수당 지급중지
	정직	1~3개월	• 신분은 보유하나 직무에 종사 못함 • 18개월+정직처분기간(1~3월) 승진 제한 • 처분기간 경력평정에서 제외 • 징계기록말소 제한기간 7년	• 18월+정직처분기간(1~3월) 승급 제한 • 보수의 전액 삭감 • 처분일수는 연가일수에서 제외 • 모범공무원 수당 지급중지
경징계	감봉	1~3개월	• 12월+감봉처분기간(1~3월) 승진 제한 • 징계기록말소 제한기간 5년	• 12월+감봉처분기간(1~3월) 승급 제한 • 보수의 1/3 감액 • 모범공무원 수당 지급중지
	견책		• 6월간 승진 못함 • 징계기록말소 제한기간 3년	• 6개월간 승급 제한 • 모범공무원 수당 지급중지

※ 국가공무원법 제78조의2제1항 각 호의 어느 하나의 사유로 인한 징계처분(금전, 물품, 부동산, 향응 등 재산상의 이익을 취득하거나 제공한 경우, 횡령, 배임, 절도, 사기 또는 유용한 경우로 인한 징계처분)과 성폭력, 성희롱 및 성매매로 인한 징계처분의 경우에는 각각 6개월을 가산한 기간이 지나지 않은 경우 승급을 제한함(공무원보수규정 제14조).

※ 징계처분의 집행이 끝난 날부터 국가공무원법 제78조의2제1항 각 호 및 소극행정, 음주운전(음주측정에 응하지 않은 경우 포함), 성폭력, 성희롱, 성매매, 상습폭행, 학생성적 관련 비위에 따른 징계처분의 경우에는 각각 6개월을 더한 기간이 지나지 아니한 경우 승진을 제한함(교육공무원임용령 제16조).

출처: 서울특별시교육청(2016). 알기 쉬운 교육공무원 인사실무 매뉴얼. p. 372.

3) 징계의 기준

「교육공무원징계령」 제2조 제1항에 따른 교육공무원징계위원회는 징계혐의자의 비위(非違) 유형, 비위 정도 및 과실의 경중(輕重)과 평소 행실, 근무성적, 공적(功績), 뉘우치는 정도 또는 그 밖의 정상(情狀) 등을 참작하여 별표의 징계기준에 따라 징계를 의결하여야 한다. 「교육공무원 징계양정 등에 관한 규칙(이하 규칙)」의 징계양정 기준은 표 4-15와 같다.

표 4-15 징계 기준

교육공무원 징계양정 등에 관한 규칙(2019.9.17.)[별표] 징계기준(제2조제1항 관련)

비위의 정도 및 과실 / 비위의 유형	비위의 정도가 심하고 고의가 있는 경우	비위의 정도가 심하고 중과실인 경우 또는 비위의 정도가 약하고 고의가 있는 경우	비위의 정도가 심하고 경과실인 경우 또는 비위의 정도가 약하고 중과실인 경우	비위의 정도가 약하고 경과실인 경우
1. 성실의무 위반				
가. 공금횡령·유용, 업무상 배임	파면	파면-해임	해임-강등	정직-감봉
나. 직권남용으로 다른 사람의 권리 침해	파면	해임	강등-정직	감봉
다. 직무태만 또는 회계질서 문란	파면	해임	강등-정직	감봉-견책
라. 시험문제를 유출하거나 학생의 성적을 조작하는 등 학생 성적과 관련한 비위 및 학교생활기록부 허위사실 기재 또는 부당 정정과 관련한 비위	파면	해임	해임-강등-정직	감봉-견책
마. 신규채용, 특별채용, 승진, 전직, 전보 등 인사와 관련한 비위	파면	해임	해임-강등-정직	감봉-견책
바. 「학교폭력예방 및 대책에 관한 법률」에 따른 학교폭력을 고의적으로 은폐하거나 대응하지 아니한 경우	파면	해임	해임-강등-정직	감봉-견책
사. 연구부정행위	파면	해임	해임-강등-정직	감봉-견책
아. 연구비의 부당 수령 및 부정사용 등 연구비의 수령 및 사용과 관련한 비위	파면	파면-해임	해임-강등	정직-감봉
자. 소속 기관 내의 교육공무원법 제52조 각 호의 어느 하나에 해당하는 성 관련 비위를 고의로 은폐하거나 대응하지 않은 경우	파면	해임	해임-강등-정직	감봉-견책
차. 직무관련 주요 부패행위의 신고·고발의무 불이행	파면-해임	강등-정직	정직-감봉	감봉-견책
카. 부정청탁에 따른 직무수행	파면	파면-해임	강등-정직	감봉-견책
타. 부정청탁	파면	해임-강등	정직-감봉	견책
파. 성과상여금을 거짓이나 부정한 방법으로 지급받은 경우	파면-해임	강등-정직	정직-감봉	감봉-견책
하. 그 밖의 성실의무 위반	파면-해임	강등-정직	감봉	견책
2. 복종의무 위반				
가. 지시사항 불이행으로 업무 추진에 중대한 차질을 준 경우	파면	해임	강등-정직	감봉-견책
나. 그 밖의 복종의무 위반	파면-해임	강등-정직	감봉	견책
3. 직장 이탈 금지 위반				
가. 집단 행위를 위한 직장 이탈	파면	해임	강등-정직	감봉-견책
나. 무단결근	파면	해임-강등	정직-감봉	견책
다. 그 밖의 직장 이탈 금지 위반	파면-해임	강등-정직	감봉	견책
4. 친절·공정의무 위반	파면-해임	강등-정직	감봉	견책

비위의 정도 및 과실 / 비위의 유형	비위의 정도가 심하고 고의가 있는 경우	비위의 정도가 심하고 중과실인 경우 또는 비위의 정도가 약하고 고의가 있는 경우	비위의 정도가 심하고 경과실인 경우 또는 비위의 정도가 약하고 중과실인 경우	비위의 정도가 약하고 경과실인 경우
5. 비밀 엄수의무 위반				
가. 비밀의 누설 · 유출	파면	파면-해임	강등-정직	감봉-견책
나. 비밀 분실 또는 해킹 등에 의한 비밀 침해 및 비밀 유기 또는 무단 방치	파면-해임	강등-정직	정직-감봉	감봉-견책
다. 개인정보 부정 이용 및 무단 유출	파면-해임	해임-강등	정직	감봉-견책
라. 개인정보의 무단 조회 · 열람 및 관리 소홀 등	파면-해임	강등-정직	감봉	견책
마. 그 밖에 보안관계 법령 위반	파면-해임	강등-정직	감봉	견책
6. 청렴의무 위반	파면	해임-강등	해임-강등-정직	감봉
7. 품위유지의무 위반				
가. 성희롱	파면-해임	파면-해임	강등-정직	감봉-견책
나. 미성년자, 장애인에 대한 성희롱	파면	파면-해임	해임-강등	강등-정직
다. 성매매	파면	해임	강등-정직	감봉-견책
라. 미성년자, 장애인에 대한 성매매	파면	파면	파면-해임	해임
마. 성폭력	파면	파면	파면-해임	해임
바. 미성년자 또는 장애인에 대한 성폭력	파면	파면	파면	파면-해임
사. 공연음란 행위	파면	파면-해임	강등-정직	감봉-견책
아. 미성년자 또는 장애인에 대한 공연음란 행위	파면	파면-해임	해임-강등	강등-정직
자. 카메라 등을 이용한 불법촬영 또는 불법촬영물 유포	파면	해임	해임-강등-정직	감봉-견책
차. 교육공무원법 제52조 각 호의 어느 하나에 해당하는 성 관련 비위의 피해자에게 2차 피해를 입힌 경우	파면	해임	해임-강등-정직	감봉-견책
카. 교육공무원법 제52조 각 호의 어느 하나에 해당하는 성 관련 비위를 신고한 사람에게 피해(신고자 신상정보의 유출, 신고자에 대한 폭행 · 폭언, 그 밖의 신고자의 의사에 반하는 일체의 불리한 처우를 말한다)를 입힌 경우	파면	해임	해임-강등-정직	감봉-견책
타. 가목부터 카목까지에서 규정한 사항 외의 성 관련 비위	파면	해임	해임-강등-정직	감봉-견책
파. 학생에 대한 신체적 · 정신적 · 정서적 폭력 행위	파면-해임	해임-강등	강등-정직	감봉-견책
하. 음주운전	비고 제7호에 따름			
거. 그 밖의 품위유지의무 위반	파면-해임	강등-정직	감봉	견책
8. 영리 업무 및 겸직 금지 의무 위반	파면-해임	강등-정직	감봉	견책
9. 정치운동 금지 위반	파면	해임	강등-정직	감봉-견책
10. 집단 행위 금지 위반	파면	해임	강등-정직	감봉-견책

※ 비고

1. 제1호 사목에서 "연구부정행위"란 학술진흥법 제2조제5호에 따른 연구자에 해당하는 교육공무원이 같은 법 제15조에 따른 연구부정행위를 저지른 경우를 말한다.
2. 제1호차목에서 "주요 부패행위"란 국가공무원법 제83조의2제1항 또는 지방공무원법 제73조의2제1항에 따라 징계의결 요구 시효가 5년인 징계 사유에 해당하는 비위를 말한다.
3. 제1호카목에서 "부정청탁에 따른 직무수행"이란 부정청탁 및 금품 등 수수의 금지에 관한 법률 제6조의 부정청탁에 따른 직무수행을 말한다.
4. 제1호타목에서 "부정청탁"이란 부정청탁 및 금품등 수수의 금지에 관한 법률 제5조에 따른 부정청탁을 말한다.
5. 제1호파목에서 "성과상여금"이란 공무원수당 등에 관한 규정 제7조의2제10항에 따른 성과상여금을 말한다.
6. 비위행위가 청렴의무 위반에 해당하는 경우 그 징계기준은 공무원징계령 시행규칙 별표 제1의2를 준용한다.

6의2. 제7호가목 및 나목에서 "성희롱"이란 국가인권위원회법 제2조제3호라목에 따른 성희롱을 말한다.

7. 비위행위가 음주운전에 해당하는 경우 그 징계기준은 공무원 징계령 시행규칙 별표 제1의3을 준용하다.

음주운전 징계기준에 대해서는 인사혁신처(2021) 국가공무원 복무 · 징계 관련 예규를 통하여 정리되어 있다. **음주운전이란** 도로교통법 제44조 제1항(개정

2019.6.25.)을 위반하여 혈중알코올농도가 0.03% 이상인 상태에서 운전한 것을 말하며, 음주운전으로 면허정지 또는 취소 기준은 행정처분이 아니라 도로교통법 시행규칙[별표 28](개정 2019.6.25.)에 의한 혈중알코올 농도로 하여야 할 것이며(면허정지는 혈중 알코올농도 0.03% 이상 0.08% 미만, 면허취소는 혈중알코올농도 0.08% 이상), 또한 음주측정 불응의 경우에는 최초라도 중징계, 2회 음주 운전한 경우에도 배제징계가 가능하도록 한다.

운전업무 관련 공무원에 대한 징계기준은 다음과 같다(인사혁신처, 2021).

① 운전업무 관련 공무원이 음주운전으로 면허정지 처분을 받은 경우에는 중징계, 면허취소 처분을 받은 경우에는 반드시 직권면직 또는 중징계 의결요구 조치한다.

② 운전업무 관련 공무원이 음주운전으로 면허정지 처분을 받은 경우에는 해임-정직, 면허취소 처분을 받은 경우에는 반드시 파면 또는 해임을 의결하도록 징계기준을 마련한다.

음주운전 징계기준은 표 4-16과 같다.

표 4-16 음주운전 징계 기준

<table>
<tr><th colspan="2">음주운전 유형</th><th>처리기준</th><th>비고</th></tr>
<tr><td rowspan="2">최초 음주운전을 한 경우</td><td>혈중알코올농도가 0.008퍼센트 미만인 경우</td><td>정직-감봉</td><td rowspan="5">1. “음주운전”이란 도로교통법 제44조제1항을 위반하여 음주운전을 한 것을 말한다.
2. “음주측정 불응”이란 도로교통법 제44조 제2항을 위반하여 음주측정에 불응한 것을 말한다.
3. “운전업무 관련 공무원”이란 운전직류 및 집배운영직류공무원 등 운전을 주요업무로 하는 공무원을 말한다. 다만, 운전업무 관련 공무원이 음주운전을 하였더라도 운전면허취소나 운전면허정지 처분을 받지 않은 경우에는 혈중알코올농도에 따른 징계 처리기준을 적용한다.</td></tr>
<tr><td>혈중알코올농도가 0.008퍼센트 이상인 경우 및 음주측정 불응의 경우</td><td>강등-정직</td></tr>
<tr><td colspan="2">2회 음주운전을 한 경우</td><td>파면-강등</td></tr>
<tr><td colspan="2">3회 이상 음주운전을 한 경우</td><td>파면-해임</td></tr>
<tr><td colspan="2">음주운전으로 운전면허가 정지 또는 취소된 상태에서 운전을 한 경우</td><td>강등-정직</td></tr>
</table>

<table>
<tr><th colspan="3">음주운전 유형</th><th>처리기준</th><th>비고</th></tr>
<tr><td colspan="3">음주운전으로 운전면허가 정지 또는 취소된 상태에서 음주운전을 한 경우</td><td>파면-강등</td><td rowspan="8">4. 음주운전 횟수를 산정할 때에는 행정안전부령 제253호 공무원 징계령 시행규칙 일부 개정령의 시행일인 2011년 12월 1일 이후 행한 음주운전부터 선정한다.</td></tr>
<tr><td rowspan="4">음주운전으로 인적 · 물적 피해가 있는 교통사고를 일으킨 경우</td><td colspan="2">상해 또는 물적 피해의 경우</td><td>해임-정직</td></tr>
<tr><td colspan="2">사망사고의 경우</td><td>파면-해임</td></tr>
<tr><td rowspan="2">사고 후 도로교통법 제54조제1항에 따른 조치를 하지 않은 경우</td><td>물적 피해 후 도주한 경우</td><td>해임-정직</td></tr>
<tr><td>인적 피해 후 도주한 경우</td><td>파면-해임</td></tr>
<tr><td rowspan="2">운전업무 관련 공무원이 음주운전을 한 경우</td><td colspan="2">면허취소 처분을 받은 경우</td><td>파면-해임</td></tr>
<tr><td colspan="2">면허정지 처분을 받은 경우</td><td>해임-정직</td></tr>
</table>

출처: 인사혁신처(2021). 국가공무원 복무 · 징계 관련 예규. p. 269.

4) 징계의 감경

「교육공무원 징계양정 등에 관한 규칙」 제4조(징계의 감경)에서 징계위원회는 징계의결이 요구된 사람에게 공적이 있는 경우에는 징계를 감경할 수 있다. 다만, 교육공무원이 징계처분이나 경고를 받은 사실이 있는 경우에는 그 처분 전의 공적은 감경대상 공적에서 제외한다. 1차 징계를 받은 후 다른 사유로 2차 징계를 받을 때는 1차 징계 이전의 공적은 제외한다는 것이다.

일반적으로 징계의 감경은 징계처분보다 한 단계를 감경한다(교육공무원 징계양정 등에 관한 규칙. 시행 2020. 7.28.). **감경의 사유**는 다음과 같다. ① 「상훈법」에 따른 훈장 또는 포장을 받은 공적, ② 「정부표창규정」에 따라 국무총리 이상의 표창을 받은 공적이다. 교사의 경우에는 중앙행정기관의 장인 청장(차관급 상당 기관장 포함) 이상 또는 교육감 이상의 표창을 받은 공적이 포함된다.

③ 「모범공무원규정」에 따라 모범공무원으로 선발된 공적 등이 있다.

그러나 다음의 경우에는 **징계를 감경할 수 없다.**

① 여기에는 징계의결 요구 시효가 5년인 징계 사유에 해당하는 비위(금품수수 등의 재산상의 이익을 취하거나 제공, 국가 재산의 횡령, 배임, 절도, 사기, 유용한 경우 등)

② 직무와 관련한 금품수수(金品授受) 비위

③ 시험문제를 유출하거나 학생의 성적을 조작하는 등 학생 성적과 관련한 비위 및 학교생활기록부 허위사실 기재 또는 부당 정정(訂正)과 관련한 비위

④ 성(性) 관련 비위로 징계의 대상이 된 경우

⑤ 음주운전이나 음주측정에 대한 불응 행위

⑥ 학생에게 신체적 · 정신적 · 정서적 폭력 행위를 하여 징계의 대상이 된 경우

⑦ 신규채용 · 특별채용 · 전직(轉職) · 승진 · 전보(轉補) 등 인사와 관련된 비위

⑧ 학교폭력을 고의로 은폐하거나 대응하지 아니한 경우

⑨ 성 관련 비위를 고의로 은폐하거나 대응하지 않아 징계의 대상이 된 경우

⑩ 성 관련 비위의 피해자에게 2차 피해(피해자 신상정보의 유출, 피해자 권리구제의 방해, 피해자에 대한 폭행 · 폭언, 그 밖에 피해자의 의사에 반하는 일체의 불리한 처우를 말한다)를 입혀 징계의 대상이 된 경우

⑪ 공직선거법 상 처벌 대상이 되는 행위로 징계의 대상이 된 경우

⑫ 공직자윤리법 제8조의 2제1항 또는 제22조에 따른 등록의무자에 대한 재산등록 및 주식의 매각 · 신탁과 관련한 의무 위반

⑬ 부작위 또는 직무태만

⑭ 부정청탁 및 금품등 수수의 금지에 관한 법률 제5조에 따른 부정청탁

⑮ 부정청탁 및 금품등 수수의 금지에 관한 법률 제8조에 따른 부정청탁에 따른 직무수행

5) 징계의 시효 및 기록 말소

징계 시효에 대한 규정을 살펴보면, **징계의결 등의 요구는 징계 등의 사유가 발생한 날부터 다음 각 호의 구분에 따른 기간이 지나면 하지 못한다**(국가공무원법 제83조의2. 개정 2021. 6.8.).

① 징계 등 사유가 다음 각 목의 어느 하나에 해당하는 경우: 10년

가. 성매매알선 등 행위의 처벌에 관한 법률 제4조에 따른 금지행위

나. 성폭력범죄의 처벌 등에 관한 특례법 제2조에 따른 성폭력범죄

다. 아동·청소년의 성보호에 관한 법률 제2조에 따른 아동·청소년대상 성범죄

라. 양성평등기본법 제3조제2호에 따른 성희롱

② 징계 등 사유가 제78조의 2제1항 각 호의 어느 하나에 해당하는 경우(횡령, 배임, 절도, 사기 또는 유용한 행위)**: 3년**

③ 그 밖의 징계 등 사유에 해당하는 경우: 3년

한편 말소는 징계 등 처분을 받은 공무원이 법령상 규정된 각종 불이익이나 제한을 받은 후 일정 기간 성실하게 근무하고 있음에도 인사 및 성과관리카드에 등재된 관계기록 때문에 장래에 대한 인사상의 사실상 불이익을 받게 될 소지를 제거하는 데 목적이 있다(서울특별시교육청, 2021: 386). 말소의 대상은 현재 공무원신분을 보유 중인 자이나 시행일 이후 퇴직한 자도 포함된다. 말소대상 기록은 징계기록, 직위해제기록, 불문경고기록이다. 말소권자는 인사기록카드 정본, 부분 등을 보관·유지하고 있는 임용권자 또는 임용제청권자이다.

「공무원 인사기록·통계 및 인사사무 처리 규정」 제9조(징계 등 처분 기록의 말소)의 징계처분기록의 말소제한기간은 표 4-17과 같다.

표 4-17 징계처분기록의 말소제한기간

구분		말소 제한기간	기간 계산
징계	강등	9년	징계처분 집행 종료일부터
	정직	7년	
	감봉	5년	
	견책	3년	징계 처분일부터
직위해제		2년	직위해제 처분 종료일부터
불문(경고)		1년	경고 처분일부터

3. 교원소청심사위원회

교원소청과 관련한 법률에는 「교원의 지위 향상 및 교육활동 보호를 위한 특별법」(법률 제17952호, 2021. 3.23., 일부개정)과 「교원소청에 관한 규정」(대통령령 제32013호, 2021.9.24., 일부개정) 등이 있다. 이를 정리하여 살펴보면 다음과 같다.

첫째, 소청심사위원회의 설치 및 위원의 자격과 임명에 대하여 고찰하면 다음과 같다.

① 심사위원회는 위원장 1명을 포함하여 9명 이상 12명 이내의 위원으로 구성하되 위원장과 대통령령으로 정하는 수의 위원은 상임(常任)으로 한다.

② 심사위원회는 교원 또는 교원이었던 위원이 전체 위원 수의 2분의 1을 초과하여서는 아니 된다.

③ 심사위원회의 위원은 다음 각 호의 어느 하나에 해당하는 자 중에서 교육부장관의 제청으로 대통령이 임명한다.

i) 판사, 검사 또는 변호사의 직에 5년 이상 재직 중이거나 재직한 자

ii) 교육 경력이 10년 이상인 교원 또는 교원이었던 자

iii) 교육행정기관의 3급 이상 공무원 또는 고위공무원단에 속하는 일반직공무원이거나, 3급 이상 공무원 또는 고위공무원단에 속하는 일반직공무원이었던 자

iv) 사립학교를 설치 · 경영하는 법인의 임원이나 사립학교 경영자

v) 교육기본법 제15조제1항에 따라 중앙에 조직된 교원단체에서 추천한 자
vi) 대학에서 법률학을 담당하는 부교수 이상으로 재직 중이거나 재직한 자

④ 심사위원의 임기는 3년으로 하되, 1차에 한하여 연임할 수 있다.
⑤ 심사위원회의 위원장과 상임위원은 대통령령으로 정하는 다른 직무를 겸할 수 없다.

둘째, 소청심사위원회의 소청심사과정을 제시하면 다음과 같다.

① 소청 청구기간은 처분이 있는 것을 안 날로부터 30일 이내에 소청심사를 청구하며, 심사청구인은 변호사를 대리인으로 선임(選任)할 수 있다.
② 소청심사 결정은 소청심사청구를 접수한 날부터 60일 이내에 결정하며, 불가피한 경우가 인정되면 30일을 연장할 수 있다.
③ 심사위원회의 결정은 심사위원회 재적위원 3분의 2 이상의 출석과 재적위원 과반수의 합의에 의하되, 의견이 나뉘어 위원 과반수의 합의에 이르지 못할 경우에는 재적위원 과반수에 이를 때까지 청구인에게 가장 불리한 의견에 차례로 유리한 의견을 더하여 그중 가장 유리한 의견을 합의된 의견으로 본다.
④ 심사위원회는 소청심사청구의 대상이 되는 처분보다 청구인에게 불이익한 결정을 하지 못하고, 심사위원회의 결정은 그 이유를 명시한 결정서로 하여야 한다.
⑤ 심사위원회의 결정에 대하여 교원, 사립학교법인 또는 경영자 등의 당사자는 그 결정서를 송달받은 날부터 90일 이내에 「행정소송법」으로 정하는 바에 따라 소송을 제기할 수 있다.

제4절 교원보수

4절에서는 공무원 보수에 대한 정의, 초임교사의 호봉획정, 승급, 성과상여금 등에 대해서 고찰하고자 한다.

1. 공무원 보수에 대한 정의

교육부(2016) 교육공무원 인사실무와 「공무원보수규정」에서 사용하는 용어의 뜻은 다음과 같다(공무원보수규정 제4조).

① **보수**란 봉급과 그 밖의 각종 수당을 합산한 금액을 말한다. 다만, 연봉제 적용대상 공무원은 연봉과 그 밖의 각종 수당을 합산한 금액을 말한다.

② **봉급**이란 직무의 곤란성과 책임의 정도에 따라 직책별로 지급되는 기본급여 또는 직무의 곤란성과 책임의 정도 및 재직기간 등에 따라 계급(직무등급이나 직위를 포함한다. 이하 같다)별, 호봉별로 지급되는 기본급여를 말한다.

③ **수당**이란 직무여건 및 생활여건 등에 따라 지급되는 부가급여를 말한다.

④ **승급**이란 일정한 재직기간의 경과나 그 밖에 법령의 규정에 따라 현재의 호봉보다 높은 호봉을 부여하는 것을 말한다.

⑤ **승격**이란 외무공무원이 현재 임용된 직위의 직무등급보다 높은 직무등급의 직위(고위공무원단 직위는 제외한다)에 임용되는 것을 말한다.

⑥ **보수의 일할계산**이란 그 달의 보수를 그 달의 일수로 나누어 계산하는 것을 말한다.

⑦ **연봉**이란 매년 1월 1일부터 12월 31일까지 1년간 지급되는 다음 각 목의 기본연봉과 성과연봉을 합산한 금액을 말한다. 다만, 고정급적 연봉제 적용대상 공무원의 경우에는 해당 직책과 계급을 반영하여 일정액으로 지급되는 금액을 말한다.

- 기본연봉은 개인의 경력, 누적성과와 계급 또는 직무의 곤란성 및 책임의 정도를 반영하여 지급되는 기본급여의 연간 금액을 말한다.
- 성과연봉은 전년도 업무실적의 평가결과를 반영하여 지급되는 급여의

연간 금액을 말한다.

⑧ **연봉월액**이란 연봉에서 매월 지급되는 금액으로서 연봉을 12로 나눈 금액을 말한다.

⑨ **연봉의 일할계산**이란 연봉월액을 그 달의 일수로 나누어 계산하는 것을 말한다.

2. 초임교사의 호봉획정

교원을 신규채용할 때에는 산정공식에 의하여 초임호봉을 획정하며, 1년 이하의 경력은 초임호봉의 획정에 반영되지 않고 다음 승급기간에 포함한다. 초임교사의 호봉획정은 다음의 계산식을 따른다.

- 학령가감연수 = (학령 - 16) + 가산연수
- 초임획정호봉 = 기산호봉 + 가감연수 + 환산경력연수

1) 학령

학령이란 초 · 중등교육법에 따른 정규 초 · 중 · 고등학교 졸업(학력인정 포함) 및 고등교육법에 따른 대학을 졸업(학력인정 포함)한 기간을 뜻한다.

2) 가산연수

가산연수란 사범(교육)대학 졸업자 및 특수교사를 우대하기 위해 호봉 가산점을 주는 제도이다.

① **가산점 1년**: 수학연한 2년 이상인 사범계 학교(대학에 설치하는 교육계 학과를 포함한다)를 졸업한 사람

② **가산점 2년**: 특수학교에 근무하는 교원 및 일반학교의 특수학급을 담당하는 교원 중 특수학교 교원자격증을 소지한 사람 중에 사범대 졸업자는 2년이다. 단, 비사범대 졸업자는 1년이다.

3) 기산호봉

기산호봉은 교사호봉 획정 시 자격기준 등을 고려하여 일괄적으로 부여하는 호봉이다. 교원은 일반적으로 초임호봉이 8호봉부터 시작되는데, 이는 우리 사회의 교원 우대정책에 의해 교육공무원의 경우에는 다른 공무원과 달리 학력을 인정하는 호봉체계에 기인하는 것이다. 이는 과거 '교원지위 법정주의' 이행 준거의 하나로 우수교원의 교직 유치 등에 기여한 바가 크나 지금은 이로 인해 호봉단계 수만 늘어나 일반직공무원과 동일 호봉 내 단순 비교 시 교원의 호봉금액을 낮게 만드는 요인으로 작용해 개선이 필요하다(김선화, 2015: 46).

교사자격증별 기산호봉은 다음과 같다.

- 9호봉 = 정교사1급, 전문상담교사1급, 보건교사1급, 사서교사1급, 영양교사1급
- 8호봉 = 정교사2급, 전문상담교사2급, 보건교사2급, 사서교사2급, 영양교사2급
- 5호봉 = 준교사, 실기교사
- 정교사(1급)의 호봉 적용 대상 = 교장, 원장, 교감, 원감, 교육장, 장학관, 교육연구관, 장학사 및 교육연구사.

4) 교육공무원 등의 경력환산

교육공무원으로 임용되기 전의 경력형태에 따라 30%에서 100%까지 그 경력을 인정받을 수 있다. **100% 경력이 인정**되는 것은 유아교육법 · 초 · 중등교육법 · 고등교육법에 따른 자격을 갖추고 교육공무원(기간제교원 포함)으로 교육기관에서 근무한 경력, 사립학교 경력, 강사경력, 국가공무원경력, 군경력 등이 있다. **30% 이상 100%에 해당하는 것**은 학원강사(등록 안 된 강사: 30%, 등록된 강사: 100%), 일반회사 경력(40%) 등이 있으며 교육공무원 경력환산율표에 따른다.

5) 교원의 호봉획정 예시

【사례 1】 사범대 4년제 졸업자의 경우(2급 정교사)

- 경력이 없는 경우: (16 – 16) + 1 + 8 + 0 = 9호봉
  ⇒ (학령 + 가산연수 + 기산호봉 + 경력) = 9호봉
- 경력이 있는 경우 (5년): (16 – 16) + 1 + 8 + 5 = 14호봉
  ⇒ (학령 + 가산연수 + 기산호봉 + 경력) = 14호봉

【사례 2】 사범학교 졸업자의 경우(1급 정교사)

- 경력이 있는 경우 (10년): (12 – 16) + 1 + 9 + 10 = 16호봉
  ⇒ (학령 + 가산연수 + 기산호봉 + 경력) = 16호봉

【사례 3】 일반대 4년 졸업자의 경우(2급 정교사)

- 경력이 없는 경우: (16 – 16) + 0 + 8 + 0 = 8호봉
  ⇒ (학령 + 가산연수 + 기산호봉 + 경력) = 8호봉
- 경력이 있는 경우 (5년): (16 – 16) + 0 + 8 + 5 = 13호봉
  ⇒ (학령 + 가산연수 + 기산호봉 + 경력) = 13호봉

【사례 4】 일반대 4년 졸업자의 경우(특수2급 정교사)

- 경력이 없는 경우: (16 – 16) + 0 + 1 + 8 + 0 = 9호봉
  ⇒ (학령 + 사범계 가산연수 + 특수학급 가산연수 + 기산호봉 + 경력) = 9호봉

【사례 5】 사범대 4년제 졸업자의 경우(특수2급 정교사)

- 경력이 없는 경우: (16 – 16) + 1 + 1 + 8 + 0 = 10호봉
  ⇒ (학령 + 사범계 가산연수 + 특수학급 가산연수 + 기산호봉 + 경력) = 10호봉

출처: 서울시교육청(2021). 교육공무원 인사실무 매뉴얼. p. 137.

3. 승급

「공무원보수규정」 제13조(정기승급), 제14조(승급의 제한)의 내용을 정리하면 다음과 같다.

1) 승급

① **승급기간**: 공무원의 호봉 간 승급에 필요한 기간은 1년으로 한다.
② **승급일**: 공무원의 호봉은 매달 1일자로 승급한다.
③ **승급요건**: 정기승급일 현재 승급의 제한이 없는 자이어야 한다.

④ **승급 제한기간**(징계 등의 사유)이 만료된 공무원 중 만료일 현재 승급기간이 1년 이상 되는 공무원은 승급 제한기간 만료된 날의 다음 날에 승급한다. 다만, 이 경우 호봉은 그 공무원이 승급제한 없이 계속 근무하였을 때 획정되는 호봉을 초과할 수 없다. 또한 차기 승급은 정기승급일에 이루어진다.

2) 승급의 제한

다음 각호의 어느 하나에 해당하는 사람은 해당 기간 승급시킬 수 없다.

① 징계처분, 직위해제 또는 휴직(공무상 질병으로 인한 휴직은 제외한다) 중인 사람

② 징계처분의 집행이 종료된 날로부터 다음의 기간이 경과할 때까지 승급시킬 수 없다. 승급제한 기간은 강등 · 정직(18월), 감봉(12월), 영창 · 근신 · 견책(6월)이다. 단, 국가공무원법 제78조의2 제1항 각 호의 어느 하나에 해당하는 경우, 소극행정, 음주운전(음주측정에 응하지 않은 경우를 포함한다), 성폭력, 성희롱 및 성매매로 인한 징계처분의 경우에는 각 처분별 승급제한기간에 6월을 가산한다.

③ 교원 근무성적평정이 '양'인 경우에는 6개월간 승급 제한한다.

④ 승급제한기간 중에 있는 사람이 다시 징계처분이나 그 밖의 사유로 승급을 제한받는 경우 그 승급제한 기간은 제1항에 따른 승급제한 기간이 끝난 날부터 가산한다.

⑤ 공무원이 징계처분을 받은 후 해당 계급에서 훈장, 포장, 국무총리 이상의 표창, 모범공무원 포상 또는 제안의 채택으로 포상을 받은 경우에는 최근에 받은 가장 중한 징계처분(강등 · 정직, 감봉, 견책)에 대해서만 승급제한 기간의 2분의 1을 단축할 수 있다.

4. 성과상여금

성과상여금은 「공무원수당 등에 관한 규정」 제7조의2에 의하여 지급한다. 인사혁신처(2021) 공무원보수 등의 업무지침을 정리하여 설명하면 다음과 같다.

첫째, 성과상여금의 지급시기 및 지급액이다.

① 성과상여금의 평가 및 지급 횟수는 연 1회 이상으로 한다. 소속장관은 해당기관의 업무와 구성원의 특성, 조직의 성과향상 및 구성원의 동기부여 효과 등을 고려하여 평가 및 지급 횟수를 정한다.

② 연 1회 평가하는 경우는 전년도 12월 31일 현재를 지급기준일로 하여 이전 1년간(1.1.~12.31.)의 성과를 평가하는 것을 원칙으로 한다. 다만, 소속장관은 종전의 성과상여금 평가대상기간, 기관의 성과평가 주기 등을 감안하여 필요한 경우 평가대상기간과 지급기준일을 달리 정할 수 있다. 그리고 연 2회 이상 평가하는 경우의 지급기준일은 각 평가대상기간의 마지막 날로 한다. (예시) '21년도 하반기와 '22년도 상반기로 나누어 2회 평가하는 경우 첫 번째 성과상여금 지급기준일은 2021년 12월 31일이 되고, 두 번째 지급기준일은 2022년 6월 30일이 된다. 평가주기 및 평가대상기간을 매년 변경하는 것은 조직의 성과관리를 위해 바람직하지 않으므로 소속장관은 금년도에 정한 기준이 사실상 내년도 및 그 이후에도 계속 적용되는 점을 감안하여 평가횟수, 평가주기 및 평가대상기간을 신중하게 결정하여야 한다.

③ 성과상여금은 일시금으로 지급하는 것을 원칙으로 한다. 다만, 소속장관은 필요한 경우 소속직원의 의견수렴 등을 거쳐 분할하여 몇 개월로 나누어 지급할 수 있다.

④ 성과상여금은 예산의 범위 안에서 지급하되, 연 1회 평가하여 지급할 경우의 2022년도 지급액은 [별표] 성과상여금 지급기준액의 평균 110%에 해당하는 금액이다. 다만, 2회 이상 평가하여 지급하는 경우에는 소속장관이 평가회차별로 평균지급률을 정하되, 특별한 사유가 없는 한 평가회차별 평가대상기간을 감안하여 예산액을 합리적으로 배분하여 사용하여야 한다. (예시) '20년도 하반기(6개월)와 '21년도 상반기(6개월)로 나누어 2회 평가하는 경우 첫 번째 성과상여금 지급에 전체 성과상여금 예산액의 1/2(6개월/총 평가대상기간 12개월)을 사용하고, 두 번째 성과상여금 지급에는 나머지 1/2을 사용한다.

둘째, 성과상여금의 지급제외는 다음과 같다.

① 지급기준일 현재 실제로 근무한 기간이 2개월(연 2회 이상 평가하여 지급 시 평가대상기간이 1개월인 경우는 ½월, 1개월 초과부터 6개월 이하인 경우는 1개월로 한다) 미만인 공무원과 각 기관별 특성 및 실정에 적합하게 정한 지급제외 기준에 해당하는 공무원은 동순위로 최하위순위에 배치하고 성과상여금을 지급하지 아니한다. 다만, 소속장관은 필요한 경우 인사혁신처장과 협의하여 평가대상기간별로 기간요건을 달리 정할 수 있다. 그리고 i) '실제로 근무한 기간'이란 성과상여금 평가대상기간 중 휴가(연가, 병가, 공가 및 특별휴가), 휴직(「국가공무원법」 제71조제1항 · 제2항에 따른 휴직), 직위해제, 교육훈련 파견, 신규채용 등으로 실제로 직무에 종사하지 아니한 기간을 제외한 실근무기간을 말한다. ii) 실제로 근무한 기간 2개월 산정 시, 민법 제160조의 역(曆)에 의한 방법으로 계산하되, 휴직, 직위해제, 교육훈련 파견, 30일 이상의 휴가 등으로 인해 근무기간이 분리되어 기간을 합산하는 경우 60일(공휴일 · 토요일 포함)을 2개월로 계산한다. 이때, 지각 · 조퇴 · 외출 · 반일연가 · 육아시간 등은 합산하여 누계 8시간을 실제 직무에 종사하지 아니한 1일로 계산하고, 8시간 미만은 계산하지 않는다. iii) 다만, 신규채용자로서 채용 시 공무원 경력이 있는 경우, 평가대상기간 중 실근무기간을 합산하여 산정한다. (예시) A부처에 근무하는 행정6급이 '21.6.30일자로 퇴직하고 '21년 중에 B부처 행정6급으로 신규채용된 경우, A, B부처 실근무일수가 총 2개월 이상이므로 성과상여금 지급대상이 된다. iv) 평가대상기간 중에 타직종 공무원이 퇴직 후 현 직종으로 채용된 경우 및 계급 · 상당계급 · 연봉등급 또는 채용등급을 달리하여 채용되는 경우도 포함하며, 지급기준일 현재 계급을 기준으로 지급한다(단, 지급기준일 현재 2개월이 경과되지 아니하는 자는 직전 계급을 기준으로 지급함).

② 소속장관은 영 제7조의2 제10항에 따라 소속공무원이 성과상여금을 거짓이나 그 밖의 부정한 방법으로 지급받은 때에는 그 지급받은 성과상여금에 해당하는 금액을 징수하고, 적발 시점부터 1년의 범위에서 성과상여금을 지급하지 아니한다. i) 소속장관은 「국가재정법」 제96조제1항(5년)에 따라 국가의 권리가 시효로 인하여 소멸하지 않은 범위에서 소속

공무원이 거짓이나 부정한 방법으로 지급받은 성과상여금을 전액 변상하도록 조치하여야 한다. 다만, 영 제7조의2 제10항 시행(2015.1.1.) 전에 성과상여금을 거짓이나 그 밖의 부정한 방법으로 지급받은 행위에 대하여는 감사부서 등으로부터 적발된 해당연도 성과상여금 지급대상에서 제외하고, 이미 지급된 경우에는 다음연도 성과상여금을 지급하지 아니한다. 그리고 소속장관은 성과상여금을 거짓이나 그 밖의 부정한 방법으로 지급 및 수령하도록 한 자에 대해서는 향후 성과상여금 지급 시 불이익을 줄 수 있다.

③ 소속장관은 평가대상기간 중 「국가공무원법」 제79조 등에 따른 징계처분이 확정된 자에 대하여는 성과상여금을 지급하지 아니한다. 다만, 업무관련성 및 사회적 비난 가능성이 없는 사유로 인해 견책처분을 받은 자로서, 견책처분에도 불구하고 성과상여금을 반드시 지급하여야 할 특별한 공적이 있는 경우에 한하여 소속장관은 성과급심사위원회의 의결을 거쳐 예외적으로 지급여부를 결정할 수 있다. 단, 이 경우에도 징계사유가 「공무원 징계령 시행규칙」 제4조제2항 각 호의 어느 하나에 해당하는 경우에는 성과상여금을 지급할 수 없다.

④ 성과상여금 평가대상기간 중 특별승진 또는 특별승급을 한 공무원에게는 성과상여금을 지급하지 아니할 수 있다.

⑤ 별도 지급제외 대상 기준은 각 기관별 특성 및 실정을 고려하여 직원 의견수렴 절차 등을 거쳐 자율적으로 정하고, 동 지급제외 대상 기준에 해당하는 공무원에게는 성과상여금을 지급하지 아니한다.

성과상여금 지급등급과 등급별 지급률은 표 4-18과 같다.

표 4-18 성과상여금 지급등급과 등급별 지급률

지급등급 (인원비율)	S등급	A등급	B등급	C등급
지급률 ('기준액' 기준)	172.5%	125%	85%	0%

*소속장관은 기관특성 등을 고려하여 필요한 경우 예산의 범위에서 아래 기준에 따라 소속직원의 의견수렴 절차 등을 거쳐 위의 지급등급과 지급률을 달리 정할 수 있다.

지급등급별 인원비율과 지급률을 달리 정할 수 있는 기준

아래 ①, ② 중 어느 하나의 기준에 따라 지급등급과 지급률을 달리 정할 수 있음

① 지급등급별 인원비율은 15%p 범위에서 지급률은 20%p 범위에서 각각 자율적으로 조정하되, 지급등급 간 지급률 간격은 20%p 이상이어야 함
※ 단, C등급의 인원비율은 0이 되어서는 아니 되고 C등급의 지급률은 조정할 수 없음

② ①의 기준에 따르지 않을 경우, 다음 요건((a~d)을 모두 충족하여야 함

a. 지급등급은 3개 등급 이상이어야 하고,
b. 최하위등급 지급률이 0이 아닌 경우에는 최상위등급 지급률이 최하위등급 지급률의 2배 이상이어야 함(단, 최하위등급 지급률이 0인 경우에는 최상위등급 지급률이 차하위등급 지급률의 1.5배 이상이어야 함)
c. 지급등급 간 인원비율은 정규분포를 이루도록 적정하게 정하되, 특정등급의 인원비율이 60%를 초과하여서는 아니 되고,
d. 지급등급 간 지급률 간격은 가급적 균등하게 하여야 함

③ ①, ②의 범위를 벗어나는 경우에는 인사혁신처장과 협의하여야 함

출처: 인사혁신처(2021). 공무원보수 등의 업무지침. 세종: 인사혁신처, pp. 493-494.

생각해봅시다

1. 휴직업무를 처리할 때 유의사항에 대하여 생각해 봅시다.

2. 휴가 종류별 실시 방법에 대하여 생각해 봅시다.

3. 공무 외 국외여행에 대한 유의사항에 대하여 생각해 봅시다.

4. 음주운전 징계기준에 대하여 생각해 봅시다.

5. 성과상여금 지급 제외에 대하여 생각해 봅시다.

CHAPTER 5

수업경영

학습목표

1. 수업의 효율화를 위한 교수 - 학습의 원리를 이해할 수 있다.
2. 교사의 수업전략을 제시할 수 있다.
3. 교수 - 학습활동의 주요 과정을 설명할 수 있다.
4. 단위학교의 평가절차를 제시할 수 있다.

Keyword

교수 - 학습, 교수 - 학습의 원리, 학습 결손, 연습, 응용, 형성평가, 피드백, 수업목표, 수업전략, 수업 전의 전략요인, 수업과정의 전략요인, 학습분위기의 전략요인, 수업 후의 전략요인, 수업일반 모형, 교수 - 학습 단계, 출발점 행동 진단, 수업절차, 학습결과, Glaser 학습모형, 한국교육개발원(KEDI)의 수업모형, 학습지도안, 도입단계, 전개단계, 정리단계, 단위학교 평가절차, 성취평가제, 평가관리 지침, 교과학습발달상황 평가, 학교 학업성적관리위원회, 지필평가, 수행평가, 성취율, 성취도, 과목별 성적일람표, 교양교과, 보통교과, 과목별 성취도 평정

훌륭한 수업이 되기 위해서는 일정한 계획과 절차가 있게 마련이다. 여기에는 수업계획, 수업의 진행과정, 교수-학습의 평가가 있으며, 각 과정의 단계에서 필요·부족한 부분을 보완하는 피드백의 과정을 거쳐 양질의 수업이 되도록 하여야 한다. 수업경영에 따른 수업의 진행은 수업 과정상의 불필요한 시간적·물질적 낭비를 줄일 수 있을 뿐만 아니라 양질의 수업을 보장하는 과정이다. 본 장에서는 교수-학습, 성적 및 평가관리 등을 살펴보고자 한다.

제1절 교수-학습

1절에서는 교수-학습의 개념, 교수-학습의 원리, 수업일반 모형 및 교수-학습의 단계 등에 대해서 논의하기로 한다.

1. 교수-학습의 개념

교수는 어떤 특정한 조건 속에서 특정한 행동을 습득하거나 배제하고, 혹은 특수한 상황에 대해 반응을 하거나 학습이 일어날 수 있도록 개인의 환경을 계획적으로 관리하는 제반과정이다(Corey, 1971). **학습**은 경험이나 연습의 결과로 발생하는 비교적 영속적·지속적인 인지과정과 행동 및 정서의 변화 과정이다(서울시 교육연구정보원, 2012: 156).

교수-학습의 차이점으로는 교수는 학습을 전제로 하는 독립변인의 역할을 하고, 학습은 교수에 의해 나타나는 종속변인의 의미로 쓰이게 된다. 두 개념의 차이점을 살펴보면 다음과 같다(신재흡, 2014: 165).

① **교수는 일정한 목표가 있으나, 이에 비해 학습은 일정한 목표가 있을 수도 있고 없을 수도 있다.** 교수는 의도적이고 계획적인 것이지만 학습은 의도나 계획이 없는 경우에도 가능하다는 의미로 볼 수 있다. 이는 학습을 교수보다 포괄적인 개념으로 보게 된다.

② **교수는 일의적이며, 학습은 다의적이다.** 한 교사의 수업내용은 같으나 학습자는 제각각 다르게 배울 수 있다는 것이다. 이는 학습자의 지능, 선

행학습의 정도, 적성, 흥미에 따라 서로 다른 학습결과를 가질 수 있다.

③ **교수는 실제교육이 이루어지는 교실사태에 초점을 두며, 학습은 연구실 및 실험실의 실험상황에 관심을 두고 있다.** 학습에 대한 연구는 동물을 대상으로 하는 경우가 많다.

④ **교수는 처방적**(prescriptive)**이지만, 학습은 기술적**(descriptive)**으로 볼 수 있다.** 처방은 의사가 환자의 병의 원인을 찾아서 그에 알맞은 치료를 해야 하듯이 교수는 교육적 목적을 성취하려는 방법을 제시하는 것이다. 그러나 학습은 유기체에서 나타나는 학습의 과정과 결과를 있는 그대로 기술하는 것으로 볼 수 있다. 따라서 처방과 기술은 상호 관련되어 있으므로 처방을 좋게 할 경우에는 기술도 좋게 나타나는 것이다.

위의 내용을 정리하면, 교수는 교사의 학습목표 달성을 위한 의도 · 계획적 투입요소를 가지고 있고, 학습은 학습자의 의도 · 계획이 없이도 가능하며, 같은 수업내용임에도 학습자에 따라 결과가 다르게 나타나는 획득의 산출요소를 가지고 있다.

2. 교수-학습의 원리

교사라면 누구나 훌륭한 수업을 하고자 하는 욕구를 가지고 있다. 좋은 성과는 효율적 계획에서 시작되므로 수업계획을 구상할 때는 교수-학습의 원리에 충실하며, 최적화된 교수법을 선택할 수 있어야 한다. 그러므로 여기서는 수업의 효율화를 위한 교수-학습의 원리 및 수업전략에 대하여 살펴보고자 한다.

1) 수업의 효율화를 위한 교수-학습의 원리

효율적 수업이 되기 위해서는 사전에 철저한 수업계획과 준비가 필요하다. 교사가 수업의 질과 효율성을 높이기 위해서는 교수-학습의 기본원리를 반영한 수업계획을 세워야 한다. **수업의 효율화를 위한 교수-학습의 원리**를 정리하여 살펴보면 다음과 같다(신재흡, 2018; 서울시 교육연구정보원, 2012: 156).

① **수업목표의 제시이다.** 학습자가 학습목표를 명확하게 인지하면 학습이 촉진된다. 명확한 수업목표의 진술은 시간낭비를 막을 수 있으며, 학습효과를 증강시켜 준다. 그리고 수업의 방향제시, 수업내용의 선정과 조직, 성취도 평가의 기준을 제공한다. 아울러 명확한 수업목표의 진술은 수업매체 선정의 기준이 된다.

② **학습동기 유발이다.** 학습자가 학습과제에 호기심과 흥미를 느끼면 수업에 적극적으로 참여한다. 여기에는 학습과제와 관련이 있는 예화나 경험담을 들려주어 학습자의 관심을 유도한다. 또한 학습과제를 설명하거나 표현해 주는 시청각 자료들을 사용하여 학습자의 주의를 집중시킨다.

③ **학습 결손의 발견과 처치이다.** 학습자가 선수학습 능력의 결손 부분에 적절한 보완학습이나 보충학습 자료를 받으면 학습목표 달성이 쉽다.

④ **수업 내용의 제시이다.** 학습자의 학습 능력 수준에 알맞게 학습활동을 개별화하면 학습목표의 달성이 촉진되고 수업목표의 유형에 따라 적절한 수업사태를 마련하여 주면 효율적인 학습이 진행된다. 여기에서는 학습과제 분석표에 기초하여 가장 기본적인 학습과제부터 시작하여 점차 일반적인 과제로 순차적으로 제시한다.

⑤ **연습과 응용이다.** 학습자의 개인차를 고려해서 개인의 능력에 알맞은 연습량을 제공하면 연습의 효과가 높아지고 학습한 행동을 익숙한 생활 주변의 문제에 적용해 보는 경험이 많으면 학습의 전이와 일반화 가능성이 커진다.

⑥ **형성평가와 피드백이다.** 학습 결과에 대한 정보가 즉각적으로 학습자에게 주어지고 그에 따른 강화가 있을 때, 학습이 효율적으로 이루어지고 학습자 자신이 학습결과를 평가할 기회가 많으면 학습효과가 높아진다.

상기 내용을 정리하면, 교사는 학습할 내용에 대한 수업목표를 명확히 제시하면서 학습동기 유발을 촉진할 계기를 마련해야 한다. 그리고 학생들은 학습능력의 차이가 있으므로 진단평가를 통한 학습결손의 발견과 처치 등을 고려한 수업전략을 마련하여야 하며, 형성평가를 통해 학습자의 학습목표 도달 여부를 확인할 수 있으므로 이를 활용하여 개별학생에 대한 보충·재교육을 시행해 전체학생이 학습목표에 도달할 수 있도록 한다.

2) 교사의 수업전략

훌륭한 수업은 열정적인 교사의 노력과 더불어 수업전략에 의해 크게 좌우된다. 효과적인 교수-학습활동을 수행하기 위하여, 교사의 수업전략 요인을 4단계로 수업 전, 수업과정, 학습분위기, 수업 후로 구분하여 살펴보면 다음과 같다(신재흡, 2019).

첫째, 수업 전의 전략요인이다.

① 교사의 가르칠 내용의 선택과 결정: 학습자의 요구에 알맞게 학습할 내용의 구조화, 학습 분량의 다양한 추구
② 결정된 수업내용의 시간 안배: 학습운영 방법의 융통성
③ 수업진도의 속도문제
④ 학습집단의 규모와 특성 고려: 학생의 능력과 교과목의 특성별로 학급의 집단화

둘째, 수업과정의 전략요인이다.

① 주어진 수업시간과 실제 수업활동의 활용문제
② 학업성취도를 높이기 위한 고려
③ 학습자의 학습 시간(Academic Learning Time: ALT)에 대한 고려
④ 교수-학습활동 시 교사와 학생 간 상호작용(interaction)의 극대화
⑤ 수업내용의 구조화 및 방향제시: 인지적 · 정서적 교육목표의 균형화 추구
⑥ 교사가 학생에게 던지는 질문의 수준 고려: 착상을 자극하는 질문부과

셋째, 학습 분위기의 전략적 요인이다.

① 달성 가능한 학습목표의 제시
② 학업중심의 수업분위기 구축 문제
③ 협동적인 학습 분위기 조성 문제
④ 수업의 매개물로 돌발적 사건의 활용

넷째, 수업 후의 전략적 요인이다.

① 수업목표에 대한 타당한 평가
② 평가결과의 적절한 활용 방안
③ 학습에 대한 교정적 환류의 적절성

상기와 같은 교사의 수업전략에 대하여 수업 전, 수업과정, 학습 분위기, 수업 후 등 네 가지 측면으로 분류하여 살펴보았다. 교사들이 학생들의 학업결과를 높이기 위한 효율적 교수-학습활동을 위하여 4단계별 전략적 요인을 고려한 수업계획을 진행하여야 한다.

3. 수업일반 모형 및 교수-학습의 단계

1) 학습모형

(1) Glaser의 학습모형

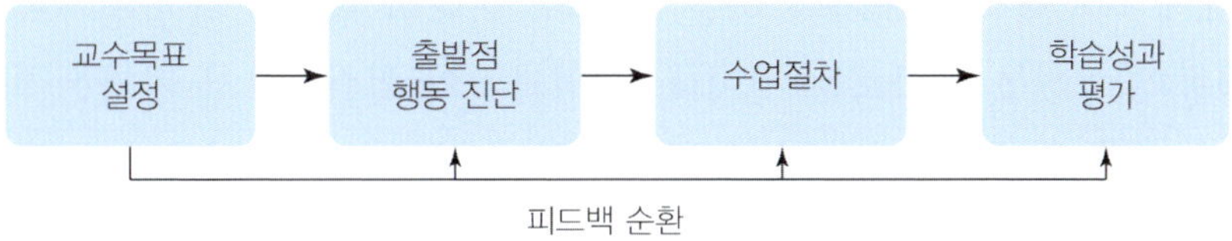

그림 5-1 Glaser의 학습모형

그림 5-1에서 보는 바와 같이, Glaser의 수업모형의 각 단계를 살펴보면 다음과 같다(신재흡, 2019).

첫째, 수업목표 설정이다. 이는 컴퓨터의 입력장치에 해당된다고 볼 수 있으며, 수업목표는 학습자의 행동변화를 객관적인 측정이 가능하도록 반드시 구체적이고 행동적인 수업목표, 즉 명세적 수업목표로 진술되어야 한다. 이러한 수업목표는 교수 및 학습방향의 결정, 수업내용과 절차의 선정, 조직, 계열화에 대한 지침, 그리고 수업과정과 학업 성취도 기준 등의 기능을 발휘해준다. 그러나 수업목표가 모호하게 진술된다면 수업과정을 컴퓨터와 같이 정확하게 운영할 수 없을 것이다.

둘째, 출발점 행동진단이다. 이 단계는 학습자가 이미 습득하고 있는 학습 내용에 대해 진단함으로써 실제 수업상황에서 학습자의 특성과 개인차를 고려한 수업을 진행해야 함을 시사하며, 출발점 행동의 진단 대상은 선행학습의 정도, 적성, 지능 등과 같은 인지적 요인과 학습자의 동기, 요구, 자신감, 학습습관, 흥미, 태도, 자아개념과 같은 정의적 요인 등이 있으며, 이러한 것들은 학습결과의 평가에 중요한 영향을 미치고 있다. 특히 선행학습의 정도에 대해서는 매 수업시간마다 확인을 요하며, 출발점 행동을 진단하기 위한 진단평가를 실시하여 학습의 결함을 발견하고 그 처치방안을 마련해야 한다.

셋째, 수업절차는 교사의 수업활동을 말하며, 가르치고 배우는 수업과정을 의미한다. 이 단계에는 학습자의 주의 집중을 유지시키며, 정보를 제시하고, 학습자의 명시적이고 묵시적인 반응을 위한 준비, 학습동기 유발의 방안, 학습내용에 대한 파지 및 전이를 위한 방안, 수업형태, 수업집단의 구성, 교사와 학습자의 수업 진행상태의 개선방안 등이 포함된다. 실질적으로 이 단계에는 학교 수업시간의 90% 이상 배정되고 있다.

넷째, 학습결과의 평가는 컴퓨터의 출력단계에 해당하는 것으로, 설정된 수업목표에 비추어 학습평가를 하는 것이며, 이때의 평가는 총합평가로서 도착점 행동의 성취를 알아보는 것이다. 수업과정의 일환으로서 평가는 학습자의 성취도 검사보다는 오히려 수업개선을 위한 자료수집에 일차적인 관심이 있는 것으로, 수업과정의 질 관리를 위한 것이다.

마지막으로, 피드백은 수업과정에서 각 단계의 작업결과를 평가하고 수정하는 데 필요한 정보를 송환하는 기능을 의미하는 것으로, 수업목표, 출발점 행동, 수업절차, 학습결과의 평가 등을 재점검하여 계속되는 후속 수업의 설계 및 개발, 운영, 관리계획에 피드백 정보를 제공하는 데 그 의의가 있다. 송환회로(feedback loop)는 학습자가 수업목표에 도달했다는 사실이 판명될 때까지 지속적으로 가동하며, 수업목표에 도달했음이 판명되면 차후 수업목표를 설정해서 동일한 과정을 밟게 한다.

(2) 한국교육개발원(KEDI)의 수업모형

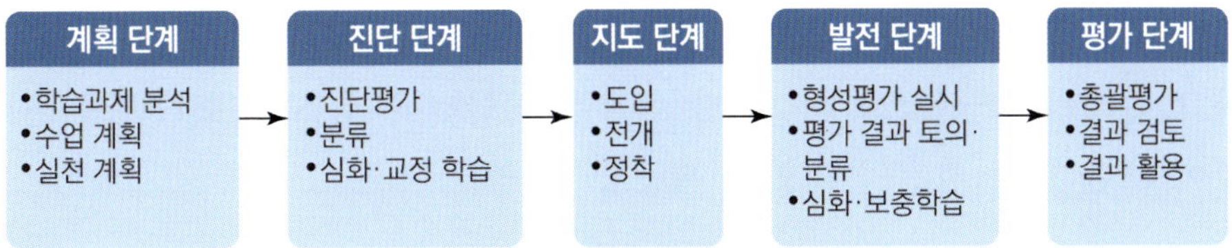

그림 5-2 한국교육개발원의 학습모형

한국교육개발원이 제시한 수업모형은 계획, 진단, 지도, 발전, 평가 등 5단계로 구분하고 있다(신재흡, 2019).

첫째, 계획단계는 교사가 한 단원 또는 본시 수업을 위해 교재연구 또는 수업계획을 수립하는 단계이다. 수업을 계획할 때는 학습자 활동, 교사활동, 학습계열 수업매체, 평가 등을 고려해야 한다. 그리고 실천 계획에는 일정, 교재, 교구, 인력 등에 대한 계획을 수립한다.

둘째, 진단단계는 학습자들에게 진단검사를 하여 선수학습 능력의 유무에 대한 진단을 한다. 진단결과 무결손 집단에게는 심화 및 촉진학습을 시키며, 부분적 및 전반적 결손집단은 교정학습을 시키는데, 이때 KEDI에서 개발한 프로그램 교재, 연습교재 등을 활용하여 가정학습 및 학교에서 급우 간의 상호작용을 통하여 학습결손을 보완할 수 있도록 조치한다.

셋째, 지도단계는 본시 수업목표 달성을 위한 실제 수업이 진행되는 단계이다. 도입단계는 목표인지, 동기유발, 선수학습과 관련짓기이며, 전개단계는 교사 주도의 수업으로 강의, 탐구학습, 토의, 실험 등이 있으며, 학습자 주도의 수업으로는 프로그램 학습, 관찰, 견학, 조사, 발표 등으로 구성된다. 정착단계는 정리, 연습, 통합, 적용 등이 시행된다.

넷째, 발전단계는 지도단계에서 이루어진 수업활동의 결과에 의해서 학습 완성집단, 부분적 미완성집단, 전반적 미완성집단으로 분류하여 심화 혹은 보충학습의 기회를 제공하는 단계이다.

다섯째, 평가단계는 수업과정을 통하여 학습자들이 성취한 학습의 정도를 최종적으로 평가하는 단계이다. 이 단계의 목적은 지적, 정의적, 기능적 수업목표의 달성 정도를 알아보고, 비의도적인 행동특성까지도 평가하게 된다.

위의 내용을 정리하면, KEDI의 학습모형은 단계별로 구체적인 교수-학습 방법을 설명한 것이 특징으로 평가에서는 진단평가를 통해 학습능력 유무를 파악하여 개별학습을 가능하게 한다. 수업마무리 단계에서는 형성평가를 통한 학습정리 및 완성과 학습도달 여부를 파악하여 보충 · 심화학습의 기회를 주어 보완 또는 발전의 기회를 제공할 수 있다.

2) 학습지도안 작성

교수-학습활동의 주요 과정은 도입단계, 전개단계, 정리단계의 3단계로 구성되며, 이를 바탕으로 학습지도안을 작성한다. 이에 대한 설명은 다음과 같다(신재흡, 2019).

첫째, 도입단계는 교수-학습활동이 시작되는 단계로 비교적 짧은 시간 안에 이루어지는 데 5~10분 정도가 적절하다. 이 단계에서는 학습자의 주의를 집중시키고, 도달해야 할 학습목표를 제시해야 하며, 본 수업과 관련된 과거의 학습내용들을 회상시켜 관련지어 주어야 한다. 주요활동으로는 학습자의 주의집중, 학습목표 제시, 동기유발, 선수학습과 관련짓기 등이 있다.

둘째, 전개단계는 수업의 중심활동으로, 도입과 정리단계의 활동을 연결한다. 실제 본시 수업의 대부분은 주로 이 단계에 해당된다. 이 단계에서는 학습과제의 내용을 학생들에게 제시하고 다양한 수업방법을 사용하며 수업의 목표달성을 위한 교수-학습활동을 하게 된다. 주요활동으로는 학습내용의 제시, 학습자료의 효율적 제시와 활용, 학습자의 참여 유도, 적절한 수업기법의 활용 등이 있다.

셋째, 정리단계는 학습목표의 도달 여부를 확인시켜 주는 단계이다. 학습내용을 요약하고 정리하며 수업목표의 도달 여부를 확인한다. 평가를 통해 학습목표를 피드백 시키고 다음 시간의 학습에 대한 안내를 한다. 수업의 시작부터 모든 단계가 중요하지만 정리단계에서 시간을 충분히 활용하지 못하면 한 시간 수업을 마무리하지 못하는 결과를 초래하여 효과를 반감시킬 수 있다. 따라서 정리단계는 반드시 시간을 배정하고 효율적으로 활용할 필요가 있다. 주요활동으로는 학습과제에 대한 요약 및 정리, 학습목표 도달 여부 평가, 학습내용의 적용, 보충자료 제시 및 차시예고 등이 있다.

그리고 학습지도안을 작성할 때는 위에서 언급한 도입, 전개, 정리, 차시예고의 각 단계별로 시간을 적절히 배분하고 학습내용을 준비하여 시간 안에 충분히 전달되도록 하여야 한다.

학습지도안 예시는 표 5-1과 같다.

표 5-1 (사회)과 학습지도안 예시

단원	I. 문화 경관의 다양성	일시	2022.4.5.(화) 6교시	차시	4/6
		대상	2학년 3반	지도교사	신재흡
학습목표	1. 인간과 자연의 관계를 이해한다. 2. 올바르게 자연을 대하는 관점을 가진다.				

단계	학습내용	시간	교수학습활동	학습형태	학습자료	도달점/유의사항
도입	수업 준비	1'	ㅁ인사 및 주의집중을 유도 ㅁ함께 인사		출석부	웃으며 인사하기
	전시 학습 확인	3'	ㅁ전시 학습 확인: 문화 경관의 의미와 자연환경에 적응한 문화 경관의 사례 두 가지를 들어 설명한다.	질의 응답		전시학습과 본시학습의 연계
	동기 유발 및 학습 목표 제시	1'	ㅁ학습목표 언급하면서 동기 유발시킨다. ㅁ학습목표 제시하고 다 함께 낭독 ㅁ조별학습 유인물을 나누어 준다.	낭독	학습 목표 판서	학습목표 인지
전개	기본 학습 안내	2'	ㅁ학습 안내하기 필리핀 바타드 마을의 계단식 논 사례를 이야기해 주고, 이처럼 자연환경을 활용한 문화 경관의 사례를 더 찾아보게 한다.	설명 질의 응답	PPT	수업활동에 집중할 유도
	학습 흥미 유발	2'	- 다양한 사진 자료를 통해 문화 경관의 사례를 보여준다.		PPT	수업내용에 호기심 갖도록 유도
	본시 학습 내용	35'	ㅁ문화 경관이란 자연환경에 대한 적응과 이용·변화의 관점에서 나타남을 파악할 수 있도록 설명한다. ㅁ인간과 자연의 관계를 보는 네 가지 관점을 사례를 들어 설명한다. ㅁ울릉도의 우데기, 우리나라 전통의 풍수지리 사상 등을 통해 환경 결정론을 이해하게 한다. ㅁ서해안의 간척 사업, 다목적 댐 건설, 방조제 건설 등을 통해 환경 가능론을 이해하게 한다. ㅁ지나친 방목과 개간으로 인한 사헬 지대의 사막화 등을 통해 생태학적 관점을 이해하게 한다. ㅁ프레리 초원에 대한 앵글로색슨 족과 동유럽인의 관점 등을 통해 문화 결정론을 이해하게 한다. ㅁ함경도 피난민들이 만든 강원도 인제군 황태 마을을 사례로 문화 결정론을 설명한다.	설명 발표 질의 응답	PPT 및 학습지	수업내용 제시에 대한 흐름 파악할 수 있도록 인지시킬 것

정리	학습 내용 정리	3'	ㅁ철원 용암 대지의 벼농사 지대와 아랄 해의 변화를 통해 환경 가능론과 생태학적 관점을 이해하게 한다. 또한 두 가지 사례 이외에 무엇이 있을지 조사하고 발표하게 한다.	설명	학습지	본 차시에서 다룬 내용을 정리한다.
	차시 예고	2'	ㅁ다음 시간 수업 내용을 소개한다.	설명	학습지	차시 준비물 및 선행과제 전달 · 인지시킬 것

제2절 성적 및 평가관리

글로벌 지식기반사회에서 요구하는 창의 · 인성교육의 활성화를 위하여 교육과정을 개편하였고, 수준별 · 맞춤형 교육여건 조성과 함께 모든 학생의 잠재력과 소질을 최대한 발현시켜 줄 수 있는 교수 · 학습과 평가 제도의 확립을 위한 「중등학교 학사관리 선진화 방안」(2011.12.13.)에 따라 학업성취의 수준을 평가하는 '성취평가제'가 도입되었다.

본 절의 성적 및 평가관리는 「학교생활기록 작성 및 관리지침(교육부훈령 제127호)」 별지 제9호 '교과학습발달상황 평가 및 관리'와 2021 중 · 고등학교 학교생활기록부 기재요령(교육부, 2021) 및 제 연구물을 정리하여 살펴보고자 한다.

1. 평가의 일반적 개념

평가는 교육목표의 달성 정도를 판단하고, 교육활동의 효율성을 가늠하는 교육의 반성적, 자각적 활동과정, 교육목표의 실현 정도를 밝히는 과정이다(서울시교육연구정보원, 2012: 170). 평가의 일반적 개념으로 단위학교의 평가 절차와 학업평가의 성취수준을 평가하는 성취평가제에 사용되는 용어에 대해 살펴보고자 한다.

1) 단위학교의 평가 절차

학교에서는 매 학기에 2회 이상의 지필평가를 시행하여 교과마다 학생들의 교육목표 도달 여부 및 교사의 교수-학습 지도과정의 성공 여부를 판단하는 중요지표로 삼게 된다. 따라서 단위학교에서는 교육평가를 위하여 매 학년 초에 연간 학사일정에 평가일정을 정하고, 학업성적관리위원회를 구성하여 정기고사 및 수행평가에 대한 교과별 출제방향, 평가방법 및 시기 등, 반영비율 등을 고려하여 평가계획을 세우게 된다. **학교에서의 평가관리 절차**는 다음과 같다(서울특별시교육연구정보원, 2012: 182-183).

① **평가계획을 수립한다.** 이 단계에서는 학사 일정 확정, 교수학습계획표(Syllabus) 작성, 학교 교육과정위원회 및 교과협의회 협의, 평가계획 공개 및 학생 학부모 홍보(특히 수행평가 세부기준 등), 학업성적관리규정 교원 연수 시행, 고사 시행 세부사항에 대한 구체적 계획 수립, 고사 업무 담당 교사 엄선 등을 한다.

② **출제단계이다.** 이 단계에서는 교과협의회 실시, 출제에 대한 교과 내 공동 관리(공동 출제, 공동 검토 등), 교수학습목표, 성취기준과 평가기준 등을 활용한 평가 문항 제작, 시험문제 출제 및 관리 원칙 준수 등이다.

③ **문제지 관리단계**에서는 고사 원안 결재(결재 후 수정에 대한 절차 마련), 고사 원안 및 답안 유출 방지 시스템 마련, 인쇄된 시험지에 대한 보안 및 관리 철저 등이다.

④ **고사 실시단계이다.** 이 단계에서는 부정행위 예방, 부정행위자 처벌 규정 강화, 학교 실정에 맞는 시험감독 방안 강구(2인 감독, 학부모 시험감독 보조 등), 답안지 조작 및 교체 등의 부정 방지 대책 수립, 규정된 시험시간 확보 방안 수립(시험 진행 시나리오 활용 등), 답안지 회수 및 보관 시 보안 대책 수립 등이다.

⑤ **채점단계이다.** 이 단계에서는 서답형(완성형, 단답형)·주관형(서술형, 논술형) 답안의 교차 채점 등 평가 신뢰 확보 방안 수립 및 시행, 주·객관식 답안지 관리 철저(성적 처리실은 '제한 구역' 설정), 학생의 이의 신청 접수 및 처리 등 성적 불신 해소 방안 마련, 여유를 갖고 채점에 임하는 자세 필요 등이다.

⑥ **사후 관리단계이다.** 이 단계에서는 채점이 끝난 답안지의 관리 철저(성적 산출 근거서류 졸업 후 1년 이상 보관), 성적 처리 프로그램의 오류 여부 사전

점검 필요, 학생 개인 성적 등 개인 정보 노출 등에 유의, 특히 수행평가 등의 공정성과 신뢰도 제고에 유의한다 등이 있다.

그리고 평가문항 제작 시 유의할 사항은, 평가문항이 학교교육과정에 의해 실시된 내용이어야 하며, 진행과정이 객관 · 합리적이고 공정 · 투명하며, 전체 과정에서 보안에 특히 주의하여야 한다.

2) 성취평가제 용어의 정의

학업평가의 성취수준을 평가하는 성취평가제에 사용되는 용어의 설명은 다음과 같다(교육부, 2021: 75-76).

① **성취평가제**는 '학생이 무엇을 어느 정도 성취하였는가'라는 평가의 본래적 의미를 강조하는 평가제도이다.

② **성취기준**은 각 교과목에서 학생들이 학습을 통해 성취해야 할 지식, 기능, 태도의 능력과 특성을 진술한 것으로 교수 - 학습 및 평가의 실질적인 근거로 교사가 무엇을 가르치고 평가해야 하는지, 학생이 무엇을 공부하고 성취해야 하는지에 관한 실질적인 지침이 된다.

③ **성취수준**은 학생들이 교과목별 성취기준에 도달한 수준을 나타내는 것으로, 성취기준에의 도달 정도를 몇 개의 수준으로 구분하고 수준별 학생들의 지식, 기능, 태도의 특성을 설명한 것으로 성취기준 단위의 성취수준(상, 중, 하)과 학기 단위의 성취수준(A-B-C-D-E 등)으로 구분된다.

④ **고등학교 성취도와 석차등급**으로 보통교과는 '성취도(A-B-C-D-E)'와 '석차등급(1등급~9등급)'으로, 전문교과는 '성취도(A-B-C-D-E)'로 성적을 산출하는 것을 원칙으로 한다.

2. 평가관리의 지침

교육부에서는 진학자료로 사용되는 학업성적관리를 전국적으로 통일하기 위하여 「학교생활기록 작성 및 관리지침(교육부훈령 제127호)」을 마련하였다.

1) 교과학습발달상황 평가 및 관리의 방침

교과학습발달상황 평가 및 관리의 방침은 다음과 같다.

① 초·중·고의 각급학교는 학업성적 평가 및 관리의 객관성·공정성·투명성과 신뢰도 등을 높여 학교교육의 내실화를 도모한다.

② 학업성적 평가 및 관리의 객관성·공정성·투명성과 신뢰도를 높이기 위하여 학교별 각 교과협의회(학년협의회)와 학업성적관리위원회를 구성하고, 그 기능을 강화한다.

③ 교과학습발달상황의 평가는 지필평가와 수행평가로 구분하여 실시한다. 다만, 전문교과 실기과목 등 특수한 경우는 시·도교육청의 학업성적관리 시행지침에 따라 학교 학업성적관리규정으로 정하여 수행평가만으로 시행할 수 있다.

④ 동 교과학습발달상황 평가 및 관리 내용을 준거로 시·도교육청에서는 초·중·고등학교별 학업성적관리 시행 지침을 수립하고, 각급학교에서는 시·도교육청 학업성적관리 시행지침에 따른 학교별 세부적인 학업성적관리규정을 제정하여 활용한다.

⑤ '중학교 자유학년제 운영학교'의 자유학년의 교과학습발달상황 평가는 학교별로 자유학기의 취지에 맞는 평가 방안을 마련하고, 이를 학교 학업성적관리위원회의 심의를 거쳐 학교장이 결정한다.

⑥ 「공교육 정상화 촉진 및 선행교육 규제에 관한 특별법」 제8조 제2항에 따라 학교 내 각종 평가에서 학생이 배운 학교교육과정의 범위와 수준을 벗어난 내용을 출제하여 평가하지 않도록 유의한다.

⑦ 기타 해설사항으로 중·고등학교 체육·예술 교과(군)의 체육, 음악, 미술 관련 일반과목은 수행평가만으로 성적을 산출하여 교과학습발달상황 평가를 할 수 없다.

상기 내용을 정리하면, 학업성적 평가 및 관리의 객관·공정·투명성과 신뢰도를 위하여 교육부훈령으로 지침을 마련하고, 이에 따라 시·도교육청에서 학업성적관리 시행 지침을 마련하면, 각급학교에서는 학교학업성적관리위원회를 구성하여 세부적인 학업성적관리규정을 제정하여 평가를 계획하고 시행하여야 한다.

2) 학교 학업성적관리위원회 설치

학업성적 평가 및 관리의 객관성 · 공정성 · 투명성과 신뢰도를 높이고, 학교생활기록부의 전산처리 및 관리, 이에 따른 활동을 강화하기 위하여 「초 · 중등교육법 시행규칙」 제24조에 따른 학업성적관리위원회(이하 위원회라 한다)를 둔다.

또한 **학업성적관리위원회의 위원장**은 학교장으로 하며, 학업성적관리위원회의 업무를 총괄한다. **부위원장**은 위원 중 학교장이 정한 사람으로 하며, 위원장을 보좌하고 위원장 유고시 위원장을 대행한다. 그리고 위원의 수는 학교 규모에 따라 정하며, 교직원 중에서 교무분장 업무를 고려하여 학교장이 임명한다. ① 학부모의 의견 수렴과 학업성적관리의 투명성 등을 확보하기 위하여 학교장은 약간 명의 학부모 위원을 위촉할 수 있다. ② 위원의 임기는 학년도를 기준으로 매년 3월부터 차년도 2월까지로 한다.

학업성적관리위원회는 다음의 사항을 심의한다.

① 학교 학업성적관리규정 제 · 개정
② 각 교과(학년)협의회에서 제출한 지필평가 및 수행평가의 영역 · 요소 · 방법 · 시기 · 횟수 · 반영비율 등과 성적처리 방법 및 결과의 활용
③ 창의적 체험활동상황의 평가 기준 및 방법
④ 학업성적 평가 및 관리의 객관성 · 공정성 · 투명성과 신뢰도 제고 방안(평가의 기준 · 방법 · 결과의 공개, 홍보, 평가결과 후속조치(이의제기 등))
⑤ 학교생활기록부의 기재방법 및 기재내용 등에 관한 사항
⑥ 학교생활기록부 정정을 위한 증빙자료의 객관성 여부 등을 포함한 정정에 관한 사항
⑦ 고등학교의 교과목별 기준성취율에 따른 분할점수 산출 방식 등에 관한 사항
⑧ 기타 학교 학업성적관리 관련 업무

한편 **학업성적관리위원회의 회의**는 다음과 같이 운영한다.

① 회의는 학기 초 및 심의사항이 발생했을 때 개의하며, 세부적인 개최 시기 등은 시·도교육청의 학업성적관리 시행지침에 따라 학교장이 결정할 수 있다.
② 위원회의 회의는 재적인원의 과반수 출석으로 개의한다.
③ 회의가 종료되면 회의 결과를 작성하고, 위원들의 확인을 받아 보관한다.

3) 평가의 목표 · 내용 및 방법

교과학습의 평가에는 지필평가와 수행평가가 있다. 교과학습 평가의 목표는 모든 학생이 교육목표를 성공적으로 달성할 수 있도록 돕기 위한 교육의 과정으로 실시하며, 평가의 내용은 평소 학교에서 가르친 내용과 기능에 대하여 학생 개개인의 교과별 성취기준·성취수준에 따른 성취도와 학습 수행과정을 평가하는 방법을 적용한다(교육부, 2021).

각 교과협의회는 학교·교과지도의 형편을 고려하여 교과별 지필평가 및 수행평가의 영역·방법·횟수·기준·반영비율 등과 성적처리방법 및 결과의 활용 등을 정하고, 이를 학교 학업성적관리위원회의 심의를 거쳐 학교장이 결정한다.

유의사항으로는 지필평가, 수행평가, 각종 교내 대회, 반 배치고사 등 학교 시험을 실시할 때는 학생이 배운 학교교육과정의 범위와 수준을 벗어난 내용을 출제하여 평가하지 않도록 한다.

3. 평가방법

단위학교에서 실시하는 학업평가에는 지필평가와 수행평가가 있다.

1) 지필평가

지필평가는 주로 한 학기에 1차(중간) 고사와 2차(기말) 고사로 치르며, 일부 과목의 경우에는 과목의 특성을 반영하여 한 번만 치르기도 한다.

① **지필평가의 평가문제**는 타당도, 신뢰도, 객관도 및 변별도를 높이도록 출제하고 평가의 영역, 내용 등을 포함한 이원목적분류표 등을 작성하여 활용한다. 그리고 같은 학년 · 계열에서 동일 교과를 두 명 이상의 교사가 담당할 경우에는 서로 공동출제를 하여 학급 간의 성적차를 최소화하도록 노력한다.

② **지필평가의 모든 출제 원안**에는 문항별 배점을 표시하고 될 수 있으며 100점 만점으로 출제하며, 평가의 변별력을 위해 동점자가 가능한 한 생기지 않도록 평가문항 수 증대, 문항당 배점을 다양화한다. 특히 수준별 난이도의 배열에 유념한다.

③ **평가의 보안 및 부정행위 예방**을 위하여 평가 문항지의 출제 · 인쇄 · 평가실시의 전 과정에서 보안이 유지되도록 철저히 관리하고, 감독교사는 부정행위의 적발보다는 예방에 목적을 두고 엄정한 감독을 하여 부정행위를 미연에 방지한다.

④ **교과 담당교사**는 전산처리한 채점 등 평가결과에 대한 이상 유무를 철저히 대조 · 확인하고(이중답안, 오답, 배점비율 등), 그 결과를 학생 본인에게 공개하여 확인시키며, 이의신청이 있을 때는 자세히 검토하여 적절한 조치를 취하여야 한다. 성적에 오류 · 이의가 없으면 NEIS상에서 교과목별 성적을 마감처리하고, 전산 출력물인 교과목별 성적일람표에 서명(날인)하여 성적처리담당자에게 제출한다.

⑤ **성적처리담당자**는 NEIS에서 성적처리를 수행 · 완료하며, 성적 처리가 끝난 답안지는 성적 산출의 증빙자료로 졸업 후 1년 이상 당해 학교에 보관한다. 다만, 초등학교의 경우에는 시 · 도교육청 학업성적관리 시행지침 및 학교 학업성적관리규정에 따라 보관기간을 달리 정할 수 있다.

2) 수행평가

수행평가(遂行評價: Performance Assessment)는 교과 담당교사가 학습자들의 '학습과제' 수행 과정 및 결과를 직접 관찰하고, 그 관찰 결과를 전문적으로 판단하는 평가방법이다. 여기서 '학습과제'는 학습자들에게서 성취되기를 기대하는 교육과정상 각 교과 교육목표와 관련되는 것으로, 실제 생활에서 보다 의미 있고, 중요하고, 유용한 과제를 의미한다. '수행'은 학생이 단순히 답을 선택하는 것이 아니라, 학생 스스로 답을 구성하는 것, 산출물이나 작품을 만들어내는 것, 태도나 가치관을 행동으로 드러내는 것 등을 모두 포함하는 의미이다. '관찰'은 학습자가 수행하는 과정이나 그 결과를 평가자가 읽거나, 듣거나, 보거나, 느끼거나 하는 활동을 모두 포함하는 의미이다. '판단'은 평가자가 관찰한 것을 객관성 · 합리성 · 타당성 · 신뢰성 등이 있는 기준을 준거로 점수화하거나 문장화하는 것을 의미한다(교육부, 2016: 162).

① **교과협의회**에서는 각 과목의 교육과정 및 학교 · 교과의 특성을 고려한 수행평가의 영역 · 방법 · 횟수 · 세부기준(배점) · 반영비율 등과 성적처리 방법 및 결과의 활용 등에 관한 수행평가계획을 수립하여 학교 학업성적관리위원회에 제출한다.

② **교과 담당교사**는 학교 학업성적관리위원회의 심의를 거쳐 확정된 각 교과별 수행평가계획과 평가 후 결과를 학생 본인에게 공개하여야 하며, 이의 신청이 있을 때 자세히 검토하여 적절한 조치를 하여야 한다.

③ **수행평가의 점수**는 점수화가 가능한 영역의 점수만 반영하되, 기본점수의 부여 여부, 부여 점수의 범위 등은 시 · 도교육청의 학업성적관리 시행지침에 의거 당해 학교의 학업성적관리규정으로 정한다.

④ 성적 처리가 끝난 수행평가의 중요한 자료(성적일람표 등)는 성적 산출의 증빙자료로 졸업 후 1년 이상 당해 학교에 보관하며, 상급학교 진학 시 입학전형권자의 요청이 있으면 이를 전형자료로 제공할 수 있다.

⑤ **수행평가결과물**은 학생들의 이의 신청 · 처리 · 확인 과정 등 적절한 조치가 완료되었을 경우, 학교장은 학업성적관리위원회의 심의를 거쳐 보관기간을 결정 · 시행한다. 단, 수행평가 성적을 기록한 성적일람표는 졸업 후 1년간 보관한다. 초등학교의 경우 수행평가의 중요한 자료는 성적 산출의 증빙자료 및 수행평가 성적을 기록한 성적일람표는 시 · 도교육청 학업성적관리 시행지침 및 학교 학업성적관리규정에 따라 보관기간을 달리 정할 수 있다.

⑥ 그 외에 학교장은 학교 학업성적관리위원회에서 결정된 교과별 수행평가의 영역 · 방법 · 횟수 · 세부기준(배점) · 반영비율 등을 학교홈페이지 및

가정통신문 등을 통해 **학부모에게 공개하여 수행평가로 인한 불신을 해결**하여야 한다.

4. 학교급별 학업성적 평가결과 처리

초등학교 평가방법, 중 · 고등학교 평가방법에 대해서 살펴보고자 한다.

1) 초등학교 평가방법

초등학교 평가계획 수립은 다음과 같다.

① 교과학습의 평가계획은 각 교과의 교육과정 및 학교 · 교과의 특성을 감안하여 교과(학년)협의회에서 수립하고, 이를 학교 학업성적관리위원회의 심의를 거쳐 학교장이 최종 결정한다. 또한 학교의 여건을 고려하여 필요시에는 시 · 도교육청의 학업성적관리 시행지침에 따라 학급별로 평가계획을 달리 정할 수 있다.

② 평가계획에는 각 교과(학년)별 평가의 영역 · 요소 · 방법 · 시기 · 기준 및 결과의 활용 등을 포함한다.

③ 확정된 평가계획은 정보공시 등을 통해 학생 및 학부모에게 공개한다. 또한 변경사항이 있는 경우에는 수정하여 평가 실시 전에 재 공지한다.

한편 **초등학교의 평가 운영**은 다음과 같다.

① 성취기준 · 평가기준에 따른 성취도와 학생의 성장 및 발달 정도에 중점을 두고 평가가 이루어지도록 한다.

② 정규교육과정 외에 학생이 수행한 결과물에 대해 점수를 부여하는 과제형 수행평가는 실시하지 않는다.

③ 시 · 도교육청의 학업성적관리 시행지침에 따라 학업성적관리규정에 학생의 이의신청 절차를 마련하고, 이의신청이 있을 때에는 절차에 따라 면밀히 검토하여 처리하여야 한다.

초등학교의 평가결과 처리는 다음과 같다.

① 교과별 평가결과를 포함한 일람표는 학급 담임교사 또는 교과 담당교사가 작성한다.
② 학업성적 평가결과는 평가계획에 따른 각 평가에 대한 학생의 성취 수준 및 평가 중 관찰한 사실을 바탕으로 작성한다.
③ 학생의 평가결과는 학생 및 학부모에게 제공하며, 세부적인 방법 및 횟수 등은 학교에서 정할 수 있다.
④ 개인정보 보호를 위해 학생의 평가결과는 학생 본인에게만 공개하여야 하며, 타인에게 노출되지 않도록 유의한다.
⑤ 학생의 평가결과물은 학생들의 확인 · 이의신청 · 성적처리가 완료된 후 학업성적관리위원회의 심의를 거쳐 보관기간을 결정하여 시행한다.
⑥ 성적처리가 끝난 평가의 중요한 자료는 성적 산출의 증빙자료로 시 · 도교육청의 지침 및 학교 학업성적관리규정에 따라 보관기간을 정하여 해당 학교에 보관한다.

2) 중학교 · 고등학교 평가방법

중학교 · 고등학교 평가계획 수립은 다음과 같다.

① 교과학습의 평가계획은 각 과목의 교육과정 및 학교 · 교과의 특성을 감안하여 교과(학년)협의회에서 수립하고, 이를 학교 학업성적관리위원회의 심의를 거쳐 학교장이 최종 결정한다. 다만, 중학교 자유학기(학년)에 학교의 여건을 고려하여 필요시에는 시 · 도교육청의 학업성적관리시행지침에 따라 해당 교과 담당 교사별로 평가계획을 달리 정할 수 있다.
② 평가계획에는 각 교과(학년)별 지필평가 및 수행평가의 평가 영역 · 요소 · 방법 · 횟수 · 반영비율 · 수행평가 세부기준(배점) 등과 성적처리방법 및 결과의 활용 등을 포함한다.
③ 확정된 평가계획은 정보공시 등을 통해 학생 및 학부모에게 공개한다. 또한 변경사항이 있는 경우에는 수정하여 평가 실시 전에 재 공지 한다.
④ 자유학기의 교과학습발달상황 평가는 학교별로 자유학기의 취지에 맞는

평가 방안을 마련하고, 이를 학교 학업성적관리위원회의 심의를 거쳐 학교장이 최종 결정한다.

중학교 · 고등학교의 평가 운영은 다음과 같다.

① 지필평가 문제는 타당도, 신뢰도를 제고할 수 있도록 출제하고, 평가의 영역, 내용 등을 포함한 문항정보표 등 출제 계획을 작성하여 활용하며, 동일 교과 담당교사 간 공동 출제를 한다.
② 지필평가는 문항별 배점을 표시하여 가급적 100점 만점으로 출제하고 문항의 수준별 난이도의 배열에 유념한다.
③ 시 · 도교육청의 학업성적관리 시행지침에 따라 학업성적관리규정에 지필평가 관련 보안규정과 시험지 유출 시 처리기준을 마련하고, 평가문제는 출제 · 인쇄 및 평가의 전 과정에서 보안이 유지되도록 철저히 관리한다.
④ 정규교육과정 외에 학생이 수행한 결과물에 대해 점수를 부여하는 과제형 수행평가는 실시하지 않는다.
⑤ 수행평가의 점수는 점수화가 가능한 영역의 점수만 반영하되, 기본점수의 부여 여부, 부여 점수의 범위 등은 시 · 도교육청의 학업성적관리 시행지침에 따라 학교의 학업성적관리규정으로 정한다.
⑥ 시 · 도교육청의 학업성적관리 시행지침에 따라 학업성적관리규정에 지필평가 및 수행평가의 이의신청 절차를 마련하고, 이의신청이 있을 때에는 절차에 따라 면밀히 검토하여 처리하여야 한다. 또한 평가문항의 이의신청에 따른 오류 검증을 위해 필요시 외부 전문가의 자문을 받을 수 있다.

(1) 중학교 학업성적 평가결과 처리

중학교 학업성적 평가결과 처리는 다음과 같다.

첫째, 과목별 성적일람표는 매 학기말 교과 담당교사가 작성하되, 지필평가(명칭, 반영비율 등 명기)와 수행평가(영역, 반영비율 등 명기)의 점수를 합산하고, 원점수/과목평균, 성취도(수강자수)를 산출한다(다만, 체육 · 음악 · 미술교과의 과목은 성취도만을 산출). 단, 전산처리할 경우 전산 입력하여 관리함을 원칙으로 한다.

둘째, 원점수는 지필평가 및 수행평가의 반영비율 환산 점수 합계를 소수 첫째 자리에서 반올림하여 정수로 기록하며, 과목평균은 원점수를 사용하여 계산하여 소수 둘째 자리에서 반올림하여 소수 첫째 자리까지 기록한다.

셋째, 성취도는 원점수에 따라 다음과 같이 평정한다.

표 5-2 성취율과 성취도

성취율(원점수)	성취
90% 이상	A
80% 이상~90% 미만	B
70% 이상~80% 미만	C
60% 이상~70% 미만	D
60% 미만	E

단, 체육·음악·미술교과의 과목의 성취도는 다음과 같이 평정한다.

표 5-3 체육·음악·미술교과의 과목의 성취도 평정

성취율(원점수)	성취도
80% 이상~100%	A
60% 이상~80% 미만	B
60% 미만	C

넷째, 수강자수는 매 학기말 성적산출 시점을 기준으로 해당 과목을 수강한 학생수로 한다. 다만, 자유학기(학년)에 해당 교과 담당교사별로 해당 과목의 평가계획을 다르게 수립한 경우, 시·도교육청의 학업관리 시행지침에 따라 당해 학교의 학업성적 관리규정으로 정하여 해당 교과 담당 교사별로 수강자수를 달리할 수 있다.

다섯째, '재취학, 전·편입학생'과 '명예졸업, 유예, 면제 및 전출 학생 중 모든 평가가 완료되어 당해 학교의 학업성적관리규정에 따라 성적을 처리할 수 있는 학생'은 수강자수에 포함하고, '모든 평가가 완료되기 이전(학기말 최종 성적처리 불가능)의 학생(명예졸업, 유예, 면제 등)'과 '재취학, 전·편입학생 중 원적교에서 성적(성취도, 원점수 등)을 취득해 온 학생'은 수강자수에서 제외한다.

여섯째, 채점 등 평가결과를 전산처리할 경우, 교과 담당교사는 전산처리 결과의 이상 유무를 철저히 대조 · 확인해야 한다.

일곱째, 개인 정보 보호를 위해 **지필 및 수행평가결과**는 학생 본인만 확인하도록 하며, 타인에게 성적 정보가 노출되지 않도록 유의해야 한다.

여덟째, 성적처리 및 학생 확인이 완료된 지필평가의 학생 답안지는 성적산출의 증빙자료로 5년간 보관한다.

아홉째, 수행평가의 결과물은 학업성적관리위원회의 심의를 거쳐 보관기간을 결정하여 시행한다.

열째, 성적처리가 끝난 수행평가의 중요한 자료는 성적 산출의 증빙자료로 졸업 후 1년 이상 당해 학교에 보관하며, 상급학교 진학 시 입학전형권자의 요청이 있을 경우 이를 전형자료로 제공할 수 있다.

(2) 고등학교 학업성적 평가결과 처리

고등학교 학업성적 평가결과 처리는 다음과 같다.

첫째, 과목별 성적일람표는 매 학기말 교과 담당교사가 작성하고, 전산처리할 경우 전산 입력하여 관리함을 원칙으로 한다. 과목별 성적 일람표는 지필평가(명칭, 반영비율 등 명기)와 수행평가(영역, 반영비율 등 명기)의 점수를 합산하여 각 호와 같이 성적을 산출한다.

① 교양교과(군)의 과목 및 (나)~(마)호를 제외한 모든 과목은 원점수, 과목평균, 과목 표준편차, 성취도(수강자수), 석차(동석차수), 석차등급을 산출한다.

② 보통교과의 진로 선택과목은 원점수, 과목평균, 성취도(수강자수), 성취도별 분포비율을 산출한다.

③ 보통교과 공통과목의 '과학탐구실험'과 전문교과Ⅱ, Ⅲ은 원점수, 과목평균, 과목 표준편차, 성취도(수강자수)만 산출하고, 이 중 전문교과Ⅱ의 실무과목은 능력단위로 산출할 수 있으며, 능력단위 평가 시 이수시간, 원점수, 성취도만 산출한다.

④ 보통교과 체육 · 예술 교과(군)의 일반 선택과목은 성취도만 산출한다.

⑤ 고등학교에서 학교 간 통합 선택교과로 이수한 과목[보통교과 진로 선택

과목, 체육 · 예술 교과(군)의 일반 선택과목, 교양교과(군)의 과목 제외]은 원점수, 과목 평균, 과목 표준편차, 성취도(수강자수)를 산출한다.

둘째, 원점수는 지필평가 및 수행평가의 반영비율 환산 점수 합계를 소수 첫째 자리에서 반올림하여 정수로 기록하며, 과목평균, 과목표준편차는 원점수를 사용하여 계산하여 소수 둘째 자리에서 반올림하여 소수 첫째 자리까지 기록한다.

셋째, 과목별 성취도는 성취율에 따라 다음과 같이 평정하되, 기준 성취율에 따른 분할점수를 과목별로 학교가 설정할 수 있다.

표 5-4 과목별 성취도 평정

성취율	성취도
90% 이상	A
80% 이상~90% 미만	B
70% 이상~80% 미만	C
60% 이상~70% 미만	D
60% 미만	E

단, 보통교과 공통과목의 과학탐구 실험, 보통교과 체육 · 예술 교과(군)의 일반 선택과목, 보통교과 진로 선택과목(진로 선택으로 편성된 전문교과 포함), 전문교과Ⅰ 과학계열 교과(군)의 융합과학 탐구, 과학과제 연구, 물리학 실험, 화학 실험, 생명과학 실험, 지구과학 실험, 전문교과Ⅰ 국제계열 교과(군)의 사회 탐구 방법, 사회과제 연구의 성취도는 원점수에 따라 다음과 같이 평정한다.

표 5-5 보통교과 공통과목, 전문교과 Ⅰ(과학계열 교과군, 국제계열 교과군) 성취도 평정

성취율(원점수)	성취도
80% 이상~100 %	A
60% 이상~80 % 미만	B
60% 미만	C

넷째, 과목별 석차등급은 지필평가 및 수행평가의 반영비율 환산 점수의 합계에 의한 석차 순에 따라 다음과 같이 평정한다. 단, 등급별 누적 학생수는 수강자수와 누적 등급비율을 곱한 값을 반올림하여 계산한다.

표 5-6 과목별 석차등급 평정

석차등급	석차누적비율
1등급	~4% 이하
2등급	4% 초과~11% 이하
3등급	11% 초과~23% 이하
4등급	23% 초과~40% 이하
5등급	40% 초과~60% 이하
6등급	60% 초과~77% 이하
7등급	77% 초과~89% 이하
8등급	89% 초과~96% 이하
9등급	96% 초과~100% 이하

다섯째, 학교별 학업성적관리규정에 동점자 처리 규정을 둘 수 있으며, 가급적 동점자를 발생시키지 않도록 유의하고, 그럼에도 불구하고 동점자가 발생하여 등급경계에 있는 경우 중간석차를 적용한 중간석차백분율에 의하여 등급을 부여하며, 이때 '라'목의 (4) 표의 비율은 중간석차백분율로 사용한다.

여섯째, 석차는 매 학기별로 과목별 지필평가 및 수행평가의 반영비율 환산점수 합계를 소수 셋째 자리에서 반올림하여 소수 둘째 자리까지 구하여, 다음과 같이 산출한다.

① 성적산출을 위한 수강자수는 매 학기말 성적산출 시점을 기준으로 해당 과목을 수강한 학생수(수강하였으나 이수하지 못한 학생수도 포함)로 한다. 다만 필요하다고 인정되는 경우, 「초 · 중등교육법」 제48조 및 같은 법 시행령 제78조에 따라 교육감의 승인을 얻어 학과별로 학생을 선발한 학교는 교육과정 특성을 고려하여 시 · 도교육청 학업성적관리 시행지침에 따라 학교별 학업성적관리규정으로 학과별로 수강자수를 정할 수 있다. 산업수요맞춤형고등학교(마이스터고)와 특성화고등학교(특정분야의 인재양성을 목적으로 하는 교육을 실시하는 학교에 한함)는 필요하다고 인정되는 경우, 교육과정 특성을 고려하여 시 · 도교육청 학업성적관리 시행지침에 따라 학교별 학업성적관리규정으로 수강자수를 정할 수 있다.

② 직업과정 위탁생의 위탁교과와 특성화고등학교(특정분야의 인재양성을 목적으

로 하는 교육을 실시하는 학교에 한함) 및 특수목적고등학교의 개인별 평가가 곤란한 전문(공), 실기(습) 교과는 원점수, 과목평균 등을 기록할 수 있고, 성취도 또는 이수여부를 기록한다.

③ 과목별로 동점자가 발생할 경우에는 그 동점자 모두에게 해당 순위의 최상의 석차를 부여하고 ( )안에 동점자 수를 병기한다.

④ 시·도교육청에서 운영하는 공동실습소, 일반고등학교, 특수목적고등학교(산업수요맞춤형고등학교 포함) 및 자율고등학교의 직업과정 운영학교, 특성화고등학교(특정분야의 인재양성을 목적으로 하는 교육을 실시하는 학교에 한함) 등에서 개설한 교과(과정)를 계열이 서로 다른 학교의 학생들이 함께 수강한 경우의 수강자수는 계열별로 구분하여 산출할 수 있다.

⑤ '재·전·편입학생'과 '명예졸업, 학업중단 퇴학, 자퇴, 제적, 휴학 및 전출 학생 중 모든 평가가 완료되어 당해 학교의 학업성적관리규정에 따라 성적을 처리할 수 있는 학생'은 수강자수에 포함하고, '모든 평가가 완료되기 이전(학기말 최종 성적처리 불가능)의 명예졸업생 및 퇴학, 자퇴, 제적, 휴학'과 '재·전·편입학생 중 원적교에서 성적을 취득해 온 학생'은 수강자수에서 제외한다.

⑥ 학점제를 적용받는 특성화고등학교 및 산업수요 맞춤형 고등학교에 편성된 전문교과II 실무과목은 과목별 최소 성취수준을 별도로 설정하되, 최소 성취수준의 성취율은 성취도 E범위 내에서 담당 교사가 과목 및 학생의 특성을 고려하여 정하고, 학업성적관리위원회의 심의를 거쳐 학교장이 최종 결정한다.

일곱째, 채점 등 평가결과를 전산처리할 경우, 교과 담당교사는 전산처리 결과의 이상 유무를 철저히 대조·확인해야 한다.

여덟째, 개인 정보 보호를 위해 지필 및 수행평가결과는 학생 본인만 확인하도록 하며, 타인에게 성적 정보가 노출되지 않도록 유의해야 한다.

아홉째, 성적처리 및 학생 확인이 완료된 지필평가의 학생 답안지는 성적산출의 증빙자료로 5년간 보관한다.

열째, 수행평가의 결과물은 학업성적관리위원회의 심의를 거쳐 보관기간을 결정하여 시행한다.

열한째, 성적처리가 끝난 수행평가의 중요한 자료는 성적 산출의 증빙자료로 졸업 후 1년 이상 당해 학교에 보관하며, 상급학교 진학 시 입학전형권자의 요청이 있을 경우 이를 전형자료로 제공할 수 있다.

5. 기타 사항

기타 사항은 다음과 같다.

첫째, 교과목별 지필평가 및 수행평가에 참여하지 못한 학생(결시생)의 성적처리는 결시 이전 · 이후의 성적 또는 기타 성적의 일정비율을 환산한 성적(인정점)을 부여하되, 인정 사유 및 인정점의 비율 등은 시 · 도교육청의 학업성적관리 시행지침에 따라 당해 학교의 학업성적관리규정으로 정한다.

둘째, 모든 평가(학기말 성적산출 기준)가 완료되기 이전 전출, 휴학, 면제, 유예, 제적, 자퇴, 퇴학 학생이 그 이전에 취득한 성적이 있을 경우, 이 학생의 재취학, 전 · 편입학을 위하여 그 성적을 전산입력하거나 별도로 보관하여야 한다.

셋째, 재취학, 재 · 전 · 편입학생은 각 호에 따라 성적을 산출한다.

① 재취학, 재 · 전 · 편입학 일자 이전 원적교의 성적과 재취학, 재 · 전 · 편입학 이후의 취득한 성적을 합산한다.

② 재취학, 재 · 전 · 편입학 이후 취득한 성적이 있고, 이에 상응하는 원적교 성적이 중복되는 경우에는 재취학, 재 · 전 · 편입학 이후 취득한 성적을 인정한다.

③ 재취학, 재 · 전 · 편입학한 이후 성적 산출을 위한 원적교의 성적이 없는 경우에는 재취학, 재 · 전 · 편입학 이후 취득한 평가의 성적을 반영한다. 다만, 결시 등의 사유로 인정점을 부여해야 하는 경우, 해당 학교의 학업성적관리규정에 따른다.

④ ①~③호에서 제시되지 않은 예외적인 경우에 대해서는 시 · 도교육청의 학업성적관리 시행지침에 따라 학교 학업성적관리위원회의 심의를 통해 정한다.

⑤ 원적교에서는 전출학생의 전출시점까지 취득한 성적(지필평가 및 수행평가의 점수 및 상세한 기록 등)을 전산자료로 입력하여 전입교로 전송하되, 부득이

한 사유로 입력하지 못한 경우 정리하여 비공개로 전입교로 송부하고 사본을 보관하여야 한다.

넷째, 「초 · 중등교육법 시행령」제19조제1항에 따른 '귀국학생 등'은 각 호에 따라 성적을 산출한다.

① 국내 학교에 취학, 재취학, 재 · 편입학한 후 취득한 성적만으로 성적을 산출한다.
② 재취학, 재 · 편입학 이전 성적이 국내 학교에 있는 경우 이를 인정하고, 재취학, 재 · 편입학 이후에 취득한 성적과 합산한다.
③ 재취학, 재 · 편입학 후 취득한 성적이 있고, 이에 상응하는 이전의 국내 학교 성적이 중복되는 경우에는 재취학, 재 · 편입학 이후 성적을 인정한다.
④ (1)~(3)호에서 제시되지 않은 예외적인 경우에 대해서는 시 · 도교육청의 학업성적관리 시행지침에 따라 학교 학업성적관리위원회의 심의를 통해 정한다.

다섯째, 시 · 도교육청에서는 학업성적관리 시행지침에 장애학생의 평가 조정 규정을 마련하여 장애학생이 장애 유형과 정도를 고려한 적절한 평가를 받을 수 있도록 지원하고, **각급 학교에서는 시 · 도교육청의 학업성적관리 시행지침에 따라 학교별 학업성적관리규정에 장애학생의 평가조정 규정**을 정하여 시행한다.

① 장애학생의 장애 유형과 정도에 따라 필요시 별도의 평가장 설치 · 운영, 대독, 대필, 보조기기, 보조인력 등 적절한 평가조정을 지원한다. ⅰ) 점자를 사용하는 시각장애학생을 위해 점자 평가 자료를 제공하고, 필요시 음성 평가 자료를 지원하며, 시험시간을 매 교시별 1.7배 연장한다. 또는 묵자(일반문자)를 사용하는 시각장애학생을 위해 확대 독서기(개인지참 가능) 또는 확대/축소 평가자료(118%, 200%, 350% / A4 중 택1)를 제공하고, 시험시간을 매 교시별 1.5배 연장한다. ⅱ) 지체장애학생 중 뇌병변장애학생을 위해 시험시간을 매 교시별 1.5배 연장하고, 상지기능 장애로 평가 수행이 어려운 경우에는 대필을 지원한다. ⅲ) 보청기나 인공와

우를 착용한 학생을 포함하여 청각장애학생이 듣기평가에 참여하기 어려울 경우 지필평가로 대체한다.

② 학생의 장애가 심하거나 그 밖의 사유로 추가적인 평가조정이 필요한 경우에는 학교 학업성적관리위원회 심의를 거쳐 평가시간 연장 등 필요한 지원 사항을 결정할 수 있다.

생각해봅시다

1. 좋은 수업을 위한 마음 자세와 수업 방법에 대해 설명하고 실제 시연해 보는 과정에 대하여 생각해 봅시다.

2. 학습자 중심의 지혜로운 교수-학습의 원리를 실제적인 사례를 생각해 봅시다.

3. 효율적인 교사의 수업전략에 대하여 생각해 봅시다.

CHAPTER 6

교육과정

학습목표

1. 교육과정의 개념과 원리를 알 수 있다.
2. 교육과정 편성·운영에 대한 교육기관의 단계별 내용을 이해할 수 있다.
3. 2015 개정 교육과정의 구성의 방향을 파악할 수 있다.
4. 2015 개정 교육과정의 학교급별 교육목표를 제시할 수 있다.
5. 2015 개정 교육과정의 학교급별 교육과정 편성·운영의 기준을 설명할 수 있다.
6. 학교 교육과정 편성·운영 절차를 설명할 수 있다.

Keyword

교육과정, 교육내용, 교수요목, 교육과정 관련법, 교과용도서에 관한 규정, 2015 개정 교육과정, 학교급별 교육목표, 보통교과, 전문교과, 공통 교육과정, 선택 중심 교육과정, 창의적 체험활동, 범교과 학습, 중학교 교육과정 편성·운영기준, 특수목적고등학교 교육과정 편성·운영기준, 특성화고등학교 교육과정 편성·운영기준, 교육과정평가, 학교 교육과정 계획·운영

제1절 교육과정의 개념

1절에서는 교육과정의 개념과 원리, 교육과정 관련법 등에 대해 고찰하고자 한다.

1. 교육과정의 개념과 원리[1)]

교육과정(教育課程, curriculum)의 어원은 라틴어 '쿠레레(currere, 달린다, 뛴다)'에서 유래 되었으며, 이 말은 영어의 '경마장의 경주로(a race course)'와 '경주 그 자체(the race itself)'에 해당하는 것으로서 달려가야 할 활동의 장소나 활동의 연속을 의미한다. 교육과정(curriculum)이 학교에 등장한 것은 1856년 미국의 노아 웹스터(Noah Webster)사 영어사전에 등장했으며, 이것은 경주로(a race course)로 해석되어, 일정한 코스를 달리도록 배열된 교과·경험의 과정을 의미하게 되었다. 그 후 1928년 개정판에 교수요목(course of study)이란 의미로 해석되었다.

교육과정이라는 개념은 '학교에서 가르치는 교과목'에서부터 '학생들이 학교에서 경험하는 지적, 정서적, 기능적, 신체적 경험의 총체'라고 보는 견해에 이르기까지 그 논의의 수준은 매우 다양하다(신재흡, 2014).

교육과정에 대한 제 학자의 개념 정의를 살펴보면 다음과 같다. **브라우디 등(Broudy et al., 1964)**은 "교육과정이란 교육내용을 교과목으로 조직한 것을 의미한다."고 했다. **정범모(1956)**는 첫째, 교육내용은 교육목적에 맞는 것을 선택한다. 이것이 과학적 사고력의 개발이 목적이라면 과학과목을 선택하고, 표현력 개발이 목적이라면 국어과목을 선택해야 한다. 둘째, 교육내용의 조직이란, 교육내용과 그것으로 영위되는 학습경험을 체계적으로 배열한다는 것을 의미한다. 이것은 계속성, 계열성, 통합성으로 조직되어야 한다. 셋째, 교육내용은 학습자의 능력 수준, 연령 수준에 맞게 표현되어야 한다.

이영덕(1981)은 첫째, 교수요목으로서의 교육과정, 둘째, 학교의 지도로 학생들이 가지게 되는 모든 경험으로서의 교육과정, 셋째, 구조화된 일련의 의

1) 신재흡(2014). 교육학의 이해 -교육입문을 위한 지침서-. 서울: 동문사, pp. 145-148.

도된 학습결과로서의 교육과정 등 세 가지로 설명하고 있다. 첫째와 셋째는 교육과정을 하나의 문서 속에 기술하고 정리된 것을 지칭하며, 둘째의 경험은 문서에 기록된 것이 아닌 학생들 자체에서 일어나는 경험을 지칭하고 있다. **이성호(1984)**는 ① 교과내용으로서의 교육과정, ② 경험으로서의 교육과정, ③ 계획으로서의 교육과정, ④ 결과로서의 교육과정 등 네 가지로 설명하였다.

위의 결과를 종합한 **교육과정**이란 학습자의 바람직한 성장 · 발달을 도모하기 위하여 교육을 지도하는 기관이 체계적으로 개발하여 제공하는 교수-학습경험의 계획 및 결과의 총체라고 할 수 있다.

교육과정의 일반적인 성격(길형석 · 손충기, 2005; 홍후조, 2011; 이종국 외, 1999)은 다음과 같다.

① **교육과정은 넓고 포괄적이어야 한다.**

② **교육과정은 교육목적을 달성하기 위한 수단이어야 한다.** 이는 교육목적과 교육이념이 교육과정에 반영되어야 한다. 교육목적이나 교육이념의 변화에 따라 교육과정도 적절히 변화되어야 한다.

③ **교육과정은 사회적 요구와 필요를 충족시키는 것이어야 한다.** 교육과정은 사회실태를 민감하게 파악해야 하며 이들 실태를 기초로 하여, 유능한 사회인을 기르기 위한 구체적인 교육과정이 구성되어야 한다.

④ **교육과정에는 개인차가 고려되어야 한다.** 교육은 공민으로서의 일반적 수준을 고려하는 동시에 그 응용에 있어서 각 개인의 능력과 흥미에 따른 개인차를 인정해야 한다.

⑤ **교육과정은 아동 · 학생의 창의성을 기르는 것이 되어야 한다.** 학생들의 내적인 흥미와 잠재력을 유발하는 것에 주력하고, 기초적이며, 본질적인 지식을 제외하고는 기억 위주의 학습은 지양되어야 한다.

⑥ **교육과정은 생활중심적이어야 한다.** 이것은 현재 생활을 위주로 하며, 과거의 생활과 미래에 전개될 생활까지도 고려하여야 한다.

⑦ **교육과정은 학습자 그 자체에 대한 과학적 이해가 있어야 한다.** 교육과정의 구성은 학습자의 요구, 흥미, 능력, 개성, 환경, 준비도, 지능, 학습양식, 발달상황 등에 대한 과학적 이해 위에 이루어져야 한다.

⑧ **교육과정은 부단히 재검토되고 개정되는 것을 필요로 한다.** 정적인 사회에서는 교육과정의 개정이 필요하지 않지만, 동적인 사회에서는 혁신이 필요하나 그러한 개정은 급격히 혁명적인 것이어서는 안 된다. 왜냐하면, 교육에 심각한 혼란을 초래하기 때문이다.

⑨ **이론적으로 교육과정이란 모든 학교에서 같을 수 없다.** 각 지역사회는 독자적인 환경, 습관, 특성, 요구를 하기 때문에 그 지역의 생활을 배경으로 하는 아동들의 요구도 다르다. 그러므로 교육과정은 학교마다 다를 수밖에 없다.

따라서 **교육과정**은 학습자의 바람직한 성장·발달을 도모하기 위하여 그들의 요구, 흥미, 능력, 개성, 환경, 지능, 학습양식 등에 대한 과학적이며 체계적인 토대 위에 사회적 변동의 요구나 관심을 수용하여 학습자에게 제공되는 일련의 의도적인 교수-학습활동의 계획 및 결과의 총체로 볼 수 있다.

2. 교육과정 관련법

교육과정과 관련된 법에는 교육기본법, 초·중등교육법, 지방교육자치에 관한 법률, 교육부 개정 교육과정, 교과용도서에 관한 규정 등이 있으며, 이에 대한 내용을 정리하여 살펴보면 다음과 같다.

1) 교육기본법의 교육과정 관련법

교육기본법은 교육의 목적·이념을 규정하고, 국민의 기본권으로서 '모든 국민이 평생에 걸쳐 학습하고, 능력과 적성에 따라 교육받을 권리'가 있음을 밝히고 있다. 교육기본법 제2조 교육이념에서 '교육은 홍익인간(弘益人間)의 이념 아래 모든 국민이 인격을 도야(陶冶)하고 자주적 생활능력과 민주시민으로서 필요한 자질을 갖추게 함으로써 인간다운 삶을 영위하게 하고 민주국가의 발전과 인류공영(人類共榮)의 이상을 실현하는 데에 이바지하게 함을 목적으로 한다.'고 하였다. 교육기본법의 교육이념은 교육부가 주관하여 고시하는 교육과정 개정 총론의 '추구하는 인간상'에 반영되고 있다.

2) 초 · 중등교육법의 교육과정 관련법

초 · 중등학교의 교육과정을 계획 · 운영 · 평가하는 과정은 관련 법령에 의하여 교육기관 단계별로 대통령, 교육부장관, 교육감, 교육장, 단위학교 교장의 단계를 거치도록 하여 교육과정이 일관 · 체계적으로 편성 · 운영 · 평가되도록 하고 있다. **교육기관의 단계별로 교육과정관련 업무**를 살펴보면 다음과 같다.

① **대통령**은 초 · 중등학교의 교육과정에서 교과를 정하고, 교육부장관은 교육과정의 기준과 내용에 관한 기본적인 사항을 정하게 되어 있다. 학교는 교육과정을 운영하여야 하며, 대통령령에 의하여 정한 교과에 따라서 교육부장관은 교육과정의 기준과 내용에 관한 기본적인 사항을 정하고, 각 시 · 도의 교육감은 교육부장관이 정한 교육과정의 범위에서 지역의 실정에 맞는 기준과 내용을 정할 수 있도록 하였다.

② **교육감**의 교육과정 관련 법적 규정이다. 교육감의 관장 사무에는 '교육부장관이 정한 교육과정의 범위에서 지역의 실정에 맞는 기준과 내용을 정할 수 있는 내용과(초 · 중등교육법 제23조 2항), 교육과정의 운영에 관한 사항(지방교육자치에 관한 법률 제20조)이 있다. 교육감은 관할 구역(이하 '관할청')의 학교를 대상으로 교육과정 운영과 교수(敎授) · 학습방법 등에 대해 장학지도를 할 수 있다(초 · 중등교육법 제7조). 그리고 관할청은 학교가 시설 · 설비 · 수업 · 학사(學事) 및 그 밖의 사항에 관하여 교육 관계 법령 또는 이에 따른 명령이나 학칙을 위반한 경우에는 학교의 설립자 · 경영자 또는 학교의 장에게 기간을 정하여 그 시정이나 변경을 명할 수 있다(초 · 중등교육법 제63조). 교육감은 교육부장관이 정한 교육과정을 지역실정에 맞게 기준과 내용을 정하여 운영하고, 관할 구역의 학교를 대상으로 교육과정과 관련된 장학지도 및 시정 · 변경을 명할 수 있다. 그리고 국립학교는 교육부장관의 지도 · 감독을 받으며, 공 · 사립학교는 교육감의 지도 · 감독을 받는다(초 · 중등교육법 제6조).

한편, 교육감은 교육과정을 자율적으로 운영하는 학교를 지정 · 운영할 수 있다. 교육감의 교육과정 편성 · 운영에는 제한점이 있으나, 예외적으로 특수목적의 학교에 대해서는 교육과정을 자율적으로 지정 · 운영할 수 있도록 하였다(초 · 중등교육법 제61조).

③ **교육장**의 교육과정과 관련된 내용이다. 교육장은 관할청으로부터 위임받아 분장하는 각급학교의 운영·관리에 관한 지도·감독사무 중에 교수학습활동, 진로지도, 강사 확보·관리 등 교육과정 운영에 관한 사항이 들어 있다(지방교육자치에 관한 법률 시행령 제6조). 교육장은 교육감에게 위임받는 교육과정에 지역특색을 반영한 교육과정안을 마련하여 각급학교에 제공하고, 이에 대한 편성·운영·평가에 대하여 장학지도를 할 수 있다.

④ **단위학교 학교장**의 교육과정 업무 내용이다. 학교장은 시·도교육청의 교육과정 지침, 지역교육청의 지역특색을 반영한 지침 등을 반영하여 학교실정에 맞는 교육과정을 편성·운영한다. 관련된 법률로는 단위학교에서는 학교운영위원회에서 학교교육과정의 운영방법, 교과용도서와 교육자료의 선정, 정규학습시간 종료 후 또는 방학기간 중의 교육활동 및 수련활동 등을 심의하도록 규정되어 있다(초·중등교육법 제32조). 그리고 단위학교의 장은 교과과정에 따른 교과용도서를 선정하고(교과용도서에 관한 규정), 학생의 교육과정의 이수정도 등을 평가하여 학생의 각 학년과정의 수료 또는 졸업을 인정한다(초·중등교육법 제50조). 단위학교의 장은 소속 교사들로 이루어진 교육과정 심의 위원회, 교과서 선정위원회에서 결정된 내용을 학교운영위원회에서 심의하여 결정하도록 한다.

위의 초·중등학교 교육과정의 편성·운영에 대한 기관에 따른 단계별 내용을 정리하면 표 6-1과 같다.

표 6-1 교육과정 편성·운영에 대한 교육기관의 단계별 내용

기관·장	내용	관련 법
대통령, 정부	• 학교는 교육과정을 운영한다. • 학교의 교과(敎科)는 대통령령으로 정한다.	• 초·중등교육법 제23조 1항 및 3항

기관 · 장	내용	관련 법
교육부 장관	• 교육과정 개편 관련 고시(초 · 중등학교 교육과정) • 교육과정의 기준과 내용에 관한 기본적인 사항을 정한다. • 국정도서의 고시, 검정도서의 검정, 인정도서의 인정 • 교과용도서의 편찬 · 검정 · 인정 · 가격결정 및 발행 등에 관한 사항을 심의하기 위하여 교육부에 각급학교의 교과목 또는 도서별로 교과용도서 심의회를 둔다. • 교육부장관은 「초 · 중등교육법」 제62조에 따라 같은 법 제29조에 따른 교육부장관의 교과용도서에 관한 권한 중 다음 각호*의 권한을 교육감에게 위임한다.	• 초 · 중등교육법 제23조 2항 • 교과용도서에 관한 규정 제2조 • 교과용도서에 관한 규정 제18조 • 교과용도서에 관한 규정 제40조
교육감	• 교육감은 교육부장관이 정한 교육과정의 범위에서 지역의 실정에 맞는 기준과 내용을 정할 수 있다. • 교육과정을 운영한다. • 관할청의 학교를 대상으로 교육과정 운영과 교수(教授)-학습방법 등에 대한 장학지도를 할 수 있다. • 관할청의 학교가 시설 · 설비 · 수업 · 학사(學事) 및 그 밖의 사항에 관하여 교육 관계 법령 또는 이에 따른 명령이나 학칙을 위반한 경우에는 학교의 설립자 · 경영자 또는 학교의 장에게 기간을 정하여 그 시정이나 변경을 명할 수 있다. • 교육감은 교육과정을 자율적으로 운영하는 학교를 지정 · 운영할 수 있다 • 국립학교는 교육부장관의 지도 · 감독을 받으며, 공립 · 사립학교는 교육감의 지도 · 감독을 받는다. • 교육감은 「초 · 중등교육법」 제62조에 따라 교과용도서에 관한 규정 제29조에 따른 교육부장관의 교과용도서에 관한 권한 중 다음 각호*의 권한을 위임받아 교육감 인정도서를 발행한다.	• 초 · 중등교육법 제23조 2항 • 지방교육자치에 관한 법률 제20조 • 초 · 중등교육법 제7조 • 초 · 중등교육법 제63조 • 초 · 중등교육법 제61조 • 초 · 중등교육법 제6조 • 교과용도서에 관한 규정 제40조
교육장	교육장은 관할청으로부터 위임받아 분장하는 각급학교의 운영 · 관리에 관한 지도 · 감독사무 중에 교수학습활동, 진로지도, 강사 확보 · 관리 등 교육과정 운영에 관한 사항이 들어 있다.	• 지방교육자치에 관한 법률 시행령 제6조
단위학교 교장	• 단위학교에서는 학교운영위원회에서 학교교육과정의 운영방법, 교과용도서와 교육자료의 선정, 정규학습시간 종료 후 또는 방학기간 중의 교육활동 및 수련활동 등을 심의한다. • 단위학교의 장은 교과과정에 따른 교과용도서를 선정한다. • 학생의 교육과정의 이수정도 등을 평가하여 학생의 각 학년과정의 수료 또는 졸업을 인정한다.	• 초 · 중등교육법 제32조 • 교과용도서에 관한 규정 제3조 • 초 · 중등교육법 제50조

3) 교과용도서에 관한 규정

교육과정과 가장 밀접한 관계에 있는 것이 교과용도서이다. 교과용도서는 교과서 및 지도서를 말하는 것으로 교육목적 달성을 위해 교육과정을 구현하는 교수-학습의 중요한 자료이다. 교과서는 학교에서 학생들의 교육을 위하여 사용되는 학생용의 서책·음반·영상 및 전자저작물 등이고, 지도서는 학교에서 학생들의 교육을 위하여 사용되는 교사용의 서책·음반·영상 및 전자저작물 등을 말한다. 여기에는 국정도서, 검정도서, 인정도서 등이 있으며 이들 도서만을 학교에서 선정하여야 한다. 국정도서는 교육부가 저작권을 가진 교과용도서이고, 검정도서는 교육부장관의 검정을 받은 교과용도서, 인정도서는 국정도서·검정도서가 없는 경우 또는 이를 사용하기 곤란하거나 보충할 필요가 있는 경우에 사용하기 위하여 교육부장관의 인정을 받은 교과용도서이다(교과용도서에 관한 규정).

제2절 2015 개정 교육과정

2015 개정 교육과정은 초·중등교육법 제23조 제2항에 따라 고시한 것으로, 초·중등학교의 교육목적과 교육목표를 달성하기 위한 국가수준의 교육과정이며, 중등학교에서 편성·운영하여야 할 학교 교육과정의 공통적이고 일반적인 기준을 제시한 것이다. 교육부에서 2015년 9월 23일에 발표한 초·중등학교 교육과정 총론(교육부 고시 제2015-74호)을 정리하여 살펴보고자 한다.

1. 2015 개정 교육과정의 성격 및 실시 시기

1) 2015 개정 교육과정의 성격

2015 개정 교육과정의 성격은 다음의 내용을 담고 있다.

첫째, 국가수준의 공통성과 지역, 학교, 개인수준의 다양성을 동시에 추구하는 교육과정이다.

둘째, 학습자의 자율성과 창의성을 신장하기 위한 학생 중심의 교육과정이다.

셋째, 학교와 교육청, 지역사회, 교원 · 학생 · 학부모가 함께 실현해 가는 교육과정이다.

넷째, 학교 교육 체제를 교육과정 중심으로 구현하기 위한 교육과정이다.

다섯째, 학교 교육의 질적 수준을 관리하고 개선하기 위한 교육과정이다.

2) 2015 개정 교육과정의 실시 시기

2015 개정 교육과정의 실시 시기는 다음과 같다.

첫째, 이 교육과정은 학교급별, 학년별로 다음과 같이 시행한다.

① 2017년 3월 1일: 초등학교 1, 2학년
② 2018년 3월 1일: 초등학교 3, 4학년, 중학교 1학년, 고등학교 1학년
③ 2019년 3월 1일: 초등학교 5, 6학년, 중학교 2학년, 고등학교 2학년
④ 2020년 3월 1일: 중학교 3학년, 고등학교 3학년

둘째, 중학교 자유학기 편성 · 운영 관련 규정은 2016년 3월 1일부터 적용한다.

셋째, 교육부 고시 제2013-7호의 전문교과는 2016년 3월 1일부터 이 교육과정의 전문교과II 실무 과목으로 대체하여 편성할 수 있다.

2. 교육과정 구성의 방향

교육과정 구성의 방향에는 우리나라 교육에서 추구하는 인간상, 핵심역량, 교육과정 구성의 중점이 있다. 이에 대하여 살펴보면 다음과 같다.

1) 추구하는 인간상

우리나라의 교육은 홍익인간의 이념 아래 모든 국민이 인격을 도야하고, 자주적 생활 능력과 민주시민으로서 필요한 자질을 갖추게 함으로써 인간다운 삶을 영위하게 하고, 민주 국가의 발전과 인류 공영의 이상을 실현하는 데에 이바지하게 함을 목적으로 하고 있다.

이러한 교육이념과 교육목적을 바탕으로, 이 **교육과정이 추구하는 인간상**은 다음과 같다.

첫째, 전인적 성장을 바탕으로 자아정체성을 확립하고 자신의 진로와 삶을 개척하는 **자주적인 사람**

둘째, 기초 능력의 바탕 위에 다양한 발상과 도전으로 새로운 것을 창출하는 **창의적인 사람**

셋째, 문화적 소양과 다원적 가치에 대한 이해를 바탕으로 인류 문화를 향유하고 발전시키는 **교양 있는 사람**

넷째, 공동체의식을 가지고 세계와 소통하는 민주시민으로서 배려와 나눔을 실천하는 **더불어 사는 사람**

2) 핵심역량

이 교육과정이 추구하는 인간상을 구현하기 위해 교과 교육을 포함한 학교 교육 전 과정을 통해 중점적으로 기르고자 하는 **핵심역량**은 다음과 같다.

① 자아정체성과 자신감을 가지고 자신의 삶과 진로에 필요한 기초 능력과 자질을 갖추어 자기주도적으로 살아갈 수 있는 **자기관리 역량**

② 문제를 합리적으로 해결하기 위하여 다양한 영역의 지식과 정보를 처리하고 활용할 수 있는 **지식정보처리 역량**

③ 폭넓은 기초 지식을 바탕으로 다양한 전문 분야의 지식, 기술, 경험을 융합적으로 활용하여 새로운 것을 창출하는 **창의적 사고 역량**

④ 인간에 대한 공감적 이해와 문화적 감수성을 바탕으로 삶의 의미와 가치를 발견하고 누리는 **심미적 감성 역량**

⑤ 다양한 상황에서 자기 생각과 감정을 효과적으로 표현하고 다른 사람의 의견을 경청하며 존중하는 **의사소통 역량**

⑥ 지역·국가·세계 공동체의 구성원에게 요구되는 가치와 태도를 가지고 공동체 발전에 적극적으로 참여하는 **공동체 역량**

3) 교육과정 구성의 중점

이 교육과정은 우리나라 교육과정이 추구해 온 교육이념과 인간상을 바탕으로, 미래 사회가 요구하는 핵심역량을 함양하여 바른 인성을 갖춘 창의융합형 인재를 양성하는 데에 중점을 둔다. 이를 위한 교육과정 구성의 중점은 다음과 같다.

① 인문 · 사회 · 과학기술 기초 소양을 균형 있게 함양하고, 학생의 적성과 진로에 따른 **선택학습을 강화한다**.
② 교과의 핵심 개념을 중심으로 학습 내용을 구조화하고 학습량을 적정화하여 **학습의 질을 개선한다**.
③ 교과 특성에 맞는 다양한 학생 참여형 수업을 활성화하여 자기주도적 학습능력을 기르고 **학습의 즐거움을 경험하도록 한다**.
④ 학습의 과정을 중시하는 평가를 강화하여 학생이 자신의 학습을 성찰하도록 하고, 평가결과를 활용하여 **교수 - 학습의 질을 개선한다**.
⑤ 교과의 교육목표, 교육내용, 교수 - 학습 및 평가의 **일관성을 강화한다**.
⑥ 특성화고등학교와 산업수요 맞춤형 고등학교에서는 국가직무능력표준을 활용하여 산업사회가 필요로 하는 **기초 역량과 직무 능력을 함양한다**.

3. 학교급별 교육목표

학교급별로 학생의 성장단계, 교육수준, 사회적 기대가 각기 다르므로 학교급별로 교육목표를 다르게 설정하고 있다. 학교급별 교육목표를 살펴보면 다음과 같다.

1) 초등학교

초등학교 교육은 학생의 일상생활과 학습에 필요한 기본 습관 및 기초 능력을 기르고 바른 인성을 함양하는 데에 중점을 둔다.

첫째, 자신의 소중함을 알고 건강한 생활 습관을 기르며, 풍부한 학습 경험을 통해 자신의 꿈을 키운다.

둘째, 학습과 생활에서 문제를 발견하고 해결하는 기초 능력을 기르고, 이를 새롭게 경험할 수 있는 상상력을 키운다.

셋째, 다양한 문화 활동을 즐기고 자연과 생활 속에서 아름다움과 행복을 느낄 수 있는 심성을 기른다.

넷째, 규칙과 질서를 지키고 협동정신을 바탕으로 서로 돕고 배려하는 태도를 기른다.

2) 중학교

중학교 교육은 초등학교 교육의 성과를 바탕으로, 학생의 일상생활과 학습에 필요한 기본 능력을 기르고 바른 인성 및 민주시민의 자질을 함양하는 데에 중점을 둔다.

첫째, 심신의 조화로운 발달을 바탕으로 자아존중감을 기르고, 다양한 지식과 경험을 통해 적극적으로 삶의 방향과 진로를 탐색한다.

둘째, 학습과 생활에 필요한 기본 능력 및 문제 해결력을 바탕으로, 도전정신과 창의적 사고력을 기른다.

셋째, 자신을 둘러싼 세계에서 경험한 내용을 토대로 우리나라와 세계의 다양한 문화를 이해하고 공감하는 태도를 기른다.

넷째, 공동체의식을 바탕으로 타인을 존중하고 서로 소통하는 민주시민의 자질과 태도를 기른다.

3) 고등학교

고등학교 교육은 중학교 교육의 성과를 바탕으로, 학생의 적성과 소질에 맞게 진로를 개척하며 세계와 소통하는 민주시민으로서의 자질을 함양하는 데에 중점을 둔다.

첫째, 성숙한 자아의식과 바른 품성을 갖추고, 자신의 진로에 맞는 지식과 기능을 익히며 평생학습의 기본 능력을 기른다.

둘째, 다양한 분야의 지식과 경험을 융합하여 창의적으로 문제를 해결하고, 새로운 상황에 능동적으로 대처하는 능력을 기른다.

셋째, 인문 · 사회 · 과학기술 소양과 다양한 문화에 대한 이해를 바탕으로 새로운 문화 창출에 기여할 수 있는 자질과 태도를 기른다.

넷째, 국가 공동체에 대한 책임감을 바탕으로 배려와 나눔을 실천하며 세계와 소통하는 민주시민으로서의 자질과 태도를 기른다.

4. 학교급별 교육과정 편제 및 시간 배당기준

1) 초등학교

초등학교의 편제와 시간 배당 기준을 살펴보면 다음과 같다.

(1) 초등학교 편제

초등학교 교육과정은 교과(군)와 창의적 체험활동으로 편성하며, 교과(군)는 국어, 사회/도덕, 수학, 과학/실과, 체육, 예술(음악/미술), 영어로 한다. 다만, 1, 2학년의 교과는 국어, 수학, 바른생활, 슬기로운 생활, 즐거운 생활로 한다. 그리고 창의적 체험활동은 자율활동, 동아리활동, 봉사활동, 진로활동으로 한다. 다만, 1, 2학년은 체험활동 중심의 '안전한 생활'을 포함하여 편성 · 운영한다.

(2) 시간 배당 기준

표 6-2 초등학교 시간 배당 기준

구분		1~2학년	3~4학년	5~6학년
교과(군)	국어	국 어 448	408	408
	사회/도덕	수 학 256	272	272
	수학		272	272
	과학/실과	바른 생활 128	204	340
	체육	슬기로운 생활 192	204	204
	예술(음악/미술)	즐거운 생활 384	272	272
	영어		136	204
	소계	1,408	1,768	1,972
창의적 체험활동		336 안전한 생활(64)	204	204
학년군별 총 수업시간 수		1,744	1,768	2,176

① 이 표에서 1시간 수업은 40분을 원칙으로 하되, 기후 및 계절, 학생의 발달 정도, 학습 내용의 성격, 학교실정 등을 고려하여 탄력적으로 편성·운영할 수 있다.
② 학년군 및 교과(군)별 시간 배당은 연간 34주를 기준으로 한 2년간의 기준 수업 시수를 나타낸 것이다.
③ 학년군별 총 수업 시간 수는 최소 수업 시수를 나타낸 것이다.
④ 실과의 수업 시간은 5~6학년 과학/실과의 수업 시수에만 포함된 것이다.

2009 교육과정과 비교하여 1, 2학년의 창의적 체험활동에 '안전한 생활' 64시간이 증가하여 학년군별 총 수업시간 수(1,744)가 증가하였다. 2009년의 1, 2학년 창의적 체험활동은 272시간, 학년군별 총 수업시간 수는 1,680시간이었다.

2) 중학교

중학교의 편제와 시간 배당 기준을 살펴보면 다음과 같다.

(1) 중학교 편제

중학교 교육과정은 교과(군)와 창의적 체험활동으로 편성하고, 교과(군)는 국어, 사회(역사 포함)/도덕, 수학, 과학/기술 · 가정/정보, 체육, 예술(음악/미술), 영어, 선택으로 한다. 선택교과는 한문, 환경, 생활 외국어(독일어, 프랑스어, 스페인어, 중국어, 일본어, 러시아어, 아랍어, 베트남어), 보건, 진로와 직업 등의 과목으로 한다. 그리고 창의적 체험활동은 자율활동, 동아리활동, 봉사활동, 진로활동으로 한다.

(2) 시간 배당 기준

표 6-3 중학교 시간 배당기준

구분		1~3학년
교과(군)	국어	442
	사회(역사 포함)/도덕	510
	수학	374
	과학/기술 · 가정/정보	680
	체육	272
	예술(음악/미술)	272
	영어	340
	선택	170
창의적 체험활동		306
총 수업시간 수		3,366

① 이 표에서 1시간 수업은 45분을 원칙으로 하되, 기후 및 계절, 학생의 발달 정도, 학습 내용의 성격, 학교실정 등을 고려하여 탄력적으로 편성 · 운영할 수 있다.
② 학년군 및 교과(군)별 시간 배당은 연간 34주를 기준으로 한 3년간의 기준 수업 시수를 나타낸 것이다.
③ 총 수업시간 수는 3년간의 최소 수업 시수를 나타낸 것이다.
④ 정보 과목은 34시간을 기준으로 편성 · 운영한다.

2009 교육과정과 비교하여 '과학/기술 · 가정/정보' 교과군에서 '정보교과'가 추가되었다. 총 수업시간 수의 변동 없이 정보교과를 추가하는 과정에서 '선

택' 교과가 204시간에서 170시간으로 34시간 감소하였다.

3) 고등학교

고등학교의 편제와 시간 배당 기준을 살펴보면 다음과 같다.

(1) 고등학교 편제

고등학교 교육과정은 교과(군)와 창의적 체험활동으로 편성하고, 교과는 보통교과와 전문교과로 한다.

① **보통교과**: 보통교과의 영역은 기초, 탐구, 체육 · 예술, 생활 · 교양으로 구성하며, 교과(군)는 국어, 수학, 영어, 한국사, 사회(역사/도덕 포함), 과학, 체육, 예술, 기술 · 가정/제2외국어/한문/교양으로 한다. 그리고 보통교과는 공통과목과 선택과목으로 구분한다. 공통과목은 국어, 수학, 영어, 한국사, 통합사회, 통합과학(과학탐구실험 포함)으로 하며, 선택과목은 일반 선택과목과 진로 선택과목으로 구분한다.

② **전문교과**: 전문교과는 전문교과Ⅰ과 전문교과Ⅱ로 구분한다. 전문교과Ⅰ은 과학, 체육, 예술, 외국어, 국제계열에 관한 과목으로 하고, 전문교과Ⅱ는 국가직무능력표준에 따라 경영 · 금융, 보건 · 복지, 디자인 · 문화콘텐츠, 미용 · 관광 · 레저, 음식 조리, 건설, 기계, 재료, 화학 공업, 섬유 · 의류, 전기 · 전자, 정보 · 통신, 식품 가공, 인쇄 · 출판 · 공예, 환경 · 안전, 농림 · 수산해양, 선박 운항 등에 관한 과목으로 한다. 전문교과Ⅱ의 과목은 전문 공통과목, 기초과목, 실무과목으로 구분한다. 그리고 창의적 체험활동은 자율활동, 동아리활동, 봉사활동, 진로활동으로 한다.

(2) 단위 배당 기준

① **일반고등학교**(자율고등학교 포함)**와 특수목적고등학교**

일반고등학교에는 자율고등학교를 포함하고, 특수목적고등학교에는 산업수요 맞춤형고등학교는 제외된다. 표 6-4는 일반고와 특목고 시간 배당기준이다.

표 6-4 일반고와 특목고 시간 배당기준

	교과 영역	교과(군)	공통과목(단위)	필수 이수 단위	자율 편성 단위
교과(군)	기초	국어	국어(8)	10	학생의 적성과 진로를 고려하여 편성
		수학	수학(8)	10	
		영어	영어(8)	10	
		한국사	한국사(8)	6	
	탐구	사회 (역사/도덕 포함)	통합사회(8)	10	
		과학	통합과학(8) 과학탐구실험(2)	12	
	체육 · 예술	체육		10	
		예술		10	
	생활 · 교양	기술 · 가정/ 제2외국어/한문/교양		16	
	소계			94	86
창의적 체험활동				24(408시간)	
총 이수 단위				204	

i) 1단위는 50분을 기준으로 하여 17회를 이수하는 수업량이다.
ii) 1시간의 수업은 50분을 원칙으로 하되, 기후 및 계절, 학생의 발달 정도, 학습 내용의 성격, 학교 실정 등을 고려하여 탄력적으로 편성 · 운영할 수 있다.
iii) 공통과목은 2단위 범위 내에서 감하여 편성 · 운영할 수 있다. 단, 한국사는 6단위 이상 이수하되, 2개 학기 이상 편성하도록 한다.
iv) 과학탐구실험은 이수 단위 증감 없이 편성 · 운영하는 것을 원칙으로 하되, 과학계열, 체육계열, 예술계열 고등학교의 경우 학교 실정에 따라 탄력적으로 운영할 수 있다.
v) 필수 이수 단위의 단위 수는 해당 교과(군)의 '최소 이수 단위'로 공통과목 단위 수를 포함한다. 특수목적고등학교와 자율형 사립고등학교의 경우 예술교과(군)는 5단위 이상, 생활 · 교양 영역은 12단위 이상 이수할 것을 권장한다.
vi) 기초 교과 영역 이수 단위 총합은 교과 총 이수 단위의 50%를 초과하지 않도록 한다.
vii) 창의적 체험활동의 단위는 최소 이수 단위이며 ( )안의 숫자는 이수 단위를 이수 시간 수로 환산한 것이다.
viii) 총 이수 단위 수는 고등학교 3년간 이수해야 할 '최소 이수 단위'를 의미한다.

2009 교육과정과 비교하여 보통교과는 공통과목과 선택과목으로 구분하였다. 공통과목은 국어, 수학, 영어, 한국사, 통합사회, 통합과학(과학탐구실험 포함)이고, 선택과목은 일반 선택과목과 진로 선택과목이다. 2009 개정과 비교하여

변경된 교과(군)은 한국사 6단위가 추가되었고, 국어, 수학, 영어, 사회(역사/도덕 포함), 과학의 필수 이수 단위가 15단위에서 과학(12단위)을 제외하고 10단위로 감소하였다. 대신에 학생의 적성과 진로를 고려하여 편성하는 학교 '자율 편성 단위'는 64단위에서 86단위로 22단위 증가하였다.

② 특성화고등학교와 산업수요 맞춤형 고등학교

특성화고등학교와 산업수요 맞춤형 고등학교 시간 배당기준은 표 6-5와 같다.

표 6-5 특성화고등학교와 산업수요 맞춤형 고등학교 시간 배당기준

<table>
<tr><th colspan="2"></th><th>교과 영역</th><th>교과(군)</th><th>공통과목(단위)</th><th>필수 이수 단위</th><th>자율 편성 단위</th></tr>
<tr><td rowspan="11">교과(군)</td><td rowspan="10">보통교과</td><td rowspan="4">기초</td><td>국어</td><td>국어(8)</td><td rowspan="3">24</td><td rowspan="9">학생의 적성·진로와 산업계 수요를 고려하여 편성</td></tr>
<tr><td>수학</td><td>수학(8)</td></tr>
<tr><td>영어</td><td>영어(8)</td></tr>
<tr><td>한국사</td><td>한국사(8)</td><td>6</td></tr>
<tr><td rowspan="2">탐구</td><td>사회
(역사/도덕 포함)</td><td>통합사회(8)</td><td rowspan="2">12</td></tr>
<tr><td>과학</td><td>통합과학(8)</td></tr>
<tr><td rowspan="2">체육·예술</td><td>체육</td><td></td><td>8</td></tr>
<tr><td>예술</td><td></td><td>6</td></tr>
<tr><td>생활·교양</td><td>기술·가정/
제2외국어/한문/
교양</td><td></td><td>10</td></tr>
<tr><td colspan="3">소계</td><td>66</td><td rowspan="2">28</td></tr>
<tr><td>전문교과 II</td><td colspan="3">17개 교과(군) 등</td><td>86</td></tr>
<tr><td colspan="5">창의적 체험활동</td><td colspan="2">24(408시간)</td></tr>
<tr><td colspan="5">총 이수 단위</td><td colspan="2">204</td></tr>
</table>

i) 1단위는 50분을 기준으로 하여 17회를 이수하는 수업량이다.
ii) 1시간의 수업은 50분을 원칙으로 하되, 기후 및 계절, 학생의 발달 정도, 학습 내용의 성격 등과 학교 실정 등을 고려하여 탄력적으로 편성·운영할 수 있다.
iii) 공통과목은 2단위 범위 내에서 감하여 편성·운영할 수 있다. 단, 한국사는 6단위 이상 이수하되, 2개 학기 이상 편성하도록 한다.
vi) 필수 이수 단위의 단위 수는 해당 교과(군)의 '최소 이수 단위'를 의미한다.
v) 창의적 체험활동의 단위는 최소 이수 단위이며 ( )안의 숫자는 이수 단위를 이수 시간 수로 환산한 것이다.
vi) 총 이수 단위 수는 고등학교 3년간 이수해야 할 '최소 이수 단위'를 의미한다.

2009 개정 교육과정과 비교하여 교과(군)의 이수 단위 180단위 중 보통교과 필수 이수 단위가 72단위 이상에서 66단위 이상으로 6단위 감소하고, 전문교과의 과목은 80단위 이상에서 전문교과II를 86단위 이상 편성하게 되어 6단위 증가하였다.

5. 학교급별 교육과정 편성 · 운영의 기준

학교급별 교육과정 편성 및 운영에 대한 기준 사항은 다음과 같다.

1) 기본 사항

첫째, 초등학교 1학년부터 중학교 3학년까지의 공통 교육과정과 고등학교 1학년부터 3학년까지의 선택 중심 교육과정으로 편성 · 운영한다.

둘째, 학년 간 상호 연계와 협력을 통해 학교 교육과정을 유연하게 편성 · 운영할 수 있도록 학년군을 설정한다.

셋째, 공통 교육과정의 교과는 교육목적상의 근접성, 학문 탐구 대상 또는 방법상의 인접성, 생활양식에서의 연관성 등을 고려하여 교과군으로 재분류한다.

넷째, 선택 중심 교육과정에서는 학생들의 기초 영역 학습을 강화하고 진로 및 적성에 맞는 학습이 가능하도록 4개의 교과 영역으로 구분하고 교과(군)별 필수 이수 단위를 제시한다. 특성화고등학교와 산업수요 맞춤형 고등학교는 보통교과의 4개 교과 영역과 전문교과로 구분하고 필수 이수 단위를 제시한다.

다섯째, 고등학교 교과는 보통교과와 전문교과로 구분하며, 학생들의 기초 소양 함양과 기본 학력을 보장하기 위하여 보통교과에 공통과목을 개설하여 모든 학생이 이수하도록 한다.

여섯째, 학습 부담을 적정화하고 의미 있는 학습 활동이 이루어질 수 있도록 학기당 이수 교과목 수를 조정하여 집중이수를 실시할 수 있다.

일곱째, 창의적 체험활동은 학생의 소질과 잠재력을 계발하고 공동체의식을 기르는 데에 중점을 둔다.

여덟째, 범교과 학습 주제는 교과와 창의적 체험활동 등 교육활동 전반에 걸쳐 통합적으로 다루도록 하고, 지역사회 및 가정과 연계하여 지도한다. 여기에는 안전 · 건강교육, 인성교육, 진로교육, 민주시민교육, 인권교육, 다문화교육, 통일교육, 독도교육, 경제 · 금융교육, 환경 · 지속가능발전 교육 등이 있다.

아홉째, 학교는 필요에 따라 계기 교육을 할 수 있으며, 이 경우 계기 교육 지침에 따른다.

2) 초등학교 교육과정 편성 · 운영 기준

초등학교 교육과정 편성 및 운영 기준은 다음과 같다.

첫째, 학교는 모든 교육활동을 통해 학생의 기본생활습관, 기초학습능력, 바른 인성을 함양할 수 있도록 교육과정을 편성 · 운영한다.

둘째, 학교는 학년군별로 이수해야 할 교과를 학년별, 학기별로 편성하여 학생과 학부모에게 안내한다.

셋째, 학교는 각 교과의 기초적, 기본적 요소들이 체계적으로 학습되도록 교육과정을 편성 · 운영한다. 특히 국어 사용 능력과 수리 능력의 기초가 부족한 학생들을 대상으로 기초 학습 능력 향상을 위한 별도의 프로그램을 편성 · 운영할 수 있다.

넷째, 학교는 학교의 특성, 학생 · 교사 · 학부모의 요구 및 필요에 따라 교과(군)별 20% 범위에서 시수를 증감하여 편성 · 운영할 수 있다. 단, 체육, 예술(음악/미술)교과는 기준 수업 시수를 감축하여 편성 · 운영할 수 없다.

다섯째, 학교는 교육의 효과를 높이는 데 필요하면 학년별, 학기별로 교과 집중이수를 시행할 수 있다.

여섯째, 전입 학생이 특정교과를 이수하지 못할 경우, 교육청과 학교에서는 보충 학습과정 등을 통해 학습 결손이 발생하지 않도록 한다.

일곱째, 학년을 달리하는 학생을 대상으로 복식 학급을 편성 · 운영하는 경우에는 교육내용의 학년별 순서를 조정하거나 공통 주제를 중심으로 교재를 재구성하여 활용할 수 있다.

여덟째, 학교는 창의적 체험활동의 영역을 학생들의 발달 수준, 학교의 여건 등을 고려하여 학년(군)별로 선택적으로 편성 · 운영할 수 있다.

아홉째, 학교는 1학년 학생들의 입학 초기 적응 교육을 위해 창의적 체험활동의 시간을 활용하여 자율적으로 입학 초기 적응 프로그램 등을 편성 · 운영할 수 있다.

열 번째, 정보통신활용교육, 보건교육, 한자교육 등은 관련 교과(군)와 창의적 체험활동 시간을 활용하여 체계적인 지도가 이루어질 수 있도록 한다.

3) 중학교 교육과정 편성 · 운영 기준

중학교 교육과정 편성 및 운영 기준은 다음과 같다.

첫째, 학교는 3년간 이수해야 할 교과목을 학년별, 학기별로 편성하여 학생과 학부모에게 안내한다.

둘째, 교과(군)의 이수 시기와 그에 따른 수업 시수는 학교가 자율적으로 결정할 수 있다.

셋째, 학교는 학교의 특성, 학생 · 교사 · 학부모의 요구 및 필요에 따라 자율적으로 교과(군)별 20% 범위에서 시수를 증감하여 편성 · 운영할 수 있다. 단, 체육, 예술(음악/미술) 교과는 기준 수업 시수를 감축하여 편성 · 운영할 수 없다.

넷째, 학교는 학습 부담을 적정화하고 의미 있는 학습 활동이 이루어질 수 있도록 학기당 이수 교과목 수를 8개 이내로 편성한다. 단, 체육, 예술(음악/미술) 교과는 이수 교과목 수 제한에서 제외하여 편성할 수 있다.

다섯째, 전입 학생이 특정교과목을 이수하지 못할 경우, 교육청과 학교에서는 보충 학습 과정 등을 통해 학습 결손이 발생하지 않도록 한다.

여섯째, 학교가 선택과목을 개설할 경우, 2개 이상의 과목을 개설함으로써 학생의 선택권이 보장되도록 한다.

일곱째, 학교는 필요한 경우 새로운 선택과목을 개설할 수 있다. 이 경우 시 · 도교육청이 정하는 지침에 따라 사전에 필요한 절차를 거쳐야 한다.

여덟째, 학교는 창의적 체험활동의 영역을 학생들의 발달 수준, 학교의 여건 등을 고려하여 자율적으로 편성 · 운영한다. 창의적 체험활동은 학교스포츠클럽 활동 및 자유학기에 이루어지는 다양한 활동들과 연계하여 운영할 수 있다.

아홉째, 학교는 학생들이 자신의 적성과 미래에 대해 탐색하고, 학습의 즐거움을 경험하여 스스로 공부하는 자기주도적 학습 능력과 태도를 기를 수 있도록 자유학기를 운영한다.

① 중학교 과정 중 한 학기는 자유학기로 운영한다.
② 자유학기에는 해당 학기의 교과 및 창의적 체험활동을 자유학기의 취지에 부합하도록 편성·운영한다.
③ 자유학기에는 지역사회와 연계하여 진로탐색활동, 주제선택활동, 동아리활동, 예술·체육활동 등 다양한 체험 중심의 자유학기활동을 운영한다.
④ 자유학기에는 협동학습, 토의·토론학습, 프로젝트학습 등 학생 참여형 수업을 강화한다.
⑤ 자유학기에는 중간·기말고사 등 일제식 지필평가는 시행하지 않으며, 학생의 학습과 성장을 지원하는 과정 중심의 평가를 시행한다.
⑥ 자유학기에는 학교 내외의 다양한 자원을 활용하여 진로 탐색 및 설계를 지원한다.
⑦ 학교는 자유학기의 운영 취지가 타 학기·학년에도 연계될 수 있도록 노력한다.

열 번째, 학교는 학생들의 심신을 건강하게 발달시키고 정서를 함양하기 위해 '학교스포츠클럽 활동'을 편성·운영한다.

① 학교스포츠클럽 활동은 창의적 체험활동의 동아리활동으로 편성한다.
② 학교스포츠클럽 활동은 학년별 연간 34~68시간(총 136시간) 운영하며, 매 학기 편성하도록 한다. 학교 여건에 따라 연간 68시간 운영하는 학년에서는 34시간 범위에서 학교스포츠클럽 활동을 체육으로 대체할 수 있다.
③ 학교스포츠클럽 활동의 시간은 교과(군)별 시수의 20% 범위에서 감축하거나, 창의적 체험활동 시수를 순증하여 확보한다. 다만, 여건이 어려운 학교의 경우 68시간 범위에서 기존 창의적 체험활동 시간을 활용하여 확보할 수 있다.
④ 학교스포츠클럽 활동의 종목과 내용은 학생들의 희망을 반영하여 학교가 정하되, 다양한 종목을 개설함으로써 학생들의 선택권이 보장되도록 한다.

4) 고등학교 교육과정 편성·운영 기준

고등학교의 종류에는 일반 고교, 특수목적고교, 특성화고등학교와 산업수요 맞춤형 고등학교가 있으므로 보통교과, 전문교과I, 전문교과II 중심으로 교육과정을 편성·운영하고 있다. 여기서는 고등학교 교육과정의 공통사항과 학교 분류에 따른 일반 고등학교(자율 고등학교 포함), 특수목적고등학교(산업수요 맞춤형 고등학교 제외), 특성화고등학교와 산업수요 맞춤형 고등학교 등의 교육과정의 편성·운영 기준을 살펴보고자 한다.

(1) 공통 사항

고등학교 교육과정 편성·운영의 공통사항 기준은 다음과 같다.

첫째, 고등학교 교육과정의 총 이수 단위는 204단위이며 교과(군) 180단위, 창의적 체험활동 24단위(408시간)로 나누어 편성한다.

둘째, 학교는 3년간 이수해야 할 과목을 학년별, 학기별로 편성하여 학생과 학부모에게 안내하도록 한다.

셋째, 학교는 학습 부담을 적정화하고 의미 있는 학습 활동이 이루어질 수 있도록 학기당 이수 과목 수를 8개 이내로 편성한다. 단, 과학탐구실험, 체육·예술·교양교과목, 진로 선택과목, 실기·실습과목은 이수과목 수 제한에서 제외하여 편성·운영할 수 있다.

넷째, 과목의 이수 시기와 단위는 학교에서 자율적으로 편성·운영할 수 있다. 단, 공통과목은 해당 교과(군)의 선택과목 이수 전에 편성·운영하는 것을 원칙으로 한다.

다섯째, 선택과목 중에서 위계성을 갖는 과목의 경우, 계열적 학습이 가능하도록 편성한다. 단, 학교의 실정 및 학생의 요구, 과목의 성격에 따라 탄력적으로 편성·운영할 수 있다.

여섯째, 학교는 일정 규모 이상의 학생이 이 교육과정에 제시된 선택과목의 개설을 요청할 경우 해당과목을 개설해야 한다. 이 경우 시·도교육청이 정하는 지침에 따른다.

일곱째, 학교에서 개설하지 않은 선택과목 이수를 희망하는 학생이 있으면 그 과목을 개설한 다른 학교에서의 이수를 인정한다.

여덟째, 학교는 필요에 따라 이 교육과정에 제시된 과목 외에 새로운 과목을 개설할 수 있다. 이 경우 시·도교육청이 정하는 지침에 따라 사전에 필요한 절차를 거쳐야 한다.

아홉째, 학교 및 학생의 필요에 따라 지역사회의 학습장에서 이루어진 학습을 이수과목으로 인정할 수 있다. 이 경우 시·도교육청이 정하는 지침에 따른다.

열째, 학교는 필요에 따라 대학과목 선이수제의 과목을 개설할 수 있고, 국제적으로 공인된 교육과정이나 과목을 개설할 수 있다. 이 경우 시·도교육청이 정하는 지침에 따른다.

열한째, 학교는 필요에 따라 교과의 총 이수 단위를 더 늘려 운영할 수 있다. 단, 특수목적고등학교와 특성화고등학교는 전문교과의 과목에 한하여 더 확대해 운영할 수 있다.

열둘째, 학교는 창의적 체험활동의 영역을 학생들의 발달 수준, 학교의 여건 등을 고려하여 자율적으로 편성·운영하고, 학생의 진로와 연계하여 다양한 활동이 이루어질 수 있도록 한다.

열셋째, 학교는 학생이 자신의 진로에 적합한 과목을 체계적으로 이수할 수 있도록 진로지도와 연계하여 선택과목 이수에 대한 정보를 적극적으로 안내한다.

(2) 일반 고등학교

일반 고등학교(자율 고등학교 포함) **교육과정의 편성·운영 기준**은 다음과 같다.

첫째, 교과(군)의 총 이수 단위 180단위 중 필수 이수 단위는 94단위 이상으로 한다.

둘째, 학교는 교육과정을 보통교과 중심으로 편성하되, 필요에 따라 전문교과의 과목을 개설할 수 있다.

셋째, 학교는 학생이 이수하기를 희망하는 일반 선택과목을 개설하도록 노력해야 하며, 모든 학생이 보통교과의 진로 선택과목에서 3개 과목 이상을 이수할 수 있도록 한다.

넷째, 학교가 제2외국어 과목을 개설할 경우, 2개 이상의 과목을 동시에 개설하도록 노력해야 한다.

다섯째, 보통교과를 중심으로 중점 학교를 운영할 수 있으며, 이 경우 자율 편성 단위의 50% 이상을 해당 교과목으로 편성할 수 있다.

여섯째, 체육, 음악, 미술 등의 과정을 개설하는 학교의 경우, 필요에 따라 지역 내 중점 학교 및 지역사회 학습장 등을 활용할 수 있다.

일곱째, 학교는 직업에 관한 과정을 운영할 수 있으며, 이 경우 시 · 도교육청이 정하는 지침에 따른다.

(3) 특수목적고등학교

특수목적고등학교(산업수요 맞춤형 고등학교 제외) **교육과정의 편성 · 운영 기준**은 다음과 같다.

첫째, 특수목적고등학교는 교과(군)의 총 이수 단위 180단위 중 보통교과는 85단위 이상 편성하며, 전공 관련 전문교과Ⅰ을 72단위 이상 편성한다.

둘째, 보통교과의 선택과목은 이와 내용이 유사하거나 관련되는 전문교과Ⅰ의 과목으로 대체하여 편성 · 운영할 수 있다.

셋째, 외국어 계열 고등학교에서는 전문교과Ⅰ의 총 이수 단위의 60% 이상을 전공 외국어로 하고, 전공 외국어를 포함한 2개 외국어로 전문교과Ⅰ의 과목을 편성해야 한다.

넷째, 국제계열 고등학교는 전문교과Ⅰ의 국제계열 과목과 외국어계열 과목을 72단위 이상 이수하되, 국제계열 과목을 50% 이상 편성한다.

다섯째, 이 교육과정에 명시되지 않은 계열의 교육과정은 유사 계열의 교육과정에 따른다. 부득이 새로운 계열의 설치 및 그에 따른 교육과정을 편성할 경우와 학교의 실정에 따라 새로운 과목을 편성하여 운영하고자 하면 시 · 도교육청이 정하는 지침에 따라 사전에 필요한 절차를 거쳐야 한다.

(4) 특성화고등학교와 산업수요 맞춤형 고등학교

특성화고등학교 교육과정의 편성 · 운영 기준은 다음과 같다.

첫째, 학교는 산업수요와 직업의 변화를 고려하여 학과를 개설하고, 학과별 인력양성 유형, 학생의 취업 역량과 경력 개발 등을 고려하여 교육과정을 편성·운영한다.

① 학교는 교과(군)의 총 이수 단위 180단위 중 보통교과를 66단위 이상, 전문교과Ⅱ를 86단위 이상 편성한다.
② 학교는 두 개 이상의 교과(군)의 과목을 선택하여 전문교과Ⅱ를 편성·운영할 수 있다.
③ 실무 과목을 편성할 경우, 해당 과목의 내용 영역(능력단위)을 기준으로 학년별, 학기별 운영 계획을 수립해야 한다.
④ 실무 과목은 국가직무능력표준의 성취기준에 적합하게 교수·학습이 이루어지도록 한다.

둘째, 학과는 필요한 경우 세부 전공 또는 자격 취득 과정을 개설할 수 있으며, 세부 전공 또는 자격 취득 과정별로 전문교과를 편성할 수 있다.

셋째, 전문교과Ⅱ의 기초가 되는 과목을 선택하여 이수할 경우, 이를 관련되는 보통교과의 선택과목 이수로 간주할 수 있다.

넷째, 내용이 유사하거나 관련되는 보통교과의 선택과목과 전문교과Ⅰ의 과목을 전문교과Ⅱ의 과목으로 교체하여 편성·운영할 수 있다.

다섯째, 보통교과의 진로 선택과목 중 실용 국어, 실용 수학, 실용 영어는 해당 교과(군)의 공통과목 이수 전에 편성·운영할 수 있다.

여섯째, 학교는 산업계의 수요 등을 고려하여 전문교과Ⅱ의 교과 내용에 주제나 내용 요소를 추가하여 구성할 수 있다. 단, 실무 과목의 경우에는 국가직무능력표준에 기반을 둬야 하며 필요에 따라 내용 영역(능력단위) 중 일부를 선택하여 운영할 수 있다.

일곱째, 다양한 직업적 체험과 현장 적응력 제고 등을 위해 학교에서 배운 지식과 기술을 경험하고 적용하는 현장실습을 교육과정에 포함하여 운영해야 한다.

① 현장실습은 교육과정과 관련된 직무를 경험할 수 있도록 운영하며, 학교와 산업계가 프로그램을 공동으로 개발하고 실습의 과정과 결과를 평가하도록 한다.

② 현장실습은 지역사회 관계 기관들과 연계하여 다양한 형태로 운영할 수 있으며, 이와 관련된 구체적인 사항은 시 · 도교육청이 정한 지침에 따른다.

여덟째, 학교는 실습 관련 과목을 지도할 경우 사전에 수업 내용과 관련된 산업안전보건 등에 대한 교육을 시행해야 하고, 안전장구 착용 등 안전 조치를 취한다.

창의적 체험활동은 학생의 진로 및 경력 개발, 인성계발, 취업역량 제고 등을 목적으로 프로그램을 운영할 수 있다.

아홉째, 이 교육과정에 명시되지 않은 교과(군)의 교육과정은 유사한 교과(군)의 교육과정에 따른다. 부득이 새로운 교과(군)의 설치 및 그에 따른 교육과정을 편성 · 운영하고자 할 경우, 시 · 도교육청이 정하는 지침에 따라 사전에 필요한 절차를 거쳐야 한다.

열째, 학교가 필요에 따라 이 교육과정에 명시되지 않은 새로운 실무 과목을 개설하여 운영할 경우 국가직무능력표준에 기반을 둬야 하며, 시 · 도교육청이 정하는 지침에 따라 사전에 필요한 절차를 거쳐야 한다.

열한째, 산업수요 맞춤형 고등학교는 산업계의 수요와 직접 연계된 맞춤형 교육과정을 운영하며, 산업계의 수요를 교육에 반영하는 데 필요하면 이 교육과정과 다르게 자율적으로 교육과정을 편성 · 운영할 수 있다.

열둘째, 특성화고등학교와 산업수요 맞춤형 고등학교 외의 학교에서 직업교육 관련학과를 설치 · 운영할 경우, 특성화고등학교와 산업수요 맞춤형 고등학교의 편성 · 운영 기준에 따른다.

6. 교육과정 평가

교육과정 평가의 기준은 다음과 같다.

첫째, 평가는 학생의 교육목표 도달도를 확인하고 교수 · 학습의 질을 개선하는 데에 주안점을 둔다.

① 학교는 학생에게 평가결과에 대한 적절한 정보 제공과 추수지도를 통해 학생이 자신의 학습을 지속해서 성찰하고 개선할 수 있도록 지도한다.
② 학생 평가결과를 활용하여 수업의 질을 지속해서 개선한다.

둘째, 학교와 교사는 성취기준에 근거하여 학교에서 중요하게 지도한 내용과 기능을 평가하며 교수-학습과 평가 활동이 일관성 있게 이루어지도록 한다.

① 학생에게 배울 기회를 주지 않은 내용과 기능은 평가하지 않도록 한다.
② 학습의 결과뿐만 아니라 학습의 과정을 평가하여 모든 학생이 교육목표에 성공적으로 도달할 수 있도록 한다.
③ 학교는 학생의 인지적 능력과 정의적 능력에 대한 평가가 균형 있게 이루어질 수 있도록 한다.

셋째, 학교는 교과의 성격과 특성에 적합한 평가방법을 활용한다.

① 서술형과 논술형 평가 및 수행평가의 비중을 확대한다.
② 정의적, 기능적, 창의적인 면이 특히 중시되는 교과는 타당한 평정기준과 척도에 따라 평가를 한다.
③ 실험·실습의 평가는 교과목의 성격을 고려하여 합리적인 세부 평가기준을 마련하여 시행한다.
④ 창의적 체험활동은 내용과 특성을 고려하여 평가의 주안점을 학교에서 결정하여 평가한다.
⑤ 전문교과Ⅱ의 실무 과목은 성취 평가제와 연계하여 내용 요소를 구성하는 능력단위 기준으로 평가할 수 있다.

제3절 학교 교육과정의 계획 · 운영

학교현장에서 교육과정을 계획 · 운영하는 데 필요한 교육과정 업무 흐름도, 학교 교육과정 편성 · 운영 절차를 살펴보고자 한다.

1. 학교 교육과정 업무 흐름도

업무 흐름도	업무 단계별 처리 방법
학교교육계획 실태 분석 및 연간 주요 업무 협의	① 실태 분석 – 전년도 교육활동 평가 및 환류 – 교사, 학생, 학교 및 지역사회 여건 실태 조사 분석 – 전년도 학교 운영 결과 평가 및 분석 ② 학교교육계획수립위원회 조직 – 차기년도 업무분장 및 연간 주요업무 협의 – 각 부서별 주요 업무 분석 및 실천계획(부서별 세부실천 계획 수립)
학교교육계획 수립 및 활용	① 교육과정 중심의 학교교육계획 수립 – 목표 설정 및 경기도교육청 자료 참조 ② 경영방침 및 구현중점 설정 – 교육목표, 경영방침 분석 ③ 세부실천계획 수립 – 부서별 업무추진계획, 교직원 의견 수렴 ④ 경영중점 및 특색사업 설정 – 교장, 교감, 교직원 의견 수렴 ⑤ 자율장학 요구조사 – 전교사 의견 수렴 – 교과별 교수 · 학습 계획 및 연수계획 ⑥ 학교교육과정 편성 · 운영 – 교육과정 편제표, 학사일정 – 수준별 수업, 창의적 체험활동 ⑦ 학교교육활동 실천 및 자원 계획 – 생활지도, 현장체험학습, 도서 · 토론 · 논술지도 등 – 각종 위원회 조직 및 규정집 정비 ⑧ 내용 및 편집 검토 – 담당부서 ⑨ 인쇄, 네트워크 자료 탑재 – 교정 ⑩ 직원연수 – 전교직원 전달연수, 교육활동 시 학교교육계획서 활용
학교교육계획 평가	① 교육활동 평가 계획 수립 ② 각 분기별 교육활동 결과 분석 및 평가 ③ 부서별 활동실적 수합, 반성 ④ 평가 반성에 따른 차기년도 교육계획서 보완, 수정 ⑤ 교육계획에 대한 평가 설문지 작성
유의사항 – 학교교육계획 반영 관련 교육부 주요정책	① 교육활동 평가 설문지 분석 결과, 예산편성, 부서별 업무 편성 및 협의 내용을 차기년도 교육계획에 반영 ② 교육시책 기본계획을 기저로 하여 지역 사회 및 학교 실태를 분석하여 학교단위의 교육목표 설정 ③ 경영중점은 기대수준에 도달하지 못한 분야의 목표수준을 정하여 추진하는 사업 ④ 특색사업은 타교에 비해 우수하고 차별화된 사업 선정

그림 6-1 학교 교육과정 업무 흐름도

출처: 경기도교육청(2014). 교무학사업무매뉴얼: 중등(개정7판).

2. 학교 교육과정 편성 · 운영 절차

1) 학교 교육과정 조직(예시)

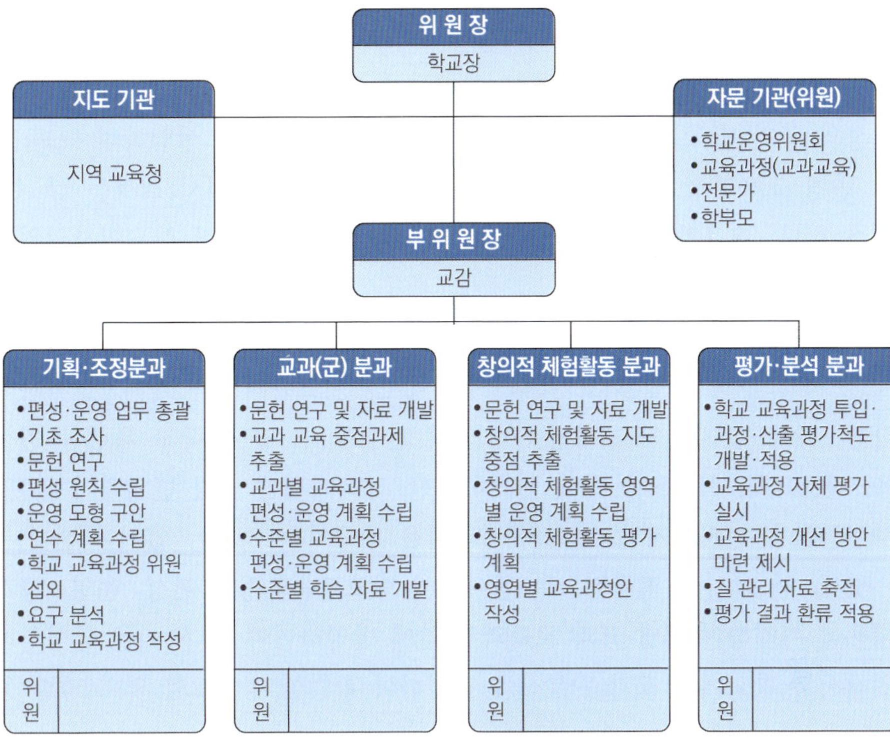

그림 6-2 학교 교육과정 조직(예시)

출처: 경기도교육청(2014). 교무학사업무매뉴얼: 중등(개정7판).

2) 단위학교 교육과정 편성 · 운영상의 유의점

단위학교에서 교육과정을 편성 · 운영 · 평가하는 과정에 생길 수 있는 갈등이 생길 수도 있다. 가장 대표적인 것이 학교 교육과정을 개편하는 과정에서 일부 교과목의 증 · 감은 교원수급에도 영향을 미쳐 해당 선생님이 본인의 의사와 무관하게 다른 학교로 전근을 가야 하는 경우도 발생할 수 있다. 여기서는 **교육과정 편성 · 운영 · 평가를 하는 과정에서 유의**해야 할 것을 살펴보고자 한다.

첫째, 전 교사가 참여하는 민주적 운영을 하여야 한다. 교육과정 계획을 소수 정예의 교사(연구부 또는 교육과정부)만이 참여하여 일부 교사의 불만이 생길 수 있다. 교육과정 편성을 민주적으로 시행하기 위해서 ① 교육부 교육과정 개편에 따른 교과목 시수 증 · 감의 사유, ② 학교 실태 조사에 따른 교과목 변경의 불가피한 사유, ③ 특성화고등학교의 학과개편에 따른 교과목 변경의 사유 등을 충분히 설명하고 동의를 구하여야 한다. 이를 위해서는 전체 교직원 대상의 공지 및 협의회를 충분히 거치고, 교과(군)부장을 선임하여 교과(군)별로 변경 교육과정을 심의하여 학교교육과정심의위원회에서 결정을 할 수 있도록 한다. 교육과정 변경이 교원수급과 관련된 것이라면 학교인사위원회의 결정이 필요할 수도 있다.

둘째, 학교 실태 조사에 따른 교육과정을 편성 · 운영하여야 한다. 학교가 위치한 지역의 특색 및 학교 특색 · 실정에 맞는 교육과정을 계획 · 실시하여야 학생 · 학부모 · 지역의 거부반응이 없이 진행할 수 있다. 학교 특색상 인성교육, 진로교육, 직업교육 등이 필요하지만, 교육과정에 이를 반영하지 않고 교사수급을 우선시하거나, 편성의 편리함을 추구하는 경우는 없어야 한다.

셋째, 전 교사가 적극적으로 참여하여 학교교육과정의 편성 · 운영 · 평가의 내용을 이해하여 개별 교과 교육과정 안에 반영하여야 한다. 이를 활성화하기 위해서는 학교에서 교과(군)부장을 선임하여 활발한 정보교환 및 교과별 동료장학을 활성화한다.

넷째, 창의적 체험활동의 내실 있는 활성화이다. 창의적 체험활동에는 자율, 동아리, 봉사, 진로 등 네 가지 활동이 있다. 창의적 체험활동이 중 · 고등학교 각 3년간 전체 수업에서 차지하는 비중이 중학교는 총 수업시간 수(3,366시간) 중에 창의적 체험활동(306시간)이 9.1%이고, 고등학교는 총 이수단위(204단위, 3,468시간) 중에 창의적 체험활동(24단위, 408시간)이 11.8%를 차지하고 있다. 창의적 체험활동이 학교교육활동에 상당한 비중을 차지하고 있으나 이를 전문적으로 담당하는 교사나 교재가 거의 없는 실정이다. 이에 대한 정부차원의 지원이 있어야 하며, 학교에서는 창의적 체험활동을 활성화하기 위해서는 창의체험활동부서를 신설하여 담당하게 하는 것도 좋은 방법이 될 수 있다.

생각해봅시다

1. 초 · 중등교육법의 교육과정 관련법에 대하여 생각해 봅시다.

2. 교육과정 평가의 기준에 대하여 생각해 봅시다.

3. 단위학교 교육과정 편성 · 운영상의 유의점에 대하여 생각해 봅시다.

CHAPTER 7

학급경영

학습목표

1. 학급경영의 개념, 목표, 방침을 이해할 수 있다.
2. 학급경영의 원리, 과업, 영역을 설명할 수 있다.
3. 담임교사의 역할과 자질에 대하여 제시할 수 있다.
4. 학급풍토의 개념, 유형을 설명할 수 있다.
5. 학급풍토의 하위변인을 제시할 수 있다.

Keyword

학급경영, 학급경영의 목표, 학급경영의 원리, 학급경영의 과업, 학급경영의 영역, 담임교사의 역할, 담임교사의 자질, 학급풍토, 조직풍토, 학급풍토의 유형, 교사행동특성, 추진성, 지시성, 사려성, 방임성, 학생 행동특성, 자발성, 추종성, 친밀성, 임의성, 자율적 풍토, 통제적 풍토, 친교적 풍토, 방임적 풍토

학급경영은 학급의 교육목적을 달성하기 위하여 영위하는 계획, 조직, 조정, 통제와 관련되는 활동이다. 학급경영은 학교경영과 학년경영의 하나의 맥락에서 고려되어져야 한다. 그리고 계획 - 실천 - 평가 - 환류의 순환적 흐름 속에서 이루어진다. 이러한 측면에서 학교 경영의 효과적인 이해를 돕기 위해서 학급경영의 이론적 기초, 학급풍토의 관리 등에 대해서 고찰하기로 한다.

제1절 학급경영의 이론적 기초

1절에서는 학급경영의 개념, 학급경영의 목표와 방침, 학급경영의 원리, 학급경영의 과업 및 영역, 담임교사로서의 역할과 자질에 대하여 고찰하고자 한다.

1. 학급경영의 개념

학급경영에 대한 여러 학자들의 견해를 소개하면 다음과 같다.

① **한공우(2003: 529)**는 "학급경영이란 학급을 조직하여 환경과 시설을 관리하고 학습지도, 생활지도, 건강지도, 여가선용, 교양지도, 진학지도, 직업지도 등에 관한 학급 사무를 보다 계획적으로 변화시키는 것이다. 학급경영자로서 담임교사는 담당한 학급의 특수성을 살리고 각 학급의 특수성에 입각해서 학급 학생들의 행동을 보다 계획적으로 변화시키도록 유도해야 할 것"이라고 했다.

② **손영환 · 신수균(2018)**은 "학급경영을 질서 유지로서의 학급경영, 조건 정비로서의 학급경영, 교육경영으로서의 학급경영"으로 분류해서 정의했다.

③ **권기욱 외(2000: 238)**는 "학급경영이란 학급을 단위로 하여 교육의 목표를 달성하기 위한 협동적 과정"으로 개념 정의를 했다.

④ **박병량(2003: 19-22)**은 "학급경영을 학급의 목적을 효율적으로 달성하기 위하여 인적 · 비인적 자원을 활용하여 계획, 조직, 지도, 통제하는 일련의 활동을 통해서 학급을 운영하는 활동"이라고 정의했다.

⑤ **김윤태(2006: 428)**는 학급경영을 “학교경영과정의 맥락 속에서, 학급단위에서 이루어지는 경영활동이다. 학급경영은 학교 - 학년 - 학급경영이라는 연계성을 가지면서 이루어지는 경영활동이다. 하지만 학급경영은 학급단위 체제 나름대로의 독자적이며 창의적인 경영활동을 요구한다. 따라서 어떤 의미에서는 교사들이 개개 학급을 얼마나 효율적으로 잘 경영하느냐가 곧 학교교육 목표의 달성 여부를 결정짓는 관건적 요인이 된다”고 했다.

⑥ **주삼환 외(2009: 386)**는 학급경영은 “교육활동 조직의 최종단계인 학급에서 담임교사가 교육목표의 달성을 위하여 교육활동을 계획 · 조직 · 실행하는 모든 활동을 의미하며, 그 궁극적인 목적은 학년별 교육과정 목표 달성을 위한 생활지도와 교수 - 학습의 촉진이라고 할 수 있을 것이다”라고 했다.

상기에서 학급경영에 대한 여러 학자들의 견해를 종합적으로 정리하면, **학급경영**(classroom management)이란 학급의 교육목적을 효율적으로 달성하기 위하여 인적 · 물적 자원을 활용하여 계획, 조직, 지도, 실행, 통제하는 일련의 활동을 통해서 학급을 운영하는 활동이며, 아울러 담임교사는 학급의 특수성을 살리면서 학급 학생들의 행동을 보다 계획적으로 변화시키도록 유도해야 할 것이다.

2. 학급경영의 목표와 방침

학급경영의 목표는 다음과 같다(한공우, 2003: 530).

① 자아를 자각시켜 원대한 희망과 자존심을 기르고, 자주성 및 자율성을 가진 원만한 인격적 향상을 도모하게 한다.

② 학생과 교사의 이름다운 관계를 발달 유지하여 상호이해로서 개인지도, 집단지도 등 학생들의 문제해결을 위한 조언으로 하여 학생으로 하여금 원만한 학급생활 내지는 학교생활을 영위할 터전을 마련해 준다.

③ 협동정신과 봉사하는 태도를 기르고 생활지도와 훈련을 통하여 건전한

사회인이 될 자질을 길러 준다.

④ 창의·창조성을 배양시켜 풍부한 정서 생활을 개발시켜 보건 및 위생에 유의하게 하여 건전한 문화인이 되게 한다.

⑤ 진로지도를 실시하고 개인의 흥미, 능력을 최대한으로 발달시켜 유위유능(有爲有能)한 생산인, 기술인, 경제인이 되게 한다.

학급경영 방침은 다음과 같다(한공우, 2003: 530~531).

① 학교생활에 이해를 가지고 즐겁게 지내도록 배려하여 친애, 신뢰, 이해로서 학생과 교사, 학생 상호 간의 관계를 충분히 발휘하도록 한다.

② 일상생활의 행위에 책임을 지게하며 옳고 그름, 선과 악을 비판시켜 정서생활의 향상을 꾀한다.

③ 창조성과 독창성을 기르기 위하여 자주적·자발적인 학습을 시키고 발표력을 기르게 한다.

④ 학생을 개인별로 잘 이해하고 적절한 지도 및 조언을 해주며 자유 경쟁을 통한 협동생활 속에서 자신의 필요, 욕구, 흥미를 충족시켜 준다.

⑤ 규칙적인 생활을 습관화시키며 공중생활에 대한 올바른 태도를 길러주고 민주적인 협동심과 타인의 의견을 존중하며 명랑하고 즐거운 생활 속에서 문화생활의 태도를 기르게 한다.

⑥ 홈룸(home room)을 조직하여 가족적인 분위기 속에서 자발적이고 민주적인 학급 운영을 하게 하고 정돈된 환경을 유지하도록 한다.

⑦ 여가선용 지도를 통해 정서생활 태도를 기르게 하며 각자의 취미와 특기에 맞는 특별활동에 참여하게 함으로써 일인일기(一人一技)를 가지도록 한다.

⑧ 가정과 타 교사와의 긴밀한 연락과 협조를 얻어 항상 학생의 전체적인 면을 파악하여 전인적인 발달에 관심을 둔다.

따라서 학급은 학교경영의 최하위 단위이며, 교수-학습 활동의 단위조직으로 볼 수 있다. 결국 학급경영이 잘 되면 학교경영을 극대화할 수 있을 것이다.

3. 학급경영의 원리

학급경영의 효과를 극대화하기 위해서는 그 과정에서 학급 담임교사가 지키고 따라야 할 기본적인 원칙들이 있다. 이러한 학급경영의 원칙이나 원리로서 한국교육행정학회(1995)는 교육적 학급경영, 심리 이해적 학급경영, 민주적 학급경영, 효율적 학급경영, 손영환 외(2018)는 교육적 학급경영, 민주적 학급경영, 학생 이해의 학급경영, 효율적 학급경영, 윤종건(1990)은 자유의 원리, 협동의 원리, 창조의 원리, 노작의 원리, 흥미의 원리, 요구의 원리, 접근의 원리, 발전의 원리 등으로 제시했다.

이러한 학급경영의 원리는 너무 추상적이어서 실제적인 학급경영을 인도하기 위한 원리로는 부적절한 측면이 있다. 따라서 여기서는 **학급담임을 처음 맡게 되는 교사가 취해야 할 자세를 중심으로 그 원리를 제시**하면 다음과 같다(주삼환 외, 2009: 390; Kim & Kellough, 1991: 374~375).

① 학년도 개시 후 며칠 내에 사용하기 편리하고 가장 효과적으로 학생들을 통제할 수 있는 방안을 마련하고, 필요한 행동 규칙을 설정한다. 학급 규칙을 설정할 때 학생들을 참여시켜야 한다.

② 학생들의 이름을 신속하게 외우고 자주 불러 주도록 한다. 학생들을 꾸짖을 때에는 먼저 이해시켜야 하고, 비행에 대해서는 인간적인 감정을 유지하면서 우호적으로 그러나 엄정하게 처리해야 한다.

③ 교장 및 교감, 동료 교사들로부터 학급경영 실무와 의사소통 방식 등을 배워서 활용하는 것이 좋다.

④ 다른 교사의 학급경영 방식을 배우되, 단순히 모방하기보다는 자신만의 학급경영 방식을 찾도록 노력하는 것이 중요하다.

⑤ 학급활동은 다양하고 변화 있게 계획하며, 활동의 속도에 변화와 리듬을 주는 것이 필요하다.

⑥ 소수의 학생이 잘못한 것을 가지고 학급 전체를 벌주는 것을 피하고, 고함을 치거나 비하 및 무시하는 행위를 삼가는 것이 좋다.

⑦ 학생이 했으면 하는 행위를 교사 스스로 먼저 하여 모범이 되도록 한다. 학생은 교사의 거울임을 명심해야 한다.

⑧ 학생의 문제를 진단하고 해결책을 찾는 일에 보다 많은 시간을 보내고, 학생 이해를 통해 스트레스를 스스로 관리해야 한다.

⑨ 교사는 학생들이 자신을 비추어 보는 거울임을 명심해야 한다. 백문(百聞)이 불여일견(不如一見)이고, 백견(百見)이 불여일행(不如一行)이다. 학생들에게 100번 공부하도록 말하기보다는 1번이라도 더 교사 스스로가 공부하는 모습을 보여주자. 우리 학생, 우리 교육을 몸으로 가르칠 때 교육의 효과는 커진다.

4. 학급경영의 과업 및 영역

학급경영의 과업은 학급경영의 성격을 어떻게 규정하느냐에 따라서 그 분류 방식이 달라진다. 특히 수업과 학급경영 간의 관계 설정에 따라 **학급경영의 과업**은 달라지게 된다(박병량, 1999: 24~29).

① 학급활동을 수업활동과 경영활동으로 구분하고 수업활동을 제외한 학급활동을 경영의 영역으로 보는 견해이다. 이는 일반적으로 훈육적 질서 유지 학급경영관과 조건 정비적 학급경영관을 가진 학자들이 취하는 입장으로서, 학급활동에서 수업과 경영을 분리하고 경영활동을 수업을 위한 조건 정비와 질서 유지 기능으로 파악한다.

② 수업활동과 경영활동을 구분하지 않고 학급활동 전체를 경영의 대상으로 삼는 입장이다. 이는 학급경영을 경영학적 관점에서 정의하려는 학자들이 일반적으로 취하는 입장으로서, 학급경영을 수업을 포함한 학급활동 전체를 대상으로 하는 활동으로 본다.

하지만 수업과 경영을 분리하려는 입장 역시 수업활동과 경영활동은 서로 밀접히 연계되어 있다고 보는 것이 공통적인 견해이다. 수업활동이 학급경영 활동에 포함되어야 한다면, 그 이유로는 다음과 같다. ① 학급은 교육 실천의 기본적 단위조직으로서 학급의 제 활동은 분업적이라기보다는 통합적 성격을 지니고 있다. ② 개념적으로는 수업과 경영을 분리하더라도 실제적으로는 교실에서 수업활동과 경영활동은 유기적 관련성을 맺으면서 동시적으로 전개되기 때문에 경영활동과 수업활동을 명확히 구별하기는 어렵다. ③ 학급경영을 조건 정비와 관리적인 측면으로 파악하게 되면 학급의 가장 핵심적이고 주된 활동인 수업이 학급경영에서 소홀하게 취급될 수 있다. ④ 학급경영을 경영학적 관점에서 정의하게 되면 학급의 모든 활동이 학급경영의 대상이 된다는 점이다.

따라서 본 절에서는 수업이 경영활동에 포함되어야 한다는 기본적 입장을 취하기로 한다. 이러한 견해는 Johnson과 Bany(1970), Emmer(1987), Lemlech (1979), Johnson과 Brooks(1979) 등과 같은 학자들의 다양한 학급경영 과업을 종합해서 정리하면 표 7-1과 같다.

표 7-1 학급경영의 과업

구분	내용
행동 기준의 확인과 규정 및 절차의 설정	• 교육목표와 경영목표의 설정 • 규칙의 설정 • 학급활동과 생활에서 요구되는 학생행동 확인 및 설정 • 행정 절차의 수립
학급의 조직화	• 학생 및 학급집단의 조직 • 자원의 조직과 관리 • 집단 내 인간관계 수립 등
조건 정비	• 교실환경 정비 • 재정관리 • 학습자료관리 • 프로그램개발 • 학습풍토 조성 • 사무체계 확립 등
학급활동 유지	• 학생행동 점검 • 수업지도 • 수업시간 외 활동지도(등 · 하교 시, 점심시간, 휴식시간, 이동 등) • 과제물지도 • 학급의 제반활동 흐름의 유지 • 학생들과의 대화 •질서 유지 등
학급 문제해결	• 문제행동 예측 • 행동결과 처리 • 상 및 벌의 사용 • 상담 • 문제예방 조치 • 활동 제약 조건의 수정

자료: 박병량(1999). 학급경영. 서울: 학지사, p. 27.

이어서 **학급경영의 영역**을 보다 구체적으로 살펴보면 다음과 같다(윤정일 외, 2009; 박병량, 1999).

① **교과지도 영역**: 교과지도, 특수아지도, 가정학습지도
② **특별활동지도 영역**: 자치활동지도, 봉사활동지도, 계발활동지도, 행사활동지도, 적응활동지도, 클럽활동지도, 기타 학교행사 등
③ **생활지도 영역**: 학업문제 및 교우관계지도, 진학·진로지도, 건강지도, 여가선용지도
④ **시설 및 환경관리 영역**: 시설 및 비품관리, 게시물관리, 청소지도, 물리적 환경정비
⑤ **사무처리 영역**: 학사물 관리, 학습지도에 관한 사무, 학생기록물 관리, 가정통신문관리, 각종 잡무 처리
⑥ **가정 및 지역 사회와의 관계관리 영역**: 가정 및 지역 사회와의 유대, 교육유관기관과의 유대, 지역사회 자원활용, 봉사활동 등
⑦ **학급경영 계획의 수립**: 목표조사, 학생조사, 학급조사, 가정환경조사, 지역사회조사 등
⑧ **집단조직 및 지도 영역**: 규칙 및 절차의 수립과 시행, 소집단 편성 및 지도, 학급분위기 조성 등이 있다.

5. 담임교사의 역할과 자질

학생들에게 초·중등학교와 학급에서의 성취 및 성공적인 경험은 인생의 성공적인 삶과 연결될 수 있다. 역으로 학교와 학급에서의 실패 경험은 부정적 자아개념을 형성하고 성취동기를 약화하며 삶의 방식에 부정적 영향을 미칠 수 있다(김진한, 2012: 60). 따라서 학급에 있어서 담임교사의 역할과 책무는 막중하며 학급담임의 역할은 학생 개개인의 정신적·정서적·도덕적 성장과 발달에 지대한 영향을 끼치는 가장 중요한 성장 모델이다(김종운 외, 2014: 239). 담임교사의 학급지도방법과 관심이 성장기 학생들에게 끼치는 영향이 큰 만큼 교사들은 전문성 및 자질향상을 위해 부단한 노력을 하여야 한다. 담임교사의 역할 및 자질을 살펴보면 다음과 같다.

1) 담임교사의 역할

학급 내에서 담임교사의 역할은 매우 다양하고 폭넓지만 일반적인 담임교사의 역할에는 학급 및 학생관리, 학생 이해 및 사랑, 교사로서의 전문성 함양, 학급환경 조성 등이 있다. 이에 대한 **담임교사의 역할**은 다음과 같다(경기도교육청, 2011: 5-6).

첫째, 학급담임의 역할을 자각하고, 그에 따른 책임수행에 노력해야 한다. 담임교사는 교육자로서 그리고 학교 조직집단의 일원으로서 다음과 같은 책임을 담당할 수 있어야 한다.

① 학급 전반에 관한 책임: 학급경영에 대해 구상한 내용을 책임 있게 전개해야 한다. 인적으로는 학생관리와 지도, 물적으로는 교실환경 정비, 방법적으로는 인적 · 물적 요인과 교과, 창의적 체험활동 및 생활지도 등의 효율적 조합이 이루어져야 한다.

② 생활 · 인권교육 책임: 학생의 자주성, 주체성을 존중하면서 담임교사의 지도력을 충분히 발휘해야 한다. 담임교사는 학생에게 엄한 아버지(嚴父)이자 자애로운 어머니(慈母)가 되어야 한다.

③ 동 학년 연계 책임: 원만한 학급경영을 위해서는 담임교사의 교육활동이 독선적 학급경영이 되지 않도록 유의하고 학교 교육목표 및 학년목표와의 연계와 조정이 이루어지도록 해야 한다.

둘째, 학생을 깊이 이해하고 그들을 사랑해야 한다. 학생에 대한 이해는 객관적으로 공정하게 이루어져야 하며, 학생들을 편애하지 않는 공평한 사랑을 해야 한다.

셋째, 교사로서 자기 자신의 인격과 식견을 높이고 항상 교육자로서의 전문성 함양을 위한 연수에 힘써야 한다. 담임교사는 다양한 특성을 가진 개성 있는 학생을 지도하기 때문에 일방적인 주장에 치우치지 않고 넓은 교양과 인간성이 요구된다.

넷째, 학급환경을 교육적으로 조성하는데 힘써야 한다. 학급환경은 학생들에게 지속해서 자극을 주고 영향을 미치게 되므로 담임교사는 학생을 직접 지도하는 일뿐만 아니라, 학생에게 긍정적 영향을 미칠 수 있는 학급환경을 정비하고 조성하는 일에 관심을 가져야 한다.

이를 위해서는 물리적 환경의 정비, 학급 분위기를 조성하여야 한다. ① 물리적 환경의 정비는 물적 요소인 학급시설, 설비 및 자료를 갖추어 그것을 구성 배치하는 활동이다. 학급의 물적 요소를 어떻게 구성·배치하고 활용하느냐에 따라 학생의 교육적 경험, 학습의 역동성 및 학급 분위기가 달라질 수 있으므로 주의를 기울여야 한다. ② 학급 분위기 조성이다. 학습에 효과적인 학습 분위기는 개방성, 자신감, 수용감, 신뢰감, 높은 기대, 질서, 통제감 등을 지닌다. 학급담임은 학급 학생들의 지적·정의적 능력을 최대한 발휘할 수 있는 효과적인 학습 분위기를 조성하는 데 노력을 기울여야 한다.

참고자료 **교사의 효율적인 행동 특성과 비효율적인 행동 특성**

효율적인 행동 특성	비효율적인 행동 특성
1. 정열적으로 가르친다.	1. 냉담하고 싫증난 듯이 가르친다.
2. 학생에게 관심이 많다.	2. 학생에게 관심이 없다.
3. 언제나 즐겁고 낙천적이다.	3. 침울해 보이고 염세적이다.
4. 교실에서 쉽게 화내지 않는다.	4. 교실에서 화를 잘 낸다.
5. 학생과 함께 놀이를 즐기고, 유머를 발휘한다.	5. 지나치게 심각하고 진지하다.
6. 자신의 잘못을 학생들 앞에서 인정한다.	6. 자신의 잘못을 모르거나 인정하지 않는다.
7. 학생들에게 공정하고 개관적이다.	7. 학생들에게 불공정하고 편애한다.
8. 인내심이 많다.	8. 인내심이 약하다.
9. 학생들을 이해하고 노력한다.	9. 학생들을 이해하지 못하고 때때로 조롱한다.
10. 학생들을 다정하고 따뜻하게 대한다.	10. 학생들과 간격을 두고 대한다.
11. 교육적인 문제뿐만 아니라 학생들 개인의 신상문제도 도와준다.	11. 학생들 개인의 신상문제에는 관심이 없다.
12. 잘한 일에 대해서는 칭찬을 아끼지 않는다.	12. 학생들을 칭찬하는 경우가 없다.
13. 공부를 못하는 학생이라도 그의 성실한 노력을 인정한다.	13. 공부를 못하는 학생은 그의 성실성까지 의심한다.
14. 언제나 타인의 반응을 받아들인다.	14. 타인의 반응을 거부한다.
15. 학생들이 항상 최선을 다하도록 격려한다.	15. 학생들을 제대로 격려하지 못한다.
16. 수업준비를 철저히 한다.	16. 수업준비에 불성실하다.
17. 수업은 전체 계획 중에서 어느 정도 융통성이 있다.	17. 수업을 계획대로 철저하게 실시해 나간다.
18. 개개 학생의 요구가 다름을 인정한다.	18. 개인차를 인정하지 않는다.
19. 흥미롭고 새로운 수업자료와 방법을 연구한다.	19. 수업자료와 방법에 관심이 없다.
20. 시범과 설명이 분명하고 철저하다.	20. 설명이 모호하고 시범이 불분명하다.
21. 방향 제시가 분명하고 철저하다.	21. 방향 제시가 불완전하고 모호하다.
22. 학생이 스스로 공부하고 평가하도록 한다.	22. 학생 개개인의 자율적인 학습을 인정하지 않는다.
23. 야단을 칠 때 조용히 위엄 있게 긍정적으로 친다.	23. 야단을 칠 때 잔소리가 많고 조롱한다.
24. 기꺼이 도와준다.	24. 도와주는 데 인색하다.
25. 잠재적 어려움을 예측하고 사전에 막으려 한다.	25. 잠재적 어려움을 내다볼 줄 모른다.

출처: 주철안 외(2013). 교직실무. 서울: 학지사, p. 94.

한편, 교육대학 교직과 교재편찬위원회(1981: 328)에서 제시한 **학급담임의 임무**를 요약하면 다음과 같다(신재흡, 2014).

① 학생들이 독자성을 발휘하면서 협동생활을 할 수 있도록 전인적인 성장을 도와주는 일이다.
② 학습활동을 성공적으로 지도하는 일이다.
③ 학생들의 자치적 및 자발적 활동을 선도하는 일이다.
④ 특수아동을 조기 발견하여 선도하는 일이다.
⑤ 향토조사를 세밀하게 하여 인적 및 물적 자원을 활용함으로써 학습효과를 거두며, 향토애와 조국애를 함양하는 일이다.
⑥ 자기의 담당학급과 직·간접적으로 관련 있는 교사들과의 유대를 강화하는 일이다.
⑦ 가정과의 연락을 긴밀히 함으로써 아동들의 더욱 바람직한 학교생활과 학습지도를 위해 노력하는 일 등이다.

2) 담임교사의 자질

학생들과 일차적 관계를 갖는 담임교사에게는 특별한 교사의 자질이 요구된다고 할 수 있다. 이러한 **담임교사의 자질**은 다음과 같다(경기도교육청, 2011).

① 담당학급의 효율적인 학급경영을 위해 창조적 계획자, 교육과정 실천자, 인간적 만남자, 평생교육 연계자로의 마음가짐을 가져야 한다.
② 건전한 사고와 가치관을 바탕으로 교직에 대한 긍지를 지녀야 하며, 교육에 대한 전문적인 능력과 기술을 가져야 한다.
③ 자신의 교과에 대한 폭넓은 지식을 갖추고 교사로서의 기본적 능력과 자질을 꾸준히 향상시키는 데 솔선수범해야 한다.
④ 특히 담임교사는 언어, 행동, 품행 등에 있어 학생들에게 있어 가장 바람직한 동일시 대상이 될 수 있도록 모든 면에서 모범을 보여야 한다.

그 외에 교사가 학급학생들을 지도하면서 긍정의 마인드와 잘한 행동에 대한 강화를 위해서 칭찬을 자주 해줄 필요가 있다. **교사의 효과적인 칭찬과 벌의 사용법**은 다음과 같다(김종운 외, 2014).

① 칭찬은 즉흥적인 판단보다 일정한 계획에 따라 제공하는 것이 바람직하다.
② 교사 자신이 여유로운 마음가짐을 가져야 한다.
③ 칭찬은 기법을 익히는 것이 아니라, 학습자의 심리를 이해하고 공감의 능력을 키워가면서 유머와 칭찬을 생활화해야 한다.
④ 칭찬은 적절한 시기가 있어 즉시 칭찬하는 것이 가장 좋다.
⑤ 칭찬은 구체적으로 해야 한다. 모호하거나 과장된 표현, 평가적인 칭찬은 삼가며, 소박하고 진실한 칭찬이 학생들의 마음에 더 닿는다.
⑥ 학생들의 자존심을 길러주는 칭찬이어야 한다.

그리고 벌은 강화보다 비효과적이며, 단순한 행동의 억압이므로 피치 못할 경우에 한하여 벌을 준다. 행동을 인도하는 데는 약한 벌이 효과적이나 약한 벌이라도 일관성 있게 해야 한다. 또한 즉각적인 처벌이 효과적이고 처벌하고 나서 보상하지 말아야 하며, 처벌한 반응에 대해 받아들일 수 있는 대안을 제공하여야 한다.

담임교사는 위에서 언급한 일련의 역할 및 자질을 갖춘 교육활동을 전개하여 학생들이 학급환경에 적응·발달하는 과정을 통해 개인·공동의 목표를 달성할 수 있도록 부단히 노력하여야 한다.

참고자료 **학생 이름 외우기**

① 매 수업시간마다 출석을 부른다. 5분 내외의 시간이 소요되지만, 학생 이름을 외우는 데는 지름길이 없으므로 교사의 꾸준한 노력을 요구한다. 학년이 시작되는 3월 또는 학기가 시작되는 9월 등 1개월간은 지속할 필요가 있다.
② 첫 시간에 학생들에게 자기소개를 하도록 한다.
③ 학급별 사진첩을 출력하여 수시로 외운다. 사진첩은 NEIS에서 출력할 수 있으나, 교복을 입었기 때문에 학생 개인의 특징을 파악하는 데는 한계가 있다. 수업시간 틈틈이 디지털 카메라나 스마트폰 등으로 교사와 학생이 함께 찍거나, 칠판에 한 사람씩 학생 이름을 적고 사진을 찍는다.
④ 학생의 이름을 되도록 자주 부른다. 질의응답 등 학생과의 상호작용을 할 때는 한상 이름을 부르도록 한다.

출처: 김은주(2004). 명강의 핵심전략. 서울: 연세대학교 출판부, pp. 44~45.

제2절 학급풍토 관리

담임교사는 담당학급의 질서유지, 학습 분위기, 환경관리, 출결관리 등에 신경을 쓰면서 학생들과 함께 바람직한 학급풍토(학급 분위기)를 만들기 위해 노력한다. 이 과정에서 교사는 학급목표를 위해 어디까지 학생을 통제하고 자율권을 주는가를 두고 교사-학생 간의 갈등을 겪기도 하며, 이 과정에서 교사의 행동특성과 학생의 행동특성들이 결합하여 학급풍토가 자연스럽게 형성된다. 여기서는 김창걸(2003)의 학급풍토의 개념, 풍토 유형, 학급 경영풍토 진단, 학급풍토 변화의 시도에 대하여 살펴보고자 한다(김창걸, 2003: 588-599).

1. 학급풍토의 개념

인간 개개인에게 그 사람의 특유한 퍼스낼리티(personality)가 있듯이 조직체에도 각각의 조직체가 갖는 특유한 퍼스낼리티, 조직풍토(organization climate)가 존재한다. 조직구성원들이 어떠한 조직풍토 속에서 업무에 종사하는가에 따라 그 구성원들의 생산성이나 사기는 촉진되기도 하고 또한 저해되기도 한다. 그래서 조직구성원뿐만 아니라 외부의 이해관계자들도 그 조직체의 조직풍토에 대하여 민감하게 대응하게 된다(정수영, 1991: 538). 조직풍토는 한 조직을 다른 조직과 구별하여 주고 구성원들의 행동에 영향을 미치는 특징이 있고(Gilmer, 1966), 구성원들의 행동에 영향을 미치는 일련의 측정 가능한 작업환경의 속성들이라고 할 수 있다(Litwin과 Stringer,1968; 김형관 외 공역, 2005).

그리고 문화와 풍토의 차이는 Owens는 문화는 어떤 조직의 행위규범 · 가정 · 신념과 관계되어 있는 반면에 풍토는 이러한 규범 · 가정 · 신념을 반영하는 조직 내 인간의 지각과 관계되는 개념이라고 하였다. 또한 Hoy와 Miskel은 문화는 공유된 가정 · 가치 · 규범으로 구성되는 반면에 풍토는 행위에 대한 공유된 지각으로 규정된다고 하였다(김창걸, 2003: 569).

상기내용을 종합한 **학급풍토**의 정의는 학급경영에서 생기는 그 학급의 성격으로, 교사를 포함한 학급구성원들 간의 공식적 · 비공식적 인간관계에 의하여 조성되는 사회 · 심리적 유대현상이며, 학급의 분위기이다(김창걸, 2003: 588).

즉, 학급풍토란 다른 학급과 구별되는 특성을 갖고 학급구성원들의 행동에 지속적으로 영향을 미치는 일련의 내·외적 특징이라고 할 수 있다.

2. 학급풍토의 유형

학급풍토 형성변인에는 교사의 행동특성과 학생의 행동특성으로 구분하여 각각 4개의 하위변인이 있으며, 교사의 행동특성에는 추진성, 지시성, 사려성, 방임성이 있고, 학생의 행동특성에는 자발성, 추종성, 친밀성, 임의성이 있다. 교사의 행동특성 및 학생의 행동특성의 각 하위변인 4개의 내용은 다음과 같다(김창걸, 2003: 589).

1) 학급풍토에서의 교사 행동특성 요인

학급풍토에서 **교사의 행동특성 하위변인** 4개는 다음과 같다.

① **추진성(thrust)이다.** 교사가 학급을 잘 운영해 나가려는 행동경향으로, 학생들의 자발적 참여에 의한 과업수행에 관심을 둔다. 의사결정에 학생의 참여를 유도하며 과업수행에는 직접적인 지도·감독보다 학생이 자발적으로 과업지향적인 행동을 하도록 동기화시켜 주며, 결과에 대한 평가도 객관적 기준에 의한다. 또한 인간적인 면에서 학생들을 도와주려는 교사의 경향과 학생들이 교사를 인간적으로 따르려는 마음의 경향이 있다.

② **지시성(directedness)이다.** 교사가 공적이며 감독이 철저하고 지도적이며 과업수행을 강요하는 행동경향을 말한다. 의사결정은 교사에 의해 이루어지고, 과업수행은 지시·명령·감독·규칙 등에 의하며, 결과에 대한 평가도 교사 자신의 주관적인 기준에 따르는 경우가 많다. 교사는 학생들에게는 생산성을 강조하고 사적인 문제를 거부한다.

③ **사려성(consideration)이다.** 교사가 인간적인 면에서 학생을 대하려는 행동이다. 과업보다는 인화를 중요시 여기며 의사결정, 과업수행 등에 있어서 공적인 문제보다 학생들 개개인의 사적 인간문제를 앞세운다. 그러므로 교사와 학생들의 인간적인 유대가 강한 행동경향이다.

④ **방임성(disengagement)이다.** 교사가 과업수행도 인화유대도 모두 소홀히

하는 행동경향이다. 교사는 의사결정이나 과업수행에 있어 문제시되지 않는 일이면 학생들의 자의에 맡기려는 경향을 가지며 자신의 현 지위를 유지하는 데 만족한다. 그러므로 문제 자체를 귀찮은 것으로 여기면서 하루하루를 지내려는 행동경향이다.

2) 학급풍토에서 학생 행동특성 요인

학급풍토에서 **학생의 행동특성 하위변인** 4개는 다음과 같다.

① **자발성(spontaneity)이다.** 과업수행과 사회적 욕구충족을 위한 학생들의 자발적·자율적·협동적 행동경향을 말한다. 학생들이 과업성취를 통하여 자신의 개인적 욕구를 충족시키며 조직의 목표도 달성하려는 경향이다. 그러므로 학생들은 학생들 상호 간의 친밀감뿐만 아니라 교사에 대한 존경과 협동적·추진적 행동을 보이려 한다.

② **추종성(followingness)이다.** 학생들이 교사의 지시, 명령, 규약에 수용적·수동적으로 따르려는 행동경향을 말한다. 학생들은 정해진 과업성취를 고수하나 자발적인 마음에서 우러나와서 하는 것은 아니다. 그들은 정해진 위치를 유지하여야 하므로 자발적 창의성보다는 형식성이 강하다. 또한 항상 정해진 과업에만 얽매여 있으며, 상호 간의 연대감도 약하여 교사를 경원시하고 학생들 간의 불필요한 경쟁심이 강하다.

③ **친밀성(intimacy)이다.** 학생들이 과업수행보다 구성원 상호 간의 친밀한 인간관계를 유지하려는 행동경향을 말한다. 그들은 교사를 포함한 구성원 상호 간의 우호적인 인간관계에서 개인적인 욕구를 충족해 나가려 한다. 따라서 공적인 것보다는 사적인 면에 더 관심이 많다.

④ **임의성(voluntariness)이다.** 학생들이 아무것에도 얽매이지 않으려는 행동경향을 말한다. 학생들은 교사를 자기 일에 촉진적인 존재라기보다는 별로 필요 없거나 방해적 존재로 감지하고, 과업에 관해서도 열심히 하지 않고 시늉만 하는 행동경향이다.

3) 교사-학생의 행동특성에 따른 학급풍토유형

교사의 행동특성과 학생의 행동특성을 관계시켜 이들의 결합으로 학급조직의 풍토모형을 알 수 있다. 이것은 조직의 질서와 구조의 핵심을 지배-복종관계(governance-compliance)로 보고, 지배 · 복종의 관계는 권력과 관여(power-involvement)에 의하여 형성된다는 Etzioni의 이론에 바탕을 둔 것이다. 학급풍토에서의 교사 행동특성 요인 4개와 학생 행동특성 요인 4개를 결합하면 표 7-2와 같다.

표 7-2 교사-학생의 행동특성에 따른 학급풍토유형 모형

학생 행동특성 / 교사 행동특성	자발성	추종성	친밀성	임의성
추진성	1 자율적 풍토	2	3	4
지시성	5	6 통제적 풍토	7	8
사려성	9	10	11 친교적 풍토	12
방임성	13	14	15	16 방임적 풍토

출처: 김창걸(2003). 교육조직행위론. 서울: 형설출판사, p. 592.

표 7-2에서 교사 행동특성-학생 행동특성 사이에 16개의 결합이 가능하지만, 교사의 행동특성에 대응할 것으로 예상하는 학생의 행동특성을 기준으로는 선택하면 1, 6, 11, 16번의 4개 결합이 가장 합리적이다. 이들 4개의 결합에 따른 학급풍토 유형으로 1번은 자율적 풍토, 6번은 통제적 풍토, 11번은 친교적 풍토, 16번은 방임적 풍토로 분류하였다. 교사-학생의 행동특성 결합에 따른 학급풍토 유형에 대한 설명은 다음과 같다.

① **자율적 풍토(autonomous climate)이다.** 교사의 행동특성은 추진성이, 학생의 행동특성은 자발성이 타 변인보다 강한 풍토이다. 따라서 교사는 인성과 역할을 적절히 통합하며 학생들이 자발적으로 협동하여 과업성취를 할 수 있도록 동기를 부여하고 조력해 준다. 학생들은 자발적으로 과업성취를 하며 또한 이를 통해서 사회적 욕구충족을 한다. 교사와 학생은 인간적으로 유대관계를 맺고 있으며 사기와 생산성이 높은 역동적 풍토이다.

② **통제적 풍토(controlled climate)이다.** 교사의 행동특성은 지시성이, 학생의 행동특성은 추종성이 타 변인보다 강한 풍토이다. 그러므로 교사는 권위적·위압적으로 학생들에게 정해진 과업성취를 강요한다. 학생들은 교사의 지시를 따름으로써 현재의 위치를 유지할 수 있으므로 과업성취에 순종한다. 이 풍토는 인성보다 역할이 강조되므로 생산성은 높다. 학급 내에서 융통성은 거의 용납되지 않기 때문에 경직성과 소외성을 띤 풍토이다.

③ **친교적 풍토(familiar climate)이다.** 교사의 행동특성 중 사려성이, 학생의 행동특성에서는 친밀성이 타 변인보다 강한 풍토이다. 따라서 교사는 학생들에게 친근하며 사려적이기 때문에 학생들과의 인간적 유대를 유지할 수 있다. 학생들 상호 간에도 우호적이며 사적인 관계가 강하게 유지된다. 역할보다 인성에 관심을 끌게 되므로 구성원 개인의 욕구충족은 잘 되어 집단유지는 할 수 있으나 학급의 목표달성에는 소홀하다.

④ **방임적 풍토(laissez-faire climate)이다.** 교사의 행동특성 중 방임성이, 학생의 행동특성에는 임의성이 타 변인보다 강한 풍토이다. 그러므로 교사는 방관적이며 무간섭적이다. 학생들은 교사를 자기 일에 촉진적인 존재라기보다 무용하고 방해적인 존재로 보는 경향이 있다. 학생들의 임의적 행동으로 인하여 가치기준이 모호하고 학생들의 행동은 이기적·파벌적으로 되어 생산성이 낮고 침체한 학급분위기가 조성된다.

3. 학급풍토 변화의 시도

학급담임이 느끼기에 현재의 학급풍토(분위기)가 나쁘게 전개되고 있다면 바람직한 학급풍토로 바꿀 필요가 있다. 고경력 교사의 경우에는 자신의 의도대로 학급을 이끌어 갈 수 있지만, 저경력 교사의 경우에는 학생들에게 끌려 다니거나, 자신의 의지대로 학급을 운영하지 못하여 많은 고민을 하는 경우가 있다. 이때 저경력 교사는 고경력 교사의 조언을 구하여 자기 학급의 문제점과 해결방안을 찾아서 바람직한 학급으로 변화시켜야 한다. **학급풍토 변화를 시도하기 위해서는 임상적 전략(clinical strategy)으로서 조직에 관한 지식·정보 획득, 진단, 예측, 처방, 평가의 단계로 진행하도록 한다.**

① **조직에 관한 지식 · 정보 획득**: 이 접근 방법은 학급조직의 역학관계에 관한 충분한 지식과 정보를 갖고 시도해야 한다. 이러한 지식과 정보는 주의 깊은 관찰 · 분석 · 연구에서 얻어진다.

② **진단**: 진단 단계에서는 다양한 시각에서 나온 개념적인 자료가 잠재적 문제 영역을 진단하는 표지를 제공할 수 있다. 여기에는 빈약한 사기, 높은 무관심, 보호감독, 왜곡된 의사소통, 일방적 의사결정, 낮은 동기화, 낮은 학업기대 등이다. 학급담임교사는 이들 개념을 분명하게 규정하고, 보다 넓은 시각에서 함께 결합하는 정도에 따라 진단의 효과가 조정된다.

③ **예측**: 예측 단계에서는 임상가로서의 학급담임교사가 상황의 심각성을 판단하고 상황을 개선하기 위한 일련의 운영을 위해 우선순위를 개발한다.

④ **처방**: 처방 단계는 잠재적 문제 영역에 대한 적절한 행동노선을 제시하는 단계이다. 처방을 제시한다는 것은 상당히 어려운 일이다. 그러므로 담임교사가 학급문화와 풍토를 변화시키려면 담임교사, 학생들 양쪽이 모두 기본적으로 공유된 가정뿐만 아니라 학급구성원의 문화와 규범, 가치체계를 변화시키는 처방을 해야 한다.

⑤ **평가**: 임상적 전략의 마지막 단계는 처방이 실행되고 성공하는 정도를 평가하는 것이다. 사회체계 내에서는 계획된 변화가 종종 느리게 이루어지므로 담임교사는 인내를 갖고 계속된 감시와 평가를 할 수 있어야 한다.

학급풍토는 구성원인 교사 및 학생의 행동특성에 의해서 만들어지지만, 교사의 영향력이 매우 크게 작용하여 특정 교사가 맡는 학급마다 고유의 학급풍토가 따라 다니는 경향이 있다. 그래서 학생들은 학년 초에 담임발표를 하면 누가 담임선생님이 되느냐에 관심을 두게 된다. 교사는 학생보다 권위, 지위, 연령 등에서 우월적 위치에 있으므로 교사 행동특성의 변화로 충분히 학급풍토 유형을 변화시킬 수 있다. 또한 학급풍토는 개별적이라기보다는 학교풍토에 의해서도 영향을 받는다. 그러나 학급풍토는 담임교사의 개별적 행동특성에 따라 만들어지는 경향이 많고, 교사의 행동특성이 쉽게 변화하지 않는 경향이 있으므로 초임교사 시절에 올바른 교사의 행동특성을 갖게 되는 것이 중요하다. 그리고 교사는 교사행동 특성과 학생행동 특성을 바람직한 방향으로 결합하는 과정에서 훌륭한 리더십을 발휘하여야 한다.

생각해봅시다

1. 담임교사의 유형에 대하여 생각해 봅시다.

2. 학급담임의 임무와 관련된 현장의 문제점은 무엇인지 찾아보고 그 해결방안을 생각해 봅시다.

3. 교실 내 집단의 역동성을 위한 학급담임의 역할을 생각해 봅시다.

4. 학창시절 가장 학급경영을 잘한 것으로 기억나는 담임선생님의 구체적인 학급경영의 사례를 생각해 봅시다.

5. 학급경영을 위한 담임교사의 역할을 구체적으로 제시하고 사례를 들어 설명해 봅시다.

6. 학급경영과업을 중요 순서에 따라 정리해 봅시다.

CHAPTER 8

학교안전교육

학습목표

1. 학교안전사고 발생률의 최근 경향 및 특징에 대하여 이해할 수 있다.
2. 학교안전사고 예방교육을 알 수 있다.
3. 학교안전사고 예방 업무 측면에서 학교장의 역할과 책무를 파악할 수 있다.
4. 학교에서 발생할 수 있는 안전사고의 유형을 제시할 수 있다.
5. 교육활동별 발생할 수 있는 안전사고의 유형 및 예방 수칙을 파악할 수 있다.
6. 우리나라의 학교안전교육 정책 동향을 설명할 수 있다.
7. 외국(독일 · 일본)의 학교안전교육을 설명할 수 있다.
8. 교육활동과 관련된 학교안전공제회의 지급 범위를 제시할 수 있다.
9. 학교안전사고에 대한 책임 소재와 피해 배상을 이해할 수 있다.

Keyword

학교안전사고, 안전관리, 안전기준, 안전점검, 교육활동참여자, 학교안전사고에서 교육활동, 교육활동과 관련된 시간, 학교장의 관리 · 감독하의 질병, 학교안전공제중앙회, 학교안전사고의 특징, 학교안전사고 예방교육, 독일의 학교안전교육, 일본의 학교안전교육, 방재교육, 학교안전공제회, 공제급여, 학교안전공제회 청구, 공제급여 통지, 학교안전사고 책임 소재, 학교안전사고 피해보상

제1절 학교안전사고

1절에서는 학교안전사고의 개념 및 정의, 학교안전사고 발생률의 최근 경향 및 특징 등에 대하여서 고찰하고자 한다.

1. 학교안전사고의 개념 및 정의

안전사고는 공장이나 공사장 같은 곳에서 주의 소홀이나 안전교육의 미비 등으로 일어나는 사고이며[1], 학교안전사고에 대한 법률적 정의는 교육활동 중에 발생한 사고로서 학생·교직원 또는 교육활동참여자의 생명 또는 신체에 피해를 주는 모든 사고, 학교급식 등 학교장의 관리·감독에 속하는 업무가 직접 원인이 되어 학생·교직원 또는 교육활동참여자에게 발생하는 질병으로서 대통령령이 정하는 것을 말한다(학교안전사고예방 및 보상에 관한 법률 제2조). 그리고 「재난 및 안전관리 기본법」 등의 안전관리에 대한 용어를 정리하면 다음과 같다.

① **안전관리**: 재난이나 그 밖의 각종 사고로부터 사람의 생명·신체 및 재산의 안전을 확보하기 위하여 하는 모든 활동을 말한다.

② **안전기준**: 각종 시설 및 물질 등의 제작, 유지관리 과정에서 안전을 확보할 수 있도록 적용하여야 할 기술적 기준을 체계화한 것을 말하며, 안전기준의 분야, 범위 등에 관하여는 대통령령으로 정한다.

③ **안전점검**: 생활주변에서 자주 발생할 수 있는 유해·위험요인을 미리 찾아내어 제거하는 활동으로서 사업장, 가정, 학교, 교통, 공공 등 분야별 점검대상을 직접 보면서 실시하는 것이다.

이러한 분야별 안전점검 활동을 지속해서 반복하여 실시하게 되면 안전점검 활동이 사회 전반에 걸쳐 정착하게 되어 국민의 안전의식 수준도 높아지며, 개개인의 스스로가 안전점검을 통해 자신의 안전을 재확인함으로써 신선한 활력소의 역할을 하게 된다(경기도교육청, 2015학교행정업무매뉴얼 http://www.goe.go.kr).

1) daum 어학사전

그리고 매월 4일은 전 국민이 참여하는 '안전점검의 날'이다. 1995년 5월부터 노 · 사 · 정 및 언론, 재해예방단체, 시민단체가 자발적으로 참여하여 '안전문화운동'을 전개해 오던 바, 1996년도에는 국민이 직접 참여하는 안전활동으로서 월 1회라도 자기주변의 유해 위험요소를 점검하여 재해 없는 밝고 건강한 사회를 조성하고자 지정되었다. 매월 4일을 「안전점검의 날」로 정한 이유로는 '4'는 불길한 숫자라고 생각하는 국민의 미신적인 마인드를 파괴함으로써 1차적인 안전사고 계몽 유도의 목적도 포함되고 있다(경기도교육청, 2015학교행정업무매뉴얼 http://www.goe.go.kr). 이렇게 안전사고에 대한 내용은 많이 있으나 일반인들은 사고를 당하기 전에는 안전사고에 대해 의식을 하지 못하여 실천에 옮기지 못하는 경우가 많이 있다. 따라서 교사는 학생들에게 올바른 안전사고 의식을 교육하여 사회전반으로 변화를 이끌도록 노력하여야 한다.

「학교안전사고 예방 및 보상에 관한 법률 및 시행령」에서 정의한 안전사고의 대상, 교육활동, 교육활동과 관련된 시간, 학교장의 관리 · 감독하의 질병 등은 다음과 같다.

첫째, '학교안전사고의 대상'으로는 학생, 교직원, 교육활동참여자 등이다.

① **'학생'이란** 유 · 초 · 중등교육법, 평생교육법, 재외국민의 교육지원 등에 관한 법률에 따른 학교에 입학하여 수학하고 있는 사람을 말한다.

② **'교직원'**은 고용형태 및 명칭을 불문하고 학교에서 학생의 교육 또는 학교의 행정을 담당하거나 보조하는 교원 및 직원 등을 말한다.

③ **'교육활동참여자'란** 학생 또는 교직원이 아닌 사람으로서 학교장의 승인 또는 학교장의 요청에 따라 교직원의 교육활동을 보조하거나 학생 또는 교직원과 함께 교육활동을 하는 사람이다.

둘째, '학교안전사고에서 교육활동'이란 학교의 교육과정 또는 학교의 장이 정하는 교육계획 및 교육방침에 따라 학교의 안팎에서 학교장의 관리 · 감독하에 행하여지는 수업 · 특별활동 · 재량활동 · 과외활동 · 수련활동 · 수학여행 등 현장체험활동 또는 체육대회 등의 활동과 등 · 하교 및 학교장이 인정하는 각종 행사 또는 대회 등에 참가하여 행하는 활동, 그 밖에 대통령령이 정하는 시간 중의 활동을 말한다.

셋째, '교육활동과 관련된 시간'으로는, 다음 각호의 어느 하나에 해당하는 시간을 말한다.

① 통상적인 경로 및 방법에 의한 등·하교 시간
② 휴식시간 및 교육활동 전후의 통상적인 학교 체류시간
③ 학교장의 지시에 따라 학교에 있는 시간
④ 학교장이 인정하는 직업체험, 직장견학 및 현장실습 등의 시간
⑤ 기숙사에서 생활하는 시간
⑥ 학교 외의 장소에서 교육활동을 시행할 경우 집합 및 해산 장소와 집 또는 기숙사 간의 합리적 경로와 방법에 의한 왕복 시간

넷째, '학교장의 관리·감독하의 질병'이란, 다음 각호의 어느 하나에 해당하는 질병을 말한다.

① 학교급식이나 가스 등에 의한 중독
② 일사병(日射病)
③ 이물질의 섭취 등에 의한 질병
④ 이물질과의 접촉에 의한 피부염
⑤ 외부 충격 및 부상이 직접적인 원인이 되어 발생한 질병

학교안전사고의 개념을 정리하면, 학교 내·외에서 교육관계자(학생, 교직원, 학교활동관계자 등)들이 교육활동과 관련한 주의 소홀, 시설안전관리 미흡, 안전교육의 미비 등으로 일어나는 사고를 뜻한다. 안전사고는 사후처리보다 예방이 중요하므로 사전 시설점검 및 예방교육이 중요하다. 이를 위해 학교현장에서는 학교장의 관리·감독하에 교육활동에 따른 시설점검 및 확인, 사고 예측 가능성, 사고 대응 매뉴얼, 안전교육 등을 종합적으로 판단하여 안전한 학습 활동이 이루어지도록 해야 한다. 또한 안전사고 예방은 학교만의 문제가 아닌 공공안전의 범위까지 확대하여 가정·지역 및 국가적 차원으로까지 이루어져야 한다.

참고자료 **학교안전사고 발생 시 대처요령**

사고가 발생하면 신속히 인명구조 작업(예, 인공호흡 등)을 실시하는 동시에 119에 연락한다. 신속하게 대처하되 책임 있는 자(보건교사, 응급처치 자격증 소지자)로 하여금 수습하도록 한다.

*사고의 원인과 경과를 확인할 수 있도록 현장을 잘 보존한다.
*사고처리 과정에서 학교 측의 창구를 단일화하여 대처하도록 한다(사고담당자 지정).
*교육청, 경찰서, 학교안전공제회 등에 육하원칙에 의하거나 규정된 서식에 의거하여 보고, 통보, 통지 등을 해야 한다.
*사고에 대하여 경험 있는 자(학교안전공제회 등)와 협의하여 처리하도록 한다.
*소송 및 각종 조사에 대비하여 사고발생 과정을 잘 알고 있는 증인 및 기록을 확보한다(사고 현장 사진, 주위에 함께 있던 학생 등).
*사고발생 시부터 진행 과정을 일기 형태로 기록하여 자세히 적어 가도록 한다(사고 종결 시까지).
*가급적 피해자의 입장에서 문제(성적, 출석처리 등)를 생각하고 처리하되, 확실히 알지 못하는 치료방법이나 치료비의 부담 등에 대해서는 예단하여 말하지 않는다.
*피해자로 하여금 학교에서 최선을 다하고 있다는 의식을 갖도록 모든 조치를 강구하여 대처한다(학교관리자 등의 병원 방문, 성의 있는 언행 등).
*말꼬리를 잡고 논쟁을 하지 않는다.
*불필요한 논쟁으로 사건의 본질을 제처 두고 감정을 상하게 하여 문제를 악화시키지 않도록 조심한다.
*잘못된 사실관계가 언론 등에 보도되지 않도록 보안에 힘쓴다.
*사고처리 과정에서는 사건에 대하여 의사결정 능력이 있는 당사자(부 또는 모)와 협의하도록 한다.
*학교 분위기가 사고에 휩싸여 들뜨지 않고 차분하게 학업에 전념할 수 있도록 한다.

출처: 학교안전공제중앙회(2021). http://www.ssif.or.kr

2. 학교안전사고 발생률의 최근 경향 및 특징

학교는 제한된 공간에서 여러 구성원이 함께 모여 생활하는 교육공동체이다. 다양한 활동이 이루어지는 만큼 크고 작은 사고의 위험이 항상 존재하며 실제로 많은 안전사고가 발생하고 있다. 학교의 교육활동 중 발생하는 안전사고는 매년 증가하는 추세에 있다. 학교안전공제중앙회자료를 이용하여 학교안전사고 발생률의 최근 경향과 안전사고의 특징을 살펴보고자 한다.

1) 학교안전사고 발생률의 최근 경향

학교안전공제중앙회 자료에 따른 학교안전사고에 대한 발생추이 및 건수, 시간별, 장소별 현황을 정리하면 다음과 같다(박효정 · 유선영, 2015).

첫째, 학교안전사고 건수가 상당히 증가하고 있다. 표 8-1에 따르면 안전사고 건수는 2010년 77,496건이었던 것이 5년간 꾸준히 증가하여 2014년에는 116,527건으로 66.50%의 증가율을 보였다. 학교안전공제회에 접수되지 않은 사고들을 고려하면, 실제로 학교현장에서 발생하는 사고건수가 더 많을 것으로 짐작할 수 있다. 표 8-1은 학교안전사고 발생 연도별 추이를 나타낸다.

표 8-1 학교안전사고 발생 연도별 추이

(단위: 건)

구분	2010년	2011년	2012년	2013년	2014년
사고발생건수	77,496	86,486	100,365	105,088	116,527
증감비율	-	11.6%	16.1%	4.7%	10.9%

출처: 학교안전공제중앙회(2015). http://www.ssif.or.kr

둘째, 학교안전사고 발생 시간대는 체육수업, 수업시간, 점심시간, 휴식 · 청소시간 등의 순으로 발생하였고, 학교급별로는 유치원에서는 수업시간, 초 · 중 · 고에서는 체육수업시간에 가장 많이 발생하였다. 2020년 학교안전사고 발생 시간대는 표 8-2와 같다.

표 8-2 2020년 학교안전사고 발생 시간대

구분	체육 수업		수업 시간		점심시간		휴식/청소		등하교		특별 활동		기타		학교 행사		기숙사 생활		석식 시간		합계	
	건수	분율	건수	분율	건수	분율	건수	분율	건수	분율	건수	분율	건수	분율	건수	분율	건수	분율	건수	분율	건수	분율
유	537	8.7%	3,623	58.4%	537	8.7%	431	6.9%	331	5.3%	10	0.2%	627	10.1%	103	1.7%	0	0.0%	3	0.0%	6,202	100.0%
초	3,714	30.6%	2,222	18.3%	2,284	18.8%	1,782	14.7%	1,237	10.2%	350	2.9%	341	2.8%	198	1.6%	0	0.0%	0	0.0%	12,128	100.0%
중	5,561	46.4%	1,051	8.8%	1,803	15.0%	1,529	12.8%	518	4.3%	894	7.5%	224	1.9%	378	3.2%	16	0.1%	7	0.1%	11,981	100.0%
고	4,396	39.3%	1,236	11.0%	1,741	15.6%	1,164	10.4%	581	5.2%	853	7.6%	214	1.9%	482	4.3%	315	2.8%	209	1.9%	11,191	100.0%
특수	34	12.3%	89	32.2%	60	21.7%	35	12.7%	36	13.0%	3	1.1%	18	6.5%	1	0.4%	0	0.0%	0	0.0%	276	100.0%
기타	32	19.8%	25	15.4%	15	9.3%	28	17.3%	17	10.5%	15	9.3%	3	1.9%	7	4.3%	16	9.9%	4	2.5%	162	100.0%
계	**14,274**	**34.0%**	**8,246**	**19.7%**	**6,440**	**15.4%**	**4,969**	**11.8%**	**2,720**	**6.5%**	**2,125**	**5.1%**	**1,427**	**3.4%**	**1,169**	**2.8%**	**347**	**0.8%**	**223**	**0.5%**	**41,940**	**100.0%**

출처: 학교안전공제중앙회(2021). https://www.ssif.or.kr/reference/analist/view/1756?

셋째, 학교안전사고 발생 장소별로는 부속시설, 운동장, 교실, 통로, 교외활동 등의 순이었다. 유치원에서는 교실, 초 · 고에서는 부속시설, 중학교에서는 운동장에서 가장 많이 발생하였다. 2020년 학교안전사고 발생현황(장소별)은 표 8-3과 같다.

표 8-3 2020년 학교안전사고 발생현황(장소)

(단위 : 건)

구분	부속시설		운동장		교실		통로		교외활동		합계	
	건수	분율	건수	분율	건수	분율	건수	분율	건수	분율	건수	분율
유	1,086	17.5%	1,224	19.7%	3,252	52.4%	479	7.7%	161	**2.6%**	6,202	100.0%
초	4,197	34.6%	2,933	24.2%	2,350	19.4%	2,278	18.8%	370	**3.1%**	12,128	100.0%
중	4,204	35.1%	4,450	37.1%	1,376	11.5%	1,518	12.7%	433	**3.6%**	11,981	100.0%
고	4,211	37.6%	3,848	34.4%	1,305	11.7%	1,261	11.3%	566	**5.1%**	11,191	100.0%
특수	79	28.6%	37	13.4%	92	33.3%	54	19.6%	14	**5.1%**	276	100.0%
기타	56	34.6%	49	30.2%	26	16.0%	17	10.5%	14	**8.6%**	162	100.0%
계	13,833	**33.0%**	12,541	**29.9%**	8,401	**20.0%**	5,607	**13.4%**	1,558	**3.7%**	41,940	**100.0%**

출처: 학교안전공제중앙회(2021). https://www.ssif.or.kr/reference/analist/view/1756?

넷째, 사고 결과별 사고유형(병명)별로는 골절 및 염좌가 4년간 발생한 전체 사고(39,172건) 중 46%(21,092건)을 차지해 가장 많이 발생하는 사고이고 다음으로 열상 및 자상이었다(송효근, 2014). 학교안전사고로 사망도 발생하고 있으며, 장해의 경우에는 2013년에 많이 증가한 것을 알 수 있다. 사망 및 장해와 같은 심각한 안전사고의 발생은 교육활동의 위축을 가져올 수 있으므로 철저한 예방 및 사전 예방교육이 필요하다. 표 8-4 사고 결과별 사고유형(병명) 현황(서울)을 나타낸다.

표 8-4 사고 결과별 사고유형(병명) 현황(서울)

(단위: 건, %)

구분	사망	장해	골절	염좌	열상	치아	기타	합계
2010	3	7	2,866	1,347	2,189	867	721	8,000
2011	2	4	3,037	1,646	2,495	839	693	8,716
2012	5	6	3,615	2,414	3,234	140	1,615	11,029
2013	4	12	3,467	2,700	3,041	938	1,265	11,427
계	14 (0.04)	29 (0.07)	12,985 (33.15)	8,107 (27.98)	10,959 (27.98)	2,784 (7.11)	4,294 (10.96)	39,172 (100)

※ 기타: 화상, 안구부상, 급식관련 사고, 교육활동이 원인인 질병류, 벌 등 해충에 의한 부상 등

출처: 송효근(2014). 통계로 본 학교안전사고 현황. 한국교육개발원 교육정책네트워크 정보센터 자료실. (http://edpolicy.kedi.re.kr)

다섯째, 학교 내 안전사고의 발생원인 중 '학생 부주의'가 차지하는 비율이 40%~60%로 가장 높은 비율을 차지한다(김창희, 2004; 강병일 · 김남진, 2010; 이정철, 2012; 김현기, 2014). 한편 경기도학교안전공제회(2014)에서는 '학생부주의'가 21,418건으로 전체의 99.9%이며, '교사과실' 1건, '학생 간 다툼' 6건으로 나타났다. '학생 부주의'가 높게 나타난다는 것은 평소 학생 스스로 안전사고를 예방할 수 있는 생활습관 형성과 학교 내에서 정해진 규칙의 준수 등 자율적인 사고예방 교육이 필요하다(경기도학교안전공제회, 2014: 14).

여섯째, 안전사고는 남학생이 여학생보다 많이 경험(이혜진, 2007)**하고, 사고로 이어지기 쉬운 위험 행동 수준도 남학생이 여학생보다 높은 것**(정혜인, 2008)으로 나타나고 있으나, 그 발생 원인에 대해서는 성별과 관계없이 학생

부주의가 높은 비율을 차지한다(강준구 · 김경래 · 이철화 · 엄우섭, 2012).

학교는 생명력이 있는 곳으로서 활발한 지적 · 신체적 활동이 이루어지는 장소이다. 미성년 학생들을 대상으로 하는 교육활동 중에는 학생들의 상황판단 부족, 사고 예측가능성 부족, 안전의식 부족, 안전담당교사의 부족 등이 겹치게 되어 각종 안전사고에 노출되게 된다. 따라서 학교에서는 이를 예방하기 위해 생활안전교육, 시설물 점검 등을 실시하고, 안전사고 원인별 현황에서 대부분을 차지하는 '학생 부주의'로 인한 사고를 미리 예방하기 위한 교사의 세심한 관찰 및 지도가 필요하다. 그리고 학교안전사고가 대형사고이거나 사망, 심각한 장해로 이어지는 경우에는 교육활동이 상당히 위축되어 사건 해결에 전 교사가 매달리게 되어 정상적인 교육활동을 할 수 없는 경우도 발생한다. 이러한 교육활동 위축을 방지하기 위해서는 안전사고의 원인이 되는 위해요소 제거, 안전담당교사의 지정 및 확충, 교직원 및 학생 대상의 안전 예방교육을 정기 · 수시로 실시한다. 그리고 안전 예방교육의 지속 · 반복을 통해 생활 습관화되도록 해야 한다.

2) 학교안전사고의 특징

학교안전사고는 교내 · 외에서 교육활동 중에 발생하는 것으로 다음과 같은 특징이 있다(박효정 · 유선영, 2015).

① **거의 비슷한 유형의 사고가 일회성이기보다는 지속 · 반복적으로 발생하고 있다.** 이것은 우리나라 교육환경의 특성상 비슷한 교육환경의 장소 및 시설, 시간대에서 비슷한 교육활동을 하기 때문에 피해자만 다를 뿐이지, 같은 유형의 사고가 계속 이어지는 것이다. 학교에서는 기존의 발생 유형의 사례를 숙지하여 위해요소의 제거 및 학생들을 분산하여 교육하는 등의 노력을 하여야 한다.

② **교외활동을 위해 이동 시에는 운송기관**(항공기, 선박, 차량 등)**에 의한 대형사고의 위험이 있다.** 운송기관의 특성상 제한된 공간에 많은 학생을 수송하는 과정에서 자칫 대형사고로 이어지는 경우가 발생할 수 있다. 따라서 학교에서는 운송업체에 대하여 정규속도 준수, 교통법규 준수, 안전

시설 확보 및 점검을 실시하고, 안전담당교사 및 학생들은 돌발 사고에 대비한 사고 대응 매뉴얼을 숙지하여 피해를 최소화하도록 노력하여야 한다.

③ 학교안전사고의 대부분이 시설점검 부주의, 학생 부주의 및 장난 등 '부주의'가 사고원인이 되고 있다. 제한된 공간에서 많은 학생이 일시에 활동을 하는 중에 시설의 부족·낙후와 교사 감독을 벗어난 위험행동을 하는 경우에 안전사고가 발생할 가능성이 높다. 따라서 학교에서는 학생들이 일시에 몰리는 시설 및 장소에 대한 확충과 시설점검을 강화하고 안전담당교사의 지정 및 지도교사를 충원하여야 한다.

학교안전사고는 천재지변 등의 경우를 제외하고는 충분히 예방할 수 있으며, 돌발 사고에 대해서도 그 피해를 최소화할 방법이 있다. 이를 위해서는 교육부에서 사고발생 시 대응할 구체적인 안전대응 매뉴얼을 마련하여 배포하고, 학교에서는 교직원·학생 대상의 안전사고 예방 및 대응에 대한 역량강화 교육이 이루어져야 한다.

제2절 학교안전사고 예방교육

2절에서는 학교안전사고 예방교육, 학교장의 역할과 책무, 학교안전사고의 유형별 사례 및 예방 수칙, 외국의 학교안전사고 예방교육 등에 대해서 기술하고자 한다.

1. 학교안전사고 예방교육

학교안전사고는 미성년자로서 상황에 대한 판단력이 미숙한 학생들이 소수 교사들의 관리하에 한정된 공간 내에서 교육활동을 하므로 안전사고의 위험에 많이 노출되고 있다(김종은·김효은·이태곤, 2014: 213). 학교를 단지 학습활동의 공간으로 보는 제한적 관점에서 벗어나 학생의 다양한 활동이 전개되는 생활공간으로 이해하여야 한다(송기창 외, 2009: 424).

이러한 교육공간에서 교육활동을 하다 보면 안전사고가 발생할 수 있으므로 안전사고 예방을 위해 교육부령이 정하는 바에 따라 학생 및 교직원에게 학교안전사고 예방 등에 관한 교육을 실시하여야 하며, 학교장이 필요하다고 인정하는 경우에는 교육활동참여자에게도 안전교육을 할 수 있다. 그리고 교육부장관 및 교육감은 안전교육에 필요한 교재를 개발하고 학교장의 요청이 있는 경우 안전교육을 담당할 강사를 알선하는 등 안전교육에 필요한 지원을 하여야 한다.

학교안전교육은 안전을 위하여 학생들이 바람직한 행동변화에 필요한 태도와 능력을 기르기 위하여 이루어지는 것이므로, 이를 위하여서는 일상생활을 안전하게 영위하는 데 필요한 지식이나 기능의 학습과 이것을 실생활에 적응시켜 항상 안전한 행동이 이루어질 수 있도록 하기 위한 안전생활습관을 기르는 교육이 되어야 한다. 학교안전교육은 어느 특정교과나 특정교직원만이 담당하거나 일시적 활동에 그치지 않도록 전 교직원이 함께 지속해서 참여하여야 한다. 학생들도 자발적, 자율적 활동 과정을 통하여 내실 있는 안전교육이 되어야 한다(박세훈 외: 2012, 489). 다양한 교육활동과 관련하여 안전사고의 위험이 항상 따르게 마련이므로 학교에서는 학교장의 책임으로 교육활동과 관련된 안전사고 예방교육을 계획 · 시행하여 안전한 학습활동이 이루어지도록 해야 한다.

2. 학교장의 역할 및 책무

국가와 지방자치단체는 학생 및 교직원의 안전을 보장하고 사고를 예방할 수 있도록 필요한 시책을 수립 · 시행하여야 한다(교육기본법 제17조의5). 학교안전사고 예방업무를 실질적으로 계획 · 운영하는 학교장의 책무는 강화되는 추세이다. 「학교안전사고 예방 및 보상에 관한 법률 및 시행령」에서는 학교장의 역할 및 책무를 규정하고 있으며 그 내용을 정리하면 표 8-5와 같다.

표 8-5 학교장의 역할 및 책무

구분	법(시행령)	역할 및 책무
안전계획	학교안전사고 예방 학교계획의 수립 (시행령 제6조)	학교장은 학교안전사고 예방에 관한 학교계획을 학교운영위원회의 심의를 거쳐 시행연도 2월 말일까지 수립하여야 한다.
	학교계획 및 추진실적의 평가 (시행령 제7조)	학교장은 해당 연도의 학교계획 및 지난해의 학교계획에 대한 추진실적을 매년 3월 31일까지 교육감에게 제출하여야 한다.
	명예학교안전요원 위촉(법 제9조)	학교장은 학부모 또는 지역 주민 등을 명예학교안전요원으로 위촉하여 학교안전사고의 예방을 위한 순찰, 교통지도 등의 활동을 하게 할 수 있다.
	학교안전사고 예방활동 단체에 대한 지원 (법 제10조의2)	학교장은 교육부장관이 정하는 바에 따라 단체로부터 학생들의 안전사고 예방과 관련한 의견을 정기적으로 들어야 하며, 그 내용을 학교운영에 반영하여야 한다. 학교장은 시장·군수·구청장 또는 관할 경찰서장의 협조가 필요하다는 의견을 들은 경우 해당 기관에 협조를 요청하여야 한다.
안전점검 및 조치	학교시설에 대한 안전점검(법 제6조)	연 2회 이상 학교시설에 대한 안전점검을 실시. 필요하다고 인정하는 때에는 시설물 안전점검 전문기관에 위탁하여 정밀안전진단을 실시
	학교시설안전관리 기준(법 제7조)	학교장은 학교시설안전관리기준에 따른 점검결과를 연 1회 이상 교육감에게 보고
	학교시설의 안전표지 등 (시행령 제8조)	학교장 교내와 교외의 학교시설 및 장소에 안전표지물 등 안내문을 붙이고, 비상시의 대피 경로를 쉽게 알아볼 수 있는 장소에 안내문을 게시하여야 하며, 시설안전관리 대장을 작성하여 관리하여야 한다.
	학교시설에 대한 안전점검 등 (시행령 제9조)	- 학교장 등은 다음 각호의 학교시설과 장소에 대한 안전 여부, 정리정돈 및 청결 상태를 점검하여야 한다. 1. 소방시설 및 화재대피시설, 2. 비상탈출구, 3. 운동장, 4. 놀이시설, 5. 실험실습시설, 6. 체육시설, 7. 교실(출입문 포함)·복도·난간·계단·현관·교문, 8. 그 밖에 안전점검을 위하여 필요하다고 인정하는 시 - 학교장 등은 법 제6조 제2항에 따라 안전점검 및 정밀안전진단 실시결과를 시·도교육청 또는 해당 학교의 인터넷 홈페이지를 통하여 공개하여야 한다. - 학교장 등이 제3항에 따라 정밀안전진단을 실시할 때에는 「시설물의 안전관리에 관한 특별법」 제9조에 따라 등록된 안전진단전문기관 또는 같은 법 제25조에 따라 설립된 한국시설안전공단에 위탁하여 실시한다.

구분	법(시행령)	역할 및 책무
안전 점검 및 조치	학교시설안전관리기준 (시행령 제10조)	학교시설안전관리기준에 따른 점검 결과를 점검 후 2개월 이내에 교육감에게 보고하여야 한다.
	학교장의 교육활동 안전대책의 점검 · 확인 등 (시행령 제10조의2)	① 학교장은 매 학기 시작 전까지 다음 각호의 사항을 포함한 교육활동 안전대책을 마련하고, 이를 점검 · 확인하여야 한다. 다만, 교육활동을 외부기관에 위탁하여 실시하는 경우에는 해당 교육활동을 실시하기 전까지 안전대책을 마련하고, 이를 점검 · 확인한다. 1. 학교시설 등에 대한 안전성에 관한 사항, 2. 학교 밖 이용시설의 안전성에 관한 사항, 3. 법 제8조의2제2항 각호의 사항(교육활동을 관련 기관 또는 단체 등에 위탁하여 실시하는 경우에 한정한다), 4. 학생 및 교직원에 대한 안전교육 계획, 5. 사고 발생 시 대처요령 등 대응체계 구축에 관한 사항, 6. 그 밖에 교육부장관이 교육활동 안전대책 마련 등에 필요하다고 인정하여 정하는 사항 ② 학교장은 제1항 본문에 따라 안전대책을 마련, 점검 · 확인한 경우에는 매 학기가 시작되는 전날까지 학교운영위원회에 보고하여야 한다. 다만, 제1항 단서에 따라 안전대책을 마련, 점검 · 확인한 경우에는 해당 교육활동을 실시하는 전날까지 보고하여야 한다.
	안전조치(법 제10조)	학교장은 학생 · 교직원 및 교육활동참여자 등의 안전을 확보하기 위하여 필요하다고 인정하는 때에는 학교시설의 사용을 제한하고 대체시설을 확보하는 등 필요한 조치를 하여야 한다.
교육 활동	학교안전교육의 실시 (법 제8조)	학교장은 학교안전사고를 예방하기 위하여 교육부령이 정하는 바에 따라 학생 및 교직원에게 학교안전사고 예방 등에 관한 교육을 실시
	학교장의 교육활동 안전대책 점검 · 확인 의무 (법 제8조의2)	학교장은 교육활동을 관련 기관 또는 단체 등에 위탁하여 실시하는 경우 학교안전사고 예방을 위하여 다음 각호의 사항을 점검 · 확인하여야 한다. 1. 위탁할 기관 또는 단체 등의 설립 인가 · 허가 등의 여부, 2. 교육활동 중에 발생하는 사고로 인한 손해배상 책임을 담보하기 위한 보험 등의 가입 여부, 3. 청소년수련시설의 경우 「청소년활동 진흥법」에 따라 인증을 받은 청소년수련활동 프로그램을 실시하는지의 여부, 4. 청소년수련시설의 경우 법령에 따른 안전점검 및 안전교육 실시, 종합평가결과 및 이에 따른 개선조치 이행 등의 여부, 5. 그 밖에 관계 법령에 따라 실시되는 교육활동 프로그램의 안전점검, 안전대책 등의 여부

구분	법(시행령)	역할 및 책무
교육활동	교육활동과 관련된 시간(시행령 제2조)	학교장이 인정하는 직업체험, 직장견학 및 현장실습 등의 시간
질병관리	학교장의 관리·감독 하의 질병(시행령 제3조)	1. 학교급식이나 가스 등에 의한 중독, 2. 일사병(日射病), 3. 이물질의 섭취 등에 의한 질병, 4. 이물질과의 접촉에 의한 피부염, 5. 외부 충격 및 부상이 직접적인 원인이 되어 발생한 질병

학교장의 주요 책무는 학교안전사고 예방에 관한 학교계획을 학교운영위원회의 심의를 거쳐 시행연도 2월 말일까지 수립하여 지난해의 학교계획에 대한 추진실적과 함께 매년 3월 31일까지 교육감에게 제출한다. 평소의 교육활동과정에서는 안전한 교육활동이 이루어지도록 학교시설에 대한 안전점검, 질병관리, 안전교육, 각 교육활동에 대한 안전대책을 마련하고 점검·확인하여 안전한 학교생활이 되도록 유지한다. 그리고 학교안전사고와 관련된 학교장의 역할 및 책무는 단위학교에서 반드시 시행하여야 하는 것들이므로 전 교사가 이를 이해하고 실천하여야 한다.

3. 학교안전사고의 유형별 사례 및 예방 수칙

교육활동 중에 발생하는 안전사고는 부주의, 장난, 시설 낙후 등의 다양한 원인과 상황에서 발생하게 된다. 최근의 학교안전공제회 통계에서 발생빈도가 높은 안전사고의 유형에 따른 '사고 유형'과 '예방 수칙'을 정리하면 다음과 같다(서울시 교육정보연구원, 2006: 195; 송기창 외, 2009: 428-435).

1) 학교에서 발생할 수 있는 안전사고의 유형

학교에서 발생할 수 있는 안전사고의 유형에는 다음과 같은 것들이 있다.

① 위험개소로 지정된 건축물의 학생 출입으로 위험개소의 붕괴로 인한 안전사고

② 파손된 맨홀의 방치로 인한 안전사고

③ 이동식 체육시설(농구대, 핸드볼 골대 등)의 고정조치 소홀로 인한 안전사고

④ 구름다리 등 놀이기구의 부식으로 인한 안전사고
⑤ 교실창문이 떨어지거나, 건물의 균열로 인한 외벽타일, 벽돌 등이 떨어져 발생하는 안전사고
⑥ 발코니 추락사고 및 유리청소 시 추락사고
⑦ 과학 및 가사 등 실험·실습 시 부주의로 인한 안전사고
⑧ 교실 출입구, 복도의 모퉁이, 계단 등에서의 충돌사고

2) 교육활동별 발생할 수 있는 안전사고의 유형 및 예방 수칙

(1) 체육시간 중 사고

체육시간 중에 발생가능 한 사고유형 및 예방수칙은 다음과 같다.

〈사고 유형〉
① 승부욕에 앞선 과격한 동작으로 다른 학생과 부딪쳐 넘어져 부상
② 유명 선수들의 흉내를 내다 부상
③ 농구 골대, 테니스장 롤러 등을 옮기면서 발이 끼는 부상
④ 철봉, 뜀틀, 평균대 등 운동기계 위에서 떨어져 부상
⑤ 농구경기 도중 골대에 매달렸는데 농구대가 쓰러져 부상

〈예방 수칙〉
① 수업 시작 전·후에 긴장이 풀어지기 쉬우므로 적절한 교사의 현장지도를 실시한다.
② 안전사고가 일어나는 사례를 제시하고 필요한 예방교육을 실시한다.
③ 신체에 무리를 줄 수 있는 활동을 할 때는 학생 건강상태를 점검한다.
④ 평소 잘 사용하지 않는 시설물의 경우에는 특히 사전 안전점검을 실시한다.
⑤ 체육수업용 기구의 이동 시 안전관리를 철저히 한다.

(2) 실험실습 중 사고

실험실습 시간 중에 발생가능 한 사고유형 및 예방수칙은 다음과 같다.

〈사고 유형〉

① 실험수업 지침을 따르지 않고 기구를 가지고 놀다가 부상
② 실험실 정리 중에 비커에 든 화학약품을 마구 섞어 폭발하여 부상
③ 요리실습 중 뜨거운 물을 쏟아서 화상을 당하는 부상
④ 미술시간에 조각칼로 작업하다가 손을 베이는 부상

〈예방 수칙〉

① 실험실습 유형별로 사전에 안전수칙을 정하고 이 수칙에 따르도록 한다.
② 실험실습실에서는 중요한 안전수칙을 주기적으로 학생에게 환기시킨다.
③ 사전에 실험 용기나 시약에 대해 철저히 파악한다.
④ 교사의 감독이 미치지 못하는 곳이 없도록 실험실습을 진행한다.
⑤ 실험약품은 안전한 곳에 보관하며, 실험실습실은 감독자 없는 상태에서 절대 열어 두지 않는다.
⑥ 소화기 위치를 학생이 알 수 있도록 하고 사용법을 지도한다.

(3) 휴식(점심)시간 중 사고

휴식(점심)시간 중에 발생가능 한 사고유형 및 예방수칙은 다음과 같다.

〈사고 유형〉

① 교실에서 과격한 놀이를 하다가 부상(말타기, 레슬링, 씨름 등)
② 미끄럼틀, 정글짐, 널뛰기 등 놀이기구에 의한 부상
③ 호주머니에 손을 넣거나 양손이 부자유한 상태에서 넘어져 부상
④ 행사, 수업 등을 위해 이동하던 중 무질서하게 나오다가 밀려 넘어져 부상
⑤ 점심시간에 배식차를 옮기던 중 손이 끼이는 부상

⑥ 학교를 빠져나가려고 교문 또는 담을 넘다가 부상

〈예방 수칙〉

① 복도나 계단에서 급하게 뛰어다니지 않도록 한다.

② 계단을 오르내릴 때 주머니에 손을 넣지 않도록 한다.

③ 급식관련 기구는 될 수 있으면 학생이 운반하지 않도록 하며, 뜨거운 국물로 화상을 입지 않도록 배식에 주의한다.

④ 필요시 교사가 순회지도를 하도록 한다.

(4) 청소시간 중 사고

청소시간 중에 발생가능 한 사고유형 및 예방수칙은 다음과 같다.

〈사고 유형〉

① 형광등 또는 창문 등 높은 곳을 청소하던 중 넘어져 부상

② 철제발판 밑을 청소하다가 떨어뜨려 발에 부상

③ 바닥청소를 하던 막대걸레에 얼굴을 부딪쳐 치아 부상

④ 장갑을 끼고 변기를 닦던 중 세제가 장갑 안으로 들어가 화상을 당함

〈예방 수칙〉

① 청소도구의 안전성을 확인하고 위험한 청소방법을 피한다.

② 위험한 물품을 학생이 임의로 보관하지 못하게 한다.

③ 청소시간은 교사가 현장방문지도 한다.

(5) 체험활동, 견학, 기타 교외활동 중 사고

체험활동, 견학, 기타 교외활동 중에 발생가능한 사고유형 및 예방수칙은 다음과 같다.

〈사고 유형〉

① 느슨한 마음으로 숙소에서 과격한 놀이를 하다가 부상
② 수련활동 중 물놀이를 하다가 갑작스러운 심장마비
③ 대열을 벗어나 위험한 장소에 들어가서 부상
④ 방학 중 스키장 위탁교육 시 스키를 타다가 부상
⑤ 수련활동 중 물놀이 사고

〈예방 수칙〉

① 교외 수련회 활동에 참여할 때에는 사전에 담당기관의 안전관리 방침과 기준을 확인하고 함께 사전현장점검을 한다.
② 교통수단을 이용하여 이동할 때에는 반드시 안전벨트를 매도록 한다.
③ 학생의 긴장이 풀어지지 않도록 특히 주의를 준다.
④ 헹가래를 치다 놓치는 경우 하반신마비, 뇌진탕의 사례로 있으므로 어떤 경우에도 헹가래를 치지 못하게 한다.
⑤ 보험가입 여부를 확인 후 계약한다.
⑥ 차량 이용 시 자동차종합보험 가입, 수련원 야영장 이용 시 「청소년활동진흥법」에 의한 보험 가입, 놀이시설 이용 시 「어린이놀이시설안전관리법」에 의한 보험, 숙박시설 이용 시 영업배상책임보험 가입 등을 확인한다.

(6) 학교시설물 관련

학교시설물 관련 사고 유형 및 예방수칙은 다음과 같다.

〈사고 유형〉

① 낡은 시설물 지지대가 떨어져 나가 학생이 추락
② 중앙 현관문 유리창에 부딪혀 부상
③ 축구 골대가 넘어져 부상

〈예방 수칙〉

① 시설물에 대한 정기 · 수시 점검을 실시한다.

② 낡은 시설물 등은 내구연한을 확인하고 제거하도록 한다.

③ 학교 급수(수돗물, 정수기) 등에 대한 정기 · 수시 점검을 실시한다.

(7) 등하교 교통지도 예방 수칙

① 학교 주위에 어린이보호구역을 신청하여 설치하고 등하교 시 교통 제한 조치를 요구하여 실시되도록 한다.

② 등하굣길의 위험한 곳에 명예학교안전요원 등을 배치한다.

③ 통학버스를 운행하는 경우 반드시 지도교사 탑승하고 안전한 곳에서 승차 및 하차가 이루어지도록 한다.

④ 비 오는 날 현관에서 신발을 바꾸어 신을 때는 펼쳐진 우산 때문에 다치지 않도록 지도한다.

4. 외국의 학교안전사고 예방교육

우선 우리나라의 학교안전교육 정책 동향을 알아보고 외국의 학교안전사고 예방교육을 살펴보면서 우리나라에 도입 가능한 제도를 알아보고자 한다. 특히 독일의 경우에는 학교생활 자체에 도입한 안전관련 자격증 제도가 돋보이며, 일본의 경우에는 자연재해(대지진, 태풍 등), 방사능 유출 등에 대한 방재교육이 학교안전교육에서 상당한 비중을 차지하고 있다. 지역 · 산업적으로 비슷한 환경을 가진 우리나라에서는 일본의 방재교육이 시사하는 바가 크다 할 수 있다.

1) 우리나라의 학교안전교육 정책 동향

우리나라의 학교안전교육 정책 동향에 대하여서는 한국교육개발원(박효정 · 유선영, 2015: 7-9)의 '학교안전교육 현황과 내실화 방안'을 통하여 살펴보기로 한다.

교육부는 2014년 9월 '2015 문·이과 통합형 교육과정 총론'을 통해, 초등학교 1~2학년에서 '안전생활'교과를 신설하고 초등학교 3학년~고등학교 3학년까지는 심폐소생술을 포함하여 관련교과에 단원을 신설하고 창의적 체험활동에서 체험중심의 안전교육을 실시할 것으로 발표하였다. 그리고 같은 해 11월 '교육분야 안전 종합 대책'을 통하여 안전교과 또는 안전단원을 신설하여 체험중심의 체계적 안전교육을 시행하기로 하였다. 또한 교원을 안전교육 준전문가로 육성하기 위한 세부 계획으로 2016년 3월 대학 입학생부터 교원양성기관에 재학 중인 모든 학생 대상으로 '응급처치와 심폐소생술' 교육을 실시하고 교사 자격증 검정 기준 등에 반영되도록 하였다. 현직교사를 대상으로 3년 내('14~'17년)에 15시간 안전연수를 실시하며, 학교단위에서도 전체 교직원을 대상으로 심폐소생술 및 응급처치 교육을 실시(3년 주기)하고, 매 학기 학교안전 매뉴얼 교육을 시행하도록 하였다.

2015년 2월 교육부는 '안전교육 7대 영역 표준안 확정 보급계획'을 통해, 학생의 발달 단계를 고려한 체계적인 안전교육 7대 표준안(이하, 안전교육 표준안)을 마련하여 학교에 제공하겠다고 밝혔다. 안전교육 표준안을 바탕으로 각 단위학교에서 2015년부터 교과 및 창의적 체험활동 시간을 활용하여 체계화된 안전교육을 실시할 것을 권고하였으며, 안전교육 표준안은 생활안전, 교통안전, 폭력 및 신변안전, 약물 및 인터넷 중독, 재난안전, 직업안전, 응급처치의 7개 영역으로 이루어졌으며, 25개의 중분류, 52개의 소분류로 구성되어, 6개 학교급(유·초1~2·초3~4·초5~6·중·고)에 따른 내용체계도 및 교사의 수업 활용을 돕기 위한 수업지도안이 개발되었다. 이와 함께 교육부는 학생들의 참여·체험형 안전교육 사례 발굴을 위해 전국 51개의 안전교육 시범학교를 운영하고, 안전교육 표준안의 세부내용 및 교사용 지도안은 매년 실시하는 실태조사를 바탕으로 수정·보완할 계획임을 발표하였다.

2015년 4월 교육부는 '안전체험학교 시범실시 계획'을 통해, 서울·강원의 2개 지역 3개 종합안전체험관이 안전체험학교로 선정되어 향후 1년간 시범·운영되었다. 안전체험학교 시범실시의 목적은 학교에서 경험할 수 없는 각종 안전체험에 손쉽게 접근할 수 있도록 하고, 교육과정과 연계한 프로그램 개발을 통해 학생들이 위기 대응능력을 키우는 데 있으며, 2015년 시범운영된 결과를 바탕으로 2016년 상반기 성과분석을 거쳐 확대·운영되고 있다.

2) 독일의 학교안전교육

독일의 학교안전교육에 대해서는 한국교육개발원(KEDI)의 교육정책포럼 '독일의 학교안전교육과 시사점(홍혜정, 2014)'의 자료로 살펴보도록 한다.

독일학교에서 이루어지는 안전교육 내용은 크게 ① 교통안전에 대한 교육, ② '묻지 마 살인'과 같은 대형 학교 폭력이 발생했을 경우, ③ 화재나 자연재해와 같은 대형 사고가 발생했을 경우, ④ 체육 시간 및 여가와 교외 활동 중 일어날 수 있는 사고에 대한 안전교육, ⑤ 교사와 학생들의 건강을 해치는 요소에 대한 예방교육 등으로 나누어 실시하고 있다.

독일의 학교안전교육의 특징은 다음과 같다.

첫째, 안전교육 중 가장 중요한 것은 교통교육이다. 독일은 많은 학생이 자전거를 이용하여 등 · 하교한다. 모든 학생은 초등학교 4학년이 되면 교통경찰관 감독하에 '자전거 타기 자격증'을 취득한다. 자전거도 차량으로 취급되는 독일에서는 자전거 전용도로가 없으면 차도에서 자전거를 타야 한다. 따라서 '자전거 타기 자격증'은 자전거를 탈 수 있는지를 테스트하는 것이 아니라 도로 주행 규칙을 아는지를 테스트하는 것이다. '자전거 타기 자격증'은 경찰관이 학교를 방문하여 몇 주간에 걸쳐 교통 법규에 대한 이론을 가르친 후, 몇 번에 걸쳐 도로 실습을 시킨다. 실습한 후 교통경찰관이 지시하는 코스를 따라가며 실기시험을 치르게 된다. 학생들은 '자전거 타기 자격증'을 취득한 후에야 차도에서 자전거를 탈 수 있게 된다. 또한 공공 교통시설 운영기관에서 나온 전문가들은 학생들과 함께 직접 지하철이나 버스를 이용하면서 지하철 이용 시 발생할 수 있는 사고에 대비하여 교육한다. 이러한 교육은 주기적으로 반복하여 사고발생 시 자연스럽게 대응할 수 있도록 하고 있다.

둘째, 독일 안전교육에서 수영 역시 큰 비중을 차지하고 있다. 모든 초등학생들이 3학년이나 4학년에 기초 수영 자격증인 '해마 자격증'을 취득하여 수영을 즐길 뿐 아니라 안전에도 도움이 되도록 하고 있다. '해마 자격증'을 받기 위해서는 다이빙으로 시작해서 여러 가지 수영 스타일로 최소 25m를 수영할 수 있어야 하며 자신의 어깨까지 오는 수심에서 물체를 잡아 올릴 수 있어야 한다. 다음 단계로 <동>, <은>, <금> 3단계에 걸쳐 인명 구조를 할 수 있는 실력을 갖추도록 하고 있다. 이를 위해 학생들은 2명씩 조를 짜서 한 명은 물에 빠졌을 경우를, 한 명은 구조하는 역할을 나눠서 연습한다.

셋째, 방과후 수업에서 승마자격증 취득을 한다. 학생들은 방과 후에도 많은 취미활동을 한다. 그중 학생들이 선호하는 승마의 경우에도 안전을 위한 자격증을 취득하도록 하고 있다. '승마 자격증'은 승마를 얼마나 잘하는지를 테스트하는 것이 아니라 말 위에 바르게 앉는 법, 안장을 바로 메는 법 등과 같이 승마를 하는 기본적인 실기와 함께 말이 어떤 독초(풀)를 먹어서는 안 되는지 등 말의 중요한 식습관이나 말을 다룰 때 특히 어떤 점을 주의해야 하는지를 배운다. 이로써 학생들은 승마에서 생길 수 있는 사고를 예방할 수 있다.

넷째, 교사들은 정기적으로 응급처치 교육을 받아야 한다. 교사들에 대한 응급처치 교육은 사고보험사측에서 교사들의 시간적인 부담을 줄이기 위해 의사들을 학교에 보내어 교사연수를 한다.

다섯째, 학교는 화재사고에 대비해서 매년 1회씩 정기적으로 전교생을 대피시키는 소방훈련을 실시한다. 훈련 후에는 반드시 회의를 통해서 문제점을 체크하여 실제 상황에서 도움이 되는 교육이 이루어지도록 하며, 사고발생 시 대응할 구체적인 매뉴얼이 마련되어 있다.

여섯째, 독일의 각 학교에는 안전담당 교사가 있다. 이 직무를 맡는 교사는 해당 분야에서 사전교육이나 직업 경험이 있으며, 수년 동안 안전분야를 담당할 수 있는 교사가 맡도록 하고 있다. 그 이유는 안전 문제를 임시방편적이 아니라 장기적으로 계획 및 관리하기 위해서이다.

일곱째, 독일의 학교는 등·하교 시, 학교 야외활동 시, 혹은 학교 내에서 발생하는 모든 사고에 대해 배상해 주는 사고보험에 들어있다. 사고보험사는 해당 학교에서 일어난 모든 종류의 (배상된) 사고에 대해서 안전담당교사에게 통보하고, 안전담당교사는 이 자료를 분석하여 필요한 경우 학년별이나 학교 차원에서 '프로젝트 주간'을 추진하거나 동료교사들과 협의하여 수업 시간에 이를 다루도록 한다.

여덟째, 지난 몇 년간 독일학교 내에서는 '묻지 마 살인' 등 큰 사고가 종종 발생하였다. 이로 인해서 각 학교는 사고가 일어났을 경우를 대비하여, 학교마다 건물 구조가 다른 것을 고려해 지역 경찰관과의 협의 아래 대응 상황에 대한 학교별 사고대책 매뉴얼을 만들어두고 있다. 사고발생 시 대응 매뉴얼은 아주 구체적이다. 한 예로 화재나 자연재해(급상하는 태풍)로 인해 어린 학생들이 모두 급히 귀가해야 할 경우가 발생했을 때 부모들이 자녀들을 데려가려고 한꺼번에 몰리게 되면 우왕좌왕하게 되고 주차 문제가 생길 수 있다. 이런 경우를 대비하여 각 학급담당교사들이 학생들을 인솔하여 미리 학교를 빠져나가 학교 인근 건물에서 교사가 항상 소지하고 있는 비상연락망을 통해 연락된 학부모를 기다리도록 한다. 이처럼 구체적인 대피 매뉴얼을 준비하여 사고발생 시 차분하게 대응할 수 있도록 하고 있다.

아홉째, 안전사고에 있어서 책임 소재이다. 학생과 교사 및 학교에 종사하는 일반직원들의 건강과 안전에 대한 책임은 학교법인과 교장에게 있다. 학교건물(시설)의 안전과 관련하여 교장은 안전관련 담당교사로부터 보고를 받으면 즉시 학교법인에 위험 요소를 제거하도록 요청하며, 학교법인은 학교건물을 안전하게 운영할 책임을 지고 있다.

이상의 내용을 살펴본 **독일의 안전교육이 한국교육에 주는 시사점**은 다음과 같다(홍혜정, 2014). 사고란 대부분의 경우 '괜찮겠지'라고 방심하는 사이에 일어나게 되며 막상 사고가 일어났을 경우 우왕좌왕하는 대응으로 인해 더욱 큰 피해가 발생하기 마련이다. 이런 점에서 독일의 교육 현장은 사고가 발생할 수 있는 모든 가능성을 사전에 점검하여 사고를 방지하는 데 초점을 두고 있다. 또 정부 기관도 안전과 관련된 안건에 대해서는 심사나 허가기준을 까다롭게 하는 등 안전에 대한 의식을 높이도록 유도하고 있으며, 사고가 발생했을 경우에도 당황하지 않고 대응한다. 또한 피해를 최소한으로 줄이기 위해 학교현장에서는 구체적으로 준비된 매뉴얼을 반복적으로 연습하여 안전교육이 실제 상황에서 도움이 되도록 하고 있다.

3) 일본의 학교안전교육

일본의 학교안전교육에 대해서는 한국교육개발원(KEDI)의 교육정책포럼 '일본 학교에서의 안전교육 동향 및 시사점(이덕난, 2014)'의 자료로 살펴보도록 한다.

대지진과 방사능 유출 등 미증유의 대재해를 겪은 일본은 재해 발생 시를 대비한 학교안전교육, 학교방재교육에 대한 관심이 상당하다. 일본에서 학교안전교육이 방재교육을 중심으로 강화된 데에는 대지진이라는 대규모 재해의 발생이 계기가 되었다. 일본에서 방재교육은 학교안전의 영역 가운데 하나로 분류된다. 학교안전은 '생활안전', '교통안전', '재해안전'의 세 가지 영역으로 구성되어 있다.

2011년 발생한 동일본대지진은 고베대지진 이후에 학교 방재교육이 안고 있던 한계점을 보완하고, 각 학교에 매뉴얼의 재검토 및 개선을 요구하는 계기가 되었다.

일본의 방재교육은 4단계로 ① 평상시의 사전 준비, ② 재해 발생, ③ 복구 및 부흥, ④ 복구 이후 등의 단계로 구분하여 사전대비뿐만 아니라 재해발생부터 복구과정에 이르기까지 스스로 판단하여 방재에 대응할 수 있도록 하며, 다른 사람과 지역의 안전을 지원하고, 지역 및 사회의 특성에 대해 이해하는 것이 목적이다.

일본 학교안전교육의 특징은 다음과 같다.

① 일본은 1995년 고베대지진과 2011년 동일본대지진 등 큰 재해를 겪으면서 방재교육을 중시하는 학교안전교육이 마련되었다. 이를 계기로 하여 위협에 대비한 방재교육으로부터 지식과 자세를 갖추는 방재교육으로 방향을 전환하며 발전해 왔다.

② 일본에서 방재교육의 의미는 단순히 '방재'라는 말에 한정되어 재해발생 전에 재해피해를 예방하거나 재해 직후에 응급 대응하는 것만이 아니라, 스스로 재난에 적절히 대응해 피해를 낮출 수 있게 하는 '재해 감소'를 위한 지식을 갖추어 판단하고 행동하는 능력을 키우는 교육이다.

③ 방재교육을 포함한 학교안전교육은 지역사회와 긴밀하게 연계·협력하는 가운데 실시되고 있다.

④ 학교안전교육의 주요한 일환으로서 실시하는 방재교육을 관련 교과 및 활동과 연계하여 중점적으로 실시하는 방법으로 설계하였다.

일본의 학교방재교육이 한국의 안전교육에 주는 시사점은 다음과 같다(이덕난, 2014).

① 대규모 재난 발생 이전에 방재교육을 포함한 학교안전교육에 관한 실태를 조사하고 그에 따른 국가수준의 대책을 수립할 필요가 있다.

② 교육부와 시 · 도교육청은 물론이고 정부의 유관부처와 지자체 등이 연계 · 협력하여 방재교육을 포함한 학교안전교육을 체계적이고 효과적으로 실시하는 방안을 마련하여 시행할 필요가 있다.

③ 일본은 학교시설을 신축 또는 재건축하거나 리모델링할 때 방재교육 등 학교안전 및 안전교육을 중요한 요소로 고려하고 있다. 학교시설에 대해 한국의 여건에 적합한 안전 및 안전교육의 요소를 충분히 고려할 수 있게 하려고 학교시설 및 환경에 관한 전문 지원기관을 설립 또는 지정하는 방안을 도입할 필요가 있다.

④ 일본은 방재교육을 포함한 학교안전교육을 별도의 교과가 아닌 초 · 중 · 고교의 관련 교과의 내용에 연계시켜서 중요하게 교육하는 방안을 지속해서 추진해왔다. 일본의 사례를 참고하여 유 · 초 · 중 · 고교별로 현재의 관련 교과목의 교육내용 및 교과서에 방재교육을 포함한 학교안전교육이 중시될 수 있도록 설계하는 방안을 검토할 필요가 있다.

⑤ 현재 우리나라 학교안전교육에 관한 사항은 「학교보건법」과 「학교안전사고 예방 및 보상에 관한 법률」, 「초 · 중등교육법」, 「학교폭력예방 및 대책에 관한 법률」 등에 분산되어 규정되어 있다. 그리고 학교안전 및 안전교육의 대상이 학생 중심으로 규정되어 있고, 학생의 안전 및 안전교육에 관해서도 미흡하게 규정되어 있다. 그러므로 방재교육을 포함한 학교안전교육과 학교안전에 관한 사항들을 단일한 법률로 제정하거나 서로 긴밀하게 연계될 수 있도록 하는 법률 개정 방안을 마련할 필요가 있다.

제3절 학교안전공제회

3절은 학교안전공제회의 개요, 학교안전공제회 청구, 교육활동과 관련된 학교안전공제회의 지급 범위 등에 대해서 고찰하고자 한다.

1. 학교안전공제회의 개요

학교안전공제회는 교육활동 중 발생하는 학교안전사고에 대한 예방 및 문제 해결을 위한 보상을 위하여 1990년을 전·후로 각 시·도교육청에 설립[2)] 되어 사단법인 형태로 운영하다가 2007년 1월에 「학교안전사고 예방 및 보상에 관한 법률」이 공포되고, 같은 해 9월에 각 시·도에 학교안전공제회 특수법인으로 바뀌게 되었다. 설립 목적으로는 교육활동 중에 발생한 학교안전사고를 예방하고, 학생·교직원 및 교육활동참여자가 학교안전사고로 인하여 입은 피해를 신속·적정하게 보상하여, 학생은 학업에 충실하고, 교직원은 본연의 직무를 수행함으로써 안정적인 교육여건을 조성하기 위한 것이다.

교사가 학교안전공제회에 대하여 알아야 할 주요 내용은 다음과 같다.

① **학교안전공제회의 급여를 신청할 수 있는 것은 교육활동에 따른 안전사고이어야 한다.** 교육활동이란 학교의 교육과정 또는 학교의 장이 정하는 교육계획 및 교육방침에 따라 학교의 안팎에서 학교장의 관리·감독하에 행하여지는 수업·특별활동·재량활동·과외활동·수련활동 또는 체육대회 등의 활동, 등·하교 및 학교장이 인정하는 각종 행사 또는 대회 등에 참가하여 행하는 활동, 그 밖에 대통령령이 정하는 시간 중의 활동을 말한다.

② **가입자는 의무가입자와 임의가입자가 있다.** 의무가입자는 유치원장, 초·중·고등학교장, 특수학교장, 평생교육시설학교장 및 각종 학교장이며, 임의가입자는 외국인학교장이다.

③ **피제공자는 학생, 교직원, 교육활동자가 된다.** 그러나 교직원은 공무원연금법, 사립학교교직원연금법에 따라 공무상 재해를 입은 경우 그 법에 의해 보상을 받을 수 있고, 그 법의 적용을 받지 못하는 교직원(고용직 등)은 사용자가 산업재해보상보험에 가입하게 되어 지급사유가 발생하면 그 법에 따라 보상을 받게 된다. 그러므로 교사가 교육활동과 관련하여 학교안전공제회의 급여를 받는 경우는 극히 드물다고 할 수 있다.

④ **공제료 산정과 납부이다.** 교육부장관은 대통령령이 정하는 바에 따라 매 사업연도마다 전전년도 이전 최근 3년간의 학교안전사고의 발생 추이와

2) 각 시·도교육청의 설립 허가연도: 경기(1988), 인천(1992), 부산(1998), 대구(1990), 광주(1991) 등

공제급여 지급 실적, 전전년도의 공제사업 및 예방사업 등의 운영경비와 물가 상승률 등을 반영하여 공제료 산정기준을 정하고 이를 고시하여야 한다. 공제료 납부는 학교장이며, 매년 4월 1일 재적학생 수를 기준으로 1인당 공제료를 계산하여 납부한다. 2016년 기준으로 1인당 공제료는 유치원 1,940원, 초등학교 3,160원, 중학교 6,360원, 고등학교 8,020원, 방송통신중학교 630원, 방송통신고등학교 800원, 특수학교와 평생교육시설은 해당하는 학교 급별(유 · 초 · 중 · 고)에 따라 1인당 공제료가 결정된다(경기도학교안전공제회 http://www.ggssia.or.kr).

⑤ **공제급여의 종류이다.** 공제급여에는 요양급여, 장해급여, 간병급여, 유족급여, 장의비, 위로금, 보전비용 등이 있다. 공제급여는 학교안전사고로 인하여 피공제자의 생명, 신체상의 피해, 질병 치료를 목적으로 의료기관에서 행한 치료비용을 포함한 각종 비용을 피공제자 또는 보호자에게 지급하는 것이다.

교사는 위의 내용 이외에도 각 시 · 도 학교공제회에서 제공하는 각종 자료 및 예방교육 자료를 참고하여 실무에 반영하여야 한다.

2. 학교안전공제회 청구

학교안전공제회 청구는 '학교안전공제회공제급여관리시스템(http://www.schoolsafe.or.kr)'에 접속하여 ① 사고통지, ② 공제급여 통지를 통하여 청구한다. 이때 학교안전공제회는 공제급여 청구를 받은 날부터 14일 이내에 공제급여 지급 여부 결정한다. 다만, 학교안전사고 조사의 필요성 등 정당한 사유가 있어 14일 이내에 공제급여 지급 여부 결정이 어려운 때에는 14일을 연장할 수 있다. 사고통지는 사고 발생 후 이른 시간 이내에 하는 것이 좋다.

교사가 '학교안전공제회 공제급여 관리시스템'에 접속하여 사고통지 및 급여청구를 하는 절차는 다음과 같다[3].

---

3) 참보건연구회(http://www.1004bang.net)의 자료를 수정 · 보완

1) 사고 통지

(1) 인터넷 구동 후 http://www.schoolsafe.or.kr 을 입력하여 접속화면이 나타난다.

로그인 버튼을 클릭하여 학교안전공제회 공제급여 관리 시스템에 접속한다. ID와 PW는 학교행정실 담당주무관에게 문의한다.

(2) 접속화면 주 메뉴의 '사고통지' - '사고발생통지'를 선택한다.

(3) 사고발생통지서 입력 화면이 나타나면 사고발생 내용을 입력한다.

① 교장, 교감선생님 성함을 입력하는 확인자란은 비워두고 입력을 한다. 주민등록번호 입력에 대한 부분은 사고자만 쓰고 지도교사나 사고관련자는 입력하지 않아도 된다.

→ 입력한 뒤 저장하면 입력한 사고통지서를 출력할 수 있다.

② 출력한 사고통지서를 교감, 교장선생님으로부터 내부결재를 받은 뒤

→ 확인자란에 교감, 교장선생님을 입력하고 '사고통지'를 클릭한다.

③ 공제회담당자는 확인자란이 입력된 경우에만 확인하고 문서접수를 하게 된다. 공제회 담당자가 문서를 접수 처리하기 전까지는 해당 사고통지서의 내용을 수정할 수 있다.

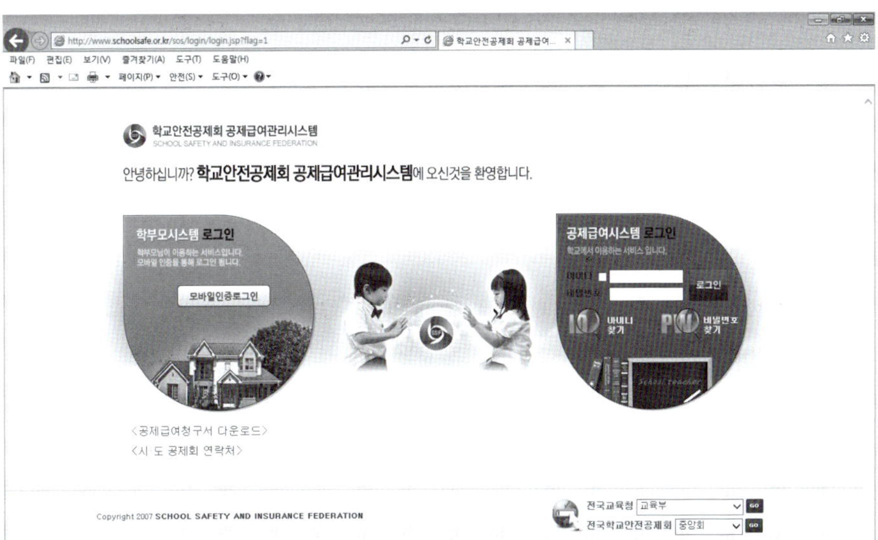

그림 8-1 학교안전공제회 공제급여관리시스템 접속화면

(4) 사고통지서를 작성하면서 부등호(=), 괄호 기호, ‘< 또는 >’ 등을 사용하지 않는다. 이를 사용할 경우 컴퓨터에서 프로그래밍 언어로 인식하게 되어 오류가 발생할 수도 있다.

2) 공제급여 통지

사고자(피공제자)의 치료가 끝난 후 치료비를 청구할 수 있는 사람은 학부모와 교사가 할 수 있다. 여기서는 교사가 신청하는 절차에 대하여 설명하고자 한다.

(1) 접속화면에서 공제급여청구를 선택 → 공제급여 지급청구서 입력 화면이 나타나면, ▶ 버튼을 클릭, 기존에 입력한 사고발생통지서를 검색한다.

(2) 검색된 사고발생코드로 사고발생통지서에서 입력한 사고내용이 조회된다.

(3) 작성자(교사-이름, 직위), 청구자(학부모) 정보, 계좌번호, 청구사항, 진단명 등을 입력한 후에 [▸확인] 버튼을 클릭한다.

(4) 청구서는 학부모가 그 내용을 꼭 확인하도록 하며, 학부모가 자필로 이름을 쓰게 하고 사인이나 도장을 꼭 찍어 제출한다.

3) 공제회에 제출하는 서류

다음의 서류를 갖추어 교감, 교장 등의 결재를 받은 후에 공제회에 보낸다.

① 사고통지서 출력하여 내부결재 받은 것 1부

② 공제급여 청구서 기재하여 출력한 것 1부

③ 학부모가 준비할 것: 입금통장 사본 1부, 주민등록등본 1부(부모, 자녀 관계 사실 확인을 위하여), 병원에서 받은 영수증, 처방전, 약국영수증 등, 진단서 1부(청구금액; 50만 원 이상인 경우만 필요) 등이다.

3. 교육활동과 관련된 학교안전공제회의 지급 범위

학교공제회가 학생 사고에 대해 보상을 하고 있다는 것은 알고 있으나 교사, 교육활동참여자, 교직원의 출장 중 사고, 학부모, 학교운영위원회 위원, 위탁강사 등의 사고에 대해서는 알기 어려운 경우가 있다. 그러므로 학교관계자는 학교안전공제회의 교육활동과 관련된 지급범위 및 지급하지 못하는 사례를 살펴볼 필요가 있다. 여기에 대한 자료는 경기도학교안전공제회(http://www.ggssia.or.kr)의 자료를 정리한 것이다.

1) 교직원의 공무수행 중 사고에 대한 보상

교직원(유・초・중등)은 공무수행 중 사고가 발생하면 「공무원 연금법」 또는 「사립학교교직원 연금법」에 의해 그 보상을 받는다. 다만, 이 법의 적용을 받지 못하는 교직원은 사용자가 산업재해보상보험에 가입하여 「산업재해보상보험법」에 의해 보상을 받을 수 있다. 그러나 위에 열거된 법률의 적용을 받지 못하는 '교육활동참여자'가 교육활동 중 발생한 안전사고에 대해서는 보상을 받을 수 있다.

2) 학교운영위원이 학교장의 요청에 따라 학교 행사에 참석한 경우 보상여부

「학교안전사고 예방 및 보상에 관한 법」에서 '교육활동참여자'는 학생 또는 교직원이 아닌 자로서 학교장의 승인・요청에 따라 교직원의 교육활동을 보조하거나 학생 또는 교직원과 함께 교육활동을 하는 자를 말한다. 따라서 학교운영위원이 학교장의 요청에 따라 교육활동에 참여하여 학교안전사고를 당한 경우는 교육활동참여자에 해당하므로 공제급여를 청구할 수 있다. 이때 교육활동에 해당하는지 여부는 「학교안전사고 예방 및 보상에 관한 법」에서 규정한 범위 내인지를 판단해야 할 것인 바, 사안에 따라 보상여부가 결정될 것이다. 다만 단순히 학교운영위원회에 참석한 경우는 교육활동으로 보기는 어렵다.

3) 학교와 계약으로 컴퓨터 학원 강사가 컴퓨터 교육을 하던 중 부상한 경우

학생이 컴퓨터 교육을 받던 중 부상을 하였다면 이는 교육활동 중 발생한 사고이므로 보상을 받을 수 있다. 그러나 학원 강사의 경우 학교와 위탁계약을 맺고, 정당한 대가를 받고 교육을 실시하는 것이기 때문에 학원에서 가입한 '산업재해보상보험'으로 보상을 받아야 할 것이다.

4) 학부모가 학생들을 인솔하여 현장학습을 하다가 부상을 당한 경우

학교안전공제회가 보상하는 안전사고는 학교장의 관리 · 감독하에 학교교육활동 중 발생한 사고이다. 학교안전공제회가 보상할 수 있는 '교육활동'이란 학교의 교육과정 또는 학교장이 정하는 교육계획 및 교육방침에 따라 실시되는 활동이므로, 이 같은 경우 학부모가 학생들을 인솔하여 실시한 현장학습은 교육활동으로 인정하기 어려우며, 학부모를 교육활동참여자로 볼 수도 없으므로 보상대상이 아니다. 만약 학부모가 교육계획에 따라 교사를 대신하여 지도할 것을 학교장으로부터 요청받고 현장학습을 하던 중 발생한 사고라면 학교안전공제회로부터 보상을 받을 수 있다.

제4절 학교안전사고에 대한 책임 소재

4절에서는 학교안전사고의 책임 소재, 학교안전사고의 피해 배상 등에 대해서 기술하고자 한다.

1. 학교안전사고의 책임 소재

학교에서 안전사고가 발생하면 사고의 책임 소재를 명확히 하여 손해배상의 책임을 일부 또는 전부를 묻게 된다. 서울시 교육청의 교직실무편람에서는 다음과 같이 학교안전사고에 대한 책임소재를 제시하였다(서울시교육정보연구원, 2012).

1) 학생 또는 보호자의 책임이 인정되는 범위

학교안전사고 중에서 학생 간에 발생한 사고는 가해학생에 대해 일부 책임을 묻는 판례가 있다. 민법상 고의 또는 과실로 인한 위법행위로 타인에게 손해를 가한 자는 손해배상의 책임이 있으므로 가해학생도 이에 해당하면 책임을 물을 수 있기 때문이다. 그러나 그 행위의 책임을 변식할 지능이 없을 때 배상 책임이 면제되고 그 부모가 법정감독 의무자로 배상의 책임이 있다. 책임 인정범위에 대해서는 판례에 따라 약간씩의 차이가 있으므로 일률적으로 판단하기는 어렵다. 그동안 판례에 의하면 대체로 초등학생을 포함하여 중학교 1, 2학년까지도 구체적 사안에 따라서 책임능력을 인정하지 않는 사례가 있다. 친권자는 미성년자의 보호자로서 그 생활 전반에 걸쳐 감독 의무를 지고 있으므로 그 의무를 게을리 하지 않았다는 것(감독의무 불해태)을 증명하여 면책이 가능할 수도 있으나 판례는 미성년자 부모의 책임에 대해 상당히 엄격한 입장을 견지하고 있다.

2) 교사의 책임

학생안전사고에 대해 교사는 학생의 생명과 신체의 안전을 도모하여야 할 의무를 다하지 못한 것에 대해 책임을 지게 된다. 주의 의무 위반, 결과 발생 개연성, 인과관계, 예견가능성이 충분히 있는 경우 등에 대해서는 형사상 과실로 인한 책임을 지게 되며, 성실, 품위 유지 등 공무원 복무 의무를 위반하여 발생한 사안에 대해서는 징계처분도 받게 된다. **교사의 의무를 다하지 못하여 그 책임을 묻는 경우는 다음과 같다.**

① **교사는 교육활동 전반에 걸쳐 학생들을 안전하게 보호해야 하는 데 이 의무를 위반한 경우에 책임을 지게 된다.** 예를 들면, 수업, 계발활동시간, 체육수업, 청소시간에 지도를 소홀히 하여 사고가 발생한 경우가 이에 해당한다.

② **교사는 사전 안전지도, 사고방지 대책을 세울 의무가 있다.** 예를 들면, 교구나 실습장비의 사용에 앞서 안전교육을 실시하고 예견되는 위험성을 인식하여 이를 개선하거나 대책을 마련하고 지도를 강화하여야 한다.

③ **교사는 사고발생 시 사후조치를 철저히 하여 피해를 최소화하여야 한다.** 사후조치를 소홀히 하는 경우에 그 책임을 면할 수 없다. 사고가 발생하면 학생을 보호하고 피해를 최소화하기 위해 최선의 노력과 합리적인 조치를 해야 할 의무가 있다. 사소한 부상이라도 자의적으로 판단하지 말고 가까운 병원으로 후송하여 전문적 진단을 받도록 신속히 조치하여야 한다. 학교장에게 보고는 물론이고 보호자에게 사고의 발생 원인과 전반적 상황을 상세히 설명해 주어야 한다.

사건 경위를 전반적으로 고려하여 위와 같은 의무를 충실히 이행하였는지의 여부를 따져 교사에 대한 민 · 형사상, 또는 행정상 책임을 결정하게 된다. 형사적 책임은 학생을 지도 감독하는 활동 중에 교사의 직접적인 과실로 인해 학생이 상해를 입거나 사망하는 경우에 업무상 과실 또는 중대한 과실로 사람을 사상에 이르게 한 상황에 해당하여 형사상 처벌을 받게 된다(형법 제268조). 민사상 책임은 손해배상의 책임으로 교사가 고의 또는 중대한 과실이 있어 발생한 사건에서 설치권자가 우선 배상을 한 후 구상권을 행사함으로써 배상의 책임을 지게 된다. 행정상 책임으로 교원으로서 지도 감독, 사전 안전교육 등 성실한 직무수행을 하지 않은 경우에 징계를 받게 된다.

2. 학교안전사고의 피해 배상

국가나 지방자치단체는 공무원이 직무를 집행하면서 고의 또는 과실로 법령을 위반하여 타인에게 손해를 입히거나, 「자동차손해배상 보장법」에 따라 손해배상의 책임이 있을 때에는 이 법에 따라 그 손해를 배상하여야 한다. 따라서 교육감은 학교안전사고로 인하여 생명 신체에 피해를 입은 학생, 교직원 및 교육활동 참여자에 대한 보상을 하기 위하여 학교안전사고보상공제사업을 실시한다. 손해의 원인에 대하여 책임을 질자가 따로 있으면 국가나 지방자치단체는 그 자에게 구상할 수 있다.

학교안전사고가 민사소송으로 비화하였을 경우 국 · 공립학교의 경우 국가 · 지방자치단체(교육감)이 소송당사자가 되고, 사립학교의 경우 학교법인이 소송 당사자가 된다.

소송의 주요 절차는 소송 제기 → 소송당사자 및 대리인 지정(교육청) → 해당 학교의 관련자료 제출(학교) → 자료 제출 등 소송 진행(교육청 법무담당관, 소송대리 변호사) → 판결(법원) → 판결에 대한 의견 제출(학교) → 후속조치(교육청)의 순서로 진행된다.

일선학교에서 소송 진행과정에서 준비해야 할 자료는 다음과 같다. 학교장 의견서, 교육청의 요청에 의한 학생 관련 자료, 사고 상황에 관련된 증거자료 제출(목격자의 상황 진술 등), 안전사고 예방을 위한 사전교육 등 관련자료, 사고 발생 및 진행 그리고 사후조치 등을 정리한 자료, 학교안전공제회 보상금 신청이나 학교에서 피해학생에게 지급한 성금 등 피해보상 관련자료, 기타 소송에 필요한 자료 또는 교육청에서 요청한 자료 등이다.

생각해봅시다

1. 학교장의 관리 · 감독하의 질병에 대하여 생각해 봅시다.

2. 학교안전사고의 특징에 대하여 생각해 봅시다.

3. 체육시간 중에 발생 가능한 사고유형과 예방수칙에 대하여 생각해 봅시다.

4. 휴식(점심)시간 중에 발생 가능한 사고유형과 예방수칙에 대하여 생각해 봅시다.

5. 체험활동, 견학, 기타 교외활동 중에 발생 가능한 사고유형과 예방수칙에 대하여 생각해 봅시다.

6. 등 · 하교 교통지도 예방수칙에 대하여 생각해 봅시다.

7. 외국(독일, 일본)의 학교안전교육에서 우리나라 학교에서 도입할 수 있는 안전교육에 대하여 생각해 봅시다.

CHAPTER 9

생활지도 및 진로지도

학습목표

1. 생활지도의 개념과 기본원리를 이해할 수 있다.
2. 생활지도의 활동영역을 제시할 수 있다.
3. 생활지도의 활동내용을 열거할 수 있다.
4. 진로교육의 개념과 학교급별 진로지도 목표를 파악할 수 있다.
5. 진로지도의 실천방법을 설명할 수 있다.
6. 진로검사 관련 심리검사의 각 특성을 이해할 수 있다.

Keyword

생활지도, 생활지도의 기본원리, 생활지도의 활동영역, 교육지도, 직업 및 진로지도, 성격지도, 사회성지도, 건강지도, 여가지도, 학생이해활동, 진로정보활동, 상담활동, 정치활동, 추수활동, 표준화검사, 지능검사, 적성검사, 학력검사, 흥미검사, 성격검사, 인성검사, 비표준화검사, 관찰법, 질문지법, 면접법, 평정법, 투사법, 사회측정법, 사례연구, 자서전법, 누가기록, 학교생활기록부, 교육정보, 직업정보, 개인 및 사회적 정보, 진로지도, 진로진학상담교사, 진로교육, 진로지도 목표, 진로심리검사, 직업흥미검사, 직업적성검사, 직업가치관검사, 직업성숙도검사, 진로심리검사

제1절 생활지도의 개념

1절에서는 생활지도의 정의, 생활지도의 기본원리, 생활지도의 활동영역 등에 대하여 고찰하고자 한다.

1. 생활지도의 정의

생활지도는 영어의 guidance를 우리말로 옮긴 것으로서 안내, 인도, 지도, 본보기, 지침 등의 다양한 의미가 있다. 학교에서의 생활지도는 학생들을 대상으로 바람직한 방향으로 성장하도록 돕는 안내, 지도, 훈육하는 것을 뜻한다. 흔히 생활(학생)지도라고 하면 엄격한 규제를 통해 '학생다움'을 유지하도록 하는 생활지도부 교사들의 지도 단속활동을 연상하기 쉽다. 그러나 학교교육은 전통적으로 지식을 전수하는 교과지도와 학생생활 상의 문제를 다루는 생활지도로 크게 나눌 수 있으며, 이 두 영역은 상호보완적 성격을 가지기 때문에 엄밀하게 구분하기는 어렵다(서울시 교육연구정보원, 2012: 216). 교사의 교과지도활동은 학생의 지적·신체적인 성장·발달을 도모하기 위한 것이고, 생활지도활동은 학생의 인성·사회성 측면의 성장·발달을 위한 것으로서 상호보완적 관계를 맺고 있다.

생활지도의 개념 정의는 그 용어가 가지는 뜻이 다양하여 학자마다 각기 다른 해석을 하고 있다(신재흡, 2014: 192-193). Traxler와 North(1969)는 생활지도는 학생 각자가 자신이 가지고 있는 능력, 흥미, 성격적인 제 특성을 이해하게 하여 이를 최대한으로 발전시켜 나가며, 자신의 생활목표와 결부시켜 마침내는 민주사회의 바람직한 국민으로서 원만하고도 성숙한 자기지도를 성취하도록 돕는 과정이라고 정의했다. Hill(1965)은 생활지도를 학생들의 선택 기술과 과정에서 성숙 및 발달을 돕고, 특히 교육적이고 직업적인 계획에 대하여 학생들을 돕는 것이라고 정의하였다. 그리고 1960년 미국의 주립 학교장위원회에서는 생활지도를 ① 모든 학생에게 그들의 능력, 적성, 흥미와 교육적 필요를 이해하고 접근하도록 도와주고, ② 그들의 교육적·직업적 기회와 필요조건으로 이해시키도록 하며, ③ 현실적인 목표를 형성하고, 성취하도록 최대한

의 기회를 이용하도록 도와주고, ④ 학생들이 만족할 만한 개인·사회적 적응을 하도록 이끌며, ⑤ 학교 전체 프로그램을 계획하고, 평가하여 학교교직원과 학부모 및 지역사회에 유용한 정보를 제공해 주는 것이라고 정의했다(Peters & Farwell, 1967). 서울특별시교육청(2012: 216)에서는 생활지도란 학생이 일상생활에서 부딪히는 문제를 스스로, 합리적으로 해결할 수 있도록 인지적, 심리적 적응기제를 발달시키도록 도와주고 안내해 주는(guiding) 일련의 활동이며, 생활지도는 생활지도부 교사뿐 아니라 담임교사를 비롯하여 상담교사, 교과 담당교사 등 누구나 중요한 책무로 인식하고 실천하여야 한다고 하였다.

결국, **생활지도란 학생 자신의 이해, 흥미, 적성, 능력 등의 계발과정과 현 사회가 필요·요구하는 교육을 통해 미래사회에 적응하도록 돕는 과정이다.** 이것은 교사들이 학생들을 이끄는 개별적·체계적·계획적 조언활동이며, 이를 통해 학생은 자기사고와 자기선택을 가짐으로써 자신의 문제를 해결할 수 있는 능력과 자신감을 함양하는 교육적 작용이라고 할 수 있다.

2. 생활지도의 기본원리

학교에서의 생활지도활동은 교육이념상 측면, 사회적 측면, 개인적 측면에서 중요한 학교 교육활동이다. 따라서 **생활지도는 다음과 같은 제 원리에 따라 실시되어야 한다**(고영남, 2011; 오천균, 1999).

① **계속과정의 원리이다.** 생활지도는 일회성이 아니라 학생들이 졸업 후에도 계속 관심을 가져야 하는 과정이다. 진학·취직 및 이에 대한 정치활동(placement service), 그리고 새로운 학교나 직장에 잘 적응할 수 있도록 사전지도 등이 필요하다.

② **전인적인 원리이다.** 교육의 궁극적인 목표는 전인을 표방하고 있으면서도 실지 교육현실에서 행하여지고 있는 교육은 특정한 지식과 기술에 국한되어 온 것이 사실이다. 이러한 잘못을 바로잡고 교육의 궁극적인 목표를 달성하기 위하여 생활지도 측면에서 학생 개개인의 전인적 발달을 돕는 활동에 역점을 두는 것이 바람직하다.

③ **균등의 원리이다.** 생활지도는 문제아 및 부적응아들의 문제만 해결해 주

는 활동으로 잘못 이해하는 경우가 많다. 하지만 생활지도는 모든 아동의 가능성을 최대한으로 발달시키려고 하는 과정이다.

④ **과학적 기초의 원리이다.** 생활지도는 학생에 관한 객관적이고도 구체적인 자료에 의한 과학적 자료에서 시작되어야 하며, 인간의 지능, 학력, 적성, 흥미 등을 측정할 수 있는 각종 표준화검사가 해당한다.

⑤ **적극성의 원리이다.** 이 원리는 치료나 교정보다는 예방에 중점을 두어야 한다. 조직적인 활동으로서의 생활지도는 소극적 의미의 처방적 활동중심이 아니라 학생들의 심리적 발달상황에 대한 조사연구를 통해 교육프로그램을 개발함으로써 학생들의 문제를 예방할 수 있어야 한다.

⑥ **협동성의 원리이다.** 생활지도는 담임교사 및 상담교사뿐만 아니라 학교 구성원 전체와 가정, 지역사회와의 협동적인 과정으로 해야 한다.

⑦ **자율성의 원리이다**(이형행, 1999). 생활지도는 학생들에게 자기행동을 이해하도록 하고, 변화를 가져오도록 돕는 역할을 해야 한다. 민주사회의 교육에서 중요한 것은 결과가 아니라 과정이며, 자율적으로 생각하고 행동해 보는 경험이 매우 중요한 것이다. 따라서 생활지도는 보다 자율적인 방향으로 진행되는 것이 바람직하다.

3. 생활지도의 활동 영역

생활지도는 학생 개인의 전인적 발달을 지향하기 때문에 학교의 교육적 활동 전반에 걸쳐 관심을 두게 된다. 따라서 더욱 구체적이며 실질적인 생활지도계획을 수립하기 위하여 **생활지도의 관심 영역**을 분류하면 다음과 같다(이경숙 외, 2011; 구광현 외, 2000).

① **교육지도(education guidance)이다.** 학생들이 학교교육을 받는 데 필요한 사항들을 인식시키고 개발한다. 학교생활에 필요한 기본적인 생활태도와 올바른 학습습관에 관한 지도 및 기초학력 부족에 대한 대책 등을 모색한다.

② **직업 및 진로지도(vocational guidance)이다.** 학생들의 진로문제 및 장래 직업과 관련된 각종 정보를 수집 및 제공하고 진로 및 직업준비에 필요한 교육적 방안을 마련한다.

③ **성격지도(personality guidance)이다.** 학생들의 적응문제와 관련된 부분으로 건전한 성격형성을 도와주기 위한 프로그램의 개발 및 운영 또는 문제아의 발견과 치료 등이 포함된다.

④ **사회성지도(sociability guidance)이다.** 집단생활에서 필수적으로 요청되는 원만한 대인관계의 수립을 도와주기 위한 여러 활동이 포함된다. 가족관계, 이성문제나 대인관계 문제를 지닌 학생을 도와주기도 한다.

⑤ **건강지도(health guidance)이다.** 학생들의 신체적 · 심리적 건강을 유지하는 데 도움을 주려는 교육적 활동을 포함한다. 갈등을 처리하는 기술이나 스트레스에 대처하는 방법 등을 알려주고 영양부족이나 비만, 신체적 결함 등을 극복할 수 있도록 도와준다.

⑥ **여가지도(recreational guidance)이다.** 학교에서 수행하는 교과활동이 아닌 과외활동을 지도하고 조언하는 것이 포함된다. 건전한 여가활동을 통해 자기성장을 추진해 나가는 새로운 경험을 가질 수 있도록 개인적 또는 집단적인 지도를 수행한다.

제2절 생활지도의 활동내용

생활지도의 활동은 guidance service라고 한다. 생활지도는 학생들에게 베푸는 봉사활동이므로 학생지도 봉사활동이라고 한다. 생활지도 활동은 다음과 같이 다섯 가지의 주요활동으로 구성된다. ① 학생조사활동, ② 진로정보활동, ③ 상담활동, ④ 정치활동, ⑤ 추수활동 등으로 구성되며, 이들 내용을 정리하여 살펴보면 다음과 같다(김계현 외, 2011; 김충기, 1996; 김청자 · 정진선, 2010; 신재흡, 2014).

1. 학생이해활동(학생조사활동: Student appraisal service)

학생이해활동은 학생조사활동이라고 하며, 학생 개개인과 그를 둘러싸고 있는 인적 · 물적인 환경을 정확하게 그리고 포괄적으로 파악해서 이들 자료를 기초로 학생의 성장·발달을 돕기 위한 자료를 얻는 활동이다. 여기에는 학생들의 필요, 흥미, 성장가능성과 생활환경을 바르고 정확하게 이해하는 것이 조직적인 생활지도의 가장 기초적인 단계라고 할 수 있다(김청자·정진선, 2010). 학생의 인적사항을 과학적이고 객관적으로 파악하는 활동을 의미한다. 학생조사활동의 대상으로는 가정환경, 학교성적, 특별활동, 교외활동, 교우관계, 지능, 적성·흥미, 성격, 건강, 장래의 희망 등은 물론이고, 현재의 적응 또는 부적응에 관련되는 모든 상황 및 조건이다. 학생조사활동에서 수집된 정보는 개별학생의 인지적·정의적 발달을 촉진하기 위한 교육적 경험을 형성하는 기초자료가 된다.

학생을 이해하는 방법은 표준화검사나 비표준화검사를 통해서 알아볼 수 있다. **표준화검사**에는 지능검사, 적성검사, 학력검사, 흥미검사, 성격검사, 인성검사 등이 있으며, **비표준화검사 방법**으로는 관찰법, 질문지법, 면접법, 평정법, 투사법, 사회측정법, 사례연구, 자서전법, 누가기록, 학교생활기록부 등이 있다. 이러한 **학생조사활동이 보다 과학적으로 학생들의 자기이해 및 문제해결을 돕는 것이 되기 위해서는 다음 사항에 유의해야 할 것이다**(김준권 외, 1998).

① 학생조사활동은 객관적이고 신뢰도가 높은 조사가 되어야 한다.
② 생활지도의 목적에 합당한 것이어야 한다.
③ 여러 가지 가능한 방법이나 기술을 종합적으로 활용해야 한다.
④ 조사결과를 기록, 정리, 보관하여 실제지도에 유용하게 활용될 수 있도록 해야 한다.

따라서 학생조사활동은 담임교사 및 상담교사가 학생들의 인적·물적자료를 객관적이고 과학적인 방법으로 수집하여 개인지도와 상담활동에 이용할 수 있도록 정보화하는 과정이다.

2. 진로정보활동(career information service)

진로정보활동은 학생들이 바라고 원하는 각종 정보 및 자료를 제공하여 학생들의 개인적 발달과 사회에 현명하게 적응할 수 있도록 돕기 위해서 제공되는 활동이다. 그러므로 정보활동은 학생들에게 필요 불가분의 요소로서 마땅히 필요 시기에 신속·정확하게 제공되어야 한다. 학생들에게 제공되는 정보는 크게 교육정보, 직업정보, 개인 및 사회적 정보 등으로 구분한다.

1) 교육정보(educational information)

교육정보란 학생들이 학교에서 교육활동을 하는 데 필요한 정보를 제공하는 것으로서, 학생들이 자기의 교육계획을 합리적으로 세우고 교육과 학습의 기회를 최대한으로 활용하기 위하여 알아두어야 할 정보자료들이다. Shertzer와 Stone(1981)이 제시한 **교육정보의 내용**은 다음과 같다. 수업시간과 학교의 제 규칙, 교육과정과 교과목, 학교의 클럽과 사교적 활동, 교육의 가치, 상급학교 진학에 관련된 프로그램 및 요구되는 것들, 학습습관과 학습기능, 장학금, 학비대여, 기타 경비조달 방법, 통신학교나 통신교육, 학업성취 방법, 상급학교에서의 사회적 생활과 문화적 기회에 관련된 정보를 수집보관 등 현재 또는 미래에 있을 수 있는 여러 가지 교육기회와 필요한 준비물에 관한 모든 형태의 타당하고도 유용한 자료를 말한다.

2) 직업정보(occupational information)

직업정보란 장래의 직업선택과 관련하여 합리적인 의사결정을 하도록 직업과 관련된 유용한 정보를 제공하는 것이다. Shertzer와 Stone(1981)의 **직업정보**는 직업의 구조와 직업군, 노동력의 공급, 인구변화, 재화에 대한 수용, 기술변화 등을 포함한 일의 추세, 노동법규, 직업과 직업정보의 분류, 중요한 직업, 특종 직업의 직무나 일의 성격, 여러 직업에서 요구되는 자격조건, 직업에서의 요구하는 준비, 취업과 승진의 방법, 여러 직업의 보수와 장래의 전망 등 직업에 관한 정보로서 직장, 직종에 관한 타당하고도 유용한 정보를 말한다.

3) 개인 및 사회적 정보

개인 및 사회적 정보란 자기 자신과 남을 이해하는 데 필요한 정보로서 자신을 보다 잘 이해하고 발전시키는 것을 돕는 인간에 관한 자료를 말한다(김청자 · 정진선, 2010). 여기에는 자기이해와 통찰의 성취, 동성 및 이성과의 성숙한 관계유지, 건전한 인성발달에 관한 정보, 성취동기 및 욕구, 행동에 관한 정보, 신체 및 정신건강에 관한 정보, 처세술, 예의범절, 여가 선용, 가치관, 종교관, 이데올로기 등에 관한 정보가 포함된다.

상기의 교육정보, 직업정보, 개인적 · 사회적 정보는 교육청, 사회단체 및 기관에서 제공되는 자료와 학교자체에서 제작한 자료를 수집 · 정리 · 보관하여 개인상담이나 집단상담을 통하여 제공하거나, 전교생을 대상으로 창의적 체험활동시간으로 배정된 자율 · 동아리 · 봉사 · 진로 활동과 계기교육 및 인성교육을 통해 유용한 정보제공 및 프로그램을 운영하도록 한다. 이러한 정보활동은 그 자체가 교육적 과정이라는 사실을 염두에 두면서 학교실태, 학생들의 성취도 및 요구, 흥미에 맞추어 교육적으로 제공되어야 할 것이다.

3. 상담활동(counselling service)

상담활동은 생활지도 활동의 중핵적인 활동이라고 할 수 있다. 학생들은 상담을 통해서 그들이 당면하고 있는 부적응의 문제해결을 위하여 직접 도움을 받을 뿐만 아니라 그들의 장래계획을 설계하고 자신의 힘으로 건전한 발달을 이룩하는 데 도움을 주게 된다(김청자 · 정진선, 2010). 상담활동은 객관적인 학생조사활동과 각종 정보제공활동을 통하여 획득한 종합적인 자료와 정보를 근거로 하여 상담자와 내담자와의 친밀한 관계 속에서 전문적 대화가 전개되는 것이 보통이다. 특히 학교부적응의 문제를 가지고 있는 학생을 대상으로 그가 당면하고 있는 부적응의 문제를 바르게 이해하고 자신의 힘으로 해결할 수 있도록 도와주는 역할을 담당한다. 상담은 인간에 대한 이해와 온정 및 인도주의적 태도를 갖춘 상담자에 의해서만 성공을 거둘 수 있다. 그러므로 성공적인 상담을 위해서는 과학적인 지식이나 기술만이 아니라 인간에 대한 성숙한 태도와 내면세계에 관한 민감한 이해가 필요하다(김청자 · 정진선, 2010: 37).

Dinkmeyer(1964)의 **상담활동에 요구되는 상담자와 내담자의 관계적 측면**을 다음과 같이 기술하고 있다.

① **협력적인 관계가 설정되어야 한다.** 카운슬러와 내담자는 공동의 목표와 목적을 설정하고 상호 협력해야 한다.

② **현실생활 장면에 대한 내담자의 견해를 알기 위한 탐색이 이루어져야 한다.** 상담자는 내담자의 불만이나 문제를 잘 검토해야 한다.

③ **카운슬러의 내담자에 대한 견해는 내담자의 감정과 그 속에 내포된 의미를 파악하고 난 후에 판단되어야 한다.**

④ **상담과정을 통해서 내담자가 자신의 그릇된 관념을 스스로 발견하고 보다 정확한 관념을 갖게 하는 재방향화(reorientation)가 이루어져야 한다.**

상기의 내용을 종합하면 상담자와 내담자는 협력적 관계를 통해 당면한 문제해결을 위한 공동의 목표를 갖고 서로 상담에 임하여야 하며, 상담자는 내담자가 요구하는 문제해결에 대한 정확한 정보를 알고서 이에 따른 적절한 해결책을 제시하여야 한다. 상담의 기본은 인간관계에서 시작되므로 상담자는 내담자에 대한 이해와 온정, 경청의 자세를 갖고 인내심을 갖고 대화하여 상대의 신뢰를 얻어야 하며 비밀보장이 우선되어야 한다.

4. 정치활동(placement service)

정치활동이란 상담결과를 토대로 학생 자신이 적재적소에 적응할 수 있는 능력을 도와주는 것이다. 여기에는 취업, 진학, 진급, 선택과목의 선정, 특별활동 부서의 결정 등과 같이 개인 또는 집단이 어떤 선택적인 결정을 내려야 할 때 합리적이고 현실적인 의사결정을 하도록 돕고 의사결정에 필요한 정보를 제공하고 조정하고 협조하는 일련의 활동을 말한다. 그러므로 정치활동이란 학생들이 자기의 욕구를 충족시키기 위하여 다음 단계의 계획을 세우고 새로운 위치를 정하고 전진하도록 도와주는 일체의 활동이라고 할 수 있다(김청자 · 정진선, 2010: 38). **정치활동은 크게 교육적 정치활동, 직업적 정치활동, 개인 정치활동으로 구분할 수 있다.** '교육적 정치활동'에는 학교, 학과선택, 진학,

특별활동부서의 선택 등의 지도이며, '직업적 정치활동'은 직업선택, 직장 알선, 진로선택, 아르바이트 알선 등에 대한 지도이다. 그리고 '개인발달을 위한 정치활동'은 개인의 전인적 발달을 위한 것으로서 집단경험, 의사결정경험 등 다양한 역할을 수행해 볼 활동 기회를 가질 수 있게 돕는 것이다.

일반적인 학생들은 의무교육기간인 중학교까지는 주어진 교육제도에 따르지만 중학교 3학년에 이르러서는 일반계고와 특성화고 진학에 대해 선택을 하여야 하며, 고등학교에 입학해서는 문·이과 선택, 대학선택, 학과선택, 취업선택에 대한 갈등요소 등을 겪게 된다. 상담교사는 학생의 흥미, 적성, 소질, 환경 등을 고려하여 학생에게 최고의 선택이 될 수 있도록 단계별 학습내용과 준비과정, 성취에 대한 설명을 적절한 시기에 시행할 필요가 있다.

5. 추수활동(follow-up service)

추수활동은 사후지도라고도 하며, 생활지도 프로그램 때문에 도움을 받은 학생을 대상으로 하여 계속적이며 진보적인 발전을 위해 도움을 주고 동시에 학교의 생활지도 프로그램의 평가와 개선을 위해서 필요한 활동이다(김청자·정진선, 2010: 38). 정치활동의 결과 학생들이 적재적소에 잘 적응하고 수학이나 취업 및 직무수행, 진학과정에서의 적응상태를 보살피며, 부적응에 대한 조력과 보다 나은 적응활동을 위해 재배치하는 조직적인 봉사활동이다. 추수활동의 내용에는 과거에 지도를 받았거나 졸업한 학생이 어떻게 적응하고 있는지에 대해 접촉하고 관찰 및 평가하여 계속하여 자료를 제공하거나 조언을 해주는 활동을 하게 된다.

추수활동이 필요한 이유는 다음과 같다. ① 학생들이 학교를 졸업하거나 중퇴한 경우에 어떻게 적응하고 있는가에 대한 정보를 획득하여야 한다. ② 학교 생활지도프로그램에 대해 평가를 해야 한다. ③ 생활지도를 개선하기 위한 자료를 획득하여야 한다.

추수활동의 방법은 우선 학생조사활동에서 취급한 방법과 비슷한 면접, 질문지, 관찰, 표준화검사, 서신연락, 전화문의, 개별방문, 동창회활동 사항 등을 통하여 현장의 적응 여부를 점검하고 문제점을 재확인한 후에 적절한 대책을 강구하여 재배치함으로써 적응의 문제점을 도와주는 것이다. 또한 학생에게 상담이나 지도를 해주고 학생들이 좋은 결과를 얻었다는 일회적인 것으로 모든 지도가 끝나는 것이 아니라, 그 학생이 얼마나 계속 향상적인 발전을 해 나가고 있는가를 알아보고 보살펴 주는 것이 지도의 마무리 완성을 위하여 꼭 필요한 것이다(김청자 · 정진선, 2010: 38).

따라서 **추수지도의 효과적인 방법**은 카운슬러 혼자만의 힘으로는 어려우며 학교 행정당국과의 협조 하에 조직적 · 체계적 · 지속적인 과정에서 이루어져야 한다.

제3절 진로지도

최근 교육계에 진로지도가 매우 중요한 과제로 주목받아 2015년 진로교육법이 제정되었다. 이 법은 학생에게 다양한 진로교육 기회를 제공함으로써 변화하는 직업세계에 능동적으로 대처하고 학생의 소질과 적성을 최대한 실현하여 국민의 행복한 삶과 경제 · 사회발전에 기여함을 목적으로 한다(진로교육법 제1조). **진로교육의 대상**은 초 · 중등 · 대학생뿐만 아니라 장애인, 북한이탈주민, 저소득층가정의 학생 및 학교 밖 청소년 등 사회적 배려대상자를 포함한다. 그리고 국가 및 지방자치단체는 학생의 발달단계 및 소질과 적성에 맞는 진로교육을 활성화하는 데 필요한 시책을 마련하도록 하는 등의 국가적 교육영역에 포함되고 있다. 진로교육은 학생 개개인의 능력과 소질을 계발하여 올바른 진로를 계획하고 선택하게 하는 '자아실현'의 측면과 인적자원의 적재적소 배치에 의한 '국가경쟁력의 향상'이라는 측면이 있다(경기도 제2청사, 2011: 97).

학교에서의 진로교육은 교육과정에 포함되어 창의적 체험활동의 진로활동 배정과 '진로와 직업' 교과목을 신설하였고 2012년부터 진로진학상담교사를 배치하여 중등학교에서 진로교육을 담당하도록 하고 있다. 진로지도는 교사의 교과 · 생활지도와 함께 새로운 영역으로 포함되어 학생들의 능력과 소질을 탐색 · 계발하여 훌륭한 사회구성원으로 발전하도록 하는 것이다. 대부분의 학교에서는 창의적 체험활동의 '진로' 수업시간 담당을 진로진학상담교사 이외에 일반교과 교사도 많이 참여하고 있다. 따라서 본 절에서는 교사가 일반적으로 알아야 할 진로교육과 진로상담의 내용을 설명하고자 한다.

1. 진로교육

1) 진로교육의 개념

진로교육이란 국가 및 지방자치단체 등이 학생에게 자신의 소질과 적성을 바탕으로 직업세계를 이해하고 자신의 진로를 탐색·설계할 수 있도록 학교와 지역사회의 협력을 통하여 진로수업, 진로심리검사, 진로상담, 진로정보 제공, 진로체험, 취업지원 등을 제공하는 활동을 말한다(진로교육법 제1조). 그 외의 진로교육과 관련된 정의로 '진로상담'이란 학생에게 진로정보를 제공하고 진로에 관한 조언과 지도 등을 하는 활동(온라인으로 하는 활동을 포함한다)을 말한다. 그리고 '진로체험'이란 학생이 직업 현장을 방문하여 직업인과의 대화, 견학 및 체험을 하는 직업체험과 진로캠프·진로특강 등 학교 내외의 진로교육 프로그램에 참여하는 활동을 말하며, '진로정보'란 학생이 진로를 선택할 때 필요로 하는 정보로 개인에 대한 정보, 직업에 대한 정보, 노동시장을 포함한 사회환경에 대한 정보 등을 말한다(진로교육법 제2조).

진로교육의 기본방향은 다음과 같다(진로교육법 제4조).

① 진로교육은 변화하는 직업세계와 평생학습사회에 적극적으로 대응할 수 있도록 스스로 진로를 개척하고 지속해서 개발해 나갈 수 있는 진로개발 역량의 함양을 목표로 한다.
② 모든 학생은 발달단계 및 개인의 소질과 적성에 맞는 진로교육을 받을 권리를 가진다.
③ 진로교육은 학생의 참여와 직업에 대한 체험을 바탕으로 이루어져야 한다.
④ 진로교육은 국가 및 지역사회의 협력과 참여 속에 다양한 사회적 인프라를 활용하여 이루어져야 한다.

진로교육을 활성화하기 위하여 진로교육법에서는 국가 및 지방자치단체의 협조, 진로교육 현황조사, 초·중등학교 진로전담교사의 배치, 진로심리검사, 진로체험 교육과정 편성·운영 등, 진로교육 집중학년·학기제 운영, 대학의 진로교육, 진로교육센터 운영 등에 관한 사항을 규정하고 있다.

2) 학교급별 진로지도 목표

진로지도 목표는 모든 발달단계에 있는 학생들에게 공통으로 필요한 것으로 진로지도의 내용을 결정하는 기본적인 틀이 되며, 학생의 성장·발달단계에 따라 학교급별로 진로지도 목표와 내용은 다르게 설정하여야 한다. 따라서 학교급별 진로지도 목표와 진로지도 내용 체계를 정리하여 살펴보면 표 9-1과 같다(경기도교육청 제2청사, 2011).

표 9-1 학교급별 진로지도 목표

학교급	진로지도 목표
초등학교	• 자기의 적성, 능력, 흥미, 특성 등에 대해 이해시킨다. • 지역사회의 각 산업체 및 여러 기관, 단체들이 하는 일에 대해 이해함으로써 모든 직업의 소중함을 알게 한다. • 직업의 중요성을 인식함으로써 장래 직업인으로서의 포부를 갖게 한다. • 인간이 사회적 존재로서의 역할을 다하기 위해서는 일을 해야 한다는 사실을 깨닫게 한다.
중학교	• 자신의 능력, 적성, 흥미, 성격에 대한 정확한 이해로서 자아개념을 구체화시킨다. • 지식정보화사회에 적응할 수 있는 직업세계에 대한 구체적 이해와 직업의 사회적 역할을 이해, 탐구함으로써 개인은 직업을 통해 사회에 공헌할 수 있음을 이해시킨다. • 자기탐색을 통하여 자신의 진로를 스스로 계획하고 추진해 나갈 수 있는 진로계획을 잠정적으로 설계하게 된다. • 장래의 잠정적인 진학 및 직업계획의 수립을 위한 탐색작업을 전개한다. • 수준 높은 의사결정능력의 신장과 사회적으로 책임 있는 행동 및 더욱 성숙한 사회적 관계를 신장시킨다. • 바람직한 직업선정 조건을 이해하고 탐색하게 한다.
고등학교	• 자신의 적성 능력, 흥미, 성격, 가치관, 포부 및 여러 가지 교육, 문화적 환경 여건을 고려하여 구체적인 미래의 진로계획을 수립하게 한다. • 진학 또는 직업에 필요한 정보를 넓게 수집·분석하여 자신에게 적합한 직업 및 학교를 선정하고, 이를 위해 준비시킨다. • 직업별 직업구조의 변화, 직업별로 요구되는 정도, 내용, 전망 등에 대하여 이해시킨다. • 건전한 직업 및 직업윤리를 형성하고 긍정적인 인생의 가치관 수립에 노력하게 한다. • 의사결정능력과 문제해결능력을 보다 구체화하여 이 능력을 진로계획 수립에 활용하도록 한다.

출처: 경기도교육청 제2청사(2011). 수업혁신·교실혁신을 위한 학급경영 가이드북-중등을 중심으로-. p. 98.

상기내용을 정리하면, 초등학교에서는 자기의 적성, 능력, 흥미, 특성 등을 발견 · 이해시키고 직업의 중요성 인식과 장래 포부를 갖도록 지도하며, 중학교에서는 자신의 능력, 적성, 성격에 대한 정확한 이해와 자아개념을 구체화시키고 자기탐색을 통하여 장래의 진학 및 직업계획을 잠정적으로 설계하도록 지도한다. 고등학교에서는 자신의 특성과 교육 및 환경여건을 고려한 구체적인 미래 진로계획을 수립하도록 하고, 직업에 대한 지식과 정보를 활용하여 진로의사결정능력과 문제해결능력을 향상할 수 있도록 지도한다.

3) 진로지도의 실천 방법

진로지도의 방법은 매우 다양하다. 이처럼 다양한 방법들 가운데 어떤 것을 선택할 것인가 하는 것은 진로지도의 목표, 지도의 내용, 지도대상의 특성, 내담자 호소문제의 성격, 학교의 환경적 여건 등에 따라서 결정된다. 진로지도의 실천방법에는 학급관리를 통한 진로지도, 학교행사를 통한 진로지도, 진로정보제공을 통한 진로지도, 교육과정 운영을 통한 진로지도가 있다. 이에 대해 구체적으로 살펴보면 다음과 같다(경기도교육청 제2청사, 2011: 99-103).

첫째, 학급관리를 통한 진로지도이다. 한 학급을 단위로 볼 때 교과지도 시간 이외에 학생들을 가장 많이 접하는 사람이 담임교사이며, 학급학생의 개별특성을 가장 많이 알 수 있는 위치에 있다. 담임교사는 기본적으로 조회, 종례, 학급회의 자율학습 시간 등이 주어지며, 자기의 재량에 의해서 학급학생들과 공유할 수 있는 시간을 만들 수도 있다. 담임교사가 학급을 관리하면서 학생들의 진로를 지도할 수 있다.

둘째, 학교행사를 통한 진로지도이다. 학교행사를 통한 진로지도는 진로지도의 단위를 한 학교로 상정하고 있는 것이다. 학교 전체를 대상으로 하므로 대부분이 '행사'의 형식을 취하고 있다. '진로의 날 행사', '진로 주간행사'를 실시하는 목적은 학생들에게 자신의 진로에 대한 관심을 고조시키고 자기이해와 각종 직업에 대한 이해도를 높여 현명하게 진로를 개척할 수 있도록 하는 데 있다. 행사가 형식적이 되지 않도록 하며, 행사 후에는 반드시 평가회를 개최하여 이 행사가 어떠한 성과를 거두었고 부족한 점은 무엇이며 개선할 사항은 무엇인가를 논의하여 다음 행사를 계획할 때 그러한 사항이 충분히 반영되도록 한다.

셋째, 진로정보제공을 통한 진로지도이다. 정보를 수집하는 데 있어서 주요 원천으로 상정할 수 있는 것은 사업가, 상급학교, 직업교육훈련기관, 정부기관, 기업체, 사회단체, 직업종사자, 대중매체, 서적, 인터넷 사이트 등이 될 것이다. 정보를 제공하는 방법은 다양하며 가장 흔한 것은 인쇄매체를 통한 전달방법이다. 이 방법이 손쉽기는 하나 일반적으로 다른 매체에 비해서 학생의 흥미나 관심을 불러일으키지 못한다는 약점이 있다. 인쇄물 이외에도 각종 시청각매체를 통하여 정보를 전달 또는 보급할 수도 있다. 그리고 게임, 역할극 등의 탐색활동을 통하여 다양한 진로에 대한 간접 경험을 제공하는 시뮬레이션 방법을 도입할 수도 있을 것이다. 때로는 학생들로 하여금 기업체나 상급학교 등을 방문토록 하여 정보를 얻을 수 있도록 유도하는 견학 또는 체험활동도 활용하도록 한다.

넷째, 교육과정 운영을 통한 진로지도이다. 교육과정 운영을 통한 진로지도에는 교과를 통한 진로지도와 창의적 체험활동을 통한 진로지도가 있다. 이에 대해 살펴보면 다음과 같다.

① **교과를 통한 진로지도**는 학교에서 교과지도 시간을 이용하여 진로지도를 시행하는 방안이다. 이것은 각 교과담당 교사들이 해당 교과를 그 자체의 학문체계로서 가르치면서 동시에 진로지도의 관점에서 삶의 문제 및 직업의 문제와 보다 밀접하게 관련지어서 가르치게 된다. 이렇게 가르칠 때 학생들은 교과를 보다 의미 있고 흥미 있게 배울 수 있다.

교과학습을 통한 진로지도 전략으로는 i) 해당 교과의 학습이 장래 학생의 진로에서 어떠한 임무를 수행하는가를 설명하도록 한다. ii) 그 교과를 전공한 사람이 어떤 부류의 직업에 종사하는지를 구체적인 인물을 예를 들어 설명해 준다. iii) 그 교과를 통해 특정 직업에 대하여 어떠한 계획과 준비가 필요한지를 설명해 준다. iv) 해당교과가 진학 및 직업선택에 어떠한 영향을 끼치는지에 대한 설명도 효과적일 수 있다.

② **창의적 체험활동을 통한 진로지도**이다. 창의적 체험활동의 진로지도는 연간 34차시 계획을 세워 학생들이 자신의 흥미, 특기, 적성에 적합한 자기계발활동을 통하여 진로를 탐색하고 설계하도록 한다. 이에 대한 활

동에는 자기이해활동, 진로정보탐색활동, 진로계획활동, 진로체험 활동 등이 있다. 학교에서 창의적 체험활동의 진로활동시간을 4시간 또는 일정(6, 7시간)으로 묶어 '진로체험의 행사'를 개최하여 진로프로그램을 진행할 수도 있다. 진로체험행사가 끝난 후에는 학생들에게 '만족도 조사'를 반드시 실시하여 그 결과를 토대로 교사 평가회를 하도록 한다. 만족도조사 및 평가회는 이 행사가 어떠한 성과를 거두었고 개선할 사항과 추가하거나 삭제할 프로그램을 파악하여 다음 행사를 계획할 때 충분히 반영되도록 한다.

2. 진로심리검사

진로 또는 직업을 선택할 때 참고해야 할 기준은 흥미, 적성, 성격, 직업가치관, 좋아하는 과목, 직업전망, 임금 등 여러 가지가 있다. 그중에서 흥미, 적성, 성격, 직업가치관 등은 심리검사를 통해 알 수 있다. 그러나 심리검사가 자신의 진로를 100% 결정해 주는 것은 아니므로 각 심리검사의 특성을 알아보고 자신에게 필요한 검사를 선택해서 실시하는 지혜가 필요하다. **진로검사 관련 심리검사의 각 특성**은 다음과 같다(이랑 외, 2007).

① **직업흥미검사**: 흥미는 관심이 있는 정도, 좋아하는 정도를 뜻하며 흥미검사는 직업에서 이루어지는 여러 활동별 관심 정도를 파악하는 검사이다. 이 검사를 통해 흥미수준을 알 수 있으며, 흥미정도가 높게 나타난 분야에 대한 관심직업을 확인할 수 있다.

② **직업적성검사**: 직업활동에서 필요한 여러 능력별 보유 정도를 파악하는 검사로 현재 자신의 능력에 대해 측정할 수 있다. 희망직업이 있는 경우, 해당직업에서 요구되는 능력에 대하여 자신의 가능성을 평가해 볼 수 있고, 희망직업이 없으면 여러 능력 중 뛰어난 능력을 확인하는 데 도움이 된다.

③ **직업가치관검사**: 직업을 선택하는 기준 중에서 우선시 되는 기준을 찾을 수 있는 검사이다. 직업을 통해서 이루어내고 싶은 것이 무엇이고, 직업을 결정할 때 가장 중요하게 작용하는 가치를 찾는 데 유용하다.

④ **직업성숙도검사**: 직업을 보는 태도와 능력을 측정하는 검사이다. 태도부분에 있어서는 독립성, 일의 중요성 인식, 계획성을 측정하고, 능력부분에 있어서는 자기이해, 정보활용 및 진로결정능력 등을 정리해 볼 수 있는 검사이다. 고민하는 진로문제 수준을 파악할 수 있고, 보완해야 할 부분을 정리하는 데 도움이 된다.

이와 같은 진로심리검사는 표 9-2 진로심리검사 온라인 사이트에서 실시할 수 있다.

표 9-2 진로심리검사 온라인 사이트

사이트	주소	기관
워크넷	http://www.work.go.kr	고용노동부, 한국고용정보원
커리어넷	http://www.careernet.re.kr	한국직업능력개발원
한국심리검사연구소	http://www.kpti.com	㈜에세스타
한국가이던스	http://www.guidance.co.kr	한국가이던스

위의 사이트는 진로심리검사, 직업학과정보, 진로동영상, 직업동영상, 인터뷰, 진로교육자료 등의 다양한 자료가 탑재되어있어 유용한 정보를 제공하고 있다.

진로심리검사에 대한 유의사항은 다음과 같다.

① 진로 및 직업을 선택할 때 심리검사 결과를 활용하는 것은 좋으나, 결과를 임의로 해석하지 말고 반드시 진로상담전문가에게 해석을 받아야 하며, 심리검사 결과에만 의존하여서는 안 된다.

② 검사를 선택할 때는 신뢰할 수 있고 타당한 검사를 목적에 맞게 선별하고, 표준화된 조건에서 실시한다.

③ 검사결과지는 단순한 결과 전달이 아닌 상담교사 또는 전문가의 결과 해석이 필요하다.

④ 검사실시자(상담자)는 검사결과의 내용 및 상담과정에서 알게 되는 내용을 비밀로 하여야 한다.

생각해봅시다

1. 학급담임교사라고 가정해 보자. 본인의 학급에 친구 사귀기를 어려워하는 학생이 있다면 어떻게 대처하고 지도할 것인지 생각해 봅시다.

2. 교과지도에 못지않게 생활지도가 중요한 이유를 설명하고 그 필요성에 대하여 생각해 봅시다.

3. 진로지도의 필요성과 중요성은 무엇인지 알아보고, 미래의 진로교육에 대하여 생각해 봅시다.

4. 오늘날 각급 학교별로 가장 문제시되는 학생들의 행동을 사례로 들고, 이들 행동을 수정할 수 있는 방안에 대해서 생각해 봅시다.

5. 교실상황에서 주로 사용되는 교사언어에 대해 조사해 보고, 교사언어가 학생 생활지도에 어떤 영향을 미치는지 생각해 봅시다.

CHAPTER 10

장학

학습목표

1. 장학의 원리를 설명할 수 있다.
2. 장학지도의 활동유형을 제시할 수 있다.
3. 교육행정기관 주도의 장학을 이해할 수 있다.
4. 교내자율장학의 유형을 설명할 수 있다.
5. 교내자율장학을 위한 지도력을 설명할 수 있다.

Keyword

장학, 장학의 원리, 장학지도의 활동유형, 국가수준 장학, 교육청장학, 교내자율장학, 사이버장학, 종합장학, 담임장학, 요청장학, 특별장학, 수업장학, 동료장학, 자기장학, 약식장학, 자체장학, 지구별 자율장학, 임상장학, 불시방문장학, 확인장학, 자체연수

제1절 장학의 이론적 기초

1절에서는 장학의 개념, 장학의 원리 및 활동유형이론, 장학의 법적 근거 등에 대해서 고찰하고자 한다.

1. 장학의 개념

장학은 영어 supervision의 super와 vision의 합성어로서, 우수한 사람이 높은 곳에서 본다(감독)는 뜻이며, 장학사는 supervisor라고 하여 교육활동의 지도, 조언, 감독의 기능을 담당하는 교육자이다. 우리나라에서는 해방 전까지는 일본의 영향을 받아 supervision을 시학과 또는 시학이라고 하였으며, 해방 후 미국의 영향을 받아 '지도 · 조언' 또는 장학으로 번역되어 사용되었다(강길수, 1957; 장원동, 2009: 360). 장학의 개념이 시대 변화에 영향을 받아 우월적 위치에서 '위에서 바라보는 관점'의 권위적인 수직적 장학에 수업개선을 위한 교사전문성 향상을 위한 수평적 장학이 도입되었다. 장학의 주체도 장학사(관) · 교장 · 교감 등 일부 학교관리자에서 자율장학의 형태인 동료장학, 자기장학이 도입되면서 전 교사가 참여할 수 있는 수평적 장학이 가능하게 되었다. 과거의 수직적 장학인 감독 · 지시 · 조언 등의 방법적 한계와 사회변화로 인하여, 교수-학습의 개별성 · 전문성에 따른 교사전문성을 강조하는 상호 간의 협조 · 개선 · 조언의 수평적 장학으로 변화하게 되었다. 이것은 교사 스스로가 수업개선을 위해 노력하도록 하는 내 · 외적 동기유발을 가져오게 된다.

장학의 개념에 대해서는 학자들 간에 접근방법, 관점, 강조점 등에 따라 다양한 정의가 있다. Wiles(1967)는 장학이란 교사들이 그들의 일을 보다 잘할 수 있도록 도와주는 봉사활동으로 보고, 교수-학습태도의 개선 및 향상을 위해 조언을 강조하고 있다. Harris(1985)는 장학은 학생들의 학습을 돕고자 이용되는 수업과정에 직접적인 영향을 주는 방법으로 학교를 경영해 나가거나 변혁을 가져오게 하는 인적 · 물적 요소를 다루는 일이다고 하였다. 그리고 Burton(1947)은 장학을 교수행위의 개선, 현직교사의 성장, 교육과정의 선정과 조직, 교사의 평가와 관련된 제 활동이라고 정의하였다.

국내에서는 정성수(송기창 외, 2009: 176)는 장학의 개념을 교육활동의 개선과 조언활동으로 분류하여, 교육활동의 개선은 주로 교실에서 이루어지는 교수-학습의 개선을 의미하고, 조언활동은 장학담당자가 장학대상자에게 제공하는 장학활동의 방법이자 형태라고 하였다. 주삼환(2003)은 장학의 궁극적 목적은 수업개선이며, 수업개선의 목적을 달성하기 위해서는 수업의 주요요소인 교사, 교육과정, 학습환경과 교재, 학생에게 변화를 주어야 한다고 하였다.

이상에서 여러 학자의 장학에 대한 논의를 바탕으로 **장학의 개념**을 정의하면, 학교에서 교수-학습의 효율화를 극대화하기 위한 제반지도 및 조언활동이다. 여기에는 교육과정운영의 충실화, 학교행정 및 경영의 합리화, 교사의 전문성 신장, 합리적인 리더십의 발휘, 학교에서의 교육풍토의 쇄신 등이 있으며, 이를 위해 정보를 제공하는 일련의 전문적·기술적인 교육활동이라고 할 수 있다(신재흡, 2021).

2. 장학의 원리 및 활동유형 이론

장학의 목적은 학생의 학업 성공에 효율적으로 기여할 수 있도록 기회를 확대하고 학교의 역량을 강화하는 것을 돕는 것이다(오은경 외 공역, 2008: 8). 장학의 목적을 달성하기 위한 원리 및 기능을 살펴봄으로써 장학을 통한 교육활동을 이해할 수 있다.

장학원리의 구체적인 내용을 정리하면 다음과 같다(박완성, 2012: 240; 박세훈 외, 2012: 234; 오은경 외 공역, 2008: 5).

① **가장 효율적인 장학자료 제공의 원리이다.** 교육목적을 달성하기 위하여 학생들에게 제공되는 교육내용 및 활동에 대한 개발, 운영, 평가에 있어서 효과를 높이는 자료를 제공한다.

② **교사의 일상장학의 원리이다.** 교사들이 스스로 일상적인 일로서 장학을 수행할 수 있도록 돕고 지원하는 환경을 제공한다. 이를 위해 교사들로 하여금 교직생활과 관련한 제반 영역에서 필요한 가치관, 신념, 태도, 지식, 행동을 갖추도록 하여 자기발전의 계기가 되도록 도와준다.

③ **학교중심성 존중의 원리를 갖는다.** 교육활동이 실제로 전개되는 학교 현

장의 인적·물적 조건 및 조직적·심리적 특성을 존중한다.

④ **자율성과 다양성 존중의 원리이다.** 학교의 자율성과 교직원의 자율성을 존중하고, 교직원의 필요와 요구에 기초한 다양한 내용과 방법을 활용하여야 한다. 이를 실현하여 교사가 자발적으로 참여하고 책임지는 장학이 이루어질 수 있다.

⑤ **계속성 존중의 원리이다.** 장기적인 교육활동 개선을 위한 기능을 수행하여 일시적 장학이 되지 않도록 도와준다.

⑥ **협력성 존중의 원리이다.** 장학담당자, 학교관리자, 교직원, 기타 관련되는 외부인사 모두가 학교발전을 위한 협력적이고 참여적인 장학풍토를 조성하게 한다. 여기서는 협력을 위한 신뢰 구축이 우선되어야 한다.

⑦ **경영의 합리화이다.** 학교의 제반 교육활동 기능이 최적화 및 효율적으로 운영되도록 학교경영의 합리화를 갖추도록 도와준다. 여기에는 인적·물적 자원을 적시에 제공하고 자원의 효율적 분배를 위해 경영자적 관점으로 운영한다.

장학지도의 활동유형을 Sergiovanni와 Starratt(1993: 3-21)는 교육행정 이론의 발달에 따라 네 가지 유형으로 구분하여 설명하였다(정일환, 2003).

① **과학적 관리론에 기초를 둔 장학유형**은 교사를 관리의 부속물이나 관리자가 바라는 대로 규정된 업무를 수행하기 위해 고용된 존재로 보는 고전적·전제적 철학을 대표한다. 따라서 장학은 교수활동을 보다 잘하기 위해 교사를 훈련시키는 데 중점을 둔다.

② **인간관계론에 중점을 둔 활동유형**에서는 교사의 '만족', '감정'을 중시한다. 이 유형의 장학에서 장학담당자들은 교사들에게 만족감을 주기 위해 노력을 한다. 참여는 중요한 장학의 방법이며, 교사들이 학교에 유용하고 중요한 존재라고 느끼게 하는 것이 그 목적이다. 장학담당자들은 의사결정과정에 교사를 참여시킴으로써 교사의 만족감을 향상하고자 한다. '사적 감정'과 '만족한 관계'는 인간관계 장학이 강조하는 것들이다.

③ **인간자원이론에 기초하는 장학유형**은 McGregor가 제시하고 있는 Y이론의 입장에서 교사들을 파악한다. 이 이론은 교사들의 만족감과 자기존경

의 욕구를 고려함으로써 성공적 업무조건을 창출할 수 있다고 보고 있다. 교사들에게 업무처리 방법과 동기부여에 대한 그들의 책임에 대해 의사결정하는 데 권위와 책임을 갖게 한다. 최선의 전략은 수업개선을 위한 전체적인 방향을 제시해 주고 교사 스스로 그것을 실행하는 방법을 가르쳐 주는 데 장학의 초점을 둔다.

④ **신과학적 관리에 기초하는 장학유형**은 인간관계론에 중점을 두는 장학의 관점과 반대되는 입장으로서 통제, 책무성, 효율성에 관심을 두는 점에서 전통적 관리와 유사하다고 할 수 있다. 이 관점에서는 학교환경을 역동적으로서 '학교는 복합적이고 경쟁적 목표, 비구조화된 과업, 결과측정의 곤란, 운영과정 불명확, 권위서열의 불명확, 교사와 학생들의 다양한 유형의 요구를 가지는 것'으로 파악하고, 학교조직의 특성을 '느슨한 관리와 엄격한 문화'로 표현하고 있다. 이들은 기술적, 합리적 통제는 엄격한 대면적 감독을 대신하고, 여기에 업무수행 목표, 능력에 대한 표준화된 준거가 도입된다면 교사들이 이 표준에 대해 책임을 지게 함으로써 교사의 업무를 통제하고 보다 나은 수업을 보장할 수 있다고 가정하고 있다.

상기에서 네 가지 장학지도의 활동유형을 살펴본 것을 정리하면, 네 가지 활동의 장학유형은 단계별로 부족한 점을 보완하기 위해 발달한 것임을 알 수 있다. 교사훈련을 중시하는 인간의 기계론적 관점의 과학적 관리론을 보완하기 위해 교사의 '만족'과 '감정'을 중시하는 인간관계론으로 발전하였으며, Y이론은 교사 자신의 만족감과 자기 존경의 욕구를 고려한 동기부여에 따른 자율적 실행을 강조하였다. 신과학적 관리론은 인간관계론의 지나친 자율성을 보완하기 위하여 교사들에게 업무수행목표의 제시 및 능력에 대한 표준화된 준거를 도입하여 교사의 업무를 적절히 통제하고자 하는 것이다.

3. 장학의 법적 근거

학교장학에 대한 법적 근거에는 교육기본법, 초 · 중등교육법이 있다. 교육기본법 제17조(국가 및 지방자치단체)에서 국가와 지방자치단체는 학교와 사회교육시설을 지도·감독한다고 하여 교육부, 교육청에서 학교에 장학을 시행하는 법적 근거이다. 교육감은 관할구역의 학교를 대상으로 교육과정운영과 교수(敎授)－학습방법 등에 대해 장학지도를 할 수 있으며(초·중등교육법 제7조 장학지도), 교육부장관 및 교육감은 법 제7조의 규정에 의한 장학지도를 시행함에 있어서 매 학년도 장학지도의 대상·절차·항목·방법 및 결과처리 등에 관한 세부계획을 수립하여 이를 장학지도 대상 학교에 미리 통보하게 되어 있다(초·중등교육법 시행령 제8조(장학지도)).

단위 학교에서의 장학의 법적 근거는 초·중등교육법 제20조(교직원의 임무)에 따른다. 이에 대한 내용으로는 다음과 같다.

① 교장은 교무를 통할하고, 소속 교직원을 지도·감독하며, 학생을 교육한다.
② 교감은 교장을 보좌하여 교무를 관리하고 학생을 교육하며, 교장이 부득이한 사유로 직무를 수행할 수 없을 때는 그 직무를 대행한다. 다만, 교감을 두지 아니하는 학교의 경우에는 교장이 미리 지명한 교사(수석교사 포함)가 그 직무를 대행한다.
③ 수석교사는 교사의 교수·연구활동을 지원하며, 학생을 교육한다.
④ 교사는 법령이 정하는 바에 따라 학생을 교육한다.
⑤ 행정직원 등 직원은 법령에서 정하는 바에 따라 학교의 행정사무와 그 밖의 사무를 담당한다.

제2절 장학의 유형

1. 장학의 유형

장학의 유형은 국가수준 장학, 교육청장학, 교내자율장학, 사이버장학으로 구별될 수 있다. 교육청장학에는 종합장학, 담임장학, 요청장학, 특별장학, 컨설팅장학 등이 있으며, 교내자율장학에는 수업장학, 동료장학, 자기장학, 약식장학, 자체장학 등이 있다. 표 10-1은 장학의 유형을 분류하여 정리한 것이다.

표 10-1 장학의 유형

<table>
<tr><td rowspan="6">교육행정기관
주도의 장학</td><td colspan="2">국가수준 장학</td></tr>
<tr><td rowspan="5">교육청장학</td><td>종합장학</td></tr>
<tr><td>담임장학</td></tr>
<tr><td>요청장학</td></tr>
<tr><td>특별장학</td></tr>
<tr><td>컨설팅장학</td></tr>
<tr><td rowspan="6">학교현장
주도의 장학
(자율장학)</td><td rowspan="5">교내자율장학</td><td>수업장학</td></tr>
<tr><td>동료장학</td></tr>
<tr><td>자기장학</td></tr>
<tr><td>약식장학</td></tr>
<tr><td>자체장학</td></tr>
<tr><td colspan="2">지구별 자율장학</td></tr>
<tr><td colspan="3">사이버장학</td></tr>
</table>

출처: 서울특별시 교육정보연구원(2006). 2006교직실무편람(수정판). p. 213.

교육행정기관 주도의 장학유형을 살펴보면 다음과 같다(장원동, 2009; 서울특별시 교육정보연구원, 2006). 국가수준 장학은 중앙교육행정기관인 교육부 내에서 이루어지는 모든 장학활동을 의미한다. 교육부는 장학방침을 수립하고 교육청은 이 장학지침을 기준으로 교육활동의 전반적인 기획, 조사, 연구, 관리, 지도, 감독 등을 통하여 중앙의 교육행정업무를 보좌하는 참모적 기능을 수행한다.

교육행정기관 주도의 장학유형과 지구별 자율장학, 사이버장학을 설명하면 다음과 같다.

① **종합장학**: 교육개혁의 추진 및 교육시책 구현의 공감대를 형성하고, 자율적 · 창의적 교육활동을 전개하도록 학교경영 전반에 관해 확인 · 협의 · 지원하는 데 주안점을 준다. 종합장학은 학교별 2년 주기로 시행하며, 장학관을 반장으로 하고 2~3명의 장학사로 장학반을 구성한다. 장학의 주체 및 방법은 학교와 사전에 협의 · 조정하고, 주로 학교 현황 파악 및 수업참관을 통해 학교가 스스로 교육개혁과 교육시책의 추진 방안을 모

색하도록 지원하며, 학교의 특색과 우수사례를 발굴하여 타교에도 일반화하고, 우수교원을 격려·포상하도록 한다. 근래에 들어서는 단위학교에서 종합장학에 대한 업무과다·피로감 등의 이유로 컨설팅장학, 교내자율장학으로 대체되는 경향이 있어서 특별한 경우가 아니면 시행하지 않고 있다.

② **담임장학:** 장학사가 담당학교의 교육활동을 전반에 걸쳐 수시로 전문적 지도에 임함으로써 학교교육의 발전을 도모하기 위해 학교별 담당 장학사를 배정·운영하는 것이다. 특히 학년 초, 학기 초에 교육계획수립단계에서 장학방침이나 교육청 역점 업무가 학교 실정에 맞게 반영되도록 지도한다. 또한 담당 장학사는 월 1회 정도 학교방문을 통해 교육계획의 추진상황, 교육과정 편성운영, 교수-학습 및 평가방법, 특별활동 및 생활지도, 학교자체평가, 자율장학, 기타 학교의 현안 문제 등에 대한 협의·지도·조언 및 정보제공과 의견 교환에 힘쓴다.

③ **요청장학**: 현안 문제해결을 위해서나 시범 및 연구과제 해결, 특수업무 추진, 특정교과 또는 특정영역에 대한 전문적인 도움을 위해서 학교의 요청이 올 때 그 분야의 전문가인 장학담당자가 요청분야에 대한 사전 실태분석과 지원책을 마련하고, 요청과제의 단계적 해결책을 모색하여 지도·조언해 주는 것으로, 자율장학의 방법 개선 및 프로그램 개발, 교수-학습지도 및 평가방법 개선 등 현장문제 개선을 위해 바람직한 방법이다.

④ **특별장학**: 교육활동 전반에 걸쳐 특별지도 및 지원이 필요하다고 교육청이 판단하는 학교 및 특별한 사안이 발생한 학교를 대상으로 시행한다. 학교경영 문제에 대한 사전 진단 및 예방적 지도, 학교장의 위상 제고 및 지도력 강화를 위한 행·재정적 지원, 문제 사태의 해결을 위한 전문적·집중적 지원, 상호보완적 정보교환 등을 위주로 하는 장학활동이다.

⑤ **사이버장학:** 장학담당자와 교원들 간의 신속한 의사소통 및 문제를 해결하기 위한 것이다. 교육청 홈페이지에 '사이버장학' 사이트 설치를 통한 사이버장학체제 구축하여 홈페이지 및 이메일을 통한 정보교환과 업무처리를 하는 것이다.

⑥ **지구별 자율장학**: 지역별, 계열별 특성을 고려하여 지구 자율장학협의회

를 구성 · 운영하여 지구별 교육현안에 대하여 협의 · 조정하기 위한 것이다. 지구별로 간사학교, 부간사학교를 선임하여 지구별로 교육활동 상호 공개, 수업참관 및 교육프로그램 교환 등을 위한 교환방문의 장학 시행, 교과별 수업연구 및 공개, 합동 연수, 세미나 등 개최 등의 자율장학활동을 추진한다.

2. 교내자율장학의 유형

교내자율장학의 유형에는 수업장학(임상장학), 동료장학, 약식장학, 자기장학, 자체연수 등으로 분류하여 고찰하기로 한다(신재흡, 2010; 이윤식, 2005; 장원동, 2009; 서울시 교육정보연구원, 2006). 장학이 교사에게 필요한 시기를 설명하자면, 캐츠(L. Katz)의 분류에 따른 교사의 경력주기(carrer cycle)를 ① 생존기(survival stage), ② 정착기(consolidation stage): 약 3, 4년 후, ③ 갱신기(renewal stage): 약 5년 후, ④ 성숙기(martyry stage)라고 할 때, 제1기는 임상장학, 제2기는 동료장학, 제3기는 전문적 모임, 교실방문, 전문학술지, 교사센터, 비디오에 의한 자기분석 등을 사용하고, 제4기는 대학원수강 또는 자율적 장학에 의한 선택적 장학이 좋을 것이다(주삼환, 1984).

1) 임상장학(clinical supervision)

임상장학(clinical supervision)은 Cogan과 Goldhammer 등에 의해 개발된 장학 개념으로 학급 내에서 학생과 교사 사이에 이루어지는 상호작용과정에 초점을 두고서 학생의 학습상태를 향상하도록 하는 수업개선을 목표로 한다. 임상장학의 내용이 수업과정 중 교사의 지각, 신념, 태도, 지식을 분석하여 개별 교사의 수업행동을 개선하고 학생의 학습효과를 향상시키려는 데 있으므로 임상장학은 수업장학의 한 방법이다. **임상장학**은 의사가 환자를 보듯이 장학 담당자가 전문성 신장과 수업개선이라는 이중목적을 가지고, 주로 교실에서 교사들과 1:1의 대면적 관계를 맺는 것을 말한다.

한국교육개발원에서는 **임상장학의 방법으로서** 계획협의, 수업관찰, 환류협의 등을 포함하였다.

① **계획협의**에서는 신뢰스러운 관계조성, 수업연구 과제선정, 학생수업에 대한 정보교환, 수업관찰계획 등이 있다.
② **수업관찰**에는 수업지도 검토, 수업관찰, 수업관찰 결과 정리 등이 있다.
③ **환류협의**에는 수업관찰 결과 논의, 수업연구 과제해결 및 방안설정, 적용 및 평가 등을 포함한다.

임상장학의 제안자들에 의하면, 학급의 수업개선을 목적으로 하는 장학사는 학급의 수업문제에 대하여 학급교사와 함께 일하기를 원해야 하며, 장학활동 수행을 위한 수업계획, 자료수집 및 분석, 인간관계 등에 있어서 전문적 기술을 갖추어야 한다. 임상장학은 모든 교사를 대상으로 수업기술을 향상할 수 있는 훌륭한 장학방법이지만, 이를 실시하기 위해서는 많은 인적·물적 자원이 소요된다. 우리의 교육현실은 임상장학의 본래 목적을 실현하기 어려운 상황에 있다. 전문성을 가진 장학사가 매우 부족하며, 경비가 많이 소요되는 임상장학을 실현하기에는 더욱 어렵다. 그래서 교사 스스로 수업개선을 위해 임상장학을 요구하거나, 교장 등이 특별히 수업개선을 위해 임상장학이 필요하다고 인정하는 교사에게 임상적인 경험을 하게 함으로써 장학의 효과를 볼 수 있다. 특히 **전문가와 교사 간의 임상적 관계에서 형성되는 래포**(rapport)**와 개방성은 임상장학의 성패에 결정적인 영향을 미치며,** 이러한 관계에서 이루어지는 임상장학은 교사의 수업지도기술을 향상하는 데 큰 영향을 미쳤다(정태범, 2003).

2) 동료장학

동료장학(peer supervision)은 협력적 장학(cooperative supervision), 협동적 전문성 개발(cooperative professional development) 등으로 표현되고 있다. 동료장학이란 일반적으로 둘 이상의 교사가 서로 수업을 관찰하고, 관찰된 사항에 대하여 상호 조언하며, 서로의 전문적 관심사에 대하여 토의함으로써 자신들의 전문적 성장을 위해 공동으로 연구하는 것이다.

동료장학의 동료관계는 세 가지 측면에서 살펴볼 수 있다(조병효, 1995).

① 장학담당자들이 팀을 이루어 함께 일하는 동료장학이다.

② 장학담당자와 교사가 공동으로 협력하는 동료장학이다.

③ 교사와 교사가 서로 협력하는 동료장학 등이다. 주로 학교현장에서 교사와 교사 간의 동료장학이 이루어지고 있다. 이것은 수업향상이라는 목표달성을 위해서 교사들 간의 동료장학이 직접적으로 친근감을 주며, 거부감이 적어 만족스러운 도움을 주기 때문에 많이 사용하고 있다.

동료장학은 교수-학습의 제반 과정에 전문적 안목과 능력을 소유한 교사들이 상호 간의 전문적 성장과 발전을 위해 협동하는 장학의 한 유형이다. 특히 동료장학은 능력 있고 협동심과 동료의식이 강한 교사가 중심이 되어 교사집단을 이끌면 대단히 효과적이다. 이는 교사들에게 자신의 학급에서 시도할 수 있는 새로운 아이디어를 주며, 교사들 사이에 전문적인 교육활동 풍토와 대화의 분위기를 조성해 의사소통을 원활히 할 수 있다. 그러나 교사들은 공식적 계선인 장학사나 교장, 교감 등의 상급자로부터 자신의 수업활동에 대해 지도와 조언을 받는 것이 '교사 개인의 인사평가'에 미친다고 생각하여 부담을 갖는 경우가 많은 점을 고려하면, 오랜 세월 동안 교직생활을 한 선배교사나 동료교사로부터 자신들의 성장과 발전을 위한 조언과 지원을 받을 수 있는 동료장학은 비교적 거부감 없이 수용될 수 있는 장학이 될 것이다(김형관 외, 2000).

3) 약식장학

약식장학(administrative monitoring)은 교장이나 교감이 잠깐 비공식적으로 학급을 순시하거나 수업을 관찰하는 불시방문장학(drop-in supervision)을 통하여 교사들에게 지도·조언을 제공하는 과정을 말한다(Glatthorn, 1984). 이를 확인장학이라고도 한다. 불시방문 장학활동에 대해 일부 장학담당자들은 이를 비과학적이라고도 한다. 그 이유로 불시방문 장학활동이 학교관리자에 의한 잠깐 동안의 비공식적 방문이고, 관찰 전에 장학계획이 수립되지 않은 상태이고, 관찰자가 교사의 교육활동을 기록할 수 있을 만큼 충분히 오랫동안 머물지 않으며, 사후협의회도 따르지 않기 때문이라고 설명한다.

하지만 경험 있는 **행정가들은 불시방문장학을 매우 효과적이라고 한다. 그 이유를 살펴보면 다음과 같다**(Glatthorn, 1984).

① 학교경영의 모든 영역에 걸쳐 학교를 전체적으로 파악하는 데 필요한 정보를 수집할 수 있고, 문제점을 찾는 법을 알게 된다는 것이다.
② 미리 준비한 수업활동이나 학급경영활동이 아닌 평상시의 자연스러운 수업활동이나 학급경영활동을 관찰할 수 있어 이에 대한 의미 있는 지도 및 조언을 할 수 있다.
③ 교장 및 교감이 수업활동과 학급경영활동의 개선을 위하여 적극적인 장학적 노력을 하고 있다는 것을 교사들이 알 수 있기 때문이다.

약식장학의 특징은 다음과 같다.

① 약식장학은 공개적이어야 한다. 관찰 받는 교사들과 관련되는 중요한 문제들은 교사들과 함께 공개적으로 토의해야 한다.
② 약식장학은 아무렇게나 비체계적으로 이루어지는 것이 아니고, 계획적으로 예정표에 의하여 시행되어야 한다.
③ 약식장학은 학습중심적이어야 한다. 약식장학은 짧으므로 학습의 중요한 측면에만 초점을 두는 것이 필수적이다.
④ 약식장학은 두 차원(two-dimension)을 통하여 상호작용할 때 가장 효과적일 수 있다. 교장 및 교감이 교사에게 피드백을 제공해 주고, 또 진행 중인 교수프로그램과 학교풍토에 대한 평가의 부분으로 관찰자료를 사용할 때 가장 효과적이다. 그리고 현명한 행정가는 나날의 학교분위기를 확인하는 데 관찰을 활용한다.

약식장학을 정리하면, 관리자가 평상시 학급을 순시하면서 교사의 교육활동(수업, 학급경영, 생활지도 등)을 짧은 시간에 관찰하면서 현장에서 조언, 도움 등을 주어 교사의 전문성 발달을 돕기 위한 것으로 공식적 장학의 보완적 성격이 강하다.

4) 자기장학

자기장학(self-supervision, self-directed supervision)이란 수업(임상)장학을 필요로 하지 않거나 원하지 않는 교사가 혼자 독립적으로 자신의 전문성 성장을 위하여 연구하는 과정이다. 자기장학은 원칙적으로 교사 자신의 필요와 요구를 존중하여 다양한 방법으로 전개되어야 한다. 자기장학의 영역은 담당교과의 수업지도뿐만 아니라 교육계획, 생활지도, 계발활동지도, 시청각기자재 활용, 학급경영, 각종 교육문제 등 제반 영역이 포함된다.

자기장학의 방법으로는 다음과 같다.

① 자신의 수업을 녹음 또는 녹화하여 이를 스스로 분석 · 평가
② 자신의 수업이나 생활지도, 계발활동, 봉사활동, 자치활동, 적응활동, 행사활동지도, 학급경영 등과 관련하여 학생들과의 만남이나 학생들을 대상으로 한 의견조사
③ 교직 · 교양 · 전공과목과 관련된 서적 및 잡지, 연구논문 등 문헌 연구와 다양한 정보자료 활용
④ 대학원 석 · 박사과정의 수강을 통하여 전공교과 영역 또는 교육학 영역의 전문성 신장
⑤ 교육연구기관, 교원연수기관, 교직 전문단체, 학술단체 등 전문기관 또는 교육청 등을 방문하여 교육전문가나 교육행정가 · 장학담당자 등과의 면담을 통한 지도 · 조언과 정보 입수
⑥ 각종 연수, 교과연구회, 학술발표회, 강연회, 연구 · 시범 수업공개회, 그리고 학교 상호 방문프로그램에 적극 참석 또는 참여
⑦ 텔레비전, 라디오 등 방송매체가 제공하는 교원연수와 관련된 프로그램이나 저장매체 등의 시청 등의 방법이 있다.

자기장학은 교사가 자기주도적으로 교육전문성 · 수업개선을 위한 성장 및 발달을 도모하는 것이다. 이를 위해 교사는 계획적인 IT기기를 활용한 수업 분석, 반성, 학생-교사 체크리스트 활용, 수업관련 자료 수집 및 연구, 수업 참관, TV의 명강의 시청 등의 방법을 실시하고 추진내용과 결과물을 자기장학

의 자료로 기록에 남긴다.

5) 자체연수

자체연수는 교육활동의 개선을 위하여 교직원들의 필요와 요구에 더하여 교내·외의 인적 및 물적 자원을 활용하여 학교 자체에서 실시하는 연수활동이다. 장학의 일반적 개념은, "교육활동의 개선을 위하여 주로 교원을 대상으로 하여 이루어지는 제반 지도 및 조언활동"이다. 이를 '과정으로서의 장학'의 입장에서 재해석해 보면, "교육활동의 개선을 위하여 활용될 수 있는 좋은 지식, 기술, 정보, 아이디어, 경험, 도움, 조언 등을 서로 나누어 가는 활동"으로 볼 수 있다. 자체연수는 좋은 지식, 기술, 정보, 아이디어, 경험, 도움 등을 서로 나누어 갖는 중요한 방법이 되기 때문에 장학의 한 형태로 볼 수 있다.

자체연수는 교원뿐만 아니라 행정직원이나 관리직원들도 참여할 수 있을 것이다. 교사들과 행정 및 관리직원들 간의 공동관심사나 공동과제에 대한 연수, 또는 교사들의 이해와 협조가 요구되는 행정 및 관리의 특정업무(예: 공문서 작성, 물품 구매 절차, 예산 운영, 연말정산 등)와 관련된 소개와 연수는 교사들과 행정실 직원들 간의 상호이해와 협조를 높일 수 있다는 점에서 의미가 있다. 그리고 학교교육에 대한 학부모의 참여를 높이기 위하여 학부모 중에 전문적 지식·경험이 있는 인사를 강사로 초대하여 자체연수를 진행할 수도 있다. 또한, 자체연수는 학교가 주도하는 연수로서 연수의 장소가 교내뿐만 아니라 야외연수, 현장견학 및 탐방연수 등과 같이 교외에서도 다양하게 이루어질 수 있다(이윤식, 2005: 285-286).

자체 연수의 장점으로는 다음과 같다.

① 학교 현안 및 전달사항을 전 교직원에게 즉각적으로 전달하고 공유하게 하여 학교의 조직적 발달을 이룰 수 있다.

② 일반교사도 연수강사가 될 수 있기에 전 교사들이 학교업무에 주도적으로 참여할 수 있어서 교사 만족을 높일 수 있다. 또한 연수를 담당하는 교사는 자신이 학교의 중요자원이라고 인식하게 되는 긍정적 신념·태도·행동 변화의 효과가 있다.

③ 자체연수를 통한 정보공유는 전 교사의 전문성 신장에 도움이 되며, 특히 저경력 교사에게는 교육환경 적응 및 업무를 익히는 데 많은 도움이 된다.

④ 자체연수를 잘 활용하면 긍정적이고 활기찬 학교풍토로 발전시킬 수 있다.

⑤ 자체연수는 교직원이 주도하기 때문에 연수내용의 진행상황 및 결과를 전 교직원이 함께 공유 · 평가할 수 있어서 즉각적인 협의 · 수정과 재연수를 실시할 수 있다. 자체연수는 학교장의 내부결재를 받고 실행하고, 연수자료, 결과물, 통계 등의 각종자료를 기록 · 정리하여 자체연수의 자료로 기록에 남긴다.

6) 교내자율장학의 예시

교내자율장학을 학교에서 운영할 수 있는 교내자율장학의 기본형태, 운영목표, 대상자 등에 대한 활동의 예시는 표 10-2 교내자율장학의 종류 및 활동의 예시와 같다.

표 10-2 교내자율장학의 종류 및 활동의 예시

기본 형태	운영 목표	활동 형태	대상자	횟수	장학 담당자
수업장학	• 장학담당자와 대면적 관계를 통한 수업기술 향상 도모	• 임상장학 • 수업연구 • 수업관련 지도 · 조언	• 초임교사 및 경력 4년 미만 교사(5명) • 수업연구 지원 교사(3명)	5회 3회	교장 교감 장학사
동료장학	• 교사들의 자율성과 협력성 기초 • 동료적 관계 유지 • 서로 돕는 분위기 조성	• 동학년협의회 • 교과연구회 • 동료 간 수업연구 • 초임교사 대상 동료장학 • 동호인 활동	• 동학년 교사 • 동교과 교사 • 교과연구회 교사 • 동호인 교사	주 1회 월 1회 1학기 중 주 1회	학년부장 교과협의회 동료교사
자기장학	• 자기발전 의지와 능력 기초 • 전문적 영역에서 성장 · 발달 도모	• 자기수업반성 • 1인 1연구 • 대학원 수강 • 연구논문 • 자료개발	• 경력교사(20년 이상) • 부장교사 • 대학원 수강 교사 • 현장연구 교사 • 자료전 출품교사	연중 실시	교사 개인

기본 형태	운영 목표	활동 형태	대상자	횟수	장학 담당자
약식장학	• 학급순시 · 수업 참관 중심활동 • 대화 기회를 갖고 다른 장학의 보완적 역할	• 학급순시 • 수업참관	• 전체 교사	월 2회	교장 교감
자체연수	• 학교 내외 물적 • 인적 자원 활용 • 자율적 공동노력으로 자질 향상 도모	• 각종 교내 연수회 • 지구별 자율장학 연수회	• 전체 교사	주 1회 (수요일)	연구부장 전체 교직원

출처: 서울시교육정보연구원(2006). 교직실무편람. p. 228.

7) 교내자율장학을 위한 지도력

모든 일에서 리더의 지도력이 중요하다. 교내자율장학에서 있어서도 교장 및 교감의 지도력이 절대적이다. 우선 교장 및 교감의 수업적 지도력(instructional leadership)의 중요성을 강조한다. 교장도 학생을 잘 가르치기 위해서 존재한다. 수업에서 지도력을 발휘하지 못한다면 교장의 존재 이유는 사라지게 된다. 그런데 과거에 우리나라에는 교감 및 교장이 되면 수업과는 결별하는 것으로 생각하는 사람들이 있었던 것은 큰 잘못이다.

특히 중 · 고등학교에서 과거 교사시절에 교과전공이 있었다는 이유로 교과전공이 다르면 장학을 못하고, 교사의 수업에 관해서도 지도력을 발휘하지 못하는 것으로 착각하였던 것이 잘못이다. 교장 · 교감은 교육행정가, 장학지도자가 되는 순간부터 더 이상 교사의 신분이 아니다. 모든 학년, 모든 교과교사를 장학하고 지도해 나가야 하는 장학자이고 지도자인 것이다.

그래서 교장 · 교감은 모든 교과, 모든 학년에서 수업적 지도력을 발휘해야 하기 때문에 교육과 수업에 대하여 더 많이 공부하고 연구해야 한다(정태범, 2005; 주삼환, 1997).

수업지도자로서 ① 자원제공자(resource provider) 역할을 하고, ② 스스로 수업적 자원(instructional resource)이 되어야 하며, ③ 원활한 의사소통자가 되어야 하고, ④ 가시적인 존재(visible presence)가 되어야 한다. 학교의 모습은 전적으로 교장에 의하여 좌우되고, 효과적인 학교, 좋은 학교에 있어서 공통점은 교장의 강력한 지도력이었다는 것이다. 지도자는 교사의 욕구를 파악하고, 욕구 충족으로 동기유발을 시켜야 한다. 교사의 욕구수준을 높이고 높은 수준의 욕구에 발동을 걸어줘야 한다. 교사가 하는 일에 의의와 의미를 심어주고, 의미 있는 교직생활, 의미 있는 인생을 영위할 수 있도록 해주어야 한다. 지도자가 되려면 힘이 있어야 하는데 그 힘은 행정가, 지도자로서의 기술과 능력이 있어야 하고, 사람을 다룰 줄 알고, 교육에 대하여 알아야 하고, 상징성을 갖고, 또 교사에게 상징성을 심어줄 수 있어야 하고, 새로운 역사와 전통, 문화를 창조하고, 또 이미 형성된 문화에도 맞출 수 있어야 하고, 도덕적 · 윤리적으로 흠이 없고, 존경을 받을 수 있어야 한다. 특히 상징적 지도자, 문화적 지도자, 도덕적 지도자가 강한 지도력을 갖는다.

교내자율장학의 학교문화를 형성할 수 있고, 윤리적 · 도덕적으로 강력한 지도력을 발휘해야 교내자율장학에도 잘 먹혀 들어갈 수 있다. 교장은 관료주의적 권위, 심리적 권위 수준을 넘어, 기술 및 합리적 권위를 거쳐, 교육행정 전문직적 권위, 도덕적 권위를 인정받을 수 있어야 한다. 권위 없이 지도력이 나올 수 없고, 낮은 수준의 권위에 의존하면 지도력은 약해질 수밖에 없다. 빠타제(battering)의 수준을 넘어, 형성해 주는 지도자(building), 접착시키고(bonding), 결합시키는(binding) 지도자가 되어야 한다. 그러면 교사들은 계산해 봐서 이익이 되면 교장의 말을 듣는 수준을 넘어 내적 동기에서, 도덕적 동기에서 교장을 따르게 된다. 지금 교사들은 가지고 있는 능력을 최대한 발휘하지 않고 있다. 교사에게 원래 능력이 없었다고 하더라도 능력을 더 끄집어내기 위해 노력해야할 입장인데 문제는 교사들이 가지고 있는 능력, 있는 능력마저도 사용하려 하지 않는 데 있다. 무엇에 호소해서 **교사의 내적 동기를 유발하고 도덕적 참여를 이끌어 내느냐가 교장의 지도력에 달려 있다.**

① 과거에 교육행정가 양성과정에서는 주로 행정가의 손 기술, 발 기술에 해당되는 행정기술을 가르쳐 주기에 노력했고 행정가들도 행정기술에 주로 의존하려 했었는데,

② 이제 행정가들도 머리를 써서(head) 행정을 해야 한다. 행정이론, 교육이론, 장학이론, 지식이 있어야 한다. 손과 머리만 가지고 훌륭한 지도자는 될 수 없다.

③ 따뜻한 가슴이 있어야 한다. 인격과 인품, 윤리성, 도덕성, 양심에서 우러나오는 훈훈한 마음으로 교사들을 지도해 나가야 한다. 하지만 손발(hand), 머리(head), 가슴(heart)이 따로 놀 수 없다. 찬 머리에서 나온 번뜩이는 아이디어를 뜨거운 가슴으로 받아 걸러 내서 날랜 손발로 뛰는 행정과 장학을 할 때 훌륭한 지도자, 존경받는 교장이 될 수 있다. 학생, 교사에게만 지 · 덕 · 체 조화가 요구되는 것이 아니라 교장의 지 · 덕 · 체 교육행정 지도력도 요구된다. 낮은 수준의 거래적 지도성(transactional leadership)도 필요하고 중요하지만 이 수준을 뛰어 넘어 더 높은 수준의 변혁적 지도력(transformational leadership)으로 승화시켜 나가야 한다. 거래적 지도성의 형태만 바꾸면 물리적 변화에 비유한다면, 변혁적 지도성은 성질까지 바꿔놓는 화학적 변화에 비유된다. 우리 학교문화에 화학적 변화를 일으켜야 한다.

④ 단위학교의 교육활동은 전적으로 학교장에 달려 있다. 우리의 교육여건이 어렵지만 교장의 수준이 높아지고, 교장에게 권한이 충분히 위임된다면 우리의 교육은 한 단계 더 도약할 수 있다고 믿는다.

결국 권위주의는 배격하는 대신에 오히려 정당한 권위로 교장에게 무게를 실어주어야 교사장학을 하고 학생교육을 효과적으로 할 수 있게 된다. 교장과 교사는 권위를 상호존중해 주어야 할 것이다.

생각해봅시다

1. 교내자율장학의 문제점과 개선방향에 대하여 생각해 봅시다.

2. 교내자율장학의 종류에 따른 장단점에 대하여 생각해 봅시다.

3. 교내자율장학의 활성화 방안에 대하여 생각해 봅시다.

CHAPTER 11

학교운영위원회

학습목표

1. 학교운영위원회의 개념 및 성격을 이해할 수 있다.
2. 학교운영위원회의 설치 및 구성을 파악할 수 있다.
3. 학교운영위원회 위원의 선출 및 임기를 설명할 수 있다.
4. 학교운영위원회의 운영을 설명할 수 있다.
5. 학교운영위원회의 심의 내용을 파악할 수 있다.
6. 학교운영위원회의 국·공립학교와 사립학교의 차이를 설명할 수 있다.

Keyword

학교운영위원회, 사립학교 운영위원회, 학교운영위원회 위원, 학교운영위원회 선출, 학교운영위원회 임기, 학교운영위원회 소집, 학교운영위원회 제척사유, 학교운영위원회 심의내용

과거 우리의 교육체제는 학교운영의 자율성이 부족하였고, 수요자 중심의 교육공동체적 학교운영체제가 아닌 공급자 위주로 설계되고 운영됐다. 따라서 교육서비스의 수요자인 학생과 학부모 및 지역사회의 다양한 요구나 의견이 학교운영에 제대로 반영될 통로가 없었다.

이에 1995년 5월, 소위 '5.31 교육개혁'으로 알려진 '신교육체제 수립을 위한 교육개혁 방안'을 통해서 단위학교의 자율성과 창의성에 바탕을 둔 학교운영체제로의 전환을 위해 학부모, 교원 및 지역인사의 자율적 참여를 기반으로 한 양질의 교육환경 조성을 위한 제도적 장치로서 학교운영위원회 도입을 발표하였다.

학교운영위원회는 1995년 후반기 시범학교운영을 시작으로 1996년에는 시 지역 이상의 국·공립학교에서부터 시행되었으며, 이후 읍·면 지역의 학교로 확대되었다. 2000학년도부터 사립의 모든 초·중·고등학교에도 학교운영위원회 설치가 의무화됨으로써 명실공히 단위학교 차원의 자치기구로서 자리매김하게 되었다. 최근 학교자율화 확대 등 단위학교 중심의 다양한 교육정책이 추진됨에 따라 단위학교 책임경영체제의 기틀을 마련하는 제도로서 학교운영위원회 역할의 중요성은 더욱 커지고 있다(교육과학기술부. 2013).

제1절 학교운영위원회의 이해

1절에서는 학교운영위원회의 개념 및 성격, 학교운영위원회의 설치 및 구성, 학교운영위원회 위원의 선출 및 임기 등에 대해서 고찰하고자 하다.

1. 학교운영위원회의 개념 및 성격

학교운영위원회의 개념은 학생과 학부모 및 지역사회의 요구를 학교교육에 적극적으로 반영함으로써 학교운영에 대한 정책결정의 민주성·합리성·투명성을 제고하고, 학교의 자율성과 책무성을 강화하는 제도이다(교육부, 2016: 3).

학교운영위원회의 일반적 성격은 다음과 같다(교육부, 2016).

① 단위학교 차원의 교육자치기구이다. 학교운영의 중요한 사항에 대해서 학교 구성원들이 참여하여 민주적인 절차에 따라 자율적으로 결정하는 단위학교 차원의 교육자치기구이다.

② 학교 내외의 구성원이 함께하는 학교공동체이다. 학교운영위원회는 학교의 구성 주체인 교사 및 학부모와 지역사회 인사 등 학교 내외의 구성원이 학교운영의 중요한 의사결정에 함께 참여하는 학교공동체이다.

③ 개성 있고 다양한 교육을 꽃피울 수 있는 제도적 장치이다. 학교운영위원회 제도는 학교 규모, 학교 환경 등 개별 학교가 처해 있는 실정과 특색에 맞게 다양하고 창의적인 교육을 실현할 수 있는 제도적인 장치이다.

2. 학교운영위원회의 설치 및 구성

학교운영위원회의 설치는 초 · 중등교육법 제31조에서 '학교운영의 자율성을 높이고 지역의 실정과 특성에 맞는 다양하고도 창의적인 교육을 할 수 있도록 초 · 중 · 고등학교 및 특수학교에 학교운영위원회를 구성 · 운영하여야 한다.'고 하였다. 국립 · 공립학교에 두는 학교운영위원회는 그 학교의 교원 대표, 학부모 대표 및 지역사회 인사로 구성하며(초 · 중등교육법 제31조), **사립학교의 운영위원회**는 당해 학교의 교원위원 · 학부모위원 및 지역위원으로 구성한다. 학교운영위원회의 위원 수는 5명 이상 15명 이하의 범위에서 학교의 규모 등을 고려하여 대통령령으로 정한다. 학부모위원은 당해 학교에 자녀를 둔 학부모의 학부모를 대표하는 자이며, 교원위원은 당해 학교에 재직하고 있는 교원을 대표하는 자이고, 지역위원은 당해 학교가 소재하는 지역을 생활근거지로 하는 자로서 예산 · 회계 · 감사 · 법률 등에 관한 전문가 또는 교육행정에 관한 업무를 수행하는 공무원, 당해 학교가 소재하는 지역을 사업활동의 근거지로 하는 사업자, 당해 학교를 졸업한 자, 기타 학교운영에 이바지하고자 하는 자를 말한다.

학교운영위원회 위원의 정수는 학생수를 기준으로 학교의 규모 등을 고려하여 당해 학교의 학교운영위원회규정으로 정한다. 단, 학생 수가 100명 미만인 국 · 공립학교의 경우 학부모위원, 교원위원 및 지역위원은 각각 1명 이상 포함되어야 한다(초 · 중등교육법 제58조 제1항).

① 학생수가 200명 미만인 학교: 5인 이상 8인 이내
② 학생수가 200명 이상 1천명 미만인 학교: 9인 이상 12인 이내
③ 학생수가 1천명 이상인 학교: 13인 이상 15인 이내

그리고 국·공립학교에 두는 운영위원회 위원의 학부모위원, 교원위원, 지역위원의 구성비율은 표 11-1 운영위원회 위원의 구성 비율의 범위와 같이 정한다.

표 11-1 운영위원회 위원의 구성 비율의 범위

구분	일반학교	산업수요 맞춤형고 및 특성화고	비고
학부모위원	40%~50%	30%~40%	산업수요 맞춤형고·특성화고는 지역위원 중 2분의 1 이상을 '당해 학교가 소재하는 지역을 사업활동의 근거지로 하는 사업자'로 선출하여야 한다.
교원위원	30%~40%	20%~30%	
지역위원	10%~30%	30%~50%	

3. 학교운영위원회 위원의 선출 및 임기

1) 학교운영위원회 위원의 선출

학교운영위원회의 위원선출은 초·중등교육법 시행령 제59조에 따르며, 위원의 선출방법은 다음과 같다.

① 학부모위원 선출방법: 학부모위원은 민주적 대의절차에 따라 학부모 전체회의를 통하여 학부모 중에서 투표로 선출한다.
② 교원위원 선출방법: 국·공립학교의 장은 운영위원회의 당연직 교원위원이 된다. 당연직 교원위원을 제외한 교원위원은 교원 중에서 선출하되, 교직원전체회의에서 무기명투표로 선출한다.
③ 지역위원 선출방법: 지역위원은 학부모위원 또는 교원위원의 추천을 받아 학부모위원 및 교원위원이 무기명투표로 선출한다.
④ 위원장 및 부위원장의 선출방법: 운영위원회에는 위원장 및 부위원장 각 1인을 두되, 교원위원이 아닌 위원 중에서 무기명투표로 선출한다. 구체

적 선출 절차는 각 시 · 도의 조례에서 정하고 있으나, 대부분이 재적위원 과반수의 득표로 선출한다.

⑤ 위원의 자격상실: 국 · 공립학교에 두는 운영위원회 위원이 그 지위를 남용하여 해당학교와의 거래 등을 통하여 재산상의 권리 · 이익을 취득하거나 다른 사람을 위하여 그 취득을 알선한 경우에는 운영위원회의 의결로 그 자격을 상실하게 할 수 있다.

2) 학교운영위원회 위원의 임기

위원의 임기는 시 · 도 조례로 정하며, 지역에 따라 연임 여부, 신설학교의 위원 임기 등이 다르다. 운영위원의 임기개시일은 시 · 도교육청 또는 단위학교마다 차이는 있으나, 대부분 4월 1일로 정하고 있다. 위원이 자리가 빈 경우에는 보궐 선출하고 보궐위원의 임기는 전임자의 남은 기간으로 한다. 다만, 남은 임기기간과 위원 정수의 비율에 따라 운영위원회의 결정으로 선출하지 않을 수 있다. 위원장과 부위원장의 임기는 시 · 도교육청의 조례에 따라 차이는 있으나, 대부분 1년으로 하며 연임할 수 있다(교육부, 2016: 17).

제2절 학교운영위원회의 운영 및 심의 내용

1. 학교운영위원회의 운영

학교운영위원회의 운영에는 운영위원회의 소집, 회의록 작성 및 공개, 의견수렴, 소위원회 구성 등이 있다. 이에 대하여 살펴보면 다음과 같다.

1) 학교운영위원회의 소집

학교운영위원회의 소집은 다음의 절차를 따르게 된다(초 · 중등교육법 제59조의2).

① 국 · 공립학교에 두는 운영위원회의 회의는 위원장이 소집한다.

② 제1항에 따라 위원장이 회의를 소집하려면 회의 일시, 장소 및 안건을 정하여 회의 개최 7일 전까지 각 위원에게 알려야 한다. 다만, 긴급한 사유가 있는 경우에는 그러하지 아니하다.

③ 국·공립학교에 두는 운영위원회의 위원장은 회의 일시를 정할 때에는 일과 후, 주말 등 위원들이 참석하기 편리한 시간으로 정하여야 한다.

2) 학교운영위원회의 회의록 작성 및 공개

학교운영위원회의 회의록 작성 및 공개는 다음의 절차를 따른다(초·중등교육법 제59조의3).

① 국·공립학교에 두는 운영위원회의 회의를 개최하였을 때에는 회의 일시, 장소, 참석자, 안건, 발언요지, 결정사항 등이 포함된 회의록을 작성하여야 한다.

② 학교운영위원회에서 작성한 회의록은 학교 홈페이지 등을 통해 공개하여야 한다. 다만, 회의록에 포함되어 있는 개인정보, 개인 사생활의 비밀 또는 자유를 침해할 우려가 있는 사항, 심의의 공정성을 저해할 우려가 있는 사항, 학생교육 또는 교권보호를 위한 사항 등은 공개하지 않는다.

3) 학교운영위원회의 의견 수렴

학교운영위원회의 의견 수렴 등은 다음의 절차를 따른다(초·중등교육법 제59조의4).

① 국·공립학교에 두는 운영위원회는 학부모가 경비를 부담하는 사항을 심의하려는 때에는 국립학교의 경우에는 학칙으로, 공립학교의 경우에는 시·도의 조례로 정하는 바에 따라 미리 학부모의 의견을 수렴하여야 한다.

② 국·공립학교에 두는 운영위원회는 학생의 학교생활에 밀접하게 관련된 사항을 심의하기 위하여 필요하다고 인정하는 때에는 학생대표 등을 회의에 참석하게 하여 의견을 들을 수 있다.

③ 국·공립학교에 두는 운영위원회는 학생대표가 학생의 학교생활에 관련

된 사항에 관하여 학생들의 의견을 수렴하여 운영위원회에 제안하게 할 수 있다.

4) 소위원회의 구성

국 · 공립학교의 운영위원회는 필요한 경우에 소위원회를 둘 수 있다(초 · 중등교육법 제60조의2). 여기에는 학교급식에 관한 사항을 효율적으로 심의하기 위하여 국 · 공립학교에 두는 운영위원회에 학교급식 소위원회를 두며, 그 밖에 필요한 경우 예 · 결산소위원회 등 분야별 소위원회를 둘 수 있다.

5) 운영위원회 위원의 제척 · 기피 · 회피

학교운영위원회 위원은 업무상 · 인신상의 이유로 해당 안건의 공정한 심의 · 의결을 하지 못할 가능성이 있는 경우에는 제척, 기피 · 회피할 수 있다(초 · 중등교육법 제59조의5).

① **운영위원회 위원의 제척(除斥) 사유**는 다음과 같다.

1. 운영위원회 위원이나 그 배우자 또는 배우자였던 사람이 해당 안건의 당사자(당사자가 법인 · 단체 등인 경우에는 그 임원을 포함한다. 이하 이 호 및 제2호에서 같다)이거나 그 안건의 당사자와 공동권리자 또는 공동의무자인 경우
2. 운영위원회 위원이 해당 안건의 당사자와 친족인 경우
3. 운영위원회 위원이 해당 안건에 관하여 증언, 진술, 자문, 연구, 용역 또는 감정을 한 경우
4. 운영위원회 위원이나 운영위원회 위원이 속한 법인 · 단체 등이 해당 안건 당사자의 대리인이거나 대리인이었던 경우

② 해당 안건의 당사자는 운영위원회 위원에게 공정한 심의를 기대하기 어려운 사정이 있는 경우에는 운영위원회에 기피(忌避) 신청을 할 수 있고, 운영위원회는 의결로 해당 운영위원회 위원의 기피 여부를 결정한다. 이 경우 기피신청의 대상인 운영위원회 위원은 그 의결에 참여하지 못한다.

③ 운영위원회 위원이 제1항 각호에 따른 제척 사유에 해당하는 경우에는 스스로 해당 안건의 심의·의결에서 회피(回避)하여야 한다.

2. 학교운영위원회의 심의내용

국·공립학교의 학교운영위원회는 학교헌장 및 학칙, 예산안과 결산, 교육과정, 학부모 경비부담, 교원인사 등 학교운영에 관한 주요사항에 대한 심의권한을 가진다. 사립학교의 경우에는 공모교장과 초빙교원 추천에 관한 사항을 제외한 내용에 대하여 학교운영위원회의 자문을 거쳐야 한다. 그리고 학교발전기금 조성·운영에 관한 사항은 국·공립 및 사립학교 모두 심의·의결기능을 가진다. 심의내용의 의결은 시·도교육청의 조례에 따른 각급학교의 학교운영위원회규정에 따르며, 대부분의 경우에는 재적위원 과반수의 출석으로 개의하고, 출석위원 과반수의 찬성으로 의결한다. 국·공립학교의 학교운영위원회가 심의하는 내용(초·중등교육법 제32조)으로는 학교헌장과 학칙의 제정 또는 개정, 학교의 예산안과 결산, 학교교육과정의 운영방법, 교과용도서와 교육자료의 선정, 교복·체육복·졸업앨범 등 학부모 경비부담 사항, 정규학습시간 종료 후 또는 방학기간 중의 교육활동 및 수련활동, 공모교장의 공모방법·임용·평가 등, 초빙교사의 추천, 학교운영지원비의 조성·운용 및 사용, 학교급식, 대학입학 특별전형 중 학교장 추천, 학교운동부의 구성·운영, 학교운영에 대한 제안 및 건의사항, 그 밖에 대통령령이나 시·도의 조례로 정하는 사항 등이다.

사립학교의 경우에는 공모교장의 공모방법·임용·평가 등과 초빙교사의 추천 등 2개 사항을 제외하고 학교운영위원회에 자문하여야 한다. 다만, 학교헌장과 학칙의 제정 또는 개정에 대하여는 학교법인이 요청하는 경우에만 자문한다.

그 외에 학교운영위원회는 학교발전기금을 조성하여 운영할 수 있으며, 이에 대한 조성·운용 및 사용에 관한 사항을 심의·의결한다(초·중등교육법 제32조 및 동법 제33조).

3. 심의결과의 시행

국 · 공립학교의 장은 운영위원회의 심의결과를 최대한 존중하여야 하며, 그 심의결과와 다르게 시행하고자 하는 경우에는 이를 운영위원회와 관할청에 서면으로 보고하여야 한다. 단, 국 · 공립학교의 장은 운영위원회의 심의를 거치는 경우 교육활동 및 학교운영에 중대한 차질이 발생할 우려가 있거나 천재지변 기타 불가항력의 사유로 운영위원회를 소집할 여유가 없는 때에는 운영위원회의 심의를 거치지 아니하고 이를 시행할 수 있다. 이 경우 국 · 공립학교의 장은 관련사항과 그 사유를 지체 없이 운영위원회와 관할청에 서면으로 보고하여야 한다(초 · 중등교육법 시행령 제60조).

만일에 학교운영위원회의 심의결과에 대하여 국 · 공립학교의 장이 정당한 사유 없이 운영위원회의 심의 · 의결결과와 다르게 시행하거나, 심의 · 의결 결과를 시행하지 아니하는 경우, 또는 심의를 거쳐야 할 사항을 심의를 거치지 아니하고 시행하는 경우에는 관할청이 초 · 중등교육법 제63조(시정 또는 변경 명령)에 따라 해당학교에 시정을 명할 수 있다(초 · 중등교육법 시행령 제61조).

4. 국 · 공립학교와 사립학교의 차이

국 · 공립학교와 사립학교의 차이에는 학교운영위원회의 성격, 기능, 위원의 선출방법에서 차이점을 보인다. 가장 큰 차이점은 **국 · 공립학교는 심의기구이나 사립학교는 자문기구**이다. 국 · 공립학교와 사립학교의 차이를 정리하면 표 11-2의 학교운영위원회의 국 · 공립학교와 사립학교의 차이와 같다.

표 11-2 학교운영위원회의 국 · 공립학교와 사립학교의 차이

<table>
<tr><th>구분</th><th colspan="2">국 · 공립학교</th><th>사립학교</th></tr>
<tr><td>운영위원회의 성격</td><td colspan="2">▶ 심의기구</td><td>▶ 자문기구</td></tr>
<tr><td>운영위원회의 기능
(초 · 중등 교육법 제32조)</td><td colspan="2">▶ 학교헌장 및 학칙의 제정 또는 개정에 관한 사항
▶ 학교의 예산안 및 결산에 관한 사항
▶ 학교교육과정의 운영방법에 관한 사항
▶ 교과용도서 및 교육자료 선정에 관한 사항
▶ 교복 · 체육복 · 졸업앨범 등 학부모가 경비를 부담하는 사항
▶ 정규학습시간 종료 후 또는 방학기간 중의 교육활동 및 수련활동에 관한 사항
▶ 교육공무원법 제29조의3 제8항에 따른 공모 교장의 공모방법, 임용, 평가 등에 관한 사항
▶ 교육공무원법 제31조 제2항의 규정에 의한 초빙교원의 추천에 관한 사항
▶ 학교운영지원비의 조성 · 운용 및 사용에 관한 사항
▶ 학교급식에 관한 사항
▶ 대학입학 특별전형 중 학교장 추천에 관한 사항
▶ 학교운동부의 구성 · 운영에 관한 사항
▶ 학교운영에 대한 제안 및 건의 사항
▶ 기타 대통령령, 시 · 도의 조례로 정하는 사항</td><td rowspan="2">아래의 사항을 제외하고 국 · 공립학교의 기능과 같음

<학교법인의 요청 시 자문사항>
▶ 학교헌장 및 학칙의 제정 또는 개정에 관한 사항

<제외되는 자문사항>
▶ 교육공무원법 제29조의3 제8항에 따른 공모 교장의 공모방법, 임용, 평가 등에 관한 사항
▶ 교육공무원법 제31조 제2항의 규정에 의한 초빙교원의 추천에 관한 사항</td></tr>
<tr><td>운영위원회 심의 기타 사항</td><td colspan="2">▶ 산학겸임교사 임용 심의(시행령 제42조)
▶ 학생의 안전대책 등을 수립할 때에는 학생, 학부모 및 교직원의 의견을 듣고 학교운영위원회의 심의 또는 자문(시행령 제57조의2)
▶ 학교 휴업일 지정(시행령 제47조)</td></tr>
<tr><td rowspan="3">위원의 선출 방법
(초 · 중등 교육법 시행령 제59조)</td><td>학부모 위원</td><td>▶ 학부모 전체회의에서 직접 선출</td><td>▶ 국 · 공립학교와 같음</td></tr>
<tr><td>교원위원</td><td>▶ 교직원 전체회의에서 무기명투표로 선출</td><td>▶ 교직원 전체회의에서 추천한 자 중 학교의 장이 위촉</td></tr>
<tr><td>지역위원</td><td>▶ 학부모위원 또는 교원위원의 추천을 받아 학부모위원 및 교원위원이 무기명투표로 선출</td><td>▶ 국 · 공립학교와 같음</td></tr>
</table>

생각해봅시다

1. 학교 찬조금 관리에 따른 학교운영위원회의 역할에 대하여 생각해 봅시다.

2. 학교와 학교운영위원회는 어떤 관계설정이 필요한지 생각해 봅시다.

3. 학교운영위원회 위원의 제척 사유에 대하여 생각해 봅시다.

CHAPTER 12

학사 및 사무관리

학습목표

1. 학적처리에 사용되는 다양한 용어에 대하여 이해할 수 있다.
2. 결석일수의 산정, 출석인정결석, 질병결석, 무단결석, 기타결석에 대하여 설명할 수 있다.
3. 지각, 조퇴, 결과를 설명할 수 있다.
4. 문서의 기능과 필요성에 대하여 이해할 수 있다.
5. 문서의 종류에 대하여 파악할 수 있다.
6. (공)문서의 성립과 효력 발생에 대하여 이해할 수 있다.
7. (공)문서 작성에 대하여 설명할 수 있다.
8. 교무업무시스템(NEIS)의 목표, 영역, 내용에 대하여 이해할 수 있다.
9. 학교회계시스템(EDFINE)의 관리 구성 및 예산 사용 절차에 대하여 설명할 수 있다.

Keyword

학적관리, 학적처리, 입학, 취학, 재학, 재입학, 재취학, 편입학, 전입학, 복학, 진급, 조기진급, 전출, 유급, 휴학, 면제, 취학유예, 유예, 제적, 자퇴, 퇴학, 수료, 졸업, 조기졸업, 명예졸업, 유학, 출결관리, 수업일수, 결석일수 산정, 출석인정결석, 무단결석, 기타결석, 지각, 조퇴, 결과, 공문서 작성, 공문서 관리, 문서, 법규문서, 지시문서, 공고문서, 비치문서, 민원문서, 일반문서, 기안문, 교무업무시스템(NEIS), 학교회계시스템(에듀파인)

제1절 학적관리

1. 학적처리에 사용되는 용어

학적처리에 사용되는 용어는 교육부훈령 제127호 「학교생활기록 작성 및 관리지침」의 별지 제7호에 따르며, 이에 대한 **용어의 정리**는 다음과 같다.

1. **입학**: 학교에 들어감(1학년 신입학)
2. **취학**: 처음으로 의무교육을 받기 위해 의무교육에 해당하는 학교의 적정 학년에 들어감
3. **재학**: 당해 학교의 학생 신분(학적)을 보유함
4. **재입학**: 고등학교에서 학업을 중단한 자가 중단 이전의 학교에 재학 당시 학년 이하의 학년으로 다시 입학함(의무교육에 해당하는 학교 및 특수교육대상학생은 불가)
5. **재취학**: 의무교육 대상자로서 "면제, 유예, 정원외학적관리"중인 자(의무교육을 중단한 자)가 다시 의무교육을 받고자 의무교육에 해당하는 학교에 다니게 됨.
6. **편입학**: 의무교육 대상이 아닌 자로서 학업을 중단한 자가 중단 이전의 학교에 재학 당시 학년의 차상급 학년으로 다시 입학하거나, 다른 학교로 다시 입학함(의무교육 대상이 아닌 자가 학업중단 이전과 동일 또는 하위의 초·중학교 학년으로 다시 입학하는 경우에도 편입학으로 처리)
7. **전입학**: 다른 학교 재학생이 우리 학교 재학생이 됨
8. **복학**: 질병 등 휴학 사유 종료에 따라(휴학기간 만료) 다시 학교에 들어옴
9. **진급**: 해당 학년의 교육을 수료하여 상급학년으로 올라감
10. **조기진급**: 학칙에 의거 상급학년의 교육과정을 조기 이수하여 차상급 학년으로 진급함
11. **전출**: 다른 학교로 전입학하기 위해 해당 학교의 학적을 버림
12. **유급**: 해당 학년 교육과정 미수료에 의해 상급 학년으로 진급하지 못함
13. **휴학**: 질병 등 사유에 의해 학교장의 허가 하에 일정기간 동안 재학생 신분을 버림(의무교육에 해당하는 학교 및 특수교육대상학생은 불가)

14. 면제: 초 · 중등교육법 제14조에 의거 취학 및 교육의무를 면함. '면제'는 의무교육을 받을 의무를 면하는 것으로 사망, 유학(미인정 유학 제외), 정당한 해외 출국 등의 사유로 인해 국내에서 취학의무를 이행할 수 없는 경우에 해당한다.

15. 취학유예: 초 · 중등교육법시행령 제28조의 규정에 의거 해당 학년도에 취학하여 교육받을 의무를 다음 학년도까지 보류함

16. 유예: 재학하여 계속 교육받을 의무를 다음 학년도까지 보류(초 · 중등교육법시행령 제29조에 의한 입학 이후 유예자 또는 3월 이상 장기결석 중인 학생)하는 것으로 학칙에 의거 '정원외 학적관리'할 수 있음.

17. 제적: 고등학교에서 학칙에 의거 재학생 자격을 박탈하여 학적에서 제외시킴(의무교육에 해당하는 학교 및 특수교육대상학생은 불가)

18. 자퇴: 고등학교에서 개인 또는 가정사정으로 학생의 바람에 의하여 학적(재학생의 신분)을 포기함(의무교육에 해당하는 학교 및 특수교육대상학생은 불가)

19. 퇴학: 고등학교에서 징계 등 학칙에 의해 학적(재학생의 신분)을 박탈함(의무교육에 해당하는 학교 및 특수교육대상학생은 불가)

20. 수료: 해당 학년의 전 교육과정을 이수함

21. 졸업: 전 학년 교육과정을 수료하여 해당 학교의 학업을 마침

22. 조기졸업: 학칙에 의한 수업연한의 단축을 통해 해당 학교 전 교육과정을 조기에 수료하여 해당학교의 전 과정을 마침

23. 명예졸업: '명예졸업'을 신설하여 학교교육활동 과정에서 불의의 사고나 '공익을 위한 활동' 중 사망한 경우는 학칙에서 정하는 바에 따라 학교장이 명예졸업을 인정할 수 있도록 하였다(교육부 보도자료, 2016.11.24.).

※ **유학**: 국외유학에 관한 규정에 따른 국비 또는 자비유학 자격에 해당하는 자로서 외국의 학교로 진학함(면제 및 자퇴의 한 사유임)

그 외의 유의사항으로는 초 · 중등교육법시행령의 의무교육대상학생에 대한 통보, 독촉, 경고 등을 숙지해야 한다. 이것은 요즘 자주 발생하는 가정아동폭력과 관련하여 의무교육기간에 정당한 사유 없이 미입학 또는 장기결석하는 학생을 파악하여, 그 원인을 해결하거나 관련기관에 통보하여 학생이 정상적인 교육을 받도록 학생보호에 힘써야 한다.

초 · 중등교육법 시행령

제22조 (미입학아동 등의 통보)
초등학교의 장은 제17조 제2항 및 제3항의 규정에 의하여 취학통보를 받았거나 제21조의 규정에 의한 전학절차를 마친 아동 또는 학생 중 입학기일 또는 전학기일 후 7일 이내에 취학 또는 전입학하지 아니하거나 주소지와 실제 거주지가 다른 자가 있을 때에는 그 성명을 당해 아동 또는 학생의 거주지 읍 · 면 · 동의 장에게 통보하여야 한다.
제25조 (독촉 · 경고 및 통보)
① 초등학교 및 중학교의 장은 의무교육대상학생이 다음 각호의 1에 해당하는 때에는 지체 없이 그 보호자 또는 고용자에게 학생의 출석을 독촉하거나 의무교육을 받는 것을 방해하지 아니하도록 경고하여야 한다.
1. 정당한 사유 없이 계속하여 7일 이상 결석을 하는 때
2. 학생의 고용자에 의하여 의무교육을 받는 것이 방해당하는 때
② 초등학교 및 중학교의 장은 제1항의 규정에 의한 독촉 또는 경고 후 7일을 경과하여도 그 상태가 계속되는 때나 2회 이상 독촉 또는 경고한 때에는 그 내용을 초등학교의 경우에는 학생의 거주지의 읍 · 면 · 동의 장에게, 중학교의 경우에는 교육장에게 각각 통보하여야 한다.
제26조 (취학의 독촉 등)
① 읍 · 면 · 동의 장 또는 교육장은 제22조 또는 제25조 제2항의 규정에 의한 통보를 받은 때에는 그 학생의 보호자에 대하여 학생의 취학 또는 출석을 독촉하거나 그 고용자에 대하여 의무교육을 받는 것을 방해하지 아니하도록 경고하여야 한다.
② 제1항의 규정에 의한 독촉 또는 경고를 2회 이상 하여도 그 상태가 계속되는 경우에는 그 경과를 초등학교의 경우에는 읍 · 면 · 동의 장이 교육장에게, 중학교의 경우에는 교육장이 이를 교육감에게 지체 없이 보고하여야 한다.
③ 제2항의 규정에 의하여 읍 · 면 · 동의 장으로부터 보고를 받은 교육장은 이를 지체 없이 교육감에게 보고하여야 한다.
제27조 (취학독려조치)
① 교육감은 의무교육에 대한 취학독려상황을 수시로 확인 · 점검하고 필요한 조치를 하여야 한다.
② 취학독려의 책임자와 경찰공무원은 학령아동으로서 길거리에서 배회하는 자를 발견한 때에는 그 이유를 조사하여 적절한 취학독려 조치를 하여야 한다.

2. 학적관련 질의 및 응답

학적과 관련하여 자주 발생하는 질의 · 응답은 다음과 같다(경기도교육청, 2015: 37-39).

【질의1】 유예(정원외관리 포함) · 면제, 자퇴, 퇴학, 제적 등의 학적처리일은 어떻게 정하나요?

⇒ 유예(정원외관리 포함) · 면제, 자퇴, 퇴학, 제적 등의 학적처리일은 학적변동 내부결재에 명시하도록 합니다. 예를 들어, 학생이 사

망으로 인해 면제(제적)처리를 하는 경우 학적처리 내부결재는 사망일 이후에 이루어지지만 결재 시 제적일을 명시하여 처리합니다.

【질의2】 **귀국하여 편입학(상급학년 재취학)한 경우 학교생활기록부 기록을 어떻게 하나요?**

⇒ 유학(미인정 유학 포함) 후 편입학(재취학)한 학생의 경우 편입학(재취학) 이전의 성적란은 공란입니다. 그러나 귀국학생의 취학(중학교) · 재취학(중학교) · 편입학(중 · 고등학교) 이전의 국내 성적이 있는 경우에는 이를 인정할 수 있습니다. 또한 귀국학생 등이 편입학(재취학)하는 경우 해당 학년의 수학가능성을 인정한 것이므로 당해 학년도 수업일수의 3분의 2 이상에 미달하여도 해당학년 수료에 영향을 받지 않으므로 학적 변동일부터 수업일수에 포함하여 기록하면 됩니다.

【질의3】 **2014년 6월 20일에 2학년을 자퇴(중학교 유예)한 학생이 2015년 3월 2일에 2학년에 재입학(중학교 재취학)을 한 경우 중복된 기간의 학교생활기록부 자료는 어떻게 해야 하나요?**

⇒ 재입학한 학생의 학교생활기록부를 기록할 때는 학년이력, 인적사항, 학적사항, 학교폭력 관련 조치사항을 제외한 중복된 기간의 학교생활기록부 자료(수업일수, 출결상황, 성적, 기타 비교과 영역 등 제반 내용)는 삭제해야 합니다. 재입학한 일자가 학업을 중단한 학년의 중단일 이전인 경우 재입학일 이전의 내용은 학업중단 이전의 내용으로, 재입학일 이후의 내용은 재입학한 후 당해 학년도에 새로 수행하는 사항을 입력합니다.

【질의4】 **재취학 · 재입학 · 편입학 · 유급학생의 학년 중복기간 동안 영역별 학교폭력 관련 조치사항이 기재되어 있는 경우 이를 삭제해야 하나요?**

⇒ 삭제하지 않습니다. 재취학 · 재입학 · 편입학 · 유급학생의 학년

중복기간 동안의 '출결상황의 특기사항'과 '행동특성 및 종합의견'란의 학교폭력 관련 조치사항은 삭제하지 않습니다(중복 기간의 출결상황의 결석일수는 삭제). 또한 중복되는 동안의 학년이력, 인적사항, 학적사항은 삭제하지 않기 때문에 학적사항에 입력된 학교폭력 관련 조치사항도 삭제하지 않습니다. 학교생활기록부 정정과정에서 삭제된 경우 재입력을 해야 합니다.

【질의5】 **의무교육에서 유예나 면제로 의무교육을 중단한 학생이 다시 의무교육을 받고자 하는 경우 학년, 학교 및 학교급을 달리하여도 재취학으로 처리하는 것으로 알고 있는데 그렇다면 의무교육에서 편입학은 어떠한 경우에 발생하나요?**

⇒ 의무교육에서 편입학은 외국국적의 학생이 들어오거나 의무교육 연령을 벗어난 학생이 의무교육을 받고자 할 때 등의 경우 발생할 수 있습니다.

【질의6】 **국내 거주 외국인 근로자(조선족 등) 자녀가 국내 중학교에 편입학할 수 있나요?**

⇒ 외국인 노동자자녀의 취학 및 편입학은 「UN 아동의 권리에 관한 협약」 등에 근거하여 아동이 교육받을 권리를 보장하고 있으며, 「초·중등교육법 시행령」 제19조에 의거 출·입국관리소장이 발행한 출입국에 관한 사실증명서 또는 외국인등록사실증명서로 서류를 갖추도록 하였으나, 이에 대한 개정이 이루어져 거주지를 담당하는 해당학교의 장은 「전자정부구현을 위한 행정업무 등의 전자화촉진에 관한 법률」 제21조 제1항에 따른 행정정보의 공동이용을 통하여 「출입국관리법」 제88조에 따른 출입국에 관한 사실증명 또는 외국인 등록 사실증명의 내용을 확인함으로써 입학 또는 전학절차로 갈음할 수 있습니다. 구체적인 다문화 학생의 학력인정과 학적관리는 '다문화 학생 학력심의위원회 운영매뉴얼(교육부 · 국가평생교육진흥원 중앙다문화교육센터, 2014.09.)'과 '다문화학생 학적관리매뉴얼-중도입국자녀 등 외국

국적학생용(교육부 · 국가평생교육진흥원 중앙다문화교육센터, 2014. 03.)' 을 참고하기 바랍니다.

【질의7】 **북한이탈주민인 학생이 국내학교에 중도 입국하는 경우에 사용하는 학적 용어는 어떻게 되나요?**

⇒ 북한이탈주민인 학생이 중학교에 중도 입국하는 경우에는 '취학'으로, 고등학교에 중도 입국하는 경우에는 '편입학'으로 처리합니다. 구체적인 북한이탈주민인 학생의 학력인정과 학적관리는 '탈북학생 지도교사용 매뉴얼(한국교육개발원, 2014.12.)'을 참고하기 바랍니다.

【질의8】 **2012년 5월까지 국내 중학교 3학년에 재학을 하다가 부모님이 미국으로 나가게 됨에 따라 동반 출국하여 그곳에서 2012년 6월부터 9학년 2학기 일부를 이수하고, 2012년 9월에 10학년으로 진급하여 2014년 6월까지 공부한 뒤에 11학년을 마치고 귀국하게 되는 경우에는 2012년 3월부터 2012년 8월까지 국내 중학교와 미국에서의 재학기간을 합산해 중학교 3학년 1학기를 이수한 것으로 인정하여 고등학교 2학년 2학기로 편입학을 받을 수 있나요?**

⇒ 「초 · 중등교육법 시행령」에 의거 인정 유학에 의한 귀국학생의 편입학은 학칙에 의해 당해 학교에서 학교의 장이 결정합니다. 학년 배정은 외국학교의 재학증명서상의 재학기간과 성적증명서상의 교육과정 이수내용을 우리나라 학제(12학년제)에 맞추어 계산하여 정하며 9월에 1학기가 시작되는 나라에 가서 공부함으로써 학제 차이로 인해 한 학기 중복이 되었을 경우, 귀국 후 국내학교에 편입학할 때 한 학기 올려주고, 한 학기 월반이 되었을 경우, 국내학교에 편입학할 때 한 학기 내려서 학년을 배정하면 됩니다.

【질의9】 **본교의 한 학생이 이전 학년도에 재학 중 질병으로 휴학을 한 상태입니다. 현재 학년도에 복학할 시점에서 건강 상태가 좋지 않아 사망을 하였습니다. 이런 경우 학적변동 처리를 어떻게 해야 하나요?**

⇒ 교육정보시스템에서 해당학생을 복학시키지 않은 상태에서 [학적]-[학업중단관리]-[휴학/자퇴/퇴학/제적관리]에서 해당학생을 등록한 후 기안문 상신과정을 거쳐 결재가 완료된 후 {학적반영}을 합니다. 이때, 학적반영일자는 학생의 사망일자로 합니다. 참고로 학적 사항란에는 '2022년 03월 03일 □□고등학교 제1학년 입학(2022년 09월 23일 휴학)(2023년 09월 15일 제적)'과 같이 한 줄로 표기되어 나타납니다.

【질의10】 **중학교의 경우 입학은 언제까지 할 수 있나요?**

⇒ 초·중등교육법 시행령 제67조 개정에 따라 중학교의 입학 시기는 당해학교의 교육과정 이수에 지장이 없는 범위인 당해학년 수업일수의 3분의 2 이상 남은 시점까지 입학할 수 있습니다. 다만, 입학 이후 당해학년 수업일수의 3분의 2 이상 출석해야 해당학년을 수료할 수 있습니다.

제2절 출결관리

출결관리와 관련된 내용은 교육부훈령 제127호 「학교생활기록 작성 및 관리지침」의 별지 제8호 출결상황 관리에 따른다. 교사의 출결관리는 교육정보시스템의 [학적]-[출결관리]-[일일출결관리(담임용)]에서 해당사항을 입력하여 처리한다.

1. 수업일수

초·중등교육법시행령 제45조(수업일수) ① 법 제24조제3항에 따른 학교의 수업일수는 다음 각 호의 기준에 따라 학교의 정이 정한다. 다만, 학교의 장은 천재지변, 연구학교의 운영 또는 자율학교의 운영 등 교육과정의 운영상 필요한 경우에는 기준수업 10분의 1의 범위에서 수업일수를 줄일 수 있으며, 이 경우 다음 학년도 개시 30일 전까지 관할청에 보고하여야 한다. <개정 2019.9.24.>

1) 초등학교 · 중학교 · 고등학교 · 고등기술학교 및 특수학교(유치부 제외): 매학년 190일 이상
2) 공민학교 및 고등공민학교의 수업일수: 매 학년 170일 이상

② 초등학교 · 중학교 · 고등학교 및 특수학교의 장은 제1항제1호의 기준에 따라 수업일수를 정하려면 법 제31조제1항에 따른 학교운영위원회의 심의 또는 자문을 거쳐야 한다. <개정 2019.9.24.>

2. 결석

결석은 학칙에 따른 출석하여야 할 날짜에 출석하지 않는 것이다. 여기에는 결석일수의 산정, 출석인정결석, 질병결석, 무단결석, 기타결석 등이 있다.

1) 결석일수의 산정

결석일수의 산정은 다음에 따른다.

① 학칙에 의거, 출석하여야 할 날짜에 출석하지 않았을 때에는 결석으로 처리한다.
② 학적을 새로 부여받은 자의 당해 학년 결석일수는 원적교의 당해 학년 결석일수와 합산하되, 중복되는 기간의 결석일수는 제외한다.

2) 출석인정결석

출석인정결석은 학칙에 따른 출석하여야 할 날짜에 다음의 사유로 인하여 학교에 출석하지 못한 경우이다.

① 지진, 폭우, 폭설, 폭풍, 해일 등의 천재지변 또는 법정 감염병 등(학교 내 확산 방지를 위해 학교장이 필요하다고 인정하는 비법정 감염병을 포함)으로 출석하지 못한 경우
② 병역관계 등 공적의무 또는 공권력의 행사로 인하여 출석하지 못한 경우
③ 학교장의 허가를 받은 '학교를 대표한 경기, 경연대회 참가, 산업체 실습과정(현장실습), 훈련 참가, 교환학습, 현장(체험)학습 등' 출석하지 못한 경우
④ 초·중등교육법시행령 제31조(학생의 징계 등) 제1항의 규정에 의한 학교 내의 봉사, 사회봉사, 특별교육이수 기간
⑤ 초·중등교육법시행령 제54조(학생부진아 등에 대한 교육 및 시책) 제5항의 규정에 의한 상담, 진로프로그램 등 숙려제 참여 인정 기간
⑥ 기타 부득이한 사유로 학교장의 허가를 받아 결석하는 경우
⑦ 경조사로 인하여 출석하지 못한 경우(교원휴가업무처리요령을 근거로 함)의 출석인정결석 기간은 표 12-1과 같다.

표 12-1 경조사에 따른 출석인정 일수

구분	대상	일수
결혼	• 형제, 자매	1
입양	• 본인	20
사망	• 부모 및 부모의 부모	5
	• 부모의 조부모·외조부모 • 형제·자매 및 그의 배우자	2
	• 부모의 형제·자매	1

3) 질병으로 인한 결석

질병결석은 학칙에 따른 출석하여야 할 날짜에 질병의 사유로 결석한 것이다. 여기에 해당하는 내용은 다음과 같다.

① 결석한 날부터 5일 이내에 의사의 진단서 또는 의견서(의사 소견서, 진료 확인서 등으로 병명, 진료기간 등이 기록된 증빙서류)를 첨부한 결석계를 제출하여 학교장의 승인을 받은 경우

② 다만, 상습적이지 않은 2일 이내의 결석은 질병으로 인한 결석임을 증명할 수 있는 자료(학부모 의견서, 처방전, 담임교사 확인서 등)가 첨부된 결석계를 5일 이내에 제출하여 학교장의 승인을 받은 경우
③ 병원학교 및 화상강의시스템을 이용하여 수업을 받는 건강장애학생이 결석한 경우

4) 무단결석

무단결석은 학칙에 따른 출석하여야 할 날짜에 무단으로 출석하지 않는 것이다.

① 합당하지 않은 사유나 고의로 결석한 경우(태만, 가출, 고의적 출석 거부, 범법행위로 관련기관 연행 · 도피 등)
② 초 · 중등교육법시행령 제31조(학생의 징계 등) 제6항의 가정학습기간

5) 기타결석

기타결석은 학칙에 따른 출석하여야 할 날짜에 다음과 같은 사유로 출석을 하지 못한 경우이다.

① 부모 · 가족 봉양, 가사 조력, 간병 등 부득이한 개인사정에 의한 결석임을 학교장이 인정하는 경우
② 공납금 미납을 사유로 결석한 경우
③ 기타 합당한 사유에 의한 결석임을 학교장이 인정하는 경우

6) 교외체험학습 신청 및 출석인정 처리

학생들이 방학이나 휴일이 아닌 때 다양한 진로 · 학습경험을 위하여 교외체험학습을 신청할 수 있다. 교외체험학습으로는 가족행사참여, 관찰활동, 조사활동, 수집활동, 현장견학, 답사활동, 문화체험, 진로 · 직업체험 등이 있다. 학생이 사전에 교외체험학습을 신청하면 학교장은 교육상 필요하다고 인정될

때 보호자 동의를 얻어 교외체험학습을 허가하며, 학칙이 정하는 범위 안에서 수업으로 인정할 수 있다(초 · 중등교육법시행령 제48조 제5항). 교외체험학습의 신청 및 확인 절차는 ① 교외체험학습신청서 제출(담임선생님), ② 학교장 승인, ③ 체험학습 실시, ④ 체험학습보고서 제출 및 확인이다.

3. 지각 · 조퇴 · 결과

지각 · 조퇴 · 결과는 학칙에 따른 출석하여야 할 날짜에 늦거나 수업에 참가하지 않는 것을 말한다. 이에 해당하는 내용은 다음과 같다.

① **지각**: 학교장이 정한 등교시각까지 출석하지 않은 경우
② **조퇴**: 학교장이 정한 하교시각 이전에 하교한 경우
③ **결과**: 수업시간에 불참하거나 교육활동을 고의적으로 방해한 경우
④ **'출석인정결석' 사항에 해당되는 사유로 인한 지각, 조퇴, 결과**는 각각의 횟수에 포함하지 않는다.
⑤ **지각, 조퇴, 결과의 사유**는 각각 결석 사유와 동일하게 질병, 무단, 기타로 처리한다.
⑥ **같은 날짜에 지각, 조퇴, 결과가 발생된 경우**에는 학교장이 판단하여 어느 한 가지 경우로만 처리한다.
⑦ **같은 날짜에 결과가 1회 이상이라도 1회로 처리한다.**
⑧ **학적을 새로 부여받은 자의 당해 학년 지각 · 조퇴 · 결과 횟수**는 원적교의 당해 학년 각 횟수와 합산하되, 중복되는 기간의 각 횟수는 제외한다.

제3절 공문서 작성 및 관리

「행정업무의 효율적 운영에 관한 규정」은 행정기관의 행정업무 운영에 관한 사항을 규정함으로써 행정업무의 간소화 · 표준화 · 과학화 및 정보화를 도모하여 행정의 효율을 높이는 것을 목적으로 한다. 그리고 「행정업무의 효율적 운영에 관한 규정 시행규칙」은 「행정업무의 효율적 운영에 관한 규정」에서 정의한 사항들의 구체적인 시행 규칙을 정의함으로써 공문서 관리 및 행정업무 처리의 표준화, 과학화를 기함으로써 효율적 수행이 가능하도록 하는 구체적인 내용과 업무의 인계 · 인수 등에 관한 사항을 주요 내용으로 하고 있다(2012, 서울시 교육연구정보원: 90). 따라서 본 절에서는 공문서의 이해, 공문서 작성에 대하여 살펴보고자 한다.

1. 공문서의 이해

1) 공문서의 개념

문서는 일반적으로 사람의 의사나 사물의 형태 · 관계 등을 문자 · 기호 · 숫자 등을 활용하여 종이 등 매체에 기록 · 표기한 것을 말하는데, 행정기관의 의사도 문서의 형태로 표시된다. 행정상 공문서란 행정기관 또는 공무원이 직무상 작성하고 처리한 문서 및 행정기관이 접수한 문서를 말한다(2012, 서울시 교육연구정보원: 430). **공문서**란 행정기관에서 공무상 작성하거나 시행하는 문서(도면 · 사진 · 디스크 · 테이프 · 필름 · 슬라이드 · 전자문서 등의 특수매체기록 포함)와 행정기관이 접수한 모든 문서로 규정하고 있으며, **전자문서**란 컴퓨터 등 정보처리 능력을 가진 장치에 의하여 전자적인 형태로 작성되거나 송신 · 수신 또는 저장된 문서이다(행정업무의 효율적 운영에 관한 규정 제3조 제1호). 그리고 행정기관의 장이 공문서로 인정되는 조치인 ① 출력매수의 제한 조치, ② 위 · 변조 방지 조치, ③ 출력한 문서의 진위확인 조치, ④ 그 밖에 출력한 문서의 위조 · 변조를 방지하기 위하여 행정자치부장관이 고시한 조치 등을 취하여 민원인에게 통지한 전자문서를 민원인이 출력한 경우 이를 공문서로 인정하고 있다(민원사무처리에 관한 법률 시행령 제25조). 따라서 민원인이 행정기관 등에 접수한 진정서

등도 공문서로 인정되어 문서를 제출한 사람도 접수문서를 임의로 회수할 수 없다.

2) 문서의 필요성 및 기능

업무를 처리하는 과정에서 발생하는 절차 · 내용 · 의사표현 · 결과에 대한 기록을 남기는 데 필요한 것이 문서이다. "공무원은 문서로 근무한다."는 말이 있을 정도로 문서작성이 업무 및 평가의 판단 기준이 된다. **문서의 필요성**을 설명하면 다음과 같다(서울시 교육연구정보원, 2012: 430).

① 내용이 복잡하여 문서가 없이는 업무처리가 곤란할 때이다.
② 업무처리에 대한 의사소통이 대화로는 불충분하여 문서가 필요한 때이다.
③ 행정기관의 의사표시 내용을 증거로 남겨야 할 때이다.
④ 업무처리의 형식상 또는 절차상 문서가 필요한 때이다.
⑤ 업무처리 결과를 보존할 필요가 있을 때이다.

그리고 **문서의 기능**을 설명하면 다음과 같다(서울시 교육연구정보원, 2012: 430-431).

① **의사의 기록 · 구체화 기능이다.** 문서는 사람의 의사를 구체적으로 표현하는 기능을 갖는다. 사람이 가지고 있는 주관적인 의사는 문자 · 숫자 · 기호 등을 활용하여 종이나 다른 매체에 표시하여 문서화함으로써 그 내용이 구체화한다. 이 기능은 문서의 기안에서부터 결재까지 문서가 성립하는 과정에서 나타나는 것이다.
② **의사의 전달 기능이다.** 문서는 자기의 의사를 타인에게 전달하는 기능을 갖는다. 문서에 의한 의사전달은 전화나 말로 전달하는 것보다 좀 더 정확하고 변함없는 내용을 전달할 수 있다. 이것은 의사를 공간적으로 확산하는 기능으로서 문서의 발송 · 도달 등 유통과정에서 나타난다.
③ **의사의 보존기능이다.** 문서는 의사를 오랫동안 보존하는 기능을 갖는다. 문서로써 전달된 의사는 지속해서 보존할 수 있고 역사자료로써 가치를 갖기도 한다. 이는 의사표시를 시간상으로 확산시키는 역할을 한다.

④ **자료 제공기능이다.** 보관 · 보존된 문서는 필요한 경우 언제든 참고자료 또는 증거자료로 제공되어 행정활동을 지원 · 촉진한다.

⑤ **업무의 연결 · 조정기능이다.** 문서의 기안 · 결재 및 협조 과정 등을 통해 조직 내외의 업무처리 및 정보순환이 이루어져 업무의 연결 · 조정 기능을 수행하게 된다.

3) 공문서의 종류

문서의 종류에는 작성 주체에 따라 공문서와 사문서가 있으며, 유통대상 여부에 따라 유통되지 않는 내부결재문서, 유통되는 대내문서와 대외문서로 구별하고 있다. **공문서는 문서의 성질에 따라 법규문서 · 지시문서 · 공고문서 · 비치문서 · 민원문서 및 일반문서로 구분하고 있다**(행정업무규정 제4조).

① **법규문서**는 헌법 · 법률 · 대통령령 · 총리령 · 부령 · 조례 · 규칙 등에 관한 문서이다.

② **지시문서**는 훈령 · 지시 · 예규 · 일일명령 등 행정기관이 그 하급기관이나 소속 공무원에 대하여 일정한 사항을 지시하는 문서이다.

③ **공고문서**는 고시 · 공고 등 행정기관이 일정한 사항을 일반에게 알리는 문서이다.

④ **비치문서**는 행정기관이 일정한 사항을 기록하여 행정기관 내부에 비치하면서 업무에 활용하는 대장, 카드 등의 문서이다.

⑤ **민원문서**는 민원인이 행정기관에 허가, 인가, 그 밖의 처분 등 특정한 행위를 요구하는 문서와 그에 대한 처리문서이다.

⑥ **일반문서**는 위의 첫 번째부터 다섯 번째까지의 문서에 속하지 아니하는 모든 문서이다.

4) 공문서의 성립과 효력 발생

공문서가 효력을 발생하기 위해서는 문서의 성립요건을 충족해야 하고, 결재권자가 해당문서에 대하여 서명을 하여야 비로소 문서의 효력이 발생한다. 이에 대한 **문서의 성립요건**은 다음과 같다(서울시 교육연구정보원, 2012: 434).

① 행정기관의 적법한 권한 범위 내에서 작성되어야 한다.
② 위법·부당하거나 시행 불가능한 내용이 아니어야 한다.
③ 법령에 규정된 절차 및 형식을 갖추어야 한다.

그리고 **문서의 성립과 효력 발생 시점**은 다음과 같다(행정업무규정 제6조).

① 문서는 결재권자가 해당 문서에 서명(전자이미지서명, 전자문자서명 및 행정전자서명을 포함한다)의 방식으로 결재함으로써 성립한다.
② 문서는 수신자에게 도달(전자문서의 경우는 수신자가 관리하거나 지정한 전자적 시스템 등에 입력되는 것을 말한다)됨으로써 효력을 발생한다.
③ 둘째 항목에도 불구하고 공고문서는 그 문서에서 효력발생 시기를 구체적으로 밝히고 있지 않으면 그 고시 또는 공고 등이 있은 날부터 5일이 경과한 때에 효력이 발생한다.

2. 공문서 작성

1) 문서의 구성

기안문은 두문, 본문 및 결문으로 구성한다. 두문은 행정기관명과 수신란으로 구성하며, 본문은 제목, 내용 및 붙임(문서에 다른 서식 등이 첨부되는 경우에만 해당한다)으로 구성한다. 그리고 결문에는 발신 명의, 기안자·검토자·협조자·결재권자의 직위나 직급 및 서명, 생산등록번호 및 접수등록번호, 시행일 및 접수일, 행정기관의 우편번호·주소·홈페이지주소·전화번호·팩스번호, 공무원의 전자우편주소와 공개 구분 등으로 구성한다.

일반적으로 사용되는 기안문과 시행문을 갈음하는 서식은 별지 제1호 서식의 형식으로 작성한다. 별지 제1호 서식은 그림 12-1과 같다.

행정 효율과 협업 촉진에 관한 규정 시행규칙 [별지 제1호 서식]

행 정 기 관 명

수신
(경유)
제목

발 신 명 의 직인

기안자 직위(직급) 서명 검토자 직위(직급) 서명 결재권자 직위(직급) 서명

협조자

시행 처리과명 -연도별 일련번호(시행일) 접수 처리과명 -연도별 일련번호(접수일)

우 도로명주소 / 홈페이지 주소

전화번호( ) 팩스번호( ) / 공무원의 전자우편주소 / 공개 구분

210㎜×297㎜(백상지 80g/㎡)

비고(이 난은 서식에 포함하지 아니한다)

- 문서를 작성할 때 "행정기관명", "발신명", "기안자", "검토자", "결재권자", "직위(직급) 서명", "처리과명-연도별 일련번호(시행일)", "도로명주소", "홈페이지 주소", "공무원의 전자우편주소", "공개 구분"의 용어는 표시하지 아니하고 그 내용을 적는다.

그림 12-1 기안문 서식

2) 문서 작성기준

문서의 작성기준은「행정 효율과 협업 촉진에 관한 규정 시행규칙」의 제7조 문서작성의 일반원칙 및「행정업무의 효율적 운영에 관한 규정」시행규칙 제2조 공문서 작성의 일반원칙을 중심으로 살펴보고자 한다.

① **문서의 기안은 전자문서로 하는 것을 원칙으로 한다.** 다만, 업무의 성질상 전자문서로 기안하기 곤란하거나 그 밖의 특별한 사정이 있으면 그러하지 아니하다(행정업무규정 제8조).

② **공문서의 한글사용 및 외국어 사용법이다.** 문서는「국어기본법」에 따른 어문규범에 맞게 한글로 작성하되, 뜻을 정확하게 전달하기 위하여 필요한 경우에는 괄호 안에 한자나 그 밖의 외국어를 함께 적을 수 있으며, 특별한 사유가 없으면 가로로 쓴다.

③ **문서의 내용 표현이다.** 문서의 내용은 간결하고 명확하게 표현하고 일반화되지 않은 약어와 전문용어 등의 사용을 피하여 이해하기 쉽게 작성하여야 한다.

④ **문서의 내용 표기이다.** 문서에는 음성정보나 영상정보 등이 수록되거나 연계된 바코드 등을 표기할 수 있다. 문서에는 시각장애인 등의 편의 도모를 위해 음성정보 또는 영상정보 등이 수록되거나 연계한 바코드 등을 표기할 수 있다. 이 경우 바코드는 문서 상단의 '행정기관명'표시줄의 오른쪽 끝에 2㎝×2㎝ 범위 내에서 표기한다(서울시 교육연구정보원, 2012: 439).

⑤ **숫자 표기이다.** 문서에 쓰는 숫자는 특별한 사유가 없으면 아라비아 숫자를 쓴다.

⑥ **날짜 표기이다.** 문서에 쓰는 날짜는 숫자로 표기하되, 연 · 월 · 일의 글자는 생략하고 그 자리에 온점을 찍어 표시하며, 시 · 분은 24시각제에 따라 숫자로 표기하되, 시 · 분의 글자는 생략하고, 그 사이에 쌍점을 찍어 구분한다. 다만, 특별한 사유가 있으면 다른 방법으로 표시할 수 있다.

(예시) 2015. 03. 02.
(예시) 오후 2시 30분 (×) → 14:30 (○).

⑦ **문서작성 용지이다.** 문서 작성에 사용하는 용지는 특별한 사유가 없으면 가로 210밀리미터, 세로 297밀리미터의 직사각형 용지(A4)로 한다.

⑧ **공문서 항목의 구분이다.** 공문서의 내용을 둘 이상의 항목으로 구분할 필요가 있으면 그 항목을 순서대로 표시한다.

⑨ **금액표시이다.** 문서에 금액을 표시할 때에는 아라비아 숫자로 쓰되, 숫자 다음에 괄호를 하고 다음과 같이 한글로 적어야 한다.

(예시) 금113,560원(금 일십일만삼천오백육십원)

⑩ **쪽 번호의 표시이다.** 2장 이상으로 이루어진 문서는 앞장과 뒷장의 순서를 명백히 하기 위하여 쪽 번호를 표시한다. 여기에는 문서의 순서 또는 연결 관계를 명백히 할 필요가 있는 문서, 사실관계나 법률관계의 증명에 관계되는 문서, 그리고 허가, 인가 및 등록 등에 관계되는 문서 등이다.

3) 문서 항목의 구분

공문서의 내용을 둘 이상의 항목으로 구분할 필요가 있으면 그 항목을 순서대로 표시한다. 이때 항목 구분이 숫자인 경우에는 오름차순, 한글인 경우에는 가나다순이다.

표시 방법은 상위 항목부터 하위 항목까지 1., 가., 1), 가), (1), (가), ①, ㉮의 형태로 표시하며, 필요한 경우에는 □, ○, -, · 등과 같은 특수한 기호로 표시할 수 있다. 문서 항목의 구분 표시는 표 12-2와 같다.

표 12-2 문서 항목의 구분 표시

구분	항목 기호	비고
첫째 항목	1., 2., 3., 순으로	2타(␣␣ 표시)는 한글 1자, 영문·숫자 2자에 해당함
둘째 항목	␣␣가., 나., 다., 순으로	
셋째 항목	␣␣1), 2), 3), 순으로	
넷째 항목	␣␣가), 나), 다), 순으로	
다섯째 항목	␣␣(1), (2), (3), 순으로	
여섯째 항목	␣␣(가), (나), (다), 순으로	
일곱째 항목	␣␣①, ②, ③, 순으로	
여덟째 항목	␣␣㉮, ㉯, ㉰, 순으로	

〈문서작성의 표시위치 및 띄우기〉는 다음과 같다.

① 첫째 항목기호는 제목의 첫 글자와 같은 위치에서 시작한다.

② 둘째 항목부터는 상위 항목 위치에서 오른쪽으로 한 글자(2타)씩 옮겨 시작한다.

③ 항목기호와 그 항목의 내용 사이에는 1타를 띄운다.

④ 하나의 항목만 있는 경우에는 항목기호를 부여하지 아니한다.

〈문서의 '끝' 표시〉는 다음과 같다.

① 본문이 끝나고 붙임이 없으면 내용이 끝나는 위치에서 1자(2타)를 띄우고 '끝.'자를 붙인다.

② 문서에 다른 서식 등이 첨부되는 경우에는 본문의 내용이 끝난 줄 다음에 '붙임' 표시를 하고 첨부물의 명칭과 수량을 적되, 첨부물이 두 가지 이상인 경우에는 항목을 구분하여 표시하여야 한다. 그리고 붙임 내용이 끝나는 위치에서 1자(2타)를 띄우고 '끝.'자를 붙인다.

③ 본문 또는 붙임의 표시문이 오른쪽 한계선에서 끝났을 경우에는 다음 줄의 왼쪽 기본선에서 한 글자(2타)를 띄우고 '끝.'이라고 쓴다.

④ 본문의 내용이 표 형식으로 끝나는 경우에는 표의 마지막 칸까지 작성되면 표 아래 왼쪽 한계선에서 한 글자(2타)를 띄운 후 '끝.' 표시를 하고, 표의 중간까지만 작성된 경우에는 '끝' 표시를 하지 않고 마지막으로 작성된 칸의 다음 칸에 '이하 빈칸'으로 표시한다.

<항목의 구분 및 표시위치 및 띄우기, 끝 표시에 대한 예시>는 그림 12-2와 같다.

수신␣␣○○시(도)교육감(중등교육국장)
(경유)
제목␣␣2017학년도 학생안전교육 실적보고

1.␣○○○○○○○○○○○○
␣␣가.␣○○○○○○○○○○○○
␣␣1)␣○○○○○○○○○○○○
␣␣가)␣○○○○○○○○○○○○
␣␣(1)␣○○○○○○○○○○○○
␣␣(가)␣○○○○○○○○○○○○
2.␣○○○○○○○○○○○○

붙임␣1.␣학생안전교육 계획표 1부.
2.␣학교안전교육 실적 1부.␣␣끝.

※ 2타(␣␣ 표시)는 한글 1자, 영문 · 숫자 2자에 해당함

그림 12-2 항목의 구분 및 표시위치 및 띄우기 예시

제4절 교무업무시스템(NEIS)의 이해

1. NEIS의 개요

1) NEIS의 정의

교육행정정보시스템(National Education Information System, NEIS, 이하 '나이스')은 교육부, 17개 시 · 도교육청 및 산하기관 그리고 전국 1만여 개의 초 · 중 · 고 · 특수학교를 인터넷으로 연결하여 교육행정업무를 효율적으로 수행하기 위하여 2002년도에 구축한 교육행정업무 통합관리시스템으로 교육청, 학교 등 11,000여 교육 · 행정기관의 인사, 급여, 입학, 보건, 교무, 학사 등 전체 27개 업무영역을 인터넷 환경 하에서 처리하는 정보시스템이다(서울시 교육연구정보원, 2012: 359).

2) NEIS의 목표

교무업무시스템(NEIS)의 목표는 교육행정의 정보화를 통한 교원업무 경감과 교육행정서비스를 목표로 하고 있다. 이에 대한 구체적인 내용은 다음과 같다(서울시 교육연구정보원, 2012: 359).

① 교육행정의 정보화로 생산성 극대화 및 교원 업무 경감이다. 이를 위해 기관 간·부서 간 막힘없는 업무처리체계 기반 확보하고, 교육행정업무의 간소화, 효율화, 합리화를 통한 교원의 업무를 경감하는 데 있다.

② 교육행정서비스의 획기적 개선을 통한 국민 만족도 제고이다. 교육행정 정보 공유를 통한 행정서비스의 신속·정확한 처리와 지역·창구와 무관하게 One/Non-Stop 민원서비스를 제공하는 데 있다.

③ 디지털행정을 통한 일하는 방식 개편으로 21C 국가경쟁력 확보 및 교육행정의 전자정부 구현이다. 이를 위해 교육정책 기초자료의 실시간 제공, 기관 내·외 문서의 전자적 유통, 기관 간·업무 간 자료의 공유 및 연계로 정보의 공동 활용체제 운영, 행정업무처리 방식을 오프라인 방식에서 정보통신기술을 활용한 온라인 방식으로 개편하는 데 있다.

2. NEIS의 영역 및 내용

NEIS의 영역은 크게 3개의 영역으로 교무업무, 학교행정, 일반행정 및 대국민서비스가 있다. 교무업무에는 3개 단위업무로 교무/학사, 입·진학, 보건이 있으며, 학교행정에는 7개 단위업무로 장학, 체육, 급식, 정보공시, 교육복지, 학교환경관리, 방과후 학교가 있으며, 일반행정 및 대국민서비스에는 18개 단위업무로 교원인사, 인사, 복무, 급여, 통계지원, 대국민 서비스 등 18개로 구성되어 있다.

교육부

- 업무관련 통계 자료 등의 즉시 취합
- 정확한 자료 취합으로 과학적 교육 정책 수립

교육청

- 각종 정보 수집의 용이
- 교육과정 정책시행 결과 분석의 과학화
- 교육행정 업무의 경감

각급 학교

- 반복업무의 감소로 교사의 업무 부담 경감
- 교육현장 경험 및 지식의 체계적 정보화
- 업무처리 절차를 고려한 최적화된 시스템 구축

학생-학부모

- 인터넷을 통한 교육행정 민원업무의 제공
- 제증명 발급 등 시간적, 공간적 제약의 극복
- 지역사회와 학교 단위의 연계성 강화

그림 12-3 NEIS의 목표 및 연계 활용

출처: 서울특별시 교육연구정보원(2012). 서울교육 교직실무편람. p. 359.

제5절 학교회계시스템의 이해

초 · 중등교육법에 의해 국 · 공립의 초 · 중등학교 및 특수학교는 학교별로 학교회계(學校會計)를 설치하며, 학교회계의 설치에 필요한 사항은 국립학교의 경우에는 교육부령으로, 공립학교의 경우에는 시 · 도의 교육규칙으로 정한다.

국가 및 지방자치단체에서 복식부기가 시행됨에 따라 회계처리 및 재무보고서 작성에 통일성과 객관성을 부여하고 재정 투명성과 공공책임성을 제고하기 위하여 2010년부터 학교회계에 복식부기에 의한 학교회계시스템(에듀파인)이 도입되었다. 학교회계시스템은 교직실무(서울시 교육연구정보원, 2012)의 내용을 정리하여 살펴보기로 한다.

1. 학교회계시스템의 개요

1) 학교 회계

학교회계에는 세입과 세출이 있다. 세입(歲入)은 국가의 일반회계나 지방자치단체의 교육비특별회계로부터 받은 전입금, 학교운영위원회 심의를 거쳐 학부모가 부담하는 경비, 학교발전기금으로부터 받은 전입금, 국가나 지방자치단체의 보조금 및 지원금, 사용료 및 수수료, 이월금, 물품매각대금, 그 밖의 수입 등이다. 세출(歲出)은 학교운영과 학교시설의 설치 등을 위하여 필요한 모든 경비를 뜻한다. 그리고 학교회계는 예측할 수 없는 예산 외의 지출이나 예산초과지출에 충당하기 위하여 예비비로서 적절한 금액을 세출예산에 계상(計上)할 수 있다(초 · 중등교육법 제30조의2).

학교회계의 회계연도는 매년 3월 1일에 시작하여 다음 해 2월 말일에 끝난다. 학교의 장은 회계연도마다 학교회계 세입세출예산안을 편성하여 회계연도가 시작되기 30일 전까지 학교운영위원회에 제출하고, 학교운영위원회는 학교회계 세입세출예산안을 회계연도가 시작되기 5일 전까지 심의하여야 한다(초 · 중등교육법 제30조의3).

학교의 장은 발생주의와 복식부기 회계 원리를 기초로 하여 교육감이 정하는 회계기준에 따라 회계를 처리하고 재무보고서를 작성한다.

2. 학교회계 관리 구성 및 예산사용 절차

학교회계는 사업관리, 예산관리, 수입관리, 지출관리, 계약관리, 발전기금관리, 세외관리, 세무관리, 예산결산으로 구성되어 있다. 그리고 재무결산은 마감관리, 장부관리, 재무결산검증, 결산조정, 재무제표, 부속명세서로 구성되어 있다.

1) 사업관리

학교정보관리는 학교교육 목표와 각 목표에 대한 관련 세출 세부사업을 관리하며, 세부사업 담당자가 한 회계연도 동안에 수행하여야 할 예산요구, 품의요구, 지출요구 및 결산정보를 관리한다.

2) 예산편성 및 세출 절차

예산편성 및 세출의 흐름도는 그림 12-4와 같은 절차를 거치게 된다.

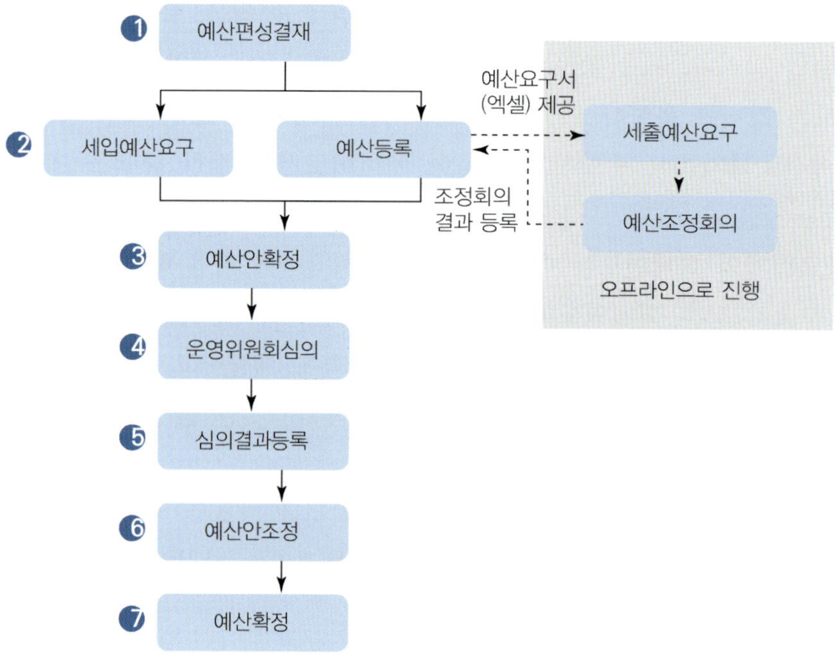

그림 12-4 예산편성 및 세입 절차

출처: 서울특별시 교육연구정보원(2012). 서울교육 교직실무편람. p. 509.

생각해봅시다

1. 학교회계 예산안 편성 절차와 학교운영위원회 심의과정을 설명해 봅시다.

2. 학교현장에서 교사들의 제일 큰 불만을 많은 공문서 처리에 있다. 학교의 공문서 처리를 줄일 수 있는 방안에 대하여 생각해 봅시다.

3. 학교 내 일반 행정업무에 대해 이해하고 자신의 적성 및 전공에 맞는 행정업무를 생각해 봅시다.

4. 자신이 행정업무의 부장교사라고 가정해 보자. 자신이 학교 교육과정에서 특색사업과 노력중점사업을 진행할 위치에 있다면 어떠한 사업을 진행하는 것이 자신의 교육관에 맞는 사업이 될지 생각해 봅시다.

5. 초등학교 6학년 수학여행이란 내용을 가지고 실재 '내부 공문서'를 기안해 봅시다.

6. 공문서 보관을 위한 절차와 방법은 어떻게 처리해야 하는지 생각해 봅시다.

참고문헌

강길수(1957). 교육행정. 서울: 풍국학원.

강병일 · 김남진(2010). 특수학교 학생 및 교사의 학교안전사고 실태 조사 연구 - 대구 지역 특수학교를 중심으로 -. 특수교육저널: 이론과 실천, 11(4), 277-304.

강준구 · 김경래 · 이철화 · 엄우섭(2012). 아동의 성별 및 성격 특성에 따른 학교안전사고 유형에 관한 연구. 한국초등체육학회지, 18(3), 109-119.

고영남(2011). 생활지도와 상담. 파주: 교육과학사.

고형일 · 이두휴 · 정환금(1994). 도시지역과 농촌지역 교사의 교직문화의 비교 연구. 교육사회학연구, 5(1).

교육과학기술부(2011). 교원노사관계 선진화를 위한 단체교섭 업무 매뉴얼(개정).

교육과학기술부(2012). 교육공무원 인사실무. 교육과학기술부 교원정책과.

교육과학기술부(2013). 2013 학교운영위원회 길잡이.

교육대학교직과 교재편찬위원회(1981). 학교행정. 서울: 학지사.

교육부(2021). 2021년도 교원자격검정 실무편람.

교육부(2021). 2021학년도 학교생활기록부 기재요령(초등학교). 세종: 교육부.

교육부(2021). 2021학년도 학교생활기록부 기재요령(중학교). 세종: 교육부.

교육부(2021). 2021학년도 학교생활기록부 기재요령(고등학교). 세종: 교육부.

교육부(2017). 2017 교육공무원 인사실무. p. 20.

교육부(2015). 2015 중 · 고등학교 학교생활기록부 기재요령.

교육부(2015). 2015년도 교원자격검정 실무편람. 교육부 교원복지연수과.

교육부(2015). 중학교 자유학기제 시행 계획.

교육부(2016). 2016 중 · 고등학교 학교생활기록부 기재요령.

교육부(2016). 2016 학교운영위원회 길잡이.

경기도교육청(2014). 2014 중등 교무학사업무매뉴얼[개정7판].

경기도교육청(2016). 경기도교육청 공무원 행동강령 업무편람. 수원: 경기도교육청.

경기도교육청(2015). 2016 경기도교육청 공무원 행동강령 업무편람. 경기도교육청 감사관.

경기도교육청(2015). 2015 학교생활기록부 작성 매뉴얼(중등).

경기도교육청(2015). 학교행정업무매뉴얼. 경기도교육청 홈페이지(http://www.goe.go.kr) - 과별누리집 – 행정관리담당관 - 업무매뉴얼 자료(중등학사업무)

경기도교육청(2011). 수업혁신 · 교실혁신을 위한 학급경영 가이드북 –중등을 중심으로-. 장학자료 2011-6호. 경기: 경기도교육청제2청사.

경기도교육청제2청사(2011). 수업혁신 · 교실혁신을 위한 학급경영 가이드북 –중등을 중심으로-. 경기: 경기도교육청제2청사.

경기도학교안전공제회(2014). 학교안전공제회 보상업무편람.

광주광역시교육청(2015). 학교운영위원회 업무편람

권기욱 · 조남두 · 유현숙 · 오영재 · 조남근 · 최창섭 · 신현석(2000). 교육행정의 이해. 서울: 원미사.

기순신(2001). 교사론. 서울: 학지사.

길형석 · 손충기(2005). 교육과정과 교육평가. 서울: 동문사.

김길숙 · 황현숙 · 길현주(2019). 새내기 유아교사가 알아야 할 교직실무 101가지. 서울: 동문사.

김경미(2004). 중등학교 교직문화 특성에 관한 연구. 창원대학교 박사학위 논문.

김계현 외(2011). 학교 상담과 생활지도. 서울: 학지사.

김명수 · 김보경 · 김선혜 · 박정환 · 백영균 · 이태상 · 한상훈(2010). 교직실무. 서울: 학지사.

김상돈 · 김현진(2012). 초 · 중등 교직실무. 서울: 학지사.

김선화(2015). 초 · 중등 교원보수체계 개선방안. 한국교원대학교 교육정책전문대학원 석사학위논문.

김윤태(2006). 교육행정 · 경영의 이해. 서울: 동문사.

김은주 · 권미량(2008). 유아교사교육: 생태적 접근. 파주시, 경기도: 공동체.

김은주(2004). 명강의 핵심전략. 서울: 연세대학교 출판부.

김종운 · 김효은 · 이태곤(2016). 예비교사를 위한 교직실무. 서울: 동문사.

김준권 외(1998). 교육방법 및 교육공학. 서울: 학이당.

김진한(2012). 교사를 위한 교직실무. 서울: 학지사.

김진한(2004). 교사의 전문성 개발을 위한 성인학습자로서의 생애능력개발. *ANDRAGOGY TODAY, 7*(1). 한국성인교육학회.

김진한(2002). 무너지는 교실과 살아 있는 교실의 문화기술적 비교. *ANDRAGOGY TODAY, 5*(2). 한국성인교육학회.

김창걸(2003). 교육조직행위론. 서울: 형설출판사.

김창걸(1981). 교사의 지도성과 학급경영풍토와 교육의 생산성과의 상호관계에 관한 연구. 한국교육경영학회 학술논문(모노그래프, 1981).

김창걸(1987). 학교장의 지도성 행동특성에 따른 학교조직풍토 유형 모형에 관한 연구. 인하대학교 인문과학논문집 제13집.

김창희(2004). 초등학생의 성격특성과 학교안전사고. 국내석사학위논문, 한국교원대학교 대학원.

김청자 · 정진선(2010). 생활지도와 상담. 서울: 태영출판사.

김충기(1996). 생활지도와 상담. 서울: 교육과학사.

김충기(1999). 교육심리학. 서울: 동문사.

김현기(2014). 초등학생들의 안전사고 발생요인 분석에 관한 연구. 국내석사학위논문, 한국교원대학교 교육정책전문대학원.

김형관 외(2000). 신장학론. 서울: 학지사.

김형관 · 오영재 · 신현석 · 방종필 공역(2005). 교육행정-이론, 연구, 실제-. 서울: 도서출판 원미사.

남정권(2011). 만화로 보는 교직실무. 서울: 학지사.

명제창(1988). 학교조직에서의 도덕적 지도성 측정에 관한 연구. 충남대학교 박사학위논문.

서울특별시교육연구정보원(2012). 2012 서울교육 교직실무편람.

서정화 · 박세훈 · 박영숙 · 전제상 · 조동섭 · 황준성(2011). 교육인사행정론. 서울: 교육과학사.

박균열 · 김순남 · 데와타카유키 · 박상완 · 박선형 · 박종필 · 엄준용 · 유진영(2014). 학교생활기록부 기재 방식 및 교육적 활용에 관한 국제 비교 연구. 한국교육개발원.

박병량 · 주철안(2005). 학교 · 학급경영. 개정판. 서울: 학지사.

박병량(2003). 학급경영(개정판). 서울: 학지사.

박병량(1999). 학급경영론. 서울: 학지사.

박세훈 · 이윤식 · 고영남 · 이일용 · 홍후조 · 권순달 · 송경오 · 신재흡 · 임연기 · 송선희 · 박호근 · 김명수 · 강경석 · 전제상 · 신상명(2012). 중등교직실무. 경기: 교육과학사.

박완성(2012). 신세대 교사를 위함 교직실무의 이론과 실제. 서울: 학지사.

박은혜(2016). 유아교사론. 서울: 창지사.

박재범(2005). 특수학교 교사들의 교직문화에 관한 질적 연구. 특수교육연구, 12(2).
박효정 · 유선영(2015). 2015 학교안전교육 현황과 내실화 방안. 제12권 제5호(통권 제223호). 서울: 한국교육개발원
변영계 외(2001). 교육방법 및 교육공학. 서울: 학지사.
서울특별시 교육청(2021). 공립학교 계약제교원 운영지침.
서울특별시교육연구정보원(2012). 서울교육 교직실무편람. 서울: 서울특별시연구정보원.
서울특별시교육연구정보원(2006). 2006교직실무편람(수정본). 서울: 서울특별시교육연구정보원.
서울특별시 교육청(2016). 알기 쉬운 교육공무원 인사실무 매뉴얼.
서울특별시교육청(2015). 2015 교육공무원 인사실무 매뉴얼.
서울특별시교육청(2014). 공립학교 계약제교원 운영지침. 시행 2014.01.01.
손영환 · 신수균(2018). 교육행정 및 교육경영. 서울: 동문사.
손향숙(2003). 신규 임용 교사의 교직관. 학생생활연구, 11, 43-60.
송기창 · 김민조 · 김병주 · 김병찬 · 김성기 · 김용 · 나민주 · 남수경 · 박수정 · 오범호 · 이정미 · 이희숙 · 정성수 · 정제영 · 조동섭 · 조석훈 · 주현준 · 홍창남(2009). 중등교직실무. 서울: ㈜학지사.
송효근(2014.8). 통계로 본 학교안전사고 현황. 한국교육개발원 교육정책네트워크 정보센터 자료실(http://edpolicy.kedi.re.kr).
신철균(2014). 중학교 자유학기제 정착 방안 연구. 한국교육개발원.
신재흡(2021). EDUTOPIA 구축을 위한 효과적인 장학의 이론과 실제. 서울: 동문사.
신재흡(2021). 글로벌시대의 문화다양성을 위한 다문화사회화 교육. 서울: 동문사.
신재흡(2020). 교육행정 및 교육경영 -학교경영탐색-. 서울: 동문사.
신재흡(2019). 사례중심의 유아교사론. 서울: 동문사.
신재흡(2019). 21세기 스마트시대의 교사 양성을 위한 교육방법 및 교육공학. 서울: 동문사.
신재흡(2018). 중등교원 임용고시 특강 Ⅱ. 서울: 한성대학교 교직과정.
신재흡(2016). 인성을 기반으로 한 보육교사론. 서울: 동문사.
신재흡(2014). 신교육학의 이해. 서울: 동문사.
신재흡 외(2006). 유아교사론. 서울: 양서원.
안창선 · 남경현 · 이욱범(1999). 교사론. 서울: 교육과학사.
염지숙 · 이명순 · 조형숙 · 김현주(2016). 유아교사론(제3판). 파주시, 경기도: 정민사.
오은경 · 한은경 · 서경혜 · 김경이 · 안전희 · 안선영 공역(2008). 장학론. 서울: 아카데미프레스.

오천균(1999), 교육학개론. 서울: 재동문화사.

오현옥(2004). 신설중학교 교사문화에 관한 연구. 인제대학교 석사학위 논문.

우영효(2017). 유아교사와 인성교육. 파주시, 경기도: 양서원.

유미림 · 인재천(2012). 영유아교사를 위한 교직실무. 서울: 동문사.

윤종건(1990). 교육행정과 학교 경영. 서울: 교학연구원.

이달석(1999). 교육심리학. 서울: 학지사.

이대균 · 김주영 · 임자영 · 박지선(2015). 유치원 교사를 위한 교직실무. 파주시, 경기도: 양서원.

이덕난(2014). 일본 학교에서의 안전교육 동향 및 시사점. 한국교육개발원(KEDI) 교육정책포럼(2014.8.10.) 통권254호. 서울:한국교육개발원

이랑 · 고정민 · 안선정 · 전방연(2007). 선생님! 진로상담이 필요해요!. 서울: 한국고용정보원.

이무근(1999). 직업교육학원론. 서울: 교육과학사.

이성진(1997). 교육심리학서설. 서울: 교육과학사.

이성진 외(1978). 현대 교육심리학. 서울: 교육출판사.

이성호(1984). 교육과정. 서울: 문음사.

이영덕(1981). 교육의 과정. 서울: 배영사.

이용환 외(2001). 교육방법 · 교육공학. 서울: 재동문화사.

이윤식(1999). 장학론: 유치원 · 초등 · 중등 자율장학론. 서울: 교육과학사.

이윤식(2005). 장학론: 유치원 · 초등 · 중등 자율장학론. 서울: 교육과학사.

이인효(1991). 인문계 고등학교 교직문화 연구. 서울대학교 박사학위 논문.

이정철(2012). 학교생활 중 안전사고 발생에 관한 분석연구. 한국사회안전학회지, 8(2), 225-237.

이종국 외(1999). 교육학개론. 서울: 재동문화사.

이종재 외(1981). 한국인의 교육관. 서울: 한국교육개발원

이칭찬 · 주상덕(2009). 교직실무이론. 서울: 동문사.

이형행(1999). 교육학개론. 서울: 양서원.

인사혁신처(2021). 공무원 휴가제도. 세종: 인사혁신처.

인사혁신처(2021). 국가공무원 복무 · 징계 관련 예규. 세종: 인사혁신처.

인사혁신처(2021). 2021 공무원보수 등의 업무지침 -인사혁신처예규 제110호(2021. 1.22.). 세종: 인사혁신처.

임승렬(2001). 유아교사 평가의 새로운 접근. 유아교육연구, 21(1), 87-116.

임종철(1999). 기간제 교과 전담 예비교사, 교대생 및 현장교사 간의 교직 간의 비교

분석. 한국교원교육연구, 16(2), 29-48.
장상호(1980). 인간주의 교육. 서울: 박영사.
장원동(2009). 교육행정 및 교육경영. 서울: 청목출판사.
정범모(1956). 교육과정. 서울: 풍국학원.
정수영(1991). 신 · 인사관리론(제3전정판). 서울: 박영사.
정일환(2003). 교육행정학의 탐구: 개념과 실제. 서울: 도서출판 원미사.
정주영(2013). 이론과 실제가 함께 담긴 교직실무. 서울: ㈜학지사.
정혜인(2008). 초등학생의 안전교육 경험에 따른 사고위험행동 수준 – 놀이 · 스포츠안전을 중심으로-. 국내석사학위논문, 이화여자대학교 대학원.
조동섭 · 김왕준 · 안병천 · 김수미 · 김민규 · 서석호 · 문준영(2014). 한 손에 집하는 학급경영과 교직실무. 서울: 학지사.
조병효(1995). 장학론. 서울: 배영사.
조부경 · 백은주 · 고영미(2016). 영유아교사론. 파주시, 경기도: 양서원.
주삼환 · 천세영 · 명제창 · 신붕섭 · 이명주 · 이석열 외 5일(2009). 교육행정 및 교육경영. 서울: 학지사.
주삼환(1984). 장학지도 방법과 절차의 합리와, 교육행정학 연구
주삼환(2003). 장학의 이론과 기법. 서울: 학지사.
주철안 · 오경희 · 이상철 · 이용철 · 이지영 · 한대동 · 홍창남(2013). 교직실무. 서울: 학지사.
진동섭(2003). 학교컨설팅: 교육개혁의 새로운 접근방법. 서울: 학지사.
진동섭 · 정수현 · 박상완 · 나민주 · 김병찬 · 박진형 · 박인심 · 김민조 · 김진수 · 박지웅 · 이승복 · 이은주 · 한점숙(2005). 한국 학교조직 탐구. 서울: 학지사.
최상근(2007). 교사의 교직사회화 과정. 한국교원교육학회 편. 교직과 교사. 서울: 학지사.
최성근 · 임연기(2000). 학교교육개혁 지원을 위한 학교 컨설팅 사업(I). 한국교육개발원 연구 보고 RR2000-15.
최애경 · 김길숙 · 김혜운 · 좌승화(2016). 영유아교사론. 고양시, 경기도: 공동체.
한공우(2003). 교육행정 및 교육경영. 서울: 동문사.
한국교육행정학회(1995). 학교 · 학급경영론. 서울: 도서출판 하우.
한국교원단체총연합회(2005). 예비교사를 위한 교사론. 서울: 교육과학사.
홍혜정(2014). 독일의 학교안전교육과 시사점. 한국교육개발원(KEDI) 교육정책포럼(2014.8.10.) 통권254호. 서울:한국교육개발원
홍후조(2011). 알기 쉬운 교육과정. 서울: 학지사.

황응연(1984). 현대생활지도. 서울: 교육출판사.

Alfonso, Robert J., Gerald R. Firth & Richard F. Neville(1975). Instructional Supervision: A Behavioral System. Boston: Allyn & Bacon.

Berliner, D. C.(1984). The Half-full Glass: A Review of Research on Teaching, In Philips L. Hosforded.), Using what we know about teaching, Virginia, ASCD.

Brainard, E.(1997). An analysis of public attitude toward education: The annual gallup poiis on education. The Journal of research and Dvelopment in Education, 10(1).

Burch, B. G. & Danley, W. E.(1980). "The instructional leadership role of central office supervisors", Educational leadership.

Burden, P. T.(1979). Teacher's perceptions of the characteristics and influences of their personal and professional development. Unpublished doctoral dissertation. The Ohio State University.

Burden, P. T.(1979). Teacher's Perceptions of the Characteristics and Influences of their Personal and Pofessional Development. Unpublished Doctoral Dissertation. The Ohio State University.

Burke, Peter J., Christensen, Judith C., & Fessler, Ralph.(1984). Teacher Career Stages: Implications for Staff Development(Fastback No. 214). Bloomington, IN: Phi Delta Kappa Educational Foundation.

Burton, William H.(1947). Supervision. New York: Appleton Century Crofts, Inc.

Combs, A. W. et al.(1988). 이원필 외 역(1988). 교사의 전문성. 서울: 배영사.

Corey, S. M.(1971). The Nature of Instruction, In M. D. Merrill(ed.), Instructional Design: Readings. Englewood Cliff, N. J.: Prentice-Hall.

Dinkmeyer, D.(1964). Conceptual Foundation of Counseling. The School Counselor vol.II.

Engnlish, F. W., & Steffy, B. E.(1984). Educational consulting: A guidebook for practitioners. Englewood Cliffs, NJ: Educational Technology Publications.

Emmer, Edmund T.(1987). "Classroom Management", in Dunkin, Michael J.(ed.), The *International Encyclopedia of Teaching and Teacher Education*, Oxford: Pergamon Press, 437-446.

Erchul, W. P., & Martens, B. K.(1997). School consultation: Conceptual and empirical bases of practice. New York: Plenum Press.

Etzioni, A.(1964). Nodern Organizations. Englewood Cliffs, N. J.:Prentice-Hall.

Gilmer, B. H.(1996). Industrial Psychology(2nd ed.). New York: McGraw-Hill.

Glatthorn, A. A.(1984). Differentiated Supervision. Alexandria, VA: Association for Supervision and Curriculum Development.

Harris, Ben N.(1985). Supervisory Behavior in Education. 3rd de., Englewood Cliffs, New Jersey: Prentice-Hall.

Hessong, R. E., & Weeks, T. H.(1987). Introduction to Education. New York: Macmillan.

Hill, George, E.(1965). Management & Improvement of Guidance. New York: Appletion-Century Crofts.

Hoy, W. K., & Miskel, C. G.(2001). Education Administration: Theory, Research, and Practice, 6th ed., New York: McGraw-Hill, Inc.

Johnson, L. V., & Bany, M. A.(1970). *Classroom Management: Theory and Skill Training*. New York: MacMillan Publishing Co.

Johnson, L. V., & Brooks, H.(1979). "Conceptualizing Classroom Management", in Duke, Daniel L.(ed.), *Classroom Management*, 78th Yearbook of the National Society for the Study of Education. Part 2, Chicago: University of Chicago Press.

Katz, L. G.(2004). Developmental stages of preschool teachers. *The Elementary School Journal, 73*(1), 50-54.

Kubr, M.(1996). Management Consulting: A guide to the Profession (3rd ed). Geneva: International Labour Office.

Lemlech, J. K.(1979). *Classroom Management: Methods and Techniques for Elementary and Secondary Teachers*. New York: Harper and Row.

Levinson et al.(1987). The Seasons of Man's Life. New York: Knopf.

Litwin, George. H., and Stringer, Robert. A., Jr.(1968). Motivation and Organizational Climate. Boston: Harvard University Press.

Lortie, D. C.(1975). School teacher: a sociological study. The University of Chicago Press. 진동섭 역(1993). 교직사회: 교직과 교사의 삶. 파주: 양서원.

Mintzberg, H.(1989). Mintzberg on Management. New York: Free Press.

Morsher, R., & Purpel, D.(1975). Supervision: The Reluctant Profession. Boston: Houghton-Mifflin Co.

Mowday, R. T., Porter, L. W., and Steers, R. M.(1982). Employee-Organizational Linkages: The Psychology of Commitment, Absenteeism, and Turnover. New

York: Academic Press.

Orntein, A. C., & Levine, D. U.(2000). Foundations of Education, 7th ed., New York: Houghton Miffin Company.

Parkay, F. W.(1995). Becoming a teacher, 3th ed., Foston: Allyn and Bacon.

Peters, H. J., & Farwell, G. F.(1967). Guidance: A Developmental Approach(2nd ed.). Chicago: Rand McNally, College Pub. Co.

Peterson, A. R.(1978). Career patterns of secondary school teachers: An exploratory interview study of retired teachers. The Ohio State University.

Robbins, S. P.(1991). Organizational Behavior: Concepts, Controversies, and Applications(5th ed.). Englewood Cliffs, NJ: Prentice Hall.

Sergiovanni, T. J. & Starratt, R. J.(1993). Supervision: A redefinition, 5th ed., New York: McGraw-Hill.

Traxler, A. B.(1957). Techniques of Guidance. New York: Harper & Brothers.

Traxler, A. B., & North, Robert, D.(1969). Techniques of Guidance. Now York: Harper & Publishers.

Unruh, A., & Turner, H. E.(1970). Supervision for Change and Innovation. Boston: Houghton Mifflin.

Wiles, J., & Bondi, J.(1980). Supervision: A Guide to Practice. Columbus, Ohio: Charles E., Merrill Publishing.

Wiles, K.(1967). Supervision for Better Schools. 3rd ed., Englewood Cliffs, New jersey: Prentice-Hall Publishing.

<법령자료>

공무원 행동강령[시행 2020. 5. 27.] [대통령령 제30607호, 2020. 4. 7., 일부개정]

교원 등의 연수에 관한 규정[시행 2021. 1. 5.][대통령령 제31359호, 2021. 1. 5., 일부개정]

교원의 노동조합 설립 및 운영 등에 관한 법률(약칭: 교원노조법)[시행 2021. 7. 6.][법률 제17861호, 2021. 1. 5., 일부개정]

교원의 지위 향상 및 교육활동 보호를 위한 특별법(약칭: 교원지위법)[시행 2021. 9. 24.] [법률 제17952호, 2021. 3. 23., 일부개정]

교원의 지위 향상을 위한 교섭 · 협의에 관한 규정[시행 2019. 7. 2.][대통령령 제29950호, 2019. 7. 2., 타법 개정]

교원의 노동조합 설립 및 운영 등에 관한 법률(약칭: 교원노조법)[시행 2021. 7. 6.][법

률 제17861호, 2021. 1. 5., 일부개정]

교원자격검정령[시행 2021. 6. 23.][대통령령 제31825호, 2021. 6. 23., 일부개정]

교육공무원법[시행 2021. 3. 23.][법률 제17954호, 2021. 3. 23., 타법개정]

교육공무원 인사관리규정[시행 2020. 5. 1.][교육부훈령 제332호, 2020. 5. 1., 일부개정]

교육공무원임용령[시행 2020. 9. 22.][대통령령 제31024호, 2020. 9. 22., 일부개정]

교육공무원 징계령[시행 2020.7.28.][대통령령 제30879호, 2020. 7. 28., 일부개정]

교육공무원 승진규정[시행 2020. 3. 1.][대통령령 제30495호, 2020. 2. 28., 일부개정]

교육공무원 승진규정 [별표 1], 경력의 등급 및 종별(제9조 관련) <개정 2013. 3. 23.>

교육공무원 승진규정 [별표 2], 경력의 등급별 평정점(제10조 관련) <개정 2007. 5. 25.>

교육공무원 징계양정 등에 관한 규칙[시행 2020. 7. 28.][교육부령 제214호, 2020. 7. 28., 일부개정]

국가공무원법[시행 021. 12. 9.][법률 제18237호, 2021. 6. 8., 일부개정]

부정청탁 및 금품등 수수의 금지에 관한 법률(약칭: 청탁금지법)[시행 2021. 10. 21.] [법률 제18132호, 2021. 4. 20., 타법개정]

성과상여금 지급업무 처리지침 개정 2020. 2. 6.[행정예규 제1216호, 시행 2020. 2. 7.]

영유아보육법[시행 2021. 12. 9.][법률 제18217호, 2021. 6. 8., 일부개정]

유아교육법[시행 2015.9.1.] [법률 제13226호, 2015.3.27., 일부개정]

초 · 중등교육법[시행 2021. 9. 24.][법률 제17958호, 2021. 3. 23., 일부개정]

초 · 중등교육법 시행령[시행 2021. 6. 23.][대통령령 제31790호, 2021. 6. 22., 일부개정]

학교생활기록 작성 및 관리지침[시행 2015.1.9.] [교육부훈령 제127호, 2015.1.9., 일부개정]

학교안전사고 예방 및 보상에 관한 법률(약칭: 학교안전법)[시행 2021. 4. 6.][법률 제17883호, 2021.1.5., 타법개정]

학교안전사고 예방 및 보상에 관한 법률 시행령(약칭: 학교안전법 시행령)[시행 2021.9.29.][대통령령 제32018호, 2021. 9. 29., 타법개정]

<보도자료>

경향신문(2015.12.20.). "교사 희망" 세계 2위…"교사 후회" 1위.

교육과학기술부 보도자료(2011.11.13.). 창의 · 인성교육 강화를 위한 「중등학교 학사관리 선진화 방안」 발표 - 고교 석차 9등급제 평가를 성취평가제로 전환 -.

교육부 고시 제2015-74호(2015.9.23.). 초 · 중등학교 교육과정 총론.

교육부 보도자료(2016.11.24.). 학교생활기록부 기재 개선 방안」 발표.

연합뉴스(2014.01.02.). "교사 교직만족도 15년차 최저후 상승" <서울시교육청>.

<웹 사이트>
경기도교육청(http://www.goe.go.kr).
경기도학교안전공제회(http://www.ggssia.or.kr).
교육부(2015). 교육부 학교생활 안전매뉴얼 앱 설치 안내 사이트:
https://play.google.com/store/apps/details?id=go.kr.moe.schsafeman&hl=ko
교육부(http://www.moe.go.kr).
국가교육과정정보센터(http://www.ncic.go.kr).
서울특별시교육청(http://www.sen.go.kr).
서울특별시학교안전공제회(http://www.ssia.or.kr/intro.htm).
인사혁신처(http://www.mpm.go.kr//공무원연금제도).
자유학기제 지원센터(http://freesem.moe.go.kr/).
참보건연구회(http://www.1004bang.net).
학교안전공제중앙회(http://www.ssif.or.kr).
한국교육개발원(https://www.kedi.re.kr).

저자소개

신재흡 교수

전)

한국교육행정학회 윤리위원장, 재정위원장, 부회장선출위원장
한국교원교육학회 감사, 윤리위원장, 중등교육위원장, 홍보기금위원장
한국유아보육복지학회 서울지회장, 연구윤리위원장
한국교육재정경제학회 윤리위원장
한국교육학회 선거관리위원장
한국교육정치학회 감사
경기도교육청 수석교사 선발위원
서울특별시교육청 학교장 경영능력 평가위원
구리시청 보육정책위원
한국교육정책연구소 전문위원

현)

한국유아보육복지학회 부회장
한국교육행정학회 이사 및 주삼환교육리더십상 위원회 위원
한국교원교육학회 부회장선출위원장
한국실천교육학회 윤리위원장
한국미래유아교육학회 이사
한국교육학회 대외협력위원
한국홀리스틱학회 편집위원
한성대학교 교육대학원 교수

<저서>

한국 교육행정발달사 탐구(공저, 2005)
교육조직행위론의 탐구(공저, 2006)
학교경영의 이론과 실제(공저, 2006)
현직교사를 위한 현장교육연구의 이론과 실제(2009)
교육실습이론과 실제(2010)
학생지도와 상담을 위한 생활지도의 이해(2014)
21세기의 다양한 교육리더십(2015)
학교폭력 예방과 학생의 이해(2017)
한중 중등교육의 국제화 활성화 방안(공저, 2018)
21세기 스마트시대의 교사 양성을 위한 교육방법 및 교육공학(2019)
교육행정 및 교육경영 -학교경영탐색-(2020)
글로벌 시대의 문화다양성을 위한 다문화사회와 교육(2021)
EDUTOPIA 구축을 위한 효과적인 장학의 이론과 실제(2021)

초 · 중등 예비교사를 위한

교 직 실 무

초판 1쇄 인쇄 / 2022년 4월 25일
초판 1쇄 발행 / 2022년 4월 29일

•

저 자 / 신 재 흡
발행인 / 이 중 수
발행처 / **동 문 사**

•

서울특별시 서대문구 홍제원 1길 12
(홍제동 137-8)
Tel: 02)736-3718(대), 736-3710, 3720
Fax: 02)736-3719
등록번호: 1974.04.27. 제9-17호
가격: 21,000원

•

ISBN: 979-11-6328-398-0(93370)
E-mail: dong736@naver.com
www.dongmunsa.com